글로벌 경제질서 재편과 G20 정상회의

The Transformation of Global Economic Governance and the G20 Summit

글로벌 경제질서 재편과 G20 정상회의

초판 1쇄 발행 2010년 4월 30일

지은이 | 김기석 외 지음

펴낸이 | 정명진

북디자인 | 정다희

펴낸곳 | 도서출판 부글북스

등록번호 | 제300-2005-150호

등록일자 | 2005년 9월 8일

주소 | 서울시 노원구 하계동 279번지 청구빌라 101동 203호

우편번호 | 139-872

전화 | 02-948-7289

팩스 | 02-948-7269

전자우편 | 00123korea@hanmail.net

ISBN 978-89-92307-46-8-93320

글로벌 경제질서 재편과

G20 정상회의

The Transformation of
Global Economic Governance and the G20 Summit

김기석 외 지음

차례

4부 G20과 주요 이슈

5부 G20과 한국

책을 펴내면서

2007년 서브프라임 위기와 리먼 브러더스 사태를 거치면서 본격화된 미국발(發) 세계경제위기는 대공황 이래 가장 심각한 위기로까지 묘사되면서 전 세계 각국의 경제에 심대한 충격을 가하였을 뿐 아니라 글로벌 경제 질서 재편의 필요성에 대한 인식을 확산시켰다. 과거와 달리 세계경제의 중심지인 미국에서 발원하였을 뿐 아니라 유럽, 일본 등 대부분의 선진국과 개발도상국들에게도 정도와 양상의 차이는 있지만 동시에 영향을 미쳤다는 사실만으로도 글로벌 경제시스템에 심각한 문제가 있으며 효율적인 거버넌스를 위한 변화가 절실하다는 것이었다.

그 결과 태동된 G20 정상회의는 사실 한국 대중들에게는 비교적 생소한 존재였다. 왜냐하면 오랫동안 개발도상국 의식에 젖어 있던 한국에서는 선진국들만의 모임으로 간주되던 G7/G8에 대한 관심이 상대적으로 낮아 남의 일처럼 간주해왔기 때문이다. 또한 동아시아 경제위기의 여파로 1999년 창설된 G20 재무장관 및 중앙은행총재 회의는 기본적으로 각료급 회의라는 한계와 함께 금융문제가 가지는 전문성과 기술적 어려움 때문에 매스컴과 일반인들의 관심을 끌지 못했었다. 하지만 G20이 급작스럽게 정상회의로 격상되면서 한국의 학계에서도 관심을 가지지 않을 수 없는 중요한 주제로 부각되었다. 한국이 멤버로 참여하는 최초의 글로벌 레벨의 협의체이며 당면한 세계경제위기에 대응하는 중심적 역할을 할 것으로 기대되기 때문이다.

사실 G20의 모태인 G7/G8 체제는 1970년대 초반 브레튼우즈 체제가 종말을 고하고 연이은 석유위기의 충격으로 세계경제가 심각한 불황을 경험하고 있던 1974년 미국이 영국, 독일, 일본, 프랑스 등 5개국의 고위 재무 관료들의 비공식 모임을 주선하고 여기서 세계경제의 당면 과제를 논의하기 시작하면서 출범되었다. 소위 '도서관그룹'(Library Group)으로 불렸던 이 모임은 이듬해 지스카르 데스탱(Valéry Giscard d'Estaing) 프랑스 대통령이 이탈리아를 포함한 6개국 정상들을 초청함으로써 정상회의로 출범하였고 그 이듬해인 1976년 독일과 미국의 제청으로 캐나다를 끌어들임으로써 G7으로 완성되었으며 냉전 붕괴 후인 1997년 러시아를 공식적으로 받아들이면서 G8으로 확대된 것이다. 나아가 최근에는 중국, 인도, 브라질, 멕시코, 남아프리카공화국 등 신흥 경제 강국 5개국을 '초청국'(Outreach Five Countries) 형태로 포함하는 G8+5로의 진화를 모색하는 과정에 있었다.

연례 정상회의와 이를 뒷받침하는 각종 각료회의를 개최하였던 G7

은 UN, IMF(국제통화기금), WTO(세계무역기구) 등과 같이 구체적인 결정 권한을 갖는 공식 기관이 아닌데다가 사무국을 비롯한 공식 조직도 가지고 있지 않았지만 불완전하나마 세계경제의 방향성을 이끌어가는 조타수(steering committee) 같은 기능을 해왔다. 그 회의를 통해서 논의되는 의제들과 합의사항들은 당시 세계경제가 당면한 가장 중요한 문제들이 무엇이고 세계경제를 이끌어가는 주요 선진국들이 향후 그런 문제들에 대해 어떤 방향으로 대응할 것인지를 보여주는 일종의 가이드라인이 되었고 여타의 국가들은 그것을 기준으로 자국의 정책 대응을 설계해 나갔다. 우리가 이 책을 통해서 논할 G20의 등장은 잦은 경제위기를 통해서 확인되는 바와 같이 기존의 글로벌 경제 거버넌스 시스템이 한계에 도달했다는 인식으로부터 출발하게 된다.

2008년 11월 G20이 정상회의로 격상된 직후인 2009년 2월 초 한국연구재단은 G20 모니터링 사업이라는 특별 연구 과제를 공모하였는데, 매월 한국을 제외한 19개국의 상황을 모니터해서 월별 보고서를 작성하고 이를 인터넷 상에 탑재하여 많은 사람들이 활용할 수 있도록 하는 것이었다. 필자를 책임자로 G20 회원국 각국 전문가로 구성된 20여명의 연구자들은 이에 응모하여 선정됨으로써 1년간의 모니터링 작업을 시작하였고 이 작업은 아직도 진행 중이다(http://g20.kangwon.ac.kr 참조). 그런데 이 사업을 진행하면서 연구자들 사이에 2010년 11월 한국에서 개최될 G20 정상회의를 앞두고 일반인들과 연구자들에게 글로벌 경제 거버넌스의 변화와 G20에 대해 개략적으로 소개할 도서가 당장 필요하다는 의견이 제시되어 이 책을 기획하게 되었다.

하지만 쉽게 짐작할 수 있듯이 G20의 등장은 여러 차원에서 다양한 연구 과제를 낳고 있다. 연구팀은 이 책의 발간을 계기로 그 과제들에 대한 연구 작업을 지속적으로 해 나갈 생각이다. 2009년 9월 제3차 피츠버그 회의에서 G20 정상회의에 세계경제를 논하는 '최상위 포럼'(premier forum)의 지위를 부여한 이상 여러 문제점은 있을지라도 향후 상당 기간 세계경제 거버넌스의 중심에 있을 것이기 때문이다. G20이 이번 경제위기를 극복하는 데 어떠한 역할을 담당하였는지, 포스트 경제위기의 세계에서 어떻게 변화해 나갈 것이며, 기존 글로벌 경제 거버넌스는 어떤 방향으로 개혁할 것인지 그리고 한국은 그 속에서 어떤 역할을 할 것인지 등 앞으로 연구해야 할 주제는 산적해 있다.

이 책이 나오기까지 많은 분들의 노고가 필요하였다. 책의 출간을 결정한 것이 2009년 11월경이고 보면 바쁜 가운데서도 빠른 시간 안에 원고를 완성해 주신 연구자 여러분들은 이 책을 가능하게 한 1등 공신들이다. 특히 책의 취지에 공감하여 원고를 보내주신 G20 정상회의 준비위원회 최희남 의제총괄국장과 외교통상부 김경수 국제경제국장 그리고 갑작스러운 원고 요청에도 흔쾌히 논문을 작성해 주신 조충제 대외경제정책연구원(KIEP) 동서남아팀장 등의 공헌이 책의 구성과 내용을 한층 풍부하게 해 주었음에 감사드린다. 책의 출간 과정에 간사 역할을 맡아 귀찮은 일을 마다하지 않은 주미영, 김종법, 안병억 세 분 박사님들 역시 이 책이 빛을 보게 한 산파들이다. 그리고 짧은 일정에도 불구하고 뜨거운 열정으로 책을 완성해 주신 부글북스 정명진 사장님의 노고가 없었다면 이 책은 훨씬 더 많은 시간이 필요했을 것이다.

이 책에 담겨 있는 작은 실수 하나라도 모두 연구 책임을 맡은 필자의 책임이다. 정상회의의 서울 개최가 결정되면서, 워낙 짧은 시간을 필자들에게 드렸고 자주 원고를 독촉한 탓에 심적 부담이 컸을 것임을 잘 알고 있기 때문이다. 부족한 부분들은 이어지는 연구 작업을 통해 채워나갈 것이며 이 책이 독자들의 G20에 대한 이해를 높이는데 조그마한 도움이라도 될 수 있었으면 하는 바람이다.

따사로운 봄볕이 내리는 춘천의 연구실에서

김기석

1부

G20 정상회의 출범까지

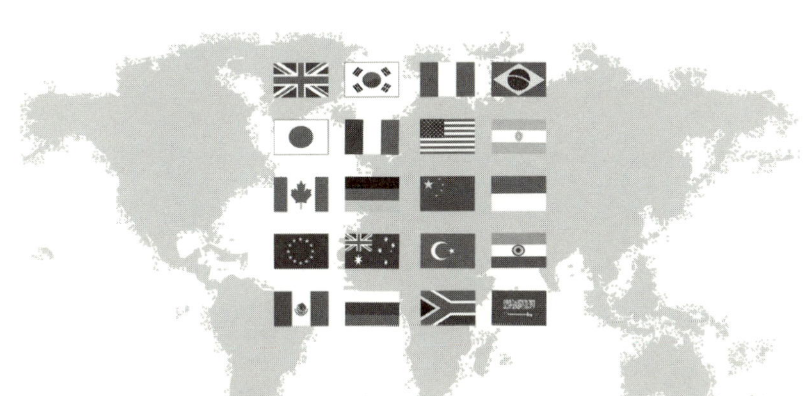

제 1장

글로벌 경제 거버넌스의 변화와 G20 정상회의

김기석
(강원대학교)

1. 들어가는 말

1990년대부터 가속화되어 2000년대에 들어 폭주하던 신자유주의를 기반으로 한 세계화라는 세계경제 조류는 1997년 발생한 동아시아 경제위기를 통해 그 잠재적 위협이 확인된 이후, 2008년 미국발 경제위기를 거치면서 그 폭발성과 반복의 위험성까지 입증됨에 따라 이제 근본적 변화의 압력에 직면하고 있다. 위기의 파장이 어디까지 미칠지 예측하기는 어렵지만 기본적으로 세계경제의 중심지였던 미국으로부터 위기가 촉발되고, EU(유럽연합)와 일본 등 다른 선진국들 역시 그로부터 자유롭지 못하며, 그 여파가 전 세계에 동시다발적으로 미치는 등 위기의 양상이 전후 글로벌 경제 거버넌스의 기본 틀의 문제와 연계되어 있음을 보여주고 있다(Cline:2009). 이렇듯 경제위기가 더욱 증폭되어 반복적으로 발생함에 따라 많은 경제 주체들이 '워싱턴 컨센서스'(자유 · 민주 · 인권 등 보편가치를 바탕으로 국가발전을 유도하는 미국식 모델)류의 신자유주의적 세계화의 위험성을 명확하게 인식하게 되었다. 이 때문에 2008년의 위기는 동아시아 위기 이후 계속 제기되던 글로벌 경제 거버넌스 시스템(Global Economic Governance System: GEGS)의 근본적 변화 요구에 기름을 붓는 계기가 될 것이라는 점은 이제 명확해졌다(Tanaka: 2008).

기존 GEGS는 제2차 세계대전 이후 제1차 세계대전의 결과로 나타난 시스템의 실패를 보완하기 위해 형성된 것으로, 1970년대 초반의 브레튼우즈 체제(Bretton Woods System) 붕괴 후는 물론이고 석유위기나 금융위기 등 세계경제의 구조적 위기가 나타날 때마다 지속적으로 논란의 대상이 되어왔다.[1] 특히 1990년대 이후 제기된 GEGS에 대한 개혁 요구들은 세계적으로 중요한 몇 가지 여건 변화를 배경으로 하고 있다.

우선 구조적 차원의 글로벌 경제 권력의 변화 혹은 이동이다. 말하자면 지난 20여 년 동안 세계경제의 중심축이 서방 선진국으로부터 중국 · 인도 · 브라질 · 남아프리카공화국 · 인도네시아 등 세계 각지의 신흥공업국들로 다변화되고 있다. 따라서 2008년의 글로벌 경제위기 극복과 경제위기 이후의 GEGS 구축에 이들의 협조가 필수적이

(1) 1970년대의 신국제경제질서(New International Economic Order) 논쟁, 1980년대 초반의 남북서미트 논쟁(North-South Summits), 1992년 리오데자네이로에서 벌어진 UNCED(유엔환경개발회의) 협상, 1997년의 동아시아 금융위기를 계기로 진행된 IMF(국제통화기금)와 IBRD(국제부흥개발은행) 등 브레튼우즈 기관들의 개혁 문제를 포함한 소위 신금융체제(New Financial Architecture) 논쟁 등이 대표적 사례들이다.

라는 인식이 널리 퍼지게 된 것이다. 이는 무기력해진 기존 GEGS를, 지구촌 경제가 직면한 위기에 효과적으로 대처할 능력을 갖는 동시에 경제 권력의 분포 변화를 반영하여 세계경제를 실질적으로 대표할 수 있는 새로운 시스템으로 대체할 필요가 있으며, 그 시스템에는 신흥 경제 강국들도 포함되어야 한다는 인식의 확산과 궤를 같이하는 것이다.

두 번째는 글로벌 경제체제의 불안정성과 취약성에 대한 인식이 점차 높아져 왔다는 점이다. 그런 인식은 1980년대 이후 급속도로 진행된 세계화와 국제경제의 통합 과정에 지구촌의 광범위한 지역에서 빈번하게 또 지속적으로 발생하는 경제위기 때문에 더욱 확산되었으며, 따라서 신흥 경제 강국들과의 긴밀한 정책 협력이 필요하다는 주장이 제기되기에 이르렀다(Beeson 2009, 72-73). 또한 기존의 G7과 브레튼우즈 기관들을 중심으로 한 GEGS는 글로벌 경제 권력의 분포에 생긴 변화로 중요성이 더욱 높아진 국가들에게 체제의 일원으로서 '소속감'을 느끼게 하지 못한다는 문제도 지적되었다. 경제위기가 발생할 때 가장 큰 피해를 입는 것은 신흥 경제 강국과 저개발 국가들이다. 그런데 G7 국가들이 주도하는 위기 극복 과정에서 정작 그런 피해 당사국들이 배제되는 구조 때문에 위기를 예방하고 그에 효과적으로 대처하는 능력이 크게 방해 받고 있다는 점이 인정 받은 결과이다. 그런 결과는 또한 경제의 세계화를 포함한 여건 변화로 신흥 경제 강국들의 금융 문제가 선진국들의 금융시스템에 심각한 영향을 쉽게 미칠 가능성을 높였기 때문이기도 하다(Germain 2001, 412-413).

세 번째 요인은 새롭게 나타나고 있는 세계적 이슈들 즉, 지속적인 경제위기, 환경의 위협, 빈곤 및 개발 문제 등과 기존의 경제 거버넌스 사이에 일종의 불일치 현상이 나타나게 되었다는 사실이다. 말하자면 기존의 거버넌스 시스템은 전 지구촌에 광범위하게 나타나는 문제들에 대응하는 데 대표성의 문제와 효과성의 문제 등을 안게 되었고, 따라서 그런 거버넌스의 문제를 해결할 수 있는 보다 정통성 있고 효율적인 새로운 시스템에 대한 요구가 확산된 것이다(Bradford and Linn 2007a).

하지만 문제의식의 공유와 구체적 대안에 대한 인식이 항상 일치하는 것은 아니다. 새로운 글로벌 경제 거버넌스의 유형과 범위, 그 권한 등에 대해서 다양한 논의가 이루어졌으며 언론과 연구자 및 정책 결정자들에 의해 다양한 유형의 '위기 이후'의 GEGS 모델들이 제시되어 왔다. 동아시아 경제위기 직후 G22나 G33이 시도된 바 있다. 최근에도 미국과 중국을 중심으로 한 G2 관련 논의가 진행 중이며, 여기에 EU를 포함한 G3나 일본까지 포함한 G4도 언급되고 있다(G20 2008; Economy and Segal 2009; Funabashi 2009). 일본 같은 일부 국가들은 여전히 G8체제의 유지를 바라며 프랑스는 G8 + G5(중국 · 인도 · 남아프리카공화국 · 브라질 · 멕시코) + 이집트로 구성되는 G14를 주장하기도 하였다. 이 안들은 모임의 규모, 대표성, 효율성 등을 기준으로 최선의 안을 도출한다는 명분을 갖지만, 사실 거기엔 어느 나라가 포함되느냐에 따라 달라지는 각국의 이해관계가 도사리고 있다.

이상과 같은 변화를 배경으로 정책 결정자들과 학계에서 논란이 진행되는 와중에 터진 미국발 금융위기를 계기로 G20(Group of Twenty)이 GEGS의 중심축으로 부상했다. 동아시아 금융위기를 계기로 1999년 20개국(19개국과 EU) 재무장관 및 중앙은행총재 회의로 설립된 G20은 서브프라임 모기지 사태로 촉발된 미국발 경제위기가 심화되던 2008년 11월 워싱턴에서 정상회의로 격상되었다. 이어 2009년 4월 초 영국 런던에서 제2차 정상회의를, 그리고 9월 말에는 미국 피츠버그에서 제3차 정상회의를 개최하는 등 1년 여 사이에 세 차례나 회의를 열면서 거시경제정책의 국제적 공조를 통해 세계 금융시스템의 붕괴를 막고, 글로벌 금융 거버넌스 시스템의 개혁 방향을 설정하며, 그 실행을 담보하는 등의 업적을 쌓았다. 따라서 G20이 정통성(혹은 대표성)과 효율성 양면에서 모두 도마에 올랐던 G7이나 G8을 대체할 GEGS의 중심축으로 부상한 것이다. 이어 2009년 9월에 피츠버그에서 개최된 제3차 정상회의에서 G20은 GEGS의 최상위 포럼으로 인정을 받았을 뿐 아니라 난제 중 하나였던 회의의 정례화에 합의함으로써 그 잠재적 가능성을 한층 높였다.

이 장은 G20이 등장하게 된 배경과 현재까지의 진행 과정 그리고 그 세계 정치경제적 함의 등을 체계적으로 살펴보는 것이 목적이다. 이 글의 문제의식은 G20의 등장을 촉발한 세계 경제권력 구조의 변화 및 거버넌스 구조의 변화가 가지는 국제 정치경제적 의미와 G20이 장래 GEGS에 미칠 영향 등을 규명해 보자는 것이다. 일반적으로 제2차 세계대전 이후 형성된 브레튼우즈 체제는 본질적으로 자유주의적 사고로 무장한 미국의 헤게모니에 기반을 둔 제도였다. 따라서 1970년대 브레튼우즈 금융시스템이 붕괴한 이후 GEGS의 성격과 변화에 대한 논의 대부분은 미국 헤게모니의 변화 양상 및 향방에 대한 논의와 연계되어 진행되어 왔다(Foot, et. al. 2002). 즉 브레튼우즈 체제의 붕괴와 그 대안에 대한 논의는 그 체제를 떠받쳐왔던 미국의 헤게모니가 어느 정도 약화되었고, 그 결과는 무엇이며, 앞으로 어떠한 모습을 띠게 될 것인가 하는 문제와 연결될 수밖에 없었다. 따라서 이 글은 G20이 앞으로 글로벌 경제 거버넌스의 운용에 어떤 역할을 할 수 있을 것이며 어떠한 성격을 띠게 될 것인가를 이해하는 데 토대를 제공할 것이다.

2. G20의 역사

1) 등장 배경

(1) 세계 경제 권력의 이동과 대표성의 문제

제2차 세계대전 이후부터 1980년대까지 GEGS는 UN을 정점으로 무역 영역에서의 GATT(관세무역에 관한 일반협정)와 금융 부문에서의 IMF(국제통화기금) 및 세계은행(World Bank) 그리고 선진 7개국으로 구성된 G7 등을 토대로 한 체제였다. 하지만 세계 무역 환경의 급격한 변화에 대응하기 위해 GATT는 1995년 WTO(세계무역기구)로 개편[(2)]되었고 IMF와 IBRD로 대변되는 금융 거버넌스 시스템 역시 몇 가지 중요한 이유 때문에 지속적으로 개혁의 압력에 직면해 왔다.

〈도표 1-1〉에 나타나듯이, 인구 및 GDP(국내총생산)에서 기존 선진국들이 차지하던 비중은 이미 2007년에도 과거보다 크게 낮아져 있었다. 한 연구보고서에 따르면 2050년까지 현재 60억을 넘는 세계

(2) GATT와 WTO 체제의 위기와 문제점에 대한 개괄적 소개는 Jones 2010, 제 1 장 참조.

인구는 30억 명 정도 더 늘어날 전망인데 그 대부분은 신흥공업국이나 저개발국에서 증가하며, 중국이나 인도가 현재의 성장세를 그때까지 유지한다면 미국을 제외한 선진국 거의 대부분의 경제 규모를 상회하게 될 것이라고 한다(Agarwal 2008). 이 글로벌 경제 권력의 동진(東進)현상은 기존 글로벌 경제 거버넌스의 대표성(혹은 정당성)(3)에 상처를 입혔을 뿐 아니라 "지구촌의 정치적 및 사회적 현실을 반영하는 편이 그렇지 않는 경우보다 더 효과적이고 지속적"이라는 사실을 부각시켰다(Armijo 2002, 3).

<도표1- 1> 세계경제구조의 변화

단위(%)

구분	세계 GDP 비중			세계인구 비중		
	1990년	1997년	2007년	1990년	1997년	2007년
G7	62.76	64.07	55.78	12.99	11.90	11.08
G8	–	65.41	58.15	15.94	14.47	13.25
G20	74.78	87.37	85.21	70.08	66.89	64.76

출처: 오용협 외, 2009

여기에 1990년대 이후 세계화와 함께 지구촌 금융위기의 빈발, 에너지 불안정, 지구온난화, 테러리즘, 이민 및 신형 전염병의 창궐 같은 새로운 세계적 도전들이 제기되었는데, 기존 거버넌스 시스템은 이런 새로운 문제들에 대처하는 데 효과적이지 못하다는 사실이 부각되었다. 말하자면 국가 간 상호의존도가 급속도로 커지는 가운데 새로 나타난 이슈들은 밀접히 상호 연계되는 경향을 보이는 반면, 기존 GEGS는 이슈의 영역별로 작동하도록 조직되어 있어 효과적인 대

(3) 대표성이란 지구상에 존재하는 중요한 국가들이 그 기구 내에서 적절한 위치와 역할을 갖는 것을 말한다.

응이 어려웠던 것이다. 그런 새로운 현상들은 제2차 세계대전 이후 형성된 전통적 GEGS가 그 역할과 범위 그리고 기능과 경제적 현실 사이의 간극 때문에 점차 '정체 상태'에 빠져들고 있음을 확인시켜주는 계기가 되었다(Bradforn and Linn 2007b, 2). 한 연구자의 다음과 같은 지적은 그런 상황을 함축적으로 표현한다.

> 국제협력의 전통적인 메커니즘은 과거 시대의 유산이다. UN체제는 시대에 뒤떨어진 국제 권력 구도를 반영할 따름이다. UN 안전보장이사회 상임이사국들은 이미 60여 년 전에 끝난 전쟁의 승자들이다. 여기에는 세계 2, 3위의 경제 대국인 일본과 독일이 빠져 있고 세계 최대 인구 지역인 인도, 라틴아메리카, 아프리카 지역도 빠져 있다. … 선진 8개국 정상회의(G8)는 세계 4위의 경제 대국인 중국이나 12, 13위인 인도와 한국을 포함하고 있지 않다. 전통적으로 IMF는 항상 유럽인이 수장이었고 세계은행은 미국인이 이끌었다. 신규 가입에 차별적인 구식 클럽의 관행을 모방한 이런 '전통'은 내부인에게는 매력적이고 즐거운 것일지 모르나 외부인들에게는 편견을 가득 담고 있어 말도 안 되는 것이다(Zakaria 2008, 75).

(2) 동아시아 금융위기와 새로운 국제금융 구조를 둘러싼 논쟁

기득권 국가들의 소극적 태도 때문에 지지부진하던 GEGS 개편 논의를 가속화시킨 것은 1990년대의 금융위기였다. 1994~1995년의 멕시코 페소화 위기에 이어 1997년의 동아시아 위기는 태국 · 인도네시아 · 필리핀 등 동남아 여러 나라는 물론이고 동북아의 한국에까지 큰 영향을 미쳤으며 이어 중남미와 러시아로 확산되는 등 이전의 위기들과는 달리 강력한 '전염효과'를 보였다. 따라서 신사유주의적 세계화와 자본계정 자유화에 따른 높은 자본 유동성이 매우 위험하며, 더 나아가 GEGS를 개혁할 필요가 있다는 인식이 더욱 확산되기에 이르렀다(Gilpin 2001, 263, 267-271).

그 결과 동아시아 경제위기 직후부터 '새로운 국제금융 구조'(New International Financial Architecture)를 둘러싼 논쟁이 본격화되었다. 한 연구자가 정리한 바에 따르면 영국 · 프랑스 · 미국 · 캐나다 같은 개별 국가와 IMF, G7 및 G22 같은 국제기관들, 그리고 저명한 연구자나 금융계 종사자들의 개인적 제안에 이르기까지 국제금융 거버넌스 개혁안들이 수없이 쏟아졌고[4] 그 내용도 아주 다양하였다. 국제 자본시장을 더 자유화하여야 한다는 안에서부터 자본에 대한 통제를 강화하여야 한다는 안까지 제기되었다. 변동환율제의 중요성을 역설하는 주장이 있는가 하면 심지어 고정환율의 중요성을 강조하는 주장도 있었다. 또 정부가 금융시장에 더 적극적으로 개입해야 한다거나 시장의 자율성을 더욱 강화해야 한다는 주장까지 실로 다양했다. IMF 관련 주장도 많았다. IMF를 폐지하거나 IMF의 역할을 각국의 통화 및 재정정책에 대한 조언으로 한정해야 한다는 주장이 있는 한편으로 IMF의 기금을 확대하거나 IMF의 역할을 각 국가의 부패를 척결하고 안정적인 금융시장제도를 마련해주는 것으로까지 확대해야 한다는 주장도 나왔다(Eichengreen 1999, 1-2).

하지만 결과적으로는 GEGS의 근본적 개혁을 지향하는 아이디어들보다는 IMF와 세계은행 같은 기존 기관들의 중요성을 확인하는 수준의 점진적 개혁안들이 채택되었다. 이유는 다양했다. 기본적으로 각국 정부는 위기상황에서 불확실한 새로운 기관을 창설하는 것보다 이미 잘 알고 있는 기존 기관들을 개혁하여 활용하는 것이 더 낫다고

(4) 각 안들의 내용에 대한 간략한 요약은 Eichengreen 1999, appendix 1 참조.,

판단할 수밖에 없었다. 또한 비록 동아시아 경제위기와 그 여파로 나타난 중남미 및 러시아 경제위기가 세계경제에 커다란 영향을 미치긴 했지만, 실질적으로는 글로벌 금융 거버넌스의 중심적 위치를 차지하고 있는 미국을 비롯한 주요 자본주의 국가들은 직접 연루되지 않았을 뿐 아니라 지구적 차원의 경기침체를 가져온 것도 아니었다. 국제 금융기관들도 상당한 손실을 입었지만 그렇다고 파산의 위기에까지 처하지는 않았다(Kahler 2002, 236). 아울러 일본이 제안했다가 미국의 반대와 중국의 소극적 태도로 좌초한 아시아통화기금(AMF)의 예에서 보듯, 국제정치적 권력 관계에 입각한 전략적 고려와 제약 역시 중요한 요소였다.

이처럼 GEGS의 개혁 필요성에 대한 국제적 요구와 GEGS의 '경로의존성'(path dependency: 일정한 경로에 의존하기 시작하면 거기서 좀처럼 벗어나지 못하는 관습을 일컫는 말)이 결합되어 만들어진 기구가 금융안정화 포럼(Financial Stability Forum: FSF), 국제통화금융위원회(International Monetary and Financial Committee, IMFC), G20 재무장관 및 중앙은행총재 회의였다(Culpeper 2000, 3; Tietmeyer 1999). G20의 설립은 국제 정치경제적으로 글로벌 경제 거버넌스를 주도하던 G7 국가들 사이에 세계화로 야기된 다양한 문제에 대응하는 데 기존의 IMF나 G7 중심의 GEGS로는 한계가 있으며 참여 범위를 넓혀 신흥 경제 강국들과 협력할 필요성이 있다는 공감대가 형성되었음을 입증하였다는 점에서, 많은 한계에도 불구하고 GEGS 변화의 분수령이 되었다(Carin and Smith 2004, 29).

2) G20 재무장관회의의 등장과 거버넌스 구조

(1) 등장 과정

이런 배경에서 G20 재무장관회의는 1999년 9월에 이루어진 G7 재무장관회의의 결정에 따라 1999년 12월 독일의 베를린에서 제1차 회의를 개최함으로써 정식 출범하였다(Kirton 2005, 3; Culpeper 2000, 11). 이미 1970년대의 C20(Committee of 20)과 아시아 경제위기 직후인 1998년과 1999년에 각각 열린 G22와 G33의 경험(5)을 통해서 신흥 경제 강국들과 협력한 경험과 노하우를 쌓은 미국을 포함한 G7 국가들은 중요한 신흥 경제 강국들을 포함함으로써 대표성을 증진시키되, 그동안 G7이 누렸던 비공식이면서도 솔직한 토론이 가능한 적정 규모의 새로운 각료급 협의체의 조직을 추진하였다(G20 2007, 20). 말하자면 출범 당시부터 G20의 요체는 "상대적으로 작은 규모의 이점과 정통성 사이의 상충되는 관계를 고려하여 어느 지점을 선택할 것인가의 문제"로 압축된 것이다(Thirlwell and Cook 2006, 10).

그런 배경에서 우선 문제가 된 것은 참여 국가들과 그 규모를 결정하는 것이었다. 하지만 G20에 포함될 국가의 선정에 적용할 일정한 원칙과 기준을 찾는 것은 애당초 어려운 작업이었다. 1999년 제1차 회의의 발표문은 G20을 "체제적 차원에서 중요한 국가들"(systemically significant economies)이라고 정의하였지만 이는 추상적이고 애매한 표현이다. 여기에 "글로벌 경제와 금융의 안정에 공헌할 능력이 있

(5) 1972년부터 1974년까지 세계금융체제의 개혁을 위해 활동한 C20(Committee of 20)에 대해서는 Culpeper 2000, 7~8 참조할 것. 그리고 미국이 주도한 G22와 G33의 기원 및 역할 등에 대해서는 G20 2007, 12~16을 참조할 것.

는 국가"로서 "글로벌 경제를 폭넓게 대표하면서 지역적으로 균형을 이룬" 국가들이라는 조건이 포함되었고, 그러면서도 솔직한 토론이 가능한 소규모여야 한다는 것이었다(G20 1999). 게다가 이 회의체가 자유민주주의의 확산이라는 본원적 목적을 가진 G7의 연장선상에 있었다는 점에서 민주주의 정치체제 역시 고려사항이었다.

규모는 솔직한 토론이 가능한 최대 숫자인 20개 국가로 간주되었다. 사실 20개국으로도 국가당 3명의 대표가 참여할 경우 60명의 대규모 회의가 되는데 참가국이 늘어날 경우 회의가 형식화될 위험성이 있었다. 그런 우려는 다양한 국제회의의 사례들을 통해 어느 정도 타당성이 입증된 것이었다(Carin and Smith 2004, 24-26). 또한 G20의 정통성은 단순히 더 많은 국가들을 포함시키기보다는 "얼마나 효과적으로 변화를 가져올 수 있는가"에 달려 있다는 생각도 영향을 미쳤다(Heap 2008, 18). 아울러 20개국이란 숫자는 짝수로 더 이상의 논란과 가입 요구를 봉쇄하기 위해 "최종적인 것임을 암시하려는" 의도도 있었다고 한다(G7 2007, 20-21).

하지만 어떤 국가는 20개국에 포함되고 다른 국가는 배제되는 이유에 대한 설득력 있는 설명은 어려웠다. 유럽의 경우 G7의 4개 회원국인 독일 · 영국 · 프랑스 · 이탈리아는 포함되었지만 다른 주요 국가들, 예컨대 금융안정화포럼의 회원국인 네덜란드나 경제 규모가 상대적으로 큰 스페인은 포함되지 않았다. 유럽의 중소 국가들이 배제되는 문제의 해결책으로 그들을 대표하는 EU 의장국 대표를 포함시켰지만 그래도 배제된 유럽 국가들을 납득시킬 수는 없었다. 아프리카 대표 역시 논란이 되었는데 이 회의체가 발전 문제보다 금융안정 문제에 초점을 맞춘다는 사실을 중시하여 남아프리카공화국만 초대를 받았지만 아프리카의 대표성이 약하다는 문제와 연관하여 이집트를 포함시킬 것인지는 지속적인 과제로 남았다. 인도네시아는 애초 권위주의적 정치체제라는 문제가 있었지만 1999년 12월 제1차 회의가 개최될 시점에 민주화가 어느 정도 이뤄지면서 자연스럽게 문제가 해결되었다. 반면 인도네시아와 경쟁한 말레이시아는 반미 혹은 반IMF 입장 때문에 쉽게 배제되었다. 이런 부분은 멤버십 구성에 대한 최종 결정이 주로 미국과 캐나다의 재무장관에 의해 이루어졌다는 사실(6)을 부분적으로 뒷받침한다(Kirton 2004, 5). 친미적인 국가가 상대적으로 유리했던 것이다.

새로운 협의체의 임무 역시 중요한 문제였다. 앞에서 전한 제1차 재무장관회의의 발표문은 G20의 목적을 "브레튼우즈 체제의 틀에서 새로운 비공식적 대화의 기제를 제공하고, 체제적 차원에서 중요한 국가들 사이에 경제 및 금융 문제에 대한 논의를 확대시키며, 안정적이고 지속가능한 세계 경제성장을 달성하기 위한 협력을 촉진"하는 것으로 규정하고 있다(G20 1999). 비교적 포괄적인 역할을 부여했지만 실질적으로는 순수한 대화체 내지는 정보교환과 공유의 장으로 역할을 한정하고 결정권을 부여하지 않았기 때문에 출범 당시 G20의 실효성은 제한적이었다.

그런 측면에서 그동안 GEGS의 중심 역할을 담당해 왔지만 개혁 대상이 된 기존 브레튼우즈 기관들과의 관계 설정 역시 해결해야 할 문제였다. 일단 G20은 IMF 총재를 정식으로 회의에 참가시킴으로써

(6) 독일 역시 새로운 포럼의 창설을 지지하였고 G7 정상회의 과정을 통해서 이를 실현시키는데 공헌하였다. G20 2007, 17 참조.

개혁의 실행력을 높이고자 하였다. 현실적으로는 IMF나 IBRD 그리고 BIS(국제결제은행) 같은 기존의 브레튼우즈 기관들이 미국을 중심으로 한 G7의 추인 없이 실질적인 결정을 하기 어려웠기 때문에 (Culpeper 2000, 9), 이 기관들은 G20의 개혁 의제들을 받아들여 실행하는 관계가 되어야 했다. 하지만 G7 주도 하에 출범한 G20이 실질적으로는 브레튼우즈 기관들의 의제들을 추인하고 정당성을 부여하는 수준의 역할에 머물 가능성 때문에 G20은 진정한 참여의 확대보다는 브레튼우즈 기관들의 한계를 정당화하는 '공명판'(sounding-board)에 불과하며 국제적 의사결정을 'G7화'(G7nization)할 수 있다는 비판을 받기도 하였다(Culpeper 2000, 20).

하지만 시간이 흐르면서 G20은 변화된 모습을 보였다. 예컨대 2005년 G20 중국 회의에서 본격적으로 논의된 IMF 개혁안이 2006년 싱가포르에서 개최된 IMF 연차 총회에서 실제로 채택됨으로써 심하게 저평가되어 있던 동아시아 국가들의 쿼터가 증가하고 경제 여건의 변화에 따라 지속적으로 쿼터의 재배분이 이루어질 수 있는 제도적 기반이 마련되었다. 이는 G20이 G7으로부터 상대적으로 자유롭게 브레튼우즈 기관들의 개혁에 실질적인 압력을 행사할 수 있는 위치에 있다는 점을 증명하는 것이었다(Beeson and Bell 2009, 80).

(2) 거버넌스 구조 및 특징: 기존 기구들과의 차별성

G20 재무장관회의는 이런 배경을 반영하여 거버넌스 구조에서 몇 가지 특징을 보였다. 전체적으로 G20은 연말에 1회 개최되는 재무장관회의를 중심으로 하되 연 2~3회의 실무자회의, 세미나, 워크숍 등 의제를 도출하기 위한 몇 가지 준비회의로 구성되었다(G20 홈페이지).

회의의 대표자는 애초 재무장관과 중앙은행총재 그리고 1명의 실무자 등 3명의 대표로 구성되었다. 그리고 순수한 정보교환 및 협의체의 성격을 강조하여 사무국을 두지 않고 의장국이 사무국의 역할을 담당하는 형태로 운영되었다.

리더십 역시 G20 재무장관회의의 특징 중 하나였다. 일반적으로 '가중투표'(weighted voting) 방식을 채택하거나 혹은 관행적으로 선진국 의사가 상대적으로 강하게 반영되는 경향을 보이는 다른 국제경제기구들과 달리, G20은 동등한 선진국들의 모임인 G7의 거버넌스 구조를 모방함으로써 신흥국들의 발언권이 상대적으로 높아질 수 있는[7] 구조를 갖췄다. 의장국은 G7의 순회 원칙에 입각해 〈도표 1-2〉에 나타난 바와 같이 전체 참여 국가를 다섯 개 권역으로 구분한 뒤 권역별로 돌아가며 1년 씩 맡게 되어 있다. 특히 G20은 소위 '트로이카'로 불리는 전임 의장국, 현 의장국, 그리고 차기 의장국 3국으로 구성되는 의장단을 운영하여 리더십이 단절 없이 발휘될 수 있도록 하였다. 또한 EU, IMF 및 IBRD, IMFC 같은 주요 국제기관들의 대표도 참여시켜 거버넌스 체제 개혁에 대한 논의가 가능하도록 구성하였다.

정상회의로 격상된 뒤 재무장관회의는 정상회의의 의제를 설정하고 거기서 합의된 사항들의 이행을 감독하는 보조적 역할을 맡게 됨에 따라 기존의 거버넌스 메커니즘이 계속 작동될지는 명확하지 않다. 가장 큰 문제는 정상회의 개최국과 재무장관회의 의장국이 일치

(7) 물론 이것은 거버넌스 구조를 비교하였을 때 상대적 측면에서 그렇다는 의미이며 실질적으로는 여전히 미국을 비롯한 강대국의 입김이 강하게 작용할 수밖에 없다.

<도표 1-2> G-20 재무장관회의 의장국 로테이션을 위한 그룹

1그룹 (2001, 2006등)	2그룹 (2002, 2007등)	3그룹 (2003, 2008등)	4그룹 (2004, 2009등)	5그룹 (2005, 2010등)
호주 캐나다 사우디아라비아 미국	인도 러시아 남아공 터키	아르헨티나 브라질 멕시코 –	프랑스 독일 이탈리아 영국	중국 인도네시아 일본 한국

하지 않는 경우이다. 예컨대 2011년 회의 개최국은 프랑스로 정해졌지만 프랑스는 4그룹이어서 기존 메커니즘으로는 2011년 재무장관회의 의장국이 될 수 없다. 일단 3차까지의 정상회의와 2010년에 개최하기로 결정한 캐나다와 한국 역시 기존의 의장국 결정 메커니즘과는 무관했다는 점을 감안할 때 재무장관회의의 기존 거버넌스 구조는 정상회의에 맞춰 바뀔 가능성이 있다.

3) 정상회의로의 격상

(1) 배경

G20 재무장관회의는 미국발 경제위기가 한창이던 2008년 11월 15일 정상회의로 격상됨으로써 글로벌 경제 거버넌스의 중심축으로 명확히 자리매김하였다. 비록 G20 재무장관회의를 정상회의로 격상시킨 계기는 미국발 경제위기였지만 그 필요성은 재무장관회의 탄생 직후부터 여러 방식으로 제기되어 왔다(Heap 2008; Bradford and Linn 2007).

초창기부터 이 이슈를 주도한 인물은 G20 재무장관회의 초대 의장으로 그 제도화에 크게 공헌한 폴 마틴(Paul Martin) 전 캐나다 총리였다. 그는 미국 내에서 G7이나 G10을 초월하는 기구의 창설 문제가 거론되기 시작한 1990년대 초반부터 G7 내에서 미국과 함께 관련 논의를 이끌었으며, 아시아 경제위기 이후 G22나 G33의 초기 모임을 로렌스 서머스(Lawrence Summers) 미국 재무장관과 함께 주도해 마침내 G20 재무장관회의를 실현시키는 데 성공했다. G20 재무장관회의가 어느 정도 정착된 2003년경부터 마틴은 언론 발표, 학술잡지 기고, 학술회의 개최 및 각종 공식 회의에서의 언급 등 다양한 노력을 통해 정상회의로 격상시킬 것을 주장하였다(Martin 2005; Martin 2007 등).

또한 캐나다 빅토리아 대학의 '세계연구센터'(Center for Global Studies)나 워털루 대학의 '글로벌 거버넌스 혁신센터'(Center for Global Governance Innovation) 같은 연구소들을 중심으로 한 연구자들의 활동 역시 도움이 되었다. 상당수 정치가나 관료 경력을 가진 연구자들은 지속적으로 세미나를 개최하고 L20(Leaders of the Twenty) 프로젝트를 통해 G20 재무장관회의를 정상회의로 격상시킬 경우 그 의미와 장단점을 분석하며 필요성을 역설하였다(Carin and Smith 2004; Heap 2003 등).

이들의 논거는 세계화로 야기되는 여러 문제들에 기존의 GEGS로는 효과적인 대응이 어려우며 마틴 총리의 논문 제목이 암시하듯이, "지구적 문제는 지구적으로 대응"할 필요(Martin 2005)가 있다는 것이었다. 나아가 지구적 문제에 효과적으로 대응하기 위해서는 재무장관 수준을 넘어 정상 수준에서의 논의가 필요하다는 것이다. 말하자면 탈냉전 이후 세계화로 야기되는 문제들이 온난화, 전염병, 테러리즘, 세계통화체제처럼 다양한 영역에 걸친 복합적인 이슈이므로 그에 대처하기 위해서는 밀도 있는 논의와 국내외의 다양한 이해관계를 초월하는 대타협 및 정치적 결단이 요구되는데, 이는 오직 최고 지도자들의 회합을 통해서만 가능하다는 인식이었다(Lesage 2007, 348-349). 그런데 현실적으로 정상들의 모임을 새로 창설하거나 기존 기구들을 개혁하는 일이 사실상 어렵기 때문에 이미 작동 중인 G20 재무장관회의를 점진적으로 L20으로 격상[8]시키는 것이 적절하다는 의견이었다(Carin and Smith 2004; Heap 2008, 11-12).

(2) 과정

이런 다양한 논의에도 불구하고 L20의 실현 가능성은 그리 높지 않았다. 미국이나 G8 등 기존 체제의 중심 국가들 사이에 기득권을 버리고 대대적 변화를 모색할 명확한 동기가 없었기 때문이다(Lesage 2007, 356-357). 하지만 서브프라임 모기지 위기가 리먼 브러더스 사태로 확산되면서 세계적 차원의 위기로 악화될 것이 확실해진 2008년 가을에는 상황이 달라졌다. 위기의 원인이 분석되면서 GEGS 개혁과 이를 실현시키기 위한 최고 지도자 회의의 필요성이 본격적으로 제기되기 시작하였는데, 그 발원지는 유럽이었다. 이후

(8) L20에 대한 선도적 아이디어를 제공한 캐린과 스미스는 이것을 "대체"의 의미로 사용하였다. 말하자면 G20이 개최되면서 G8은 자연스럽게 소멸하는 것이다(Carin and Smith 2004, 30 참조). 하지만 현실적으로 양자가 공존하면서 G8정상회의가 개최되는 장소에 G20 정상들이 초대되는 형태로 진화할 가능성도 생겼다. 지난 3차에 걸친 G20 정상회의는 경제위기라는 비정상적 여건 때문에 G8과 무관하게 개최되었으나 2010년 6월 캐나다 토론토에서 개최될 G20은 G8과 연쇄적 방식(back-to-back)으로 열린다.

짧은 기간에 세계 곳곳에서 개최된 다양한 다자적 협력의 장(場)과 정치경제 지도자들의 입을 통해 그런 주장이 점차 힘을 얻어 갔다.

우선 유럽연합 의장이던 니콜라스 사르코지(Nicolas Sarkozy) 프랑스 대통령이 9월 23일 UN 총회 연설을 비롯하여 그 후 수차례에 걸친 연설과 강연 등을 통해 "세계금융시스템을 원점에서 다시 생각할 필요가 있다"고 주장하면서 영미식 자본주의를 수정한 소위 "신브레튼우즈"(혹은 브레튼우즈 II) 체제와 "G8을 기본틀"로 하되 "신흥공업국에도 문호가 개방되는 정상회의의 필요성"을 역설하였다(Eurodad 2008; Deutsche Wheeler 2008). 그리고 그는 10월 15일 벨기에 브뤼셀에서 열린 EU 정상회의와 이어 캐나다 퀘벡에서 열린 불어권 정상회의 등에서 선진국과 신흥공업국이 함께 참석하는 정상회의의 필요성을 강조하였다. 특히 퀘벡에서는 캐나다의 스티븐 하퍼(Stephen Harper) 총리와 반기문 UN 사무총장의 지지 발언을 받아냈다. 이미 10월 초 세계은행 총재인 로버트 졸릭(Robert Zoellick)도 글로벌 금융 구조의 개혁이 필요하며 좀 더 폭넓은 국가들이 논의에 참여할 필요가 있음을 지적하면서 "신글로벌 경제를 위한 새로운 다자주의적 네트워크의 창설"을 주장한 바 있다(Eurodad 2008).

영국의 고든 브라운(Gordon Brown) 총리도 브뤼셀 EU 정상회의에서 "세계 금융시스템에 대한 글로벌 감독체제가 필요"하며 이를 위해 "매우 폭넓고 급진적인 변화"를 강조하면서 신브레튼우즈 체제의 필요성을 역설하였다. 이어 그는 "국제적인 지도자들의 회의가 필요하다는 데 대체로 합의했다"고 말하고, 정상회의는 11월이나 12월 미국의 새 대통령이 참석한 가운데 열릴 필요가 있으며 G8 국가들을 넘어서 남아프리카공화국 · 브라질 · 인도 · 중국 같은 신흥 경제국들도 포함되어야 한다고 강조했다(Kirkup 2008). 또 이탈리아의 줄리오 트레몬티(Giulio Tremonti) 재무장관도 세계 금융 거버넌스 시스템의 개혁을 역설하면서 G8을 확대한 형태의 G14 창설을 주장하는 등 미국발 금융위기를 계기로 유럽 내에서는 기존 글로벌 금융체제의 개편과 정상급 회의 개최에 대한 공감대가 빠르게 확산되었다(Financial Times 2008.9.10).

이어 위기가 점차 심화되어 가던 10월 18일 EU 순회 대표였던 사르코지 대통령과 바로수(Jose Manuel Barroso) EU 집행위원장은 캠프데이비드에서 조지 W. 부시 당시 미국 대통령과 회담하였다. 미-EU 정상회담에서 유럽의 두 지도자는 GEGS의 개편과 그 논의를 위한 정상회의가 필요하다고 역설해 부시 대통령의 합의를 이끌어냈다. 이미 레임덕에 빠져 선거에서 민주당으로 정권이 교체될 가능성이 높아지던 상황에서 부시 대통령은 열세를 만회하기 위해 새로운 의제가 필요했을 뿐 아니라 미국에 집중되던 경제위기의 책임론을 희석시키고자 회의 개최에 동의했다는 것이 일반적인 해석이다. 캠프데이비드 회담 후 "부시 대통령과 두 명의 유럽 지도자는 정상회의의 개최에 합의하였으며 다음 주 각국 지도자들과 접촉할 것"이라는 내용의 성명이 발표되었으며(White House 홈페이지), 22일 "회의는 위기가 시작된 미국에서 선거 직후인 11월 15일 개최될 것"이라고 확정함으로써 G20 정상회의가 공식화되었다.

(3) 성과

2008년 11월 15일 워싱턴에서 제1차 정상회의가 열린 이래 2009년 9월의 피츠버그 정상회의까지 3차례 회의가 개최되었으며, 2010년

6월 캐나다, 11월 한국, 그리고 2011년 프랑스 6차 정상회의까지 개최지가 확정된 상태이다. G20 출범 당시 회의적인 시각에 비하면 지금까지 개최된 세 차례의 정상회의는 상대적으로 발전하는 모습을 보이고 있으며 앞으로도 GEGS의 운영에 공헌할 수 있는 잠재력을 보였다는 평가를 받았다.

워싱턴 정상회의: 2008년 11월 15일 미국의 워싱턴에서 개최된 제1차 정상회의는 기대와 우려가 교차하는 가운데 G20의 가능성과 한계를 동시에 보여줬다. 급속히 확산되던 경제위기의 압박감 속에서 개최된 워싱턴 정상회의는 "세계경제와 금융시장을 위협하는 심각한 도전에 직면하여 경제성장 회복과 금융시스템 개혁을 위해 협력하고 공동으로 대응할 것을 결의"하는 성명서를 채택하였다. 정상회의 성명서는 경제위기의 원인을 진단한 후, 문제를 해소하고 위기 재발을 방지하기 위해 즉각 취해야 할 여섯 가지 정책방향(9)과 개혁을 위한 다섯 가지 기본원칙(투명성과 책임성 강화, 건전한 규제 제고, 금융시장의 통합 촉진, 국제협력 강화, 국제금융기관 개혁)을 포함한 본문 16조의 선언문과 다섯 가지 원칙을 실천하기 위한 47개 항의 구체적인 행동계획으로 구성되어 있다(Declaration 1998).

또 워싱턴 정상회의에서는 47개 실행계획에 따른 실천과제를 조직

(9) 1) 금융시스템의 안정화를 위해 필요한 모든 노력과 행동을 계속한다 2) 각국의 국내 여건에 맞는 통화정책 지원의 중요성을 인정한다 3) 재정의 지속가능성이 유지되는 틀 속에서 국내 수요의 진작을 위해 적절한 재정적 수단을 사용한다 4) 신흥경제국 혹은 발전도상국이 현재의 어려운 금융 여건에서 자본에 접근할 수 있도록 돕는다 5) 세계은행이나 여타의 다자간 개발은행(MDB)들이 그들의 개발 어젠다 실현을 위해 모든 여력을 사용할 수 있도록 장려한다 6) IMF, 세계은행 그리고 여타의 다자간 개발은행들이 현재의 위기를 극복하는 데 역할을 지속할 수 있도록 충분한 재원을 보장한다 등이다(Declaration, 1998 p.2).

적으로 점검하고 조율하는 작업을 수행하기 위해 〈도표 1-3〉의 내용처럼 4개 핵심 의제별로 워킹그룹 의장단을 조직하고 이들과 트로이카를 조합하여 합동운영위원회를 구성하였다. 워킹그룹은 선진국과 개도국이 함께 참여하여 양 진영의 입장이 보다 공정하게 반영될 수 있도록 조직했다. 작업방식도 선정된 워킹그룹 의장단이 47개 중단기 실행계획에 따른 실천과제 제안서를 작성하고, 이에 대한 회원국 및 관련 국제기구들의 의견을 수렴하고 조율하는 과정을 거쳐 최종안을 도출한 후 최종적으로 G20 공동의장단이 합의문을 작성하도록 함으로써 회원국 간 의견불일치를 최소화하도록 하였다(오용협 외 2009, 5).

그리고 정상들은 금융안정화포럼(Financial Stability Forum)의 회원국을 확대하기로 합의하였을 뿐 아니라 금융위기 극복을 위해서는 자유무역의 활성화가 중요하다는 데 인식을 같이했다. 또 보호무역

<도표 1-3> 합동운영위원회의 구조

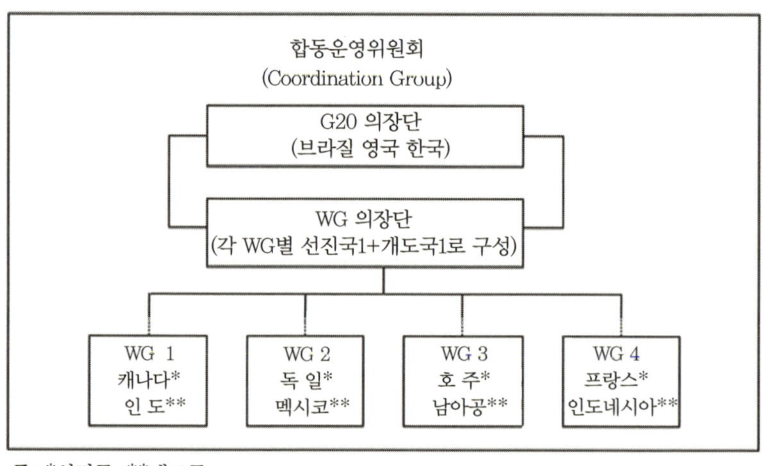

주: *선진국, **개도국.

<도표 1-4> 워킹그룹별 주요 의제

구분	주요 의제
WG 1	금융건전성 규제 및 투명성 강화
WG 2	국제협력 강화 및 금융시장 신뢰성 제고
WG 3	IMF 개혁
WG 4	세계은행과 기타 다자간개발은행(MDB) 개혁

출처: 오용협 2009, 4

조치 '동결'(standstill)에 합의하였으며, 이런 조치들의 이행 상황을 점검하고 금융개혁 조치들을 실행하기 위해 2009년 4월 30일 이전에 다시 한 번 회의를 개최하기로 합의함으로써 G20이 일회성 행사가 될 수 있다는 우려를 잠재웠다(Declaration 2008, 4).

이런 성과들에도 불구하고 G20 정상회의에 대한 평가는 엇갈렸다. 참여국 정상들은 대부분 만족스러운 결과를 거뒀다는 논평을 냈다. 하지만 실질적인 합의를 이끌어냈다는 정상들의 평가와는 달리, 회의 결과에 별 내용이 없다거나 구체적인 대책보다 '약속'만 남발한 회의였다는 비판이 일었다. 또 버락 오바마(Barack Obama) 미국 대통령 당선자 대신 임기가 두 달밖에 남지 않은 부시 대통령이 참석함으로써, 큰 틀에서 합의를 이뤘음에도 불구하고 민감하고 구체적인 부분은 오바마 행정부에 떠넘기는 결과가 되어 합의의 유효성에 대한 의구심이 제기되기도 하였다(조선일보 2008.11.17).

무엇보다 회의를 통해서 드러난 가장 큰 문제점은 회원국들의 입장 차이였다. 기본적으로 유럽과 미국을 주축으로 한 선진국과 중국, 인도 같은 신흥공업국들 사이에 경제위기의 원인과 해결 방법, 글로벌 경제 거버넌스의 개혁 방향 등 중요 이슈들에 대해 적지 않은 견해차이가 표면화되었다. 또한 유럽과 미국의 입장도 많이 달랐다. 프랑스와 독일의 경우 영미식 자본주의 모델을 비판하면서 개혁을 요구한 반면, 미국은 경기부양을 주장하는 모습을 보였다.

런던 정상회의: 2009년 4월 2일 런던에서 개최된 제2차 정상회의는 워싱턴 회의에서 합의한 내용에 대한 이행 상황을 점검하고 보다 구체적이고 실천 가능한 실행 방안을 도출했다는 점에서 워싱턴 회의보다 진일보한 성과를 낸 것으로 평가되었다. 주로 금융 분야에 한정되었던 G20의 이슈 영역을 최빈국에 대한 지원, 건전한 노동시장 육성 그리고 지속 가능한 녹색성장 등 새로운 영역들로 확대하거나, 정상회의의 연말 개최에 합의하여 일각에서 제기되던 회담의 지속성에 대한 의구심을 불식시킴으로써 G20이 세계경제 논의의 구심점이 될 가능성을 한층 높였다.

회의의 합의사항은 29개 항의 정상 성명서와 두 건의 부속서로 발표되었다(Communiqué 2009a). 주요 합의사항은 경제성장과 고용 촉진, 금융에 대한 감시 및 규제 강화, 국제금융기구의 역할 보강, 보호무역주의 배격, 세계무역·투자 증진 그리고 지속가능한 세계경제 회복 등에 관한 것이었다. 우선 국제금융기관 및 무역금융을 통해 총 1조 1,000억 달러 규모의 지원 프로그램을 마련한다는 데 합의하였고, 재정 확장을 통해 1,900만 개의 일자리를 창출하고, 2010년 말까지 5조 달러의 지출과 4% 성장을 위해 노력하며, 녹색경제로의 이행을 가속화하기로 하였다. 특히 경제위기 속에 취약한 경제구조로 인해 타격을 받은 신흥국들과 개도국들을 위해 국제금융기구 차원에서 총 8,500억 달러의 재원을 추가로 확충하여 경제성장을 지원하기로 하였다. 이 안은 구체적인 재원 확충 방안까지 포함하고 있어 비교적 좋은 평가를 받았다. 특히 최빈국 취약 계층의 피해를 최소화하는 데

<도표 1-5> 제1, 2차 G20 정상회의의 주요의제

장소 및 일시	의제 및 성과
미국(워싱턴) 2008. 11.	▶ 16개항 및 액션 플랜(47개 실천과제)으로 구성된 정상 선언문 채택 – 국제금융위기 원인과 그간의 조치에 대한 평가 – 금융위기 해소를 위한 정책 공조 방안 – 국제금융체제 개편 방향 – 자유무역, 시장경제 기본원칙 재확인
영국(런던) 2009. 04	▶ 29개 항의 정상 선언문 및 2개 부속서 채택 – 확장적 재정통화정책 등 거시경제정책 공조 방안 – 보호주의 저지 – 금융규제 및 국제협력 강화 – 국제금융기구 개혁

출처: 윤덕룡 2009, 2

대한 공동 책임을 인정하고 저소득 국가들의 사회보장과 무역 증진을 도모하기 위해 500억 달러를, 그리고 최빈국에 대해서는 23년간 60억 달러의 자금을 무상으로 지원하기로 약속하였다.

아울러 회의에서는 금융규제 강화를 목적으로 기존의 금융안정화 포럼을 금융안정화이사회(Financial Stability Board: FSB)로 확대 개편하여 금융기관, 금융상품, 금융시장 등에 대한 감독·감시 기능을 담당함은 물론 금융 안정화에 필요한 국제회계기준, 가치평가기준, 보조 및 보상체계의 원칙 등에서 단일한 국제기준을 마련하는 데 주도적 역할을 수행하도록 하였다(정철 2009, 3). 그리고 헤지펀드 등을 포함한, 시스템적으로 중요한 모든 금융기관과 금융상품 그리고 금융시장에 대한 규제와 감시의 범위를 확대하였다.

워싱턴 정상회의에서 합의한 보호무역조치 동결에 대한 합의를 재차 강조하여 무역·투자 등에 대한 새로운 장벽 설치, 수출규제조치,

WTO 규범에 부합되지 않는 수출 촉진 조치 등 일련의 보호무역 정책을 배격하기로 하고, 그 기간을 2010년 말까지로 정했다. 아울러 25년 만에 처음으로 세계무역 성장이 하락한 것에 대해 우려를 표명하고 세계무역의 활성화를 위해 향후 2년간 2,500억 달러의 무역금융 지원 자금을 확보하기로 합의하였다.

<도표 1-6> 제3차 G20 정상회의의 주요 안건 및 내용

주요 안건	주요 내용
출구전략	– 세계경제가 회복되고 있으나 아직 위험 요인이 상존함 – 지속적인 경기부양 정책이 필요하며, 출구전략은 경제회복 확인 후 시행
지속가능한 성장체계	– 지속가능한 국제공조를 위한 협력체제 합의 – IMF가 상호평가를 위한 정책감시를 강화하고 G20 및 IMFC회의에 보고 – 11월 재무장관회의에서 구체적인 계획 마련
금융규제 개혁	– 2010년까지 국제적으로 합의된 은행 자본규제 기준을 마련하고 2012년까지 이행 – 상여금 지급에 대한 규제를 대폭 강화 – 다국적 금융기관 정리 방안 및 감독 강화 방안을 2010년까지 마련
국제금융 기구 개혁	– IMF 쿼터를 과다보유국에서 과소보유국으로 최소 5% 이전 – 세계은행의 투표권 개혁은 선진국에서 개도국으로 최소한 3% 이상 이전 추진
에너지, 기후변화	– 국제 에너지 시장의 투명성 제고 합의 – 청정 및 신재생에너지 및 에너지 효율에 대한 투자 장려
개발, 고용, 무역	– 식량안보, 빈곤층에 대한 금융접근성 제고 방안 추진 – 2010년 초에 미국 주도로 노동관계 장관회의 개최 – 2010년까지 DDA(도하 개발어젠다) 협상 타결 추진
향후 일정	– G20을 세계 경제 협력을 위한 최상위 포럼으로 지정 – 2011년부터는 연 1회 정례적으로 개최 – 2010년 6월 캐나다, 2010년 11월 한국, 2011년 프랑스 개최

출처: 윤덕룡 2009, 2

피츠버그 정상회의: 제3차 피츠버그 정상회의는 G20 정상회의의 진화 과정에 분수령이 된 회의라고 할 수 있다. 이 회의는 두 차례 정상회의에서 논의하고 합의한 사안들을 평가하고 재확인하였으며 출구전략 등 주요 이슈에 대한 국제공조 방안을 논의하였다. 무엇보다 이 회의에서는 G20을 글로벌 경제협력을 논의하는 최상위 포럼으로 지정하고 2011년부터 G20 정상회의의 연례 개최에 합의함으로써 G20의 제도화에 중요한 걸음을 내딛게 되었을 뿐 아니라 2010년 11월 제5차 정상회의를 한국에서 개최하기로 합의하였다.

정상회의 결과 채택된 선언문은 31개 항의 서문, 8개 주제에 걸친 50여개 항의 본문 그리고 2개의 부속서로 이루어져 있으며 참가국의 관심사를 비교적 균형감 있게 담은 것으로 평가 받았다. 선언문은 지속가능한 성장체계, 에너지 기후변화, 개발·고용·무역 등 경제위기 이후의 글로벌 경제 거버넌스를 지향한 새로운 이슈들에 대한 합의 내용을 담음으로써 향후 글로벌 경제 이슈에 대한 최상위 포럼으로서의 역할을 수행할 것임을 실질적으로 과시하였다.

피츠버그 정상회의를 계기로 G20의 성격이 명확해졌다. 출범 이후 1년여 동안 계속 제기되던 지속성의 문제는 연례 개최에 합의함으로써 정리되었고, 최상위 포럼으로 지정됨으로써 G8을 대체(10)하는 역할을 하게 될 것임이 명확해졌다. 비록 여전히 실효성의 문제는 남아 있지만 정상회의에서 합의한 내용들의 실행 과정을 계속 점검하고 지속적으로 재무장관회의에 과제를 부여하여 실행이 가능하도록 노

(10) 아직 G20과 G7/G8 체제의 관계는 불명확하지만 일단 피츠버그 정상회의에서 경제문제에 대해서는 G20 그리고 정치안보 문제에 대해서는 G7/G8 체제를 통해서 대응하는 것으로 잠정 정리되었다.

력한 점은 G20을 중심으로 한 거시경제정책 공조를 통해 글로벌 경제 거버넌스를 지속해 나갈 수 있는 가능성을 보였다는 점에서 비교적 긍정적으로 평가되었다.

3. G20 정상회의 체제가 당면한 문제들

그런 성과들에도 불구하고 G20은 여러 가지 문제점들을 여전히 드러내고 있으며 성공적인 안착을 위해서는 아직 많은 노력을 필요로 하는 상황이다.

1) 정당성(혹은 대표성)과 실효성의 딜레마

앞에서도 언급한 바와 같이, G20의 출범은 기존 G7/G8 체제가 경제 규모나 인구 규모 그리고 경제 운용 방식 등 여러 측면에서 더 이상 세계를 대표할 수 있는 대표성과 정당성을 갖지 못하게 된 현실적인 문제를 해결하기 위해 참가국의 외연을 넓히자는 것이 기본 동기였다. 하지만 그 대가는 회의의 효율성이다. 다양한 속성과 이해관계를 가진 다수의 참여자가 한자리에 모여 논의할 경우 기존 G7체제가 가졌던 친밀한 분위기는 약화될 수밖에 없다. 말하자면 정당성과 효율성은 상충관계인 것이다. G20 체제가 성공적으로 안착하기 위한 선결 조건은 여기시 논의되고 선언된 과제들이 성과를 거두고 글로벌 공공재를 제공함으로써 실효성을 입증하는 것이라는 점을 감안하면, 정당성과 효율성의 딜레마는 계속해서 G20의 본질적 문제로 남을 것이다.

이런 사실은 과거의 경험으로도 검증된다. 1990년대 이후 변화된 글로벌 지형을 반영하기 위해 일정 이상의 규모로 조직된 국제기구들은 대다수가 비효율성의 문제에 직면하고 있다. APEC(아시아 · 태평양 경제협력체), 'ASEAN(동남아시아 국가연합)+3', EAS(동아시아 정상회의) 그리고 ASEM(아시아 · 유럽 정상회의) 등은 매년 정상회의를 개최하고 수많은 합의와 선언을 생산해내지만 실질적으로는 회원국 간의 다양한 이해관계 때문에 중요한 문제가 역내에 발생해도 선언 이상의 실효성 있는 성과를 내지 못하는 '말의 경연장'에 불과하다는 비판을 받고 있다. G20만 이 문제로부터 자유로울 리는 없다(Lesage 2007, 357). 특히 위기 국면에는 위기의식을 공유하기 때문에 이견을 자제하고 합의를 도출하려고 하지만 회복 국면이 되면 각 국가와 지역 간의 이해관계가 대립하고 이견이 두드러질 수 있다. 일본의 하토야마 유키오 총리가 피츠버그 정상회의 후 기자회견에서 제기한 "8개국 간 합의도 어려운데 20개국이나 모여 뭘 결정할 수 있겠는가?"라는 우려는 여건이 바뀌면 언제든 현실화될 수 있다.

이런 문제는 앞에서도 언급한 것처럼 강대국들 사이에 배타적 논의 구조를 만들자는 아이디어가 형성되고 있다는 사실에서도 확인된다. 즉 G20이 G8을 대체하지 않고 양자가 공존할 뿐 아니라 G2, G3, G4 같은 새로운 안들이 논의되고 있기 때문에 이것들이 공식화되어 제도화[11]되기는 쉽지 않다 하더라도 글로벌 경제의 중요 이슈들이 이

---

(11) 예를 들면 G3이나 G4 안에 대해서 EU는 유럽 각국의 의석을 1석으로 줄인다는 이유 때문에 반대의사를 표명하였다고 한다. 그리고 미국에서 제기되는 G2안에 대해서 중국은 미국 같은 제국의 이미지를 주는 것에 부담을 느끼고 아직 적극적으로 호응하고 있지 않다.

들 강대국들 사이에서 실질적으로 논의되고 결정되는 시나리오가 불가능한 것만은 아니다. 말하자면 G20은 빠른 시일 안에 그 실효성을 입증하지 못할 경우 언제든지 APEC이나 ASEM이 경험했던 형식화의 길을 걷게 되고, 소수 강대국들이 GEGS의 핵심 이슈들에 대해 내린 결정을 사후적으로 추인하는 존재로 전락할 가능성이 상존하는 것이다.

2) 복잡한 내부 역학관계

G20의 실효성 문제는 내부의 복잡한 역학관계 때문에 더욱 커진다. 기본적으로 더 많은 국가들로 힘이 분산될 경우 협력을 끌어내려면 더 복잡한 정치과정이 필요하다. G20 내의 기본적인 균열 구조는 선진국과 신흥 경제 강국일 것이다. G7 국가들로 이루어진 선진국 그룹이 기득권을 유지하려는 노력은 BRICs(브라질 · 러시아 · 인도 · 중국)를 중심으로 한 신흥 경제 강국들의 집단적 행동으로 견제되고 있다. 이들 국가들은 자주권이나 불개입 원칙 등 세계 질서를 보는 시각을 일정 부분 공유하며 양자관계를 강화해 오던 중 2009년부터 정상회의를 개최하여 기존 GEGS의 문제점을 지적하며 대안을 추구하고 있다(Hurrell 2006; Joint Statement of the BRIC Countries' Leaders 2009). 하지만 그것이 전부는 아니다. 선진국 내에서도 미국 · 영국 · 캐나다 · 일본 등 영미권 국가와 프랑스 · 독일 · 이탈리아 등 유럽권 국가들 사이에 GEGS의 기본 방향과 관련하여 '신자유주의적 영미모형'과 '규제된 자본주의'(regulated capitalism)의 대립 같은 미묘한 주도권 경쟁이 상존한다. 여기에 중국은 글로벌 불균형 문제를

토대로 위안화 절상이나 내수 경제 활성화의 압박을 가하는 미국에 대해 달러 체제의 문제점을 제기하면서 대립구도를 형성하고 있다. 멕시코 · 브라질 · 아르헨티나 등 중남미 국가들은 이미 지역적 결속이 강하게 형성되어 있어 공통의 이해를 위한 연합의 형성이 쉽게 이뤄진다. 아직 명확하지 않지만 한국 · 중국 · 일본 · 인도네시아 · 호주 등도 동아시아 그룹을 형성할 잠재력을 갖고 있다.

이처럼 복잡한 상황에서 IMF와 세계은행 개혁 그리고 글로벌 불균형 해소 같은 개혁의 핵심 이슈들에 대해 국가 간 혹은 지역 간에 총론에는 일치하고 각론에 불일치하는 현상이 상존할 가능성이 높다.

<도표 1-7> G20 런던회의에서 나타난 회원국의 정책선호

G20 회원국		보호무역	금융규제	조세피난	IMF개혁	신흥국 발언권	경기부양
G7	캐나다	○					
	프랑스		○	○			
	독일		○		○		
	이탈리아		○				
	일본	○	○				○
	영국		○	○	○		○
	미국		○	○			○
신흥 국가	호주		●				
	아르헨티나		●	●		●	
	브라질	●	●			●	
	중국		●		●		
	인도	●				●	
	인도네시아				●	●	
	한국	●					
	멕시코				●	●	
	러시아				●	●	
	사우디				●		
	남아공					●	
	터키					●	●

출처: 김치욱 2009, 10.7

이미 기존 회의들에서 경제위기의 원인과 대응 방법을 둘러싸고 국가 간 이견이 계속 표출되어 왔으며 이런 시각차는 G20 정상회의에서 경제위기 재발 방지를 위한 조치들에 대한 합의를 도출하려는 노력을 어렵게 만들었다(Pettis 2009, 3). 게다가 글로벌 경제위기가 어느 정도 완화되면서 정상회의 어젠다의 지평도 에너지와 기후변화, 질병, 지구촌 빈곤 문제 등으로 넓어지고 있다. 이슈마다 국가 간 이해관계가 복잡하게 얽혀 있음은 주지의 사실이며 이런 점들이 G20의 장래를 장밋빛으로만 그리지 못하게 만든다.

물론 G20 회원국 간 균열 구조를 너무 부정적으로만 바라볼 필요는 없다. 사실 참여국들은 수많은 이견에도 불구하고 협상과 타협을 통해 미흡하나마 합의를 도출해 낼 수 있었다. 말하자면 G20 국가들은 시장경제나 자유무역 등의 원칙에 대해 대체적으로 합의하고 있을 뿐 아니라, 각 그룹들이 경직된 이데올로기나 정치군사적 이해관계로 뭉쳐진 공고한 집단이 아닌 이상 국가들은 이슈와 영역에 따라 이해관계를 조정하고 이합집산을 할 수 있다. 예컨대 지구촌 빈곤문제나 기존 경제 거버넌스처럼 선진국과 신흥공업국 그룹이 맞서는 것이 좀 더 적실성을 갖는 분야가 있는가 하면, 농업 문제의 경우에는 아르헨티나 · 호주 · 브라질 · 캐나다 등이 EU · 일본 · 미국 등의 농업 분야 보호주의에 대항하기 위해 연합할 수도 있다. 에너지 영역에서는 인도네시아 · 멕시코 · 러시아 · 사우디아라비아 같은 산유국들과 중국 · 유럽 · 일본 · 한국 · 남아프리카공화국 같은 소비국들로 입장이 나뉠 것이다. 역설적으로, 향후 보다 많은 이슈들을 다루게 될 G20 정상회의에서 이런 다양한 이해관계의 대립 구도가 형성되고 그에 따라 서로 다른 국가들 간의 연합 구도가 중첩적으로 형성되는 것은 오히려 상호간의 논의와 타협을 통해 회원국 사이에 신뢰를 구축할 수 있는 잠재력을 의미하기도 한다(Bradford, et.al. 2008, 3). 물론 그렇게 되기 위해서는 이처럼 다양한 이해관계들이 융통성 있는 협력 구도로 정착함으로써 논의와 타협이 활발하게 이뤄지고, 중요한 글로벌 경제 문제에 대해 유효성 있는 결론을 도출하여 그것들을 실행에 옮길 수 있어야 한다는 선결 과제가 있다.

3) 제도화의 문제

피츠버그 정상회의는 G20 정상회의를 GEGS의 최상위 포럼으로 규정하였을 뿐 아니라 개최를 정례화 함으로써 제도화를 위한 중요한 진전을 이루었다. 하지만 G20 체제의 정착을 위해서는 아직 숙제도 적지 않다. G7/G8 프로세스와의 관계 설정, 사무국 설치 문제, 구체적인 회의 운영절차 수립, 의사결정 과정의 확립, 더 나아가 시민사회와의 소통 문제 등 장기적으로 풀어야 할 과제들이 산적해 있다.

그 중 가장 핵심적인 것은 멤버십 문제이다. 일단 G20 정상회의는 공식적으로 EU를 포함한 20개국과 IMF 총재, 세계은행 총재, 국제금융통화위원회(IMFC) 집행위원장, EU 중앙은행장 등을 공식 참가자로 정하고 있지만, 실제 회의에는 그보다 훨씬 더 많은 국가들이 초청된다. 워싱턴 회의에도 스페인과 네덜란드[12]가 참여하였으며 UN 사무총장 역시 추가되었다. 런던 정상회의의 참가 범위는 더욱 확대되었다. EU 의장국인 체코와 IMFC 의장국인 이집트가 초청되

---

(12) 2008년 EU 의장국은 프랑스가 맡고 있었으므로 프랑스를 대신하여 스페인이 초청되었고 네덜란드는 스페인의 참여가 결정된 후 주최국 미국이 초청하였다.

었고 유럽에 비해 대표성을 제대로 인정받지 못하고 있던 아프리카와 동남아시아를 위해 신아프리카개발협력(New Partnership for Africa's Development; NEPAD) 의장국인 에티오피아와 ASEAN 의장국인 태국이 초청되었다. 피츠버그 정상회의도 예외는 아니다. 네덜란드 · 스페인 · 스웨덴 · 에티오피아 · 태국, 그리고 국제기구인 ILO(국제노동기구) · UN · OECD(경제협력개발기구) · WTO · FSB(금융안정위원회) 등 총 32개 국가 및 기관이 참석하였다(런던 정상회의 홈페이지, 피츠버그 정상회의 홈페이지 등). 사실상 회의는 이미 G20이 아닌 G30 이상으로 확장되고 있는 것이다.

물론 그런 시도는 2000년대 초반부터 G7/G8 체제에서도 이미 있었으며 그 결과 G8회의에도 다양한 이슈 영역에서 소위 '초청 5개국'(Outreach 5: 중국 · 인도 · 브라질 · 남아프리카공화국 · 멕시코)을 비롯한 여러 국가들이 초청되어 참가한다(Cooper and Jackson 2007). 말하자면 그런 현상은 기본적으로 G7/G8 체제가 직면한 정통성의 문제를 해결하기 위한 노력의 결과 빚어진 것인데, 그에 대한 대안으로 이제 막 출범한 G20 정상회의에도 그런 현상이 반복된다는 것은 여전히 정통성 문제가 해결되지 않고 있음을 의미한다. 보다 많은 지도자들을 참여시킴으로써 포괄적인 논의의 가능성을 높이고 합의 사항의 실행 가능성을 높이는 긍정적 효과도 있지만 정상들 간의 솔직하고 친밀한 대화의 가능성은 낮아진다. 장기적 관점에서 보면 이는 G20의 정체성과 성격을 모호하게 함으로써 효율적인 작동과 제도화에 걸림돌이 될 수도 있다.

4. G20에 대한 평가 및 전망

지금까지 살펴본 바와 같이 1999년 재무장관회의로 출범한 G20은 10년 만인 2008년에 정상회의로 격상되었고 이제 GEGS의 최상위 포럼이 되었다. 이처럼 중요성이 커지면서 아직 제한적이긴 하지만 그 배경과 성격(본질) 그리고 유용성과 장래 전망 등에 대한 이론적 논의가 시도되고 있다. 예컨대 오랫동안 G20에 주목해온 한 연구자는 그 유용성에 초점을 맞춰 '중복론'(redundant), '회의론'(skeptics), '강화론'(reinforcers) 그리고 '대체론'(replacers)이라는 분류법을 제시하였다(Kirton 2005, 1-2). 하지만 이는 단순히 G20의 기능만을 기준으로 분류한 것으로 체계적인 분석틀로서의 가치는 그다지 높지 않다.

G20의 성격에 대한 보다 체계적인 판단은 미국 헤게모니와의 상관관계에서 찾는 것이 바람직할 것이다. G20의 등장이 제2차 세계대전 후 형성된 미국 중심의 글로벌 경제 거버넌스 체제의 변화 과정과 밀접히 연계되기 때문이다. 그리고 G20의 성격에 대한 판단은 그 기능과 장래 역할 등에 중요한 함의를 제공한다. 이런 측면에서 볼 때 한 연구가 지적하듯이 "문제의 핵심은 G20 같은 기관의 등장이 미국 혹은 집단 헤게모니로부터 본질적으로 벗어나는 것을 의미하는가 아니면 단순히 다른 수단을 통한 또 다른 헤게모니"를 보여주는 것인가로 요약된다(Beeson and Bell 2009, 68).

그 기준에 따르면 G20에 대해서는 크게 두 가지 입장으로 나눠진다. 첫째, '포섭전략론'이 있다. G20이 신흥 경제 강국들을 포함하지만 본질적으로는 미국 헤게모니와 G8 체제의 연장선에 있으며 기존의 신자유주의적 GEGS를 유지하고자 신흥국들을 포섭하려는 전략의 일환에 불과하다는 시각이다. 두 번째는 '신체제론'이다. G20이 다양한 한계를 가졌음에도 불구하고 세계 경제 권력의 이동과 신흥경제 강국들의 권력 상승을 반영하며, 그런 추세가 미국의 헤게모니 약화와 함께 지속되면서 GEGS의 중심적 역할을 할 것이라고 보는 시각이다.

1) 포섭전략론

G20은 권력이동이라는 세계적 추세 속에서 미국과 G7 국가들이 기존의 미국 헤게모니 체제에 기반한 신자유주의적 세계경제 거버넌스를 유지하기 위해 펼치는 '포섭(inclusion)전략', '패권적 결속(hegemonic incorporation) 전략', 혹은 '새로운 유형의 네트워킹 전략'의 산물이라는 시각이다(Germain 2001; Beeson and Bell 2009; 김치욱 2009). 이들의 이론적 토대는 헤게모니의 성격 변화이다. 수전 스트레인지(Susan Strange)의 '구조적 헤게모니'(structural hegemony)와 '관계적 헤게모니'(relational hegemony) 개념, 그리고 베일린의 '제도화된 헤게모니'(institutionalized hegemony) 개념 등을 원용한다. 제2차 세계대전 후 압도적이던 물리적 우위가 1970년대 이후 약화되어 가는 현실에서, 미국의 헤게모니는 새로운 유형 즉, 네트워킹을 통한 관계적 권력 혹은 집단적 유형으로 제도화하는 형태로 변모하여 왔으며, 이는 G7을 중심으로 하고 여기에 중요 국가들을 포함하는 Gs전략을 통해 기존 글로벌 경제 거버넌스 체제의 자유주의적 본질을 유지하는 전략으로 실현되어 왔다는 것이다(Bailin 2001).

이런 주장을 뒷받침하는 사실도 많다. G20이 G7에 의해 애초에 위기의 근원이던 신흥공업국들을 감시 감독하려는 의도로 제안되고 만들어졌으며, 자유경제 · 경쟁 · 개방 같은 자유주의적 이데올로기의 증진이라는 G7의 기본 목표를 공유하고, 민주주의 가치의 증진이라는 목표 아래 회원국 구성에 있어서 민주주의 체제 여부를 중요 요소로 여기고 있으며, 회의 구성 및 체제 등이 G7의 포맷을 채택하고 있다는 점이 그런 증거들이다. 또한 G20이 정상회의로 격상되는 과정에도 그런 주장이 설득력을 얻을 일들이 벌어졌다. 사르코지 대통령이 부시 대통령을 방문하고 미-EU 정상회담을 통해 G20 정상회의 개최를 결정하던 과정은 결국 이 체제가 여전히 미국 혹은 선진 산업국가들을 중심으로 한 기존 헤게모니 체제의 테두리 안에 있을 것임을 시사한다. 반면 중국을 비롯한 신흥공업국들은 G20 정상회의의 성사 과정에 주도적 역할을 하지 못했다(Freedman 2008). 나아가 많은 언론보도나 연구자들은 오바마 당선자가 아니라 레임덕에 빠진 부시 대통령이 참석한다는 이유로 워싱턴 정상회의에 회의적 시각을 보냈다. 미국의 리더십과 역할이 회의의 성패를 좌우한다고 보았기 때문이다.

따라서 이 시각은 대체로 G20의 역할과 장래에 큰 기대를 걸지 않는다. 이들은 경제위기의 재발 방지를 위해서는 GEGS의 보다 근본적인 개혁이 필요하지만 G20으로는 그것을 이루기가 어려울 것이라고 본다. 심지어 역설적으로 G20의 등장이 미국의 헤게모니를 강화하는 효과마저 있다는 시각도 있다. 태생적으로 G20은 GEGS 변화의 추동력이 되기보다는 큰 틀에서 미국과 G7 중심의 기존 체제를 정당화해 주고 그것의 지속에 도움을 주는 역할에 그칠 가능성이 크기 때문이다(Porter 2000, 17; Porter and Wood 2002, 250; Beeson and Bell 2009, 71).

2) 신체제론

런던 정상회의 직후 "이제 새로운 세계 질서가 등장하고 있다"고 한 브라운 영국 총리의 선언이나 "영미식 앵글로색슨 자본주의의 개혁"을 부르짖는 사르코지 프랑스 대통령의 주장이 상징하듯이, 이 시각은 G20의 등장을 변화된 국제 경제 여건을 반영한 새로운 GEGS의 도래로 본다. 이 시각은 1999년 G20 재무장관회의의 창설을 주도한 마틴 캐나다 수상과 2003년경부터 G20을 정상회의로 격상하자고 주장했던 일련의 연구자들 그리고 일부 매스컴들 역시 공유한다(Bradford and Linn 2007).

이 같은 인식의 밑바탕에는 냉전체제의 붕괴, 세계화, 정보화 등이 세계 질서에 근본적인 변화를 일으키고 있으며 미국의 헤게모니 체제는 이제 사실상 종말을 고했다는 판단이 자리한다. 따라서 기존의 브레튼우즈 체제나 G7 체제로는 신흥공업국으로의 권력이동 현상이나 글로벌 차원에서 발생하는 새로운 유형의 문제들에 적설히 대응하기 어렵기 때문에 G20의 성립은 미국 혹은 서구 중심적 GEGS로부터 비(非)서구를 포함한 보다 집단적인 협력체제로의 전환을 상징한다는 것이다. 말하자면 G20의 등장을 변화된 글로벌 경제 여건에 대한 일종의 적응 과정으로 보는 것이다(Martin 2005; Peel 2009).

이런 인식을 갖고 있는 연구자들은 상대적으로 G20의 장래 역할에 대해 희망을 품으며 G20으로 상징되는 새로운 GEGS가 과거의 질서를 대체할 것이라고 기대한다. 말하자면 G20의 탄생으로, 비록 현재의 GEGS가 미국을 비롯한 서구 국가들에 의해 만들어지고 지배되어 왔지만 앞으로 그것이 적절히 기능하기 위해서는 비서구 국가들의 이익을 보장해주고 그들과 타협하여 지지를 이끌어내야 한다는 점이 증명된 셈이라는 것이다(Beeson and Bell 2009, 72). 물론 그런 희망적인 기대가 현실화되기 위해서는 G20의 실효성 검증 같은 중요한 선결 과제의 해결이 필요하다.

현실적으로 두 입장의 문제의식을 효과적으로 절충하면 G20의 등장에 대한 설득력 있는 설명을 얻을 수 있을 것이다. 기본적으로 향후 미국의 패권이 과거처럼 유지될 수는 없지만, 그렇다고 빠른 시일 안에 절대적으로 쇠퇴하거나 다른 세력에 의해 대체되는 것도 아니며 변화와 조정 과정을 거치면서 상당 기간 존속할 것이라고 보는 것이 타당하기 때문이다. 또한 G20 내부에 존재하는 집단주의에 입각한 협력의 형태는 관계적 유형으로 인해 나타나는 보다 폭넓은 헤게모니 체제의 테두리 안에서 작동하는 것이다. 말하자면 G20에 속한 국가들은 아직도 정치적으로 사회주의 체제를 유지하고 있는 중국을 포함해서 모두 자유주의적 이데올로기와 경제질서의 테두리 내에 있기 때문이다. 따라서 G20의 등장은 한편으론 기존의 중심 국가들이 변화된 환경에 대응하기 위해 포섭의 전략을 취하되, 집단적 협력 방식을 통해 신흥 경제 강국들과 타협과 공존을 모색함으로써 국제 경제의 안정과 자유주의적 GEGS의 지속을 추구하는 것으로 해석될 수 있다.

5. 맺는말

이상에서 G20 체제가 등장하게 된 배경과 진행 상황 그리고 문제점 및 그 해결책 등을 개괄적으로 살펴보았다. G20 체제는 전반적으로 글로벌 경제 여건의 변화와 그 결과 빈발하는 금융위기 등을 배경으로 1999년 창설되었으며 2008년 정상회의로 격상됨에 따라 GEGS의 중심축으로 떠올랐다. 그럼에도 불구하고 효율성의 문제나 제도화의 문제 그리고 내부 이해관계의 충돌 등 여러 가지 문제점이 남아 있음을 보여주었다.

앞에서 언급한 바와 같이 G20의 등장에 대해 여러 차원에서 논란이 있기는 하지만 기본적으로 G20이 GEGS의 중요한 변화를 상징하고 있다는 점에 대해서는 대체로 합의가 이루어지고 있다. 특히 최근 상황에 비춰볼 때 2008년 경제위기로부터 가장 빨리 탈출하는 국가들은 기존 선진국들이 아니라 중국 · 인도 · 한국 · 브라질 같은 신흥공업국들이며 선진국들의 경우 회복이 더딜 것으로 예측되고 있다. 그만큼 '경제위기 이후'의 여건에서 글로벌 차원의 경제 권력의 이동 현상은 더욱 가속화될 가능성이 크다. 이런 측면에서 본다면 G20은 향후 상당 기간 GEGS의 중심적 역할을 담당하게 될 것이며 그 가운데 신흥 경제 강국들의 위상도 높아질 것이다.

이런 상태에서 G20 체제의 안착은 두 가지 차원의 과제가 해결될 때 가능하다. 하나는 G20이 추구하고 있는, 회원국 확장을 통한 정통성 문제의 해결이 어느 정도 성공해야 한다는 점이고, 다른 하나는 G20이 여타의 대안들 즉, 'G8의 존속'을 포함하여 G13, G14, G16과 같은 대안들보다 우수함을 증명할 수 있어야 한다는 점이다. 그리고 이 과제들은 궁극적으로

G20 체제가 글로벌 경제위기에서 탈출하는 데 중요한 역할을 하고, 나아가 '경제위기 이후'의 국면에서 새롭게 제기되고 있는 글로벌한 이슈[13]들에 대해 얼마나 효과적으로 대응할 수 있는가의 문제, 즉 G20의 실효성 문제와 밀접하게 연계되어 있다.

(13) G20은 향후 수많은 이슈들을 다루게 되겠지만 현 시점에서 글로벌 경제 거버넌스의 핵심 이슈로 부상하고 있는 것은 바로 글로벌 불균형 문제이다. 위기감이 어느 정도 약화되는 2010년 후반기와 2011년에는 이 문제가 글로벌 경제 거버넌스의 개혁을 위한 가장 뜨거운 이슈로 등장할 가능성이 점차 높아지고 있다. (Steven Dunaway. 2009. 'Global Imbalances and the Financial Crisis', Council on Foreign Relations.)

2부

글로벌 경제위기와 각국의 대응

제 2장
글로벌 경제위기와 미국

주미영

(한국외국어대학교)

1. 들어가는 말

미국은 제2차 세계대전 이후 여러 차례 경제 불황을 겪어 왔지만 그 불황은 평균 10개월 정도면 회복되었다. 그러나 2008년 서브프라임 모기지 사태로 시작된 미국의 경제위기는 이미 1년도 더 지났건만 아직도 출구전략을 고려하지 못할 정도로 회복이 더디다. 그 때문에 이번 위기는 1930년대 경제대공황 이후 최악으로 평가되고 있다.

미국이 세계 GDP의 30%를 차지하는 상황에서, 미국의 경제위기는 세계경제를 뒤흔들어 놓을 정도로 많은 국가들에게 엄청난 파급효과를 일으킬 수밖에 없다. 그럼에도 현재의 세계 경제위기가 미국의 책임인가에 대해서는 공개적으로 논의되지 않았다. 하지만 2008년 9월 미국의 금융시장이 와해되면서 세계경제가 요동치게 된 것을 부인할 수 없기 때문에 미국이 경제위기의 책임을 피해가기는 어렵다.

2008년 9월 발생한 미국의 금융위기는 실제로는 2007년 중반부터 이미 그 위험성이 감지되기 시작했으나 미국 정부와 금융시장 관련자들이 문제를 해결하지 못함에 따라 결국 세계 금융시장으로 파급되고 말았다. 현 경제위기의 경우 과거의 경제위기에서 볼 수 없었던 새로운 현상들이 나타나는 것을 볼 때 그 원인도 상당히 특별할 수밖에 없다.(1) 거대한 규모의 서브프라임 모기지 대출, 증권화 시장의 확대, 대출을 담당한 자산 보유회사와 최종 투자회사 간의 분리,(2) 신뢰하기 어려운 신용평가기관의 평가 등이 이번 금융위기를 초래한 주요 원인으로 제기될 수 있다. 이런 요소들은 과거에는 볼 수 없었던 현상들인 만큼 경제 환경을 그런 식으로 방치해온 미국 정치권의 책임이 가장 큰 문제였다고도 볼 수 있다.

현재의 세계 경제위기는 미국의 주택시장 붕괴가 금융시장에까지 영향을 끼침으로써 2008년 9월 최악의 금융위기로 번진 것이다. 2006년 미국에서 역대 최고의 호황을 누렸던 주택경기의 거품이 꺼짐으로써 주택가격과 관련된 증권 가치의 급격한 하락이 발생하고 결국 전 세계적으로 이와 관련된 금융기관들이 손해를 입게 되었다. 신용평가기관들과 투자가들이 모기지 관련 금융상품과 관련된 위험성을 정확하게 평가하지 못했던 것도 문제였지만, 미국 행정부가 21세기 금융시장에서 규제정책을 제대로 실행하지 않았던 것도 결정적인 실수였다.

---

(1) 과거의 경제위기는 전쟁 이후 실업률 상승, 유가상승으로 인한 생산성 저하와 물가상승, 투자위기 등의 원인에 의해 발생되었다.

(2) 이것은 그림자 금융체제(shadow banking system)로 일컬어지고 있다.

금융위기 발생 이후 2008년 11월 워싱턴 D.C.에서 개최된 첫 번째 G20 정상회의에서 각국 정상들은 경제위기의 원인을 파악하고 그 극복을 위해 세계 금융시장 개혁을 논의했다. 하지만 그들은 실질적으로 경제위기의 책임이 어디에 있는가를 규명하기보다 이 위기가 전 세계 국가들의 공동 책임이므로 모든 국가들이 서로 협력해서 극복하고 개선해 나가야 한다는 데 동의했다. 세계경제가 호황이었던 상황에서 재정적자가 지속적으로 증가했던 것도 경제위기 발생에 한몫을 하고 있었고, 미국 주택시장의 거품이 세계자본의 유입에 의해 커졌던 것도 큰 문제였다. 동유럽과 남미 국가들에게 막대한 자금을 대출해줌으로써 발생한 유럽 지역의 금융시장 거품도 자본이동을 저해했다. 이처럼 많은 국가에도 세계화 속에서 미국과 동일하지는 않지만 유사한 문제가 잠재되어 있었다. 그런데도 2009년 4월 제2차 런던 G20 정상회의에서 경제위기 극복에 대해 구체적으로 논의할 때 일부 유럽 국가들, 특히 독일과 프랑스는 미국이 제시한 경제위기 극복 방안에 반대하면서, 세계 경제위기에 대한 미국의 책임을 직접적으로 언급하지 않는 대신 간접적으로 비난하는 태도를 보였다.

이 글에서는 2008년 9월 미국에서 시작된 경제위기가 어떻게 세계 경제위기로 파급되었는가를 보기 위해 일단 미국 내 경제위기 발발 원인을 규명해보고, 과연 그 이유들이 세계적으로 파급된 경제위기의 주요 원인인가를 진단해 보고자 한다. 이와 더불어 경제위기를 극복하기 위한 버락 오바마 행정부의 국내 정책적 대안과 국제 경제위기 해소를 위한 G20의 노력과 합의 과정에서 미국이 보인 태도를 살펴보고자 한다.

2. 2008년 미국 경제위기의 주요 원인

1) 미국 경제정책의 근본 문제

미국 내 심각한 수준의 경제침체와 금융시장 붕괴가 동반됨으로써 발생한 2008년 경제위기를 놓고 일부 학자들은 대공황 이래 최악의 경제위기라고 평가하지만, 또 다른 한편에서는 이 위기가 이전의 경제위기보다는 그 수위가 심각하지 않다는 낙관적인 주장을 피력하고 있다. 그렇지만 이번 위기를 통해 미국 경제 시스템의 정통성이 약화될 것이라는 전망에는 모두가 공감하고 있다. 이 때문에 미국은 국제사회에서 신용도에 큰 상처를 입게 됨으로써 더 이상 패권국가로서의 위치를 차지할 수 없게 되는 반면, 이와는 반대로 세계화 속에서 중국은 그 위상이 보다 상승하게 될 가능성이 높다(Wolf 2009).

이번 경제위기의 원인에 대해 대부분의 전문가들은 미국 경제의 과거 역사에 대한 심도있는 분석없이 주로 서브프라임 모기지회사의 실패, 자산가치의 하락, 신용시장의 경직을 가져온 미국금융체제 등 단기적 현상에만 초점을 맞추고 있다. 하지만 이런 요인들로는 이번의 경제위기 현상이 그 동안 어떻게 그리고 왜 진전되어왔는가에 대한 해답을 정확하게 이해하기는 어렵다.

역사적으로 미국의 경제정책은 애덤 스미스(Adam Smith)의 시장경제를 중심으로 한 자유방임주의와 케인스주의적 혼합경제를 주장하는 두 파의 줄다리기 속에서 운영되어왔다. 전자의 경제이론이 미국의 경제대공황 발생과 함께 그 세력을 잃게 되자 후자의 경제 질서가 미국의 경제를 책임져왔다. 제2차 세계대전 이후 미국의 경제적

이윤율(economic profit rate)이 하락했는데, 1950년대 22%에서 1970년대 중반까지 12%로 하락하는 추이를 보였다. 1970년대까지는 미국 정부가 팽창적인 재정정책과 금융정책, 즉 보다 많은 재정지출, 세금삭감, 낮은 이자율 등을 통해 실업률을 하락시키려는 목표를 추구하고 있었다(Moseley 2009). 하지만 이로 인해 오히려 인플레이션이 극도로 악화되어 심각한 사회 · 경제적 문제가 되었는데, 기업들이 이윤율을 높이기 위해 고용창출이나 생산보다는 오히려 물가를 높이는 방법을 선호했기 때문이었다.

1950년~70년대까지 미국에서 정부의 시장 개입을 중시하는 케인스주의적 혼합경제가 경기침체 속 물가상승, 즉 스태그플레이션을 계기로 후퇴하게 되면서 결국 경제학의 신주류가 등장했다. 1980년대 접어들어 미국 정부는 작은 정부와 큰 시장, 민영화와 규제완화 등을 핵심 개념으로 하는 신자유주의 경제 이념을 채택하였다. 1980년대를 전후로 미국의 레이건(Ronald Reagan) 정부, 영국 대처(Margaret Thatcher) 정부가 신자유주의를 적극 수용하면서 세계화 속에서 많은 국가들도 금융규제 완화, 자유무역 확대 등에 동참하게 되었다. 미국에서는 레이건 대통령 시절부터 신자유주의적 시장경제가 강화되면서 금융체제가 경제의 핵심이 되기 시작했다. 1980년대에는 인플레이션을 막기 위해 정부가 이자율을 높이는 긴축 금융정책을 통한 규제정책을 실시했기 때문에 인플레이션은 해소되었지만 결국 다시 실업률이 상승하게 되었다. 이렇듯 미국의 경제는 인플레이션과 실업률이라는 두 요소가 경제 이윤율 하락의 주요 원인이 되어 왔다.

<도표 2-1> 미국의 GDP 대비 재정적자 증감 추이(%)

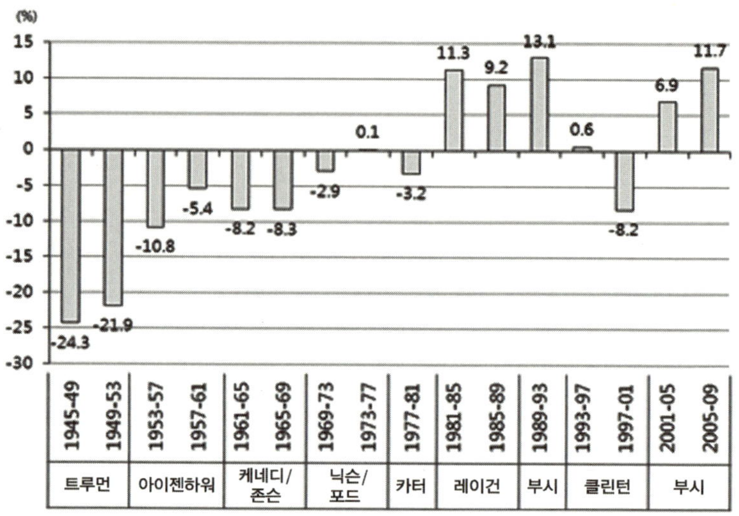

〈도표 2-1〉에서 시장경제를 강조했던 공화당 출신 대통령들의 행정부 하에서 재정적자가 심각하게 증가해 왔던 것을 보더라도 최근까지 미국 경제는 심각한 재정적자라는 누적된 문제를 해결하지 못한 채 운영되어 왔다는 것을 알 수 있다. 그 이유는 미국 자본주의 체제의 기본 생존 능력과 역사적으로 오랫동안 유지되어 온 경제논리에 대한 불변성에 대해 전혀 의문이 제기되지 않았기 때문이었다. 또한 울프(2009)가 주장하듯이 미국의 재정적자 누적 현상이 심각해진 이유는 시장경제를 대체할 만한 신뢰할 수 있는 대안이 없었기 때문이기도 하다. 이런 점에서 경제위기는 이윤추구라는 체제의 문제라기보다는 경제체제가 운영되고 있는 정치적 환경적 문제 때문에 발생한 것으로 볼 수 있다.

레이건 대통령의 경우 1982년 은행규제를 완화했고, 클린턴 대통령은 1933년 이후 투자은행과 상업은행을 분리해왔던 은행법을 폐지하고 서브프라임에 모기지를 허용하는 등 금융규제정책을 손질했는데, 이런 변화가 바로 현재의 경제위기의 원인이라는 주장이 있다. 하지만 9.11테러 이후 경제침체를 극복하기 위해 연방지불준비제도 이사회의 그린스펀(Alan Greenspun) 의장이 1%의 저금리정책을 고집했던 것도 부인할 수 없는 원인 중 하나다.

시장경제 하에서 미국 경제는 신용을 기초로 운영되고 있으며, 신용은 현명하게 사용되어야만 좋은 도구가 될 수 있다. 예를 들면, 신용은 일자리 창출에 도움이 되는 사업을 시작하거나 확장하기 위해 사용될 수도 있고, 주택이나 자동차 등을 구매할 경우에도 사용될 수 있다. 이번 경제위기에서는 신용에 대한 검증 없이 대출을 허용한 것도 큰 문제였는데, 무엇보다도 모기지 투자회사들이 신용이 부족한 사람들에게 지나치게 많은 모기지를 쉽게 허용해서 너도나도 주택을 구입하여 주택시장에 거품이 발생하게 만들었다.

1930년대 초반 경제대공황의 주요 정책적 실패는 은행의 파산을 그냥 내버려 두었다는 점이었다. 이와 같은 은행의 파산이 다시는 발생하지 않을 것이라는 것이 G7 국가들의 생각이었지만, 신용불량의 문제는 궁극적으로는 국제사회의 불균형을 초래하는 근본적인 신용불량의 원인이 되고 말았다. 시장경제 하에서 금융정책은 거품을 없앨 수 없으며, 규제정책은 항상 뒷전에 놓여 있다. 그렇기 때문에 결국 현재 미국은 재정정책으로 금융위기를 다룰 수 있다고 확신하고 있다. 모기지의 액면 가치량이 10조 달러에 이르는 상황에서 재정적인 부양책을 통해 손실에 대한 보상은 가능할 수 있을지는 모르지만 소비지출에 있어서는 침체상황이 지속될 가능성이 높다.

〈도표 2-2〉에서 요약되듯이 미국의 경제위기는 대내외적 요인이 복합적으로 작용했던 것은 물론 시장의 실패와 정책의 실패가 동시에 문제로 인식될 수 있다는 점에서 과거의 경제위기와 차별성이 있다고 볼 수 있다. 또한 세계화 속에서 미국만이 아닌 다른 국가들 역시 유사한 문제점을 안고 있었기 때문에 이번의 경제위기는 모든 국가가 공유해야 하는 문제임에 틀림없다. 이런 점에서 G20 국가 모두 세계 경제위기 극복을 위해서는 국제사회가 서로 협력해야 한다는 데 공감하고 있다.

<도표 2-2> 2008년 미국 경제위기 발생 과정과 원인

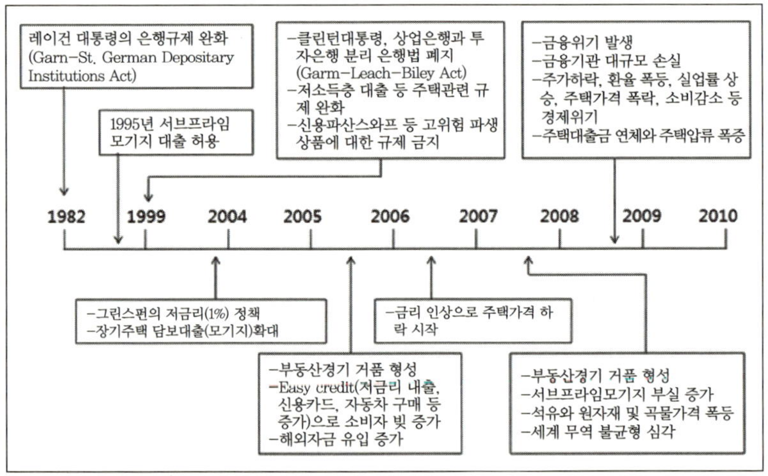

2) 2008년 미국 경제위기의 근본 원인

미국에서는 1990년대 모기지 산업에서 새로운 현상이 발생했는데, 그것이 바로 서브프라임 모기지였다. 이 모기지는 꽤 오랫동안 존재해왔지만, 경제위기가 발생하기 바로 직전에야 비로소 그 규모가 엄청나게 확대될 정도로 많은 사람들에게 인기를 얻게 되었다. 기본적으로 서브프라임 모기지는 정상적으로 대출을 받지 못하는 신용이 낮은 대출자에게도 가능한 것으로, 결국 이를 이용한 대출자들이 바로 경제위기의 주요 원인 제공자가 된 셈이다. 미국에서 프라임 모기지는 대출시장의 80% 정도를 차지하고 있었던 반면, 서브프라임은 약 15% 정도를 차지하고 있었다(Mothorpe 2008, 17). 그렇던 서브프라임 모기지의 규모가 1993년 33억, 2003년 3,320억, 2007년 1조 5,000억 달러로 획기적인 증가를 보여 왔기 때문에 이로 인해 발생되는 문제는 심각할 수밖에 없었다(Agarwal and Ho 2007).

이런 대출의 대부분은 처음 몇 년 동안은 낮은 담보할인율을 지닌 변동이자율 모기지로 유지되지만, 나중에 재설정할 경우 터무니없이 높은 이자율이 적용된다. 그럼에도 불구하고 많은 대형 서브프라임 모기지 회사들은 대출을 받는 엄청난 수의 미국인들에게 그 위험성에 대해서는 저평가하는 태도로 일관해왔다. 통제 불가능한 서브프라임 시장이 곧 심각한 금융문제를 일으킬 수 있음은 이미 예견된 것이나 다름없었다.

금융위기는 주택 모기지 시장, 즉 서브프라임 모기지에서 시작되어 프라임 모기지, 상업 부동산, 기업의 정크본드[3], 기타 형태의 부채 등으로 확산되었다. 미국 은행의 총손실액은 전체 은행 자산의 1/3에 해당될 정도였기 때문에 은행대출에서 급격한 감소현상이 나타나게 되었다. 경기 역시 심각한 불황에 빠지게 되었는데 무엇보다도 주택시장의 침체는 경제위기를 가속화시키는 주요 요인이 되었다.

---

(3) 정크본드(Junk Bond)는 수익률이 매우 높지만 신용도가 낮은 채권으로서 고수익채권(high yield bond) 또는 열등채(low quality bond)라고도 불린다.

주택시장의 침체는 미국 경제에 연쇄적인 악영향을 주었다. 개인이나 투자자들은 더 이상 주택투자를 통해 빨리 이윤을 얻을 수 없었고, 조정된 모기지율은 더욱 높아져 많은 주택소유자들이 모기지를 더 이상 감당하기 어려워졌을 뿐만 아니라 수천 건에 이르는 모기지가 연체(채무불이행)됨으로써 투자가와 금융기관들은 재정적으로 궁지에 빠지게 되었다. 이로써 모기지 유동화증권에서 대량 손실이 발생하여 많은 은행과 투자회사가 재정에서 큰 손실을 보게 되었다. 주택가격을 하락시키고 신규 주택건설 성장을 저해하는 주택시장의 공급과잉 현상 때문에 결국 수천 개의 건설회사와 그 노동자들이 일자리를 잃게 되었다. 주택가격은 모기지 가치보다도 낮은 수준으로 하락하고 일부 소유자들은 모기지를 갚는 대신 아예 주택을 포기해 버리기도 했다. 결국 은행권이 손실을 막기 위해 대출 조건을 강화했지만 너무 때늦은 조처가 되고 말았다.

2004년 연방준비제도이사회 이사였던 그램리치(Edward M. Gramlich)가 주택정책 회의에서 "서브프라임 시장에서 비교적 높은 연체율이 발생하는 것은 큰 문제라 할 수 있다. … 모기지 회사들은 얼마나 디 지속직으로 대출을 해줘야 할 것인가를 헤아리는 것이 큰 도전이다. … 만일 회사들이 새로운 대출을 해준다면, 새로운 연체와 경매를 막을 수 있는 환경 조건이 될 수 있겠는가?" 라고 서브프라임 모기지가 가져올 위험성에 대해 경고한 바 있었다.

게다가 무엇보다도 초대형화된 금융체제가 금융위기의 원인을 제공한 장본인이기도 하다. 은행과 비은행권이 스스로 금융위기의 가능성을 초래했기 때문이다. 규제제도가 있긴 했지만 이들 은행들이 위험성을 감수하려고 했기 때문이다. 실제로 이런 현상은 단지 미국

은행 뿐만 아니라 전세계 금융체제에서도 발생한 문제였다. 세계 어디에서든지 대형금융회사의 권력정치 현상이 보편적이었기 때문이다.

이처럼 최근 미국 시장의 불안정 요인들 중에서 가장 심각한 문제로 새로운 신용을 창출해낼 능력이 없다는 점을 들 수 있다. 이 때문에 시중에 자금 흐름이 막히고, 새로 경제성장을 이루기 어려울 뿐만 아니라 자산의 매매가 저조한 상태로 머물게 되었다. 이 같은 상황은 결국 개인, 기업체, 금융기관들 모두를 경제적으로 아주 힘들게 만들었고, 많은 금융회사들은 가치가 급락한 담보대출자산을 소유한 채 있어야 했고 대출을 갚는 데 필요한 자금을 회수하지도 못하게 되었다. 이는 보유자산을 바닥나게 하고 새로운 대출을 해줄 만한 신용과 능력을 상실하게 만들었다.

미국의 주택모기지 시장은 최근 임금 수준이 낮은 노동자에게까지

<도표 2-3> 서브프라임 모기지 연체와 주택압류 비율, 2000~2008

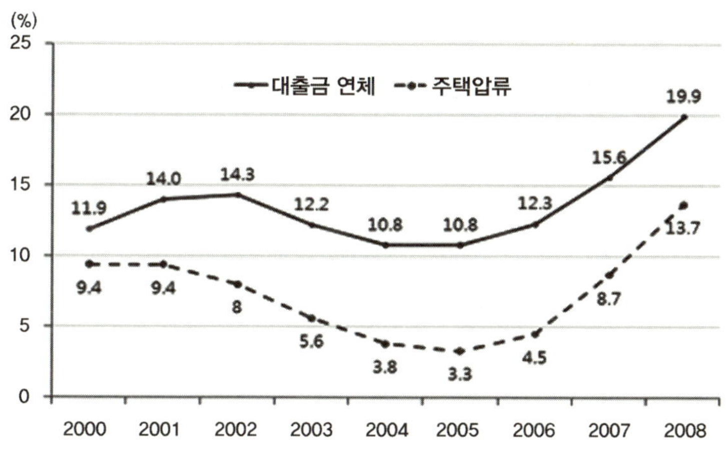

출처: U.S. Census. http://www.cencus.gov/compendia.2010/tables/10s1157.xis

확대되었다. 상업은행들은 이전까지는 신용등급이 높고 꾸준히 대출금을 갚아나갈 능력이 있는 대출자들을 대상으로 30년 모기지를 허용해왔다. 하지만 1980년대에 접어들어서는 상업은행들이 이런 대출제도를 고집하지 않고 모기지를 투자은행에 팔기 시작함으로써 수백 내지 수천 개의 모기지가 합쳐져 '주택저당증권'(securitization)이 되었다.

이 같은 주택대출시장 환경 속에서 부동산 거품은 2006년부터 꺼지기 시작했고 부동산 가격의 하락은 2007년과 2008년 가속화되었다. 이에 따라 주택가격은 이미 2006년에 상승을 멈추고 2007년에는 25%나 하락하였다. 주택가격이 하락한다는 것은 주택 소유자들이 모기지율이 조정될 경우 특히 서브프라임 모기지를 이용하는 사람들은 연체하거나 채무불이행의 행태를 보여준다는 것을 의미한다. 〈도표 2-3〉에서 볼 수 있듯이 서브프라임 모기지의 연체율은 2005년 최저점을 찍은 후 지속적인 증가 추이를 보이고 있을 뿐만 아니라 모기지를 감당할 수 없는 상황이 되자 주택압류도 같은 추이를 보이면서 동반 상승하게 되었다. 이와 같은 경매비율과 연체비율은 경제대공황 이래 최고에 이르는 수치이다. 주택압류에서의 이런 추이는 2009년에도 역시 이전 분기에 비해 1분기 9%, 2분기 11%, 3분기 5%로 지속적인 증가를 보이고 있다. 3분기 증가율은 다소 둔화된 것으로 보이지만 2008년에 비하면 23% 증가한 것으로 2009년 400만 건 이상의 주택압류가 발생했다.(4)

마지막으로 현대의 경제위기 발생 원인은 미국 정치권에서도 찾아볼 수 있다. 이들 서브프라임 모기지 회사들이 자신들의 활동을 규제

(4) RealtyFrac U.S. Foreclosures Market Report에 의하면 주택압류는 2006년 90만, 2007년 160만, 2008년 180만 건이었다.

하는 법의 제정을 막기 위해 공화당 행정부에 선거캠페인 자금을 상당 수준 지원해왔다는 점도 간과할 수 없다. 2004년 대통령 선거캠페인에서 부시는 서브프라임 모기지 회사인 아메리퀘스트(Ameriquest Mortgage Co.)로부터 780만 달러의 선거자금을 지원받았을 뿐만 아니라 대통령 당선 후 취임식을 위해서도 이들로부터 후원을 받았다(Simpson 2007). 게다가 이 회사는 연방의회 의원들은 물론 주 의원들까지 선거자금을 후원하기도 했다.(5)

월스트리트저널(2007.12.31)에 따르면 "아메리퀘스트는 캘리포니아 주지사가 된 슈워제네거(Arnold Schwarzenegger)의 선거캠페인에도 140만 달러를 지원해 주었다"고 한다. 결국 그 대가로 부시 행정부 임기 중 이들 모기지 회사들은 안전하게 활동할 수 있었다. 이 회사는 2002년~2006년 동안 2,050만 달러 이상을 정치기부금으로 사용하면서 자신들에게 불리하게 제정될 새로운 법을 완화시키기 위해 뉴저지 주와 조지아 주 의원들을 설득하는 역할을 수행했다. 이 때문에 모기지 회사들은 규제완화 혜택을 받을 수 있었고 결과적으로 불량 모기지가 확대되는 상황이 발생되었다.

3. 경제위기의 상황 변화와 현황

미국의 주택 가격이 하락하면서 서브프라임 모기지 대출자들은 대

(5) 컨트리와이드 파이낸셜(Countrywide Financial)도 2002~2006년 정치인들을 대상으로 선거자금과 로비활동을 위해 870만 달러를 사용했고, 워싱턴 로비법률회사인 부테라 앤드류스(Butera & Andrews)도 의회 로비를 위해 400만 달러를 소모했다.

출금을 상환하지 못하게 되었고, 결국 2007년 4월에 미국 2위의 서브프라임 모기지 회사인 뉴센추리파이낸셜(New Century Financial)이 부도 처리된 것을 시작으로 약 36개월간 비은행권 금융기관, 즉 모기지 회사로부터 헤지펀드 회사에 이르기까지 300개 이상의 회사가 파산, 매각 또는 합병되었다. 이와 더불어 미국연방예금공사(Federal Deposit Insurance Corporation: FDIC)에 따르면 8,200여개의 상업은행 중 2009년 7월까지 57개가 파산하고, 305개의 은행이 '문제은행'으로 분류되었다. FDIC의 보장을 받는 금융기관들의 영업실적은 2008년 1분기 193억 달러이던 것이 2009년 1분기에는 76억 달러로 117억 달러(60.8%) 감소했다. 그 정도로 금융권의 위기는 심각한 수준이었다.

미국 은행들은 리먼 브러더스와 아메리칸인터내셔널그룹(AIG) 사태 이후 상당 수준의 구제금융을 지원받아 왔지만 경영에 전혀 변화가 이루어지지 않고 있다. 경제위기 이후 미국 내 단지 6개의 주요 은행만이 남게 되었지만, 위협적인 새로운 은행의 등장도 없을 뿐 아니라 이들 역시 효과적인 규제를 통해 활동을 통제하려는 의지도 없다. 따라서 만일 이들 은행들이 다시 재자본화하고자 한다면 문제는 더욱 심각해질 수 있다. 금융권도 실제로 구제금융을 통한 정책에 반대하고 있다. 금융구제책은 오바마 행정부의 경제 전략의 핵심 원칙에 잘 어울리는 것으로 정치적 반대자들과의 갈등 구조에서 비효율적일 것이기 때문이다.

그럼에도 불구하고 〈도표 2-4〉에서 볼 수 있듯이 정부와 타 금융기관들에 의해 은행제도의 자본 확충이 이루어짐에 따라 아메리카은행(Bank of America), 제이피모건 체이스(J.P. Morgan Chase), 시티

<도표 2-4> 투자은행들의 파산, 합병, 매각의 예

투자은행	시점	인수기관
베어스턴스(Bear Stearns)	2008.3.29	제이피모건체이스가 2억 3,600만 달러에 인수.
컨트리와이드 파이낸셜 (Countrywide Financial)	2008.6.5	뱅크오브아메리카(BOA)가 40억 달러에 인수.
패니메이(Fannie Mae)	2008.9.7	미국 내 주택금융(모기지)업체에 대해 FRB가 최대 2,000억 달러 구제금융을 지원함으로써 공기업화.
프레디맥(Freddie Mac)		
메릴린치(Merrill Lynch)	2008.9.15	미국 3위 투자은행(세계 최대 증권사)인 아메리카은행이 500억 달러에 인수.
아메리칸인터내셔널그룹 (AIG)	2008.9.16	FRB가 850억 달러 구제금융 지원하고 주식의 79.9% 보유함으로써 공기업화.
리먼 브러더스 (Lehman Brothers)	2008.9.25	세계 4위 투자은행이 부채 6,130억 달러로 인해 파산 신청. 일본 노무라증권이 2억 2,500만 달러에 아시아, 중동, 유럽 법인 인수. 영국 바클레이즈(Barclays PLC)가 17억 5,000만 달러에 북미 법인 인수.
워싱턴뮤추얼 (Washington Mutual)	2008.9.25	제이피모건체이스가 19억 달러에 예금, 모기지, 신용카드 사업 및 2,300개 지점 인수.
와코비아(Wachovia)	2008.12.31	웰스 파고(Wells Fargo)가 151억 달러에 인수.
인디맥(Indymac)	2009.1.2	조지 소로스와 델이 130억 달러에 인수해 사모투자회사가 됨.
지맥(GMAC)	2009.1.4	재무부가 60억 달러의 공적자금 지원.

그룹(Citigroup), 웰스 파고(Wells Fargo) 등 4개 투자은행이 미국 내 약 8,000여 개 은행이 지닌 총자산의 80%에 해당하는 자산을 지닐 수 있게 됨으로써 어느 정도 안정화되는 모습을 보이게 되었다.

게다가 미국의 서브프라임 모기지 사건과 미국의 경제침체로 인하

<도표 2-5> 미국 주식시장의 다우존스지수 변화

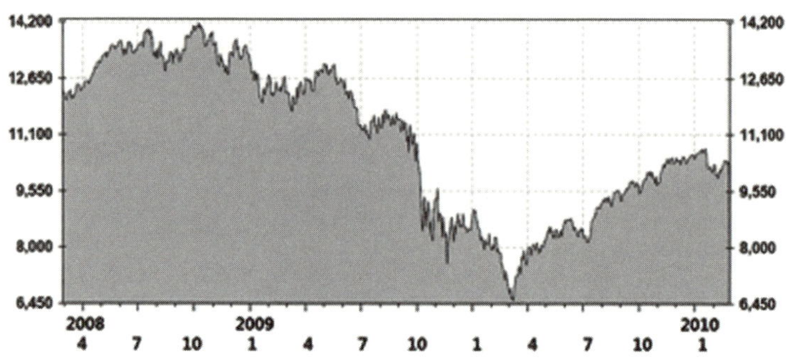

출처: Dow Jones Indexes. http;//www.djindexes.com

<도표 2-6> 미국 주택가격과 연방제도이사회의 이자율 변화

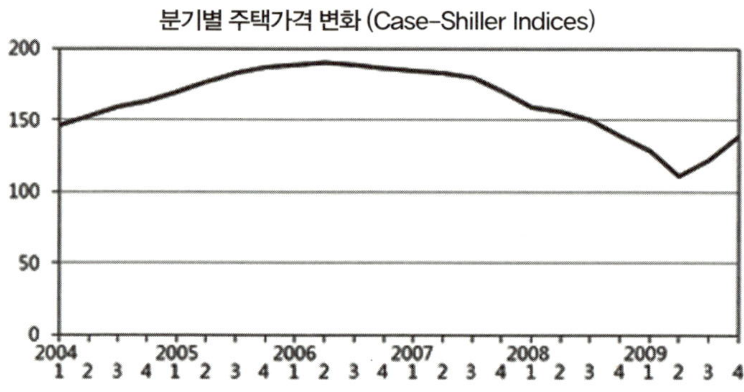

출처: Standard $ Poor's, http;//www2.standardandpoors.com/

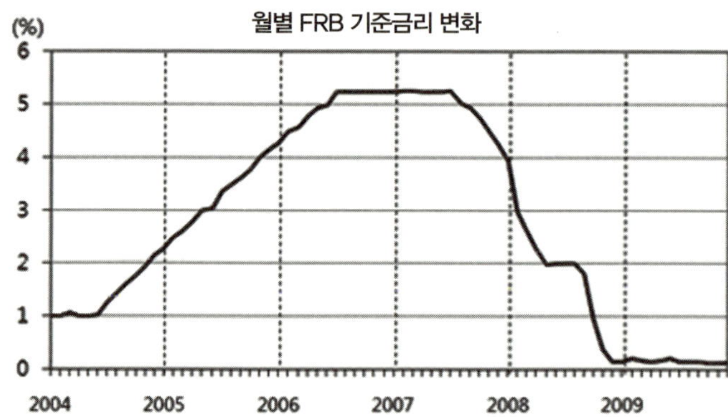

출처: Board of Governors of the Federal Reserve System.
http;;//www.federalreserve.gov/releases/h15/data/Monthly/H15_FF)O.txt

여 발생한 경제위기는 주가 폭락과 환율 폭등 현상을 불렀다. 2009년 2월을 최저점으로 미국 주가는 회복되고 있는 추이를 보이고 있지만, 2008년 금융위기 발생 당시의 수준에 이르려면 아직도 시간이 더 필요한 수준에 머물러 있다(〈도표 2-5〉 참조). 주택가격 역시 〈도표 2-6〉에서 볼 수 있듯이 2009년 2분기에 최저점을 찍은 것으로 보이는데, 이는 연방준비제도이사회가 금리를 0.1~0.2%로 계속 낮게 유지함으로써 나타나는 효과라 할 수 있다. 하지만 실업률이 지속적으로 상승하고 있는 상황을 감안한다면 많은 노동력을 필요로 하는 신규 주택건설이 활성화되고 있다고 보긴 어렵다.

노동시장의 경우 특히 제조업과 서비스 영역에서 급속히 일자리가 감소했다. 2008년 9월 급속히 감소하기 시작한 일자리는 2009년 1월 74만 1,000개가 사라짐으로써 최악의 상황에 도달했다. 하지만 이후 차츰 실직의 수는 감소하기 시작하여 〈도표 2-7〉에서 볼 수 있

<도표 2-7> 미국의 실직 규모의 변화

(단위: 1,000명)

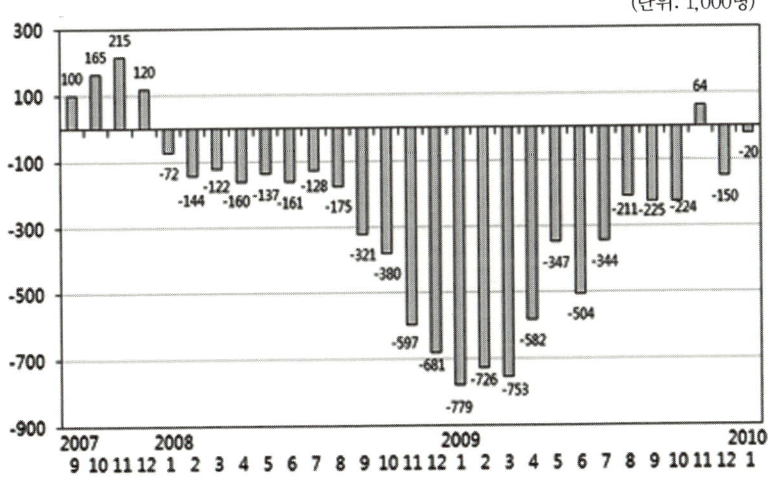

출처: U.S. Bureau of Labor Statistics. Center Employment Statistics Survey, Jan.8, 2010. http;//www.bls.gov/web/ceshighlights.pdf

듯이 2009년 11월 6만 4,000개의 일자리가 증가하면서 노동시장에 희망이 보이는 듯 했다. 12월 또 다시 15만개의 일자리가 감소되었지만, 2010년 접어들어 실직자 수가 많이 줄어드는 모습을 보이고 있다. 경제위기 하에서 미국은 대량 일자리 감축에 따라 매우 높은 실업률을 기록하면서 최근 그 어느 때보다도 경제적으로 어려움을 겪고 있는데, 2009년 10월 실업률은 17년 만에 최고치인 10.1%까지 치솟았다. 실제로 전일제 일자리를 구하지 못하여 시간제로 일하는 근로자들까지 포함한다면 실업률은 이보다 더 높아질 수 있다. 2009년 11월, 12월 실업률이 그 전 달에 비해 약간 하락한 10% 정도를 기록하면서 실직자 수 감소와 더불어 노동시장 상황이 약간 개선되고 있는 모습을 보였는데, 2010년에 접어들어 실업률이 9.7%로 조금 더 향상되고 있다. 하지만 새로운 일자리 창출을 위한 적극적인 정부정책의 부재가 지속되는 한 실업률의 하락은 어려운 과제일 수밖에 없다.

4. 경제위기 극복을 위한 미국의 대응책

2008년 부시행정부 하에서 재무부는 즉각적으로 의회에 경기부양책을 위해 7,000억 달러를 요구했고, 이를 통해 부실 자산을 인수하고 금융체제에 대한 압력을 완화할 수 있을 것으로 예상했다. 하지만 예상과 달리 재무부의 경제위기 지원프로그램(Troubled Asset Relief Program: TARP)은 미국 경제를 지속적으로 악화시키는 부작용을 초래했다. 과거 경제대공황 때보다 그 경제위기의 규모가 크지는 않지

<도표 2-8> 미국의 재정적자와 GDP 대비 국가부채 비율

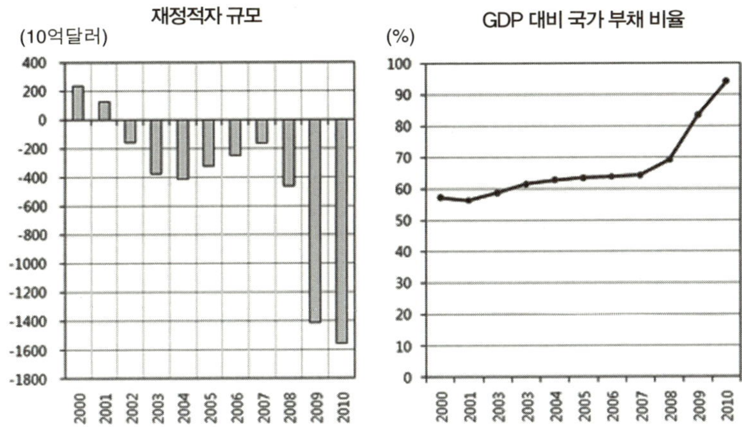

출처: White House, Office of Management and Budget
http://www.whitehouse.gov/omb/budget/historicals

만 2008년 금융위기는 200년간 시행되어온 근대 자본주의 하에서 보지 못했던 큰 위험성을 내재하고 있었다. 이 금융위기가 단순히 심각한 침체라는 경제적 결과를 초래할지 아니면 세계경제의 침체가 장기화되는 그 이상의 문제를 초래할 것인지를 예측하기 어렵게 했다. 개인소비의 지속적인 감소가 이어지면서 국제사회 내 많은 정부들이 공공지출을 증가시킴에 따라 공공재정이 더욱 악화되어 재정적자가 심각한 수준에 이르고 있다. 〈도표 2-8〉에서처럼 미국은 2008년 경제위기로 인해 엄청난 재정적자와 국가부채를 안고 있다.

이어 2009년 2월 오바마 정부가 경기부양법안으로 내놓은, 미국 GDP의 약 5%에 해당되는 7,870억 달러의 예산을 기초로 한 '미국경제회복 및 재투자법'(American Recovery and Reinvestment Act)이 의회에서 통과되었다. 이 같은 경제적 대응은 부시행정부에서 시작된 이라크전쟁과 행정부 말기에 발생한 경제위기 때문에 국제사회에서 실추된 미국의 이미지를 개선하려는 오바마 대통령의 의지가 반영된 것이었다. 오바마 대통령은 이전 정부와는 달리 실용주의적이고 현실주의적인 전략을 선호하면서 보다 순응적인 외교를 보여주기 위해 노력하고 있다. 이런 맥락에서 향후 미국의 국가안보와 그 전략은 경제회복의 성공 여부는 물론 국내경제와 국제금융체제의 재구조화를 얼마나 성공적으로 이루어낼 수 있는가에 따라 그 평가와 방향이 달라질 수 있다.

2009년 4월 제2차 G20 런던 정상회의에서 미국은 영국과 함께 경기부양을 뒷받침하기 위한 재정지출 확대, 즉 내수 진작책으로 공격적인 재정지출을 통한 '수요 창출'의 중요성을 강조했던 반면, 프랑스와 독일은 이에 반대하면서 금융위기의 원흉인 완화된 금융규제 대신 규제강화가 무엇보다도 중요하다고 주장하였다. 세계 경기부양을 위해 대규모 재정적자를 감수해야 한다는 미국의 요구와는 달리, 정부의 역할을 강조하는 '큰 정부'와 높은 세금, 복지 정책에 익숙한 유럽 국가 정상들은 이번 경제위기 극복을 위해서는 경기부양책이 아닌 복지 혜택을 보다 중요하게 인식해야 한다고 반론을 펼쳤다.

미국도 프랑스와 독일의 주장대로 금융시스템 강화 방안, 즉 금융시장에 대한 강력한 규제를 반대하지는 않았지만, 경제 회복을 위해서는 무엇보다도 경기 부양책이 중요하다고 생각해서 금융규제 강화를 우선순위에 두지 않았을 뿐이었다. 미국의 입장에서는 각국이 재정지출 확대 수준을 정해 강제력을 부여하는 방안은 국가별 입장이나 상황이 각기 달라 합의에 이르는 일이 쉽지 않기 때문에 합의가 비교적 쉬운 경기부양책을 우선적으로 주장한 것이었다.

G20 런던 정상회의에서 각국 정상들은 경제위기 극복을 위한 논의

<도표 2-9> 투자은행의 스트레스 테스트 결과

투자은행	자금확충 예상 요구액
아메리카은행	339억 달러
웰스파고	150억 달러
GMAC	115억 달러
씨티그룹	55억 달러
모건스탠리	15억 달러

출처: Federal Deposit Insurance Corporation

를 통해 다음과 같은 사항을 결의했다(The London Summit 2009). ① 자신감, 성장 그리고 일자리를 다시 회복할 것 ② 대출을 회복시키기 위해 금융체제를 개선할 것 ③ 신용을 재건하기 위해 금융규제를 강화할 것 ④ 경제위기를 극복하고 향후 또 다시 발생할 수 있는 경제위기를 방지하기 위해 국제금융기관이 기금을 마련하고 개혁할 것 ⑤ 세계 번영을 위해 세계무역과 투자를 증진하고 보호주의를 저지할 것 ⑥ 포괄적이고, 녹색성장 위주의 지속가능한 경제를 창출할 것 등이다. 미국 정부는 이런 사항들을 기초로 경제위기 극복을 위한 대응책을 다음과 같이 실현하고 있다.

1) 금융기관에 대한 구제금융 프로그램과 금융안정 계획

금융위기 해결을 위한 구제금융 프로그램은 2008년 '긴급경제안정화법'(The Emergency Economic Stabilization Act)을 기초로 만들어졌으며 7,000억 달러 규모를 마련하여 부실 자산을 인수할 목적으로 은행의 우선주 인수 등에 약 3,000억 달러를 투입할 수 있도록 했다. 이와 더불어 연방준비제도이사회는 지속적인 금리 인하 조치, 다양한 유동성 지원 프로그램의 도입을 통해 유동성 공급을 확대하는 조처를 취했다. FDIC는 예금보호 한도인 기존 10만 달러를 한시적으로 25만 달러로 확대하는 한편, 한시적 유동성보증 프로그램(TLGP: Temporary Liquidity Guarantee Program)을 도입하였다.

오바마 행정부는 2009년 2월 10일 금융안정계획(6)(financial stability plan : FSP)을 발표했다. 이것은 금융회사의 대출이 급격히 위축되는 등 금융기능이 정상화되지 않고, 일부에서는 구제금융 투입에 대한 불투명성과 자금을 지원 받은 금융회사의 도덕적 해이 등에 대한 비판이 제기됨에 따라 재무부가 금융기능을 정상화하고 구제금융 투입의 투명성과 책임성을 제고하기 위해 실시한 것이다. 이와 같은 오바마 행정부의 계획은 은행체제의 강화, 즉 자본 확충의 한 방법으로 19개의 대형 투자은행들을 대상으로 '스트레스 테스트'를 실시하여 그 결과를 정기적으로 발표해 주는 것이다. 주택가격이 하락하고 주택압류가 증가함에 따라 은행들이 소유한 주택담보대출과 모기지 담보 채권이 큰 영향을 받기 때문에 은행의 역량 테스트는 반드시 필요했다. 이 결과를 통해 정부는 10개 은행들을 대상으로 총 746억 달러를 지원해 주게 되었다.

2) 경기부양정책

오바마 행정부 출범과 동시에 채택된 '미국경제회복 및 재투자법'

---

(6) 미국 재무장관 가이트너(Timothy Geithner)에 의해 발표된 금융안정계획은 미국의 금융체제를 안정시키고, 개선하며, 경기회복을 위해 필요한 신용의 흐름을 지원하기 위한 것이다.

은 경기부양책으로서 2008년 2월에 의회에서 통과된 '경제부양법'(The Economic Stimulus Act)에 비해 그 규모와 내용에서 큰 차이를 보였다. 이 법안은 오마바 대통령에 의해 2009년 2월 17일에 서명되었는데 3년간 7,870억 달러의 경기부양자금이 필요한 곳에 지출될 수 있도록 배분되었고, 경기침체가 우려되는 2009년과 2010년에 전체의 78.5%가 집행되는 것으로 편성되었다.

이 경기부양책은 〈도표 2-10〉에서 볼 수 있듯이 기업 활동을 지원함으로써 기업의 생산성을 증가시키고, 일자리 창출을 가능하게 함으로써 실업률 감소를 실현하기 위한 세부 항목들로 구성되어 있다. 그 밖에도 경기침체 속에서 경제적 어려움을 겪을 저소득층을 위한 사회적 보조금 지원도 들어 있다.

<도표 2-10> 오바마 행정부의 경기부양을 위한 지원금

지원 분야	지원 규모($)
가계와 재생에너지에 투자하는 기업에 세금환급금	2,880억
주 및 지방정부에 대한 직접 재정지원금	1,440억
사회기반시설 투자 및 과학	1,110억
건강보험제도 개혁	590억
교육 및 직업교육	530억
실직자 가족, 사회적 약자에 대한 사회보조금	810억
에너지	430억
기타	80억
총액	7,870억

출처: Recovery.gov

3) 주택 지원 및 주택압류 완화 전략

미 정부는 주택지원 및 압류방지 등을 위해 2,750억 달러 규모의 '주택보유자 지원 및 안정화 대책'(Homeowner Affordability and Stability Plan)을 발표하였다. 연방준비제도이사회는 주택지원 및 주택압류 방지를 위해 정부지원 모기지 업체(GSEs)가 발행한 채권 1,000억 달러와 이 기관들이 보증한 5,000억 달러의 모기지 담보채권 매입을 확대함으로써 모기지 금리의 인하를 유도하였다. 모기지 이자율이 더욱 낮아짐으로써 주택시장이 가까스로 회복되는 기미를 보일 수 있었으며, 잠정 주택판매(pending home sales)[7]도 점차 증가할 수 있었고, 자금의 재조달 활동을 위해 채권 발행이 급속히 증가하는 현상도 발생했다. 재무부는 주택보유자들이 월별 모기지를 지속적으로 납부할 수 있을 정도로 낮추기 위해 500억 달러를 지원하기도 했다. 한편 금융안정계획(FSP)의 지원을 받는 은행은 정부가 마련하는 압류 완화 프로그램(Foreclosure Mitigation Plans)에 참여하는 것을 의무화하였다.

4) 실업대책

2009년 1월 10일 오바마 대통령은 2010년까지 일자리 창출 목표를 최대 400만 개로 상향 조정하고, 새로운 고용 창출 가운데 90%는 민

(7) 잠정 주택판매는 주택을 구입하기 위해 계약은 맺었지만 계약이 아직 완전히 종료되지 않은 상태를 말한다. 따라서 잠정 주택판매 지수는 1~2개월 후의 주택 판매 실적을 가늠하는 선행지표로 사용되고 있다.

간 부문에서 이루어질 것이라고 밝혔다. 정부의 경기부양정책에 따라 자금이 유입되는 과정에서 주식시장의 연속 상승, 주택경기 회복 조짐, 자동차 판매 상승 등 일부 효과가 나타나고 있지만, 미국 경제의 발목을 잡는 실업문제는 거의 해결 조짐을 보이지 않고 있다. 주정부와 지방정부에 지원을 신속히 하여 실직과 공공 영역 노동자들에 대한 임시해고를 방지하는 노력을 하고 있지만, 모든 경제지표 중에서도 유독 실업률이 가장 저조한 수치를 보이고 있다.

경제 담당 정부 관계자와 일부 경제 전문가들의 희망적 메시지와는 달리 미국 경제에 대한 국민들의 체감온도가 나아지고 있지 않는 이유는 새로운 일자리 창출 부족과 노사관계 개선 및 의료보험 개혁 부진 등 오바마 정부의 개혁 노력의 성과가 나타나고 있지 않았기 때문이다. 뉴욕타임스(2009. 7. 9)는 미국의 실업률이 지속적으로 높아지면서 오바마 대통령의 경기부양 프로그램이 지나치게 소극적이었거나 방향이 잘못되었을 수 있다는 비판이 지속적으로 제기되고 있다고 보도했다.

실제로도 정부는 경기회복 조치로 인해 2009년 여름까지 60만개의 일자리를 창출할 수 있을 것으로 전망했으나 실제로는 15만 개의 일자리를 보선하는 데 그쳤으며 오바마 대통령 취임 이후 오히려 200만 명의 추가 실업이 발생하였다. 경제위기 속에서 실업률이 지속적으로 상승하는 이유는 미국의 노동시장이 지닌 특성 때문이기도 하다. 우선 실업자 개념은 '적어도 30일 동안 지속적으로 직장을 구하기 위해 노력했음에도 불구하고 직장을 얻지 못한 자'를 의미하는데 미국과 같이 직업 이동이 심한 곳에서는 이에 해당되는 노동자의 수가 상당히 많다. 둘째, 현재의 실업은 경기 침체 발생 시 소비, 투자,

정부지출 수준 하락 때문에 발생하는 순환적 실업(cyclical unemployment)의 성격이 강하게 나타나고 있다. 마지막으로 고용조정 등의 사회적 문제가 발생할 때 회사의 일방적 해고와 해고 자유의 원칙(Employment-At-Will Doctrine)의 악용을 금지하는 조치가 있긴 하지만, 해고자유의 원칙 때문에 미국 기업은 고용계약에 회사와 근로자 간의 서면 계약이 작성되어 있지 않은 경우 종업원을 자유롭게 해고시킬 수 있다는 점을 꼽아야 한다. 따라서 경기침체 하에서는 회사가 사정이 좋지 않을 경우 종업원을 해고할 수 있어 실업자 증가는 불가피한 현상이다.

실업률 상승을 막기 위해 미국 기업들은 '일자리 나누기'에 동참하고 있는데, 이는 기업들이 근로시간을 줄여 비용을 절감하게 되면 주정부는 근로자들에게 줄어든 급여의 절반 정도를 부담해 주는 방법으로 실업사태를 극복할 수 있는 윈윈(win-win) 효과를 얻고 있다. 이와 더불어 무급휴가 확대, 연말 4일 공장 가동 중단, 임금삭감, 주 4일 근무, 자발적 무급휴가 등의 방법을 통해 일부 기업들이 심각한 실업률 증가를 초래하지 않도록 자구책을 시행하고 있다. 하지만 정부의 구체직이고 실효성 있는 실업대책이 없이는 개선될 가능성은 높지 않은 상황이다.

5) 세계 경제위기 극복 방안에 대한 미국의 태도

국내 경제 회복과는 달리 세계 경제위기를 해결하기 위한 미국의 태도는 주로 G20 정상회의에서 합의된 사항에 얼마나 협조적인가에서 찾아 볼 수 있다. 미국의 개별적인 의견과는 달리 G20 정상회의에서 논의된 합의사항은 주로 보호무역주의 장벽 제거, 글로벌 경제 거버넌스 개혁 등과 관련된 것들이다. 2008년 제1차 G20 워싱턴 정상회의에서 미국이 보호무역주의를 반대했으면서도 지속적으로 보호무역의 태도를 보임으로써 그 실효성의 문제가 일부 국가들에 의해 제기되었다. 결국 제2차 G20 런던 정상회의에서는 회원국들 대부분의 합의 하에 보호주의 확산을 방지하기 위해서 '무역장벽을 새로 도입하는 국가의 명단을 발표하여 체면을 상하게 하는'(naming and shaming) 정책을 수립했지만 실질적인 처벌이나 제재효과가 있는 것은 아니다. 모든 G20 회원국들은 보호무역주의는 세계경기 회복에 도움이 되지 않는다고 주장하고 있지만, 일부 국가들이 자국의 무역을 보호하는 성향은 강해지고 있다.

오바마 대통령 역시 보호무역주의와 실질적인 결별을 원하고 있지만, G20 회원국의 공언과는 달리 보호무역 장벽을 높이고 있는 것은 물론 미국 국내에서도 보호무역 철폐를 위한 국제 규제에 반대하는 목소리로 인해 딜레마 형국이 발생하고 있다. 미국은 G20 정상회의에서 제안된 보호무역 동결조치에 대해서는 명확한 입장을 보이지 않고 있다. 경제위기로 인해 제조업이 축소됨으로써 실업이 지속적으로 증가되고 있기 때문에 오바마 행정부는 미국의 경제와 노동자들을 위한 보호무역 정책을 수립해야 하는 불가피한 상황에 놓여 있다. 오바마 행정부가 출범하면서 미국 의회는 2009년 2월 자국산 철강제품 사용을 의무화하는 '바이 아메리칸'(Buy American) 조항을 통과시켰다. '미국 정부는 미국 생산자의 물건을 구매해야 한다'는 이 조항은 미국의 무역 파트너 국가들의 우려와 분노를 자아내고 있다. 세계 경제위기의 파급으로 다른 국가들 역시 무역 분쟁을 일으키고 있기 때문에 보복관세나 보조금 지급 등을 시행함으로써 결국 세계는 무역에 있어서 '위협균형' (balance of threat) 상태에 빠지게 될 우려가 높아지고 있다.

한편 글로벌 경제 거버넌스 개혁의 일환으로 오바마 대통령은 국제경제위기 극복을 위해 다자적 노력을 기초로 국제통화기금의 긴급자금을 확대시킴으로써 IMF의 역할 강화를 주장하였다. 국제 협력을 보다 확대하고 향후 발생할 수 있는 금융위기를 위한 조기경보체제를 제공하기 위해 IMF와 함께 활동할 수 있는 금융안정화포럼을 창설하는 데에도 합의했다. 이 이슈에 대해서는 심각한 금융위기를 제공한 장본인이라는 책임의식인지는 몰라도 미국은 아주 적극적인 태도를 보이고 있다.

5. 결론

미국의 퓨 리서치센터(The Pew Research Center 2009)가 실시한 한 조사에 따르면 회원국 중 많은 국가들이 대체로 미국 경제가 세계경제에 부정적인 영향을 준다고 생각했는데, 개발도상국보다도 선진국 국민들이 그와 같이 생각하는 성향이 높았다. 이를 뒷받침하듯 제2차 G20 런던 정상회의에서 미국이 주장한 경기부양책에 대해 프랑스와 독일 정상들이 제동을 걸었던 것도 이런 불만의 표출을 보여준 것이다. 한편, 미국인들은 오바마 행정부가 경기부양책을 시행하고 있음에도 불구하고 경제위기 극복을 위한 정책으로서 경기부양책보다는 재정적자를 줄이는 정책이 더 바람직하다는 태도를 보였다. 이와는 대조적으로 유럽 국가들의 경우 정치 지도자들과는 달리 국민들은 경기부양책을 더 선호했다. 미국 국민들은 그 동안 축적된 미국의 재정적자가 엄청나게 증가된 상태임을 알고 있기 때문에 경기부양책이 실패할 경우 발생할 상황을 크게 우려하고 있었기 때문이다. 이는 만일 오바마 대통령의 경기부양책이 긍정적인 결실을 얻지 못한다면 대중들의 불만으로 인해 국정 운영에 큰 어려움을 맞을 수 있다는 것을 의미한다.

실제로 미국은 경제위기 극복을 위해서 공격적인 대응책을 강구해 왔지만, 예상보다 그 결과는 아직도 저조한 편이다. 연방준비제도이사회는 이자율을 계속 낮게 유지하고, 새로운 창구를 통해 유동성을 제공해주고, 파산위기에 놓인 주요 금융기관들을 체계적으로 지원해 주었지만, 이런 통화정책을 통한 대응책은 단기적으로 경제를 안정시키는 데에는 도움이 될 수 있지만, 장기적인 성장 효과를 얻기는 어렵다. 미국에서 시작된 금융위기는 미국의 금융규제정책의 문제점이 폭로된 것이지만, 전 세계적으로 많은 국가들이 공통적으로 지니고 있는 문제일 수도 있기 때문에 G20 정상회의에서 모두가 공감했듯이 국제적 협력을 통해 개선되어야 할 문제임에 틀림없다.

장기적으로 건전한 경제를 유지하기 위해서는 미국의 금융위기 발생에 이어 세계경제 위기로 파급되게 된 정확한 이유를 살펴봐야 한다. 미국과 중국 간의 수지 불균형도 아니고, 시간의 흐름에 따른 또는 규제와 그 대응의 변화에 따른 미국의 규제정책이 실패했기 때문도 아니다. 1980년대 등장한 신자유주의 경제체제가 친기업주의적, 금융중심주의적 성향을 지나치게 강조하면서 누적되어온 문제가 결국 파국적 형상을 만들어 냈지만, 그 무엇보다도 이런 경제정책을 선호해온 정치 행위자들에게 큰 책임이 있다. 민주당 행정부로 전환된 상황에서 이번의 경제위기를 계기로 미국은 미국 경제에 대해 전반적으로 반성하고 점차 개선해 나가야 국제사회에서 입지를 회복할 수 있을 것이다.

오바마 대통령에게 선거 당시에는 경제위기 상황이 긍정적으로 작용하여 당선에 도움이 될 수 있었지만, 이제는 국정 운영에 큰 고통을 주는 걸림돌이 되고 있다. 2009년 오바마 대통령에 대한 지지도가 현격하게 하락함과 동시에 그가 추구하는 정책적 제안에 대한 여론이 나빠졌던 것은 정부 정책에 대한 국민들의 인내심이 줄어들고 있다는 증거였다. 미국의 노동자들은 매달 수백만 명이 직장을 자발적으로 떠나는 등 직장 이동이 아주 심한 특징을 지니고 있으며, 실업자의 12% 정도만이 1년 내 직장을 구하지 못하고 있어 일반적으로 노동자들이 장기 실업을 견디지 못하는 성향을 보이고 있다. 따라서 미국 정부는 경제위기 극복을 위해서 무엇보다도 실업 해소 정책에 최우선 순위를 두어야 한다. 의회의 양원을 장악하고 있는 민주당 의원들이 높은 실업률 때문에 2010년 11월 중간선거에서 패배할 수도 있다고 우려할 수준에 이른 만큼 오바마 대통령은 정치적 입지 강화를 위해서라도 실업문세 해결을 위한 일련의 조치를 서둘러 마련해야 한다.

미국 정부는 당장은 경제침체를 벗어나 성장적 경제 환경을 만드는 것도 중요하지만 경제위기로 심화될 수 있는 사회문제 해결에도 큰 관심과 노력을 보여주어야만 한다. 특히 미국 정부에 의한 소득 재분배가 비교적 미흡했던 짐을 반성하고 소득, 교육, 복지 등에서의 불평등으로 인해 악화되고 있는 사회적 양극화 문제 해결을 위한 정부 대책이 마련되어야 한다. 게다가 사회적 혜택, 특히 실업혜택에 대한 정부 지출이 다른 선진국가들에 비해 적고, 불평등 해소를 위한 세제와 자금 지원의 효과가 낮기 때문에 미국 내 사회적 이동이 낮아 빈곤의 대물림 현상이 지속되고 있다는 점도 간과해서는 안 된다. 중산층이 계속 줄어들고 소득과 재산 양극화가 심해지는 것은 장기적으로는 경제침체와 사회적 불안정을 일으키는 요인이 되기 때문에 무엇보다도 효율적인 사회안전망, 즉 실업보험, 연금보험, 사회적 기업 장려, 의료보험 등의 개선이 제대로 이루어져야 한다.

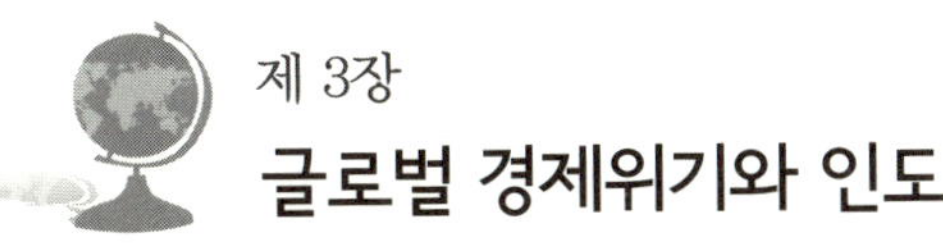

제 3장

글로벌 경제위기와 인도

조충제

(대외경제정책연구원 동서남아팀장)

1. 글로벌 경제위기 직전의 인도 경제

2008년 9월 미국의 투자은행인 리먼 브러더스의 파산으로 글로벌 경기침체가 시작되기 직전, 인도 경제는 국제 유가의 고공 행진으로 이미 상당히 지쳐 있었다. 2007년 초부터 시작된 미국발 서브프라임 모기지 사태가 글로벌 경기 둔화로 이어지면서 인도의 대외 경제 환경을 어둡게 하고 있었지만, 글로벌 고유가가 보다 직접적으로 인도 경제 곳곳에 피로감을 누적시키고 있었다.

글로벌 고유가로 당장 물가가 급등하였다. 2007년 말부터 오름세를 보이던 물가는 2008년 7월 중순 도매물가 상승률 기준으로 12%를 돌파하였다. 이는 1993/94 기준 도매물가 지수를 공표한 이후 최고 수준이었다. 이는 1년 전에 비해 거의 배 정도 인상된 유가에 견디지 못한 인도 정부가 2008년 6월초 가솔린 · 디젤 · 천연액화가스(LPG)의 소매가격을 각각 8~17% 인상하였기 때문이다. 원유의 70% 이상을 수입에 의존하고 있고 국영 정유사들의 손실이 눈덩이처럼 커지고 있어 인도 정부로서도 어쩔 수 없는 조치였다.

인도에서는 고물가가 단순히 경제적인 문제에 그치지 않는다. 고물가는 구매력 감소를 수반하여 소비 및 투자 심리를 위축시키는 외에도 정부 정책의 실패, 특히 저소득층의 생활고를 가중시켜 사회적, 정치적 불만을 야기한다. 물가가 두 자리 수로 상승하면 정부가 바뀐다는 속설이 인도에서는 사실처럼 되어 있다.

2009년 4월 총선을 앞둔 집권당과 정부의 입장에서는 그 어떤 것보다 부담스러운 것이 물가상승이었다. 따라서 인도 정부는 서둘러 기준금리를 연속적으로 인상했다. 인도 중앙은행은 2008년 6월에만 기준금리(repo rate)를 두 차례에 걸쳐 0.75%포인트 인상했다. 이어 7월에는 시중은행들이 예금자들의 인출 요구에 대비해 보유해야 하는 지불준비율(Cash Reserve Ratio: CRR, 이하 지준율로 표기)을 두 차례에 걸쳐 0.5%포인트 인상시켰다. 고유가라는 외부 요인에 의한 비용 압박이 고물가의 주요 원인이었지만, 국내 유동성이라도 죄어서 물가상승 압력을 줄이겠다는 판단이었다. 금리인상으로 인한 소비 및 투자심리 위축보다 물가상승 억제가 더 급한 정책이었다.

글로벌 고유가는 물가상승 말고도 재정수지와 경상수지를 더욱 악화시켰다. 그동안 석유류 가격을 인상하면서 가격 보전을 위해 초과 발행한 국채, 11년 만에 대폭 인상된 공무원 임금, 영세 농가 부채탕감, 유가 및 원부자재 가격상승에 따른 비료 보조금 상승 등을 감안할 경우 재정 수지는 이미 큰 폭의 적자가 불가피한 상황이었다.

<도표 3-1> 글로벌 경제위기 발생 이전 인도의 물가 상승률 및 금리 추이

주요 금리 추이

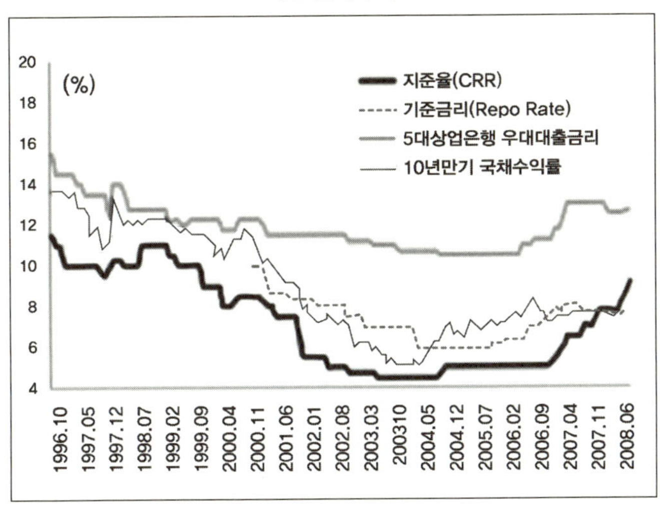

도소매 물가 상승률 추이

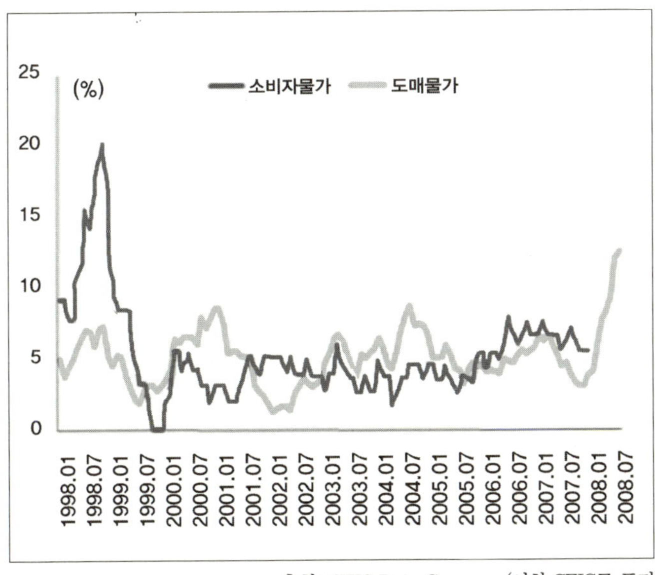

출처: CEIC Data Company(이하 CEIC로 표기)

2008년 4~5월 두 달간 재정적자(7,320억 루피)가 2008/09 회계연도 전체 예산적자(1조 3,332억 루피)의 55%에 달하였다. 예산집행 기간이 10개월이나 남은 시점에서 계획한 재정적자의 절반 이상이 이미 발생해버린 상황이었다. 중앙 정부의 예산안 목표치인 GDP 대비 2.5%의 재정적자 비율은 달성 가능성이 없었다. 이렇듯 재정적자 확대가 불가피해지자 국채 이자율이 치솟았다. 10년 만기 국채 이자율이 2008년 6~7월에만 1%포인트 이상 올라 7월 중순 9.1%를 기록하였다.

무역적자도 대폭 증가하고 있었다. 2008년 4~5월에만 무역적자 규모가 207억 달러를 넘어섰다. 2007/08년 회계연도(인도의 회계연도는 매년 4월 시작해서 이듬해 3월 끝난다) 전체 무역적자 규모가 약 800억 달러로 월 평균 약 67억 달러 정도이던 것이 2008/09년에는 월 평균 100억 달러를 넘어서고 있었던 것이다. IT서비스 수출 등 서비스 수지 흑자와 이전수지 흑자를 감안해도 경상수지 적자 규모가 더 증가할 것으로 전망되자, 2008년 5월부터 환율이 높아지기 시작하였다. 루피화 약세는 주식시장에서 외국인 투자의 유출을 불러 루피화 약세 압력을 더욱 높이는 한편, 수입 가격을 인상시켜 물가 부담을 가중시키고 있었다. 실제로 2008년 1~6월까지 주식시장에서 55억 달러의 외국인 투자자금이 유출되었으며, 루피화는 같은 기간에 8% 이상 평가절하되었다.

2007년부터 사실상 꺾이기 시작한 실물경기는 금리인상 및 물가상승 압력이 높아지고 무역적자가 확대됨에 따라 2008년 리먼 브러너스 파산 사태가 빚어지기 직전까지 지속적으로 둔화되고 있었다. 2008년 3월 이후 광공업 생산 증가율은 5~6%로 전년 같은 기간에

<도표 3-2>글로벌 경제위기 발생 이전 인도의 주가, 환율 및 광공업 성장률 추이

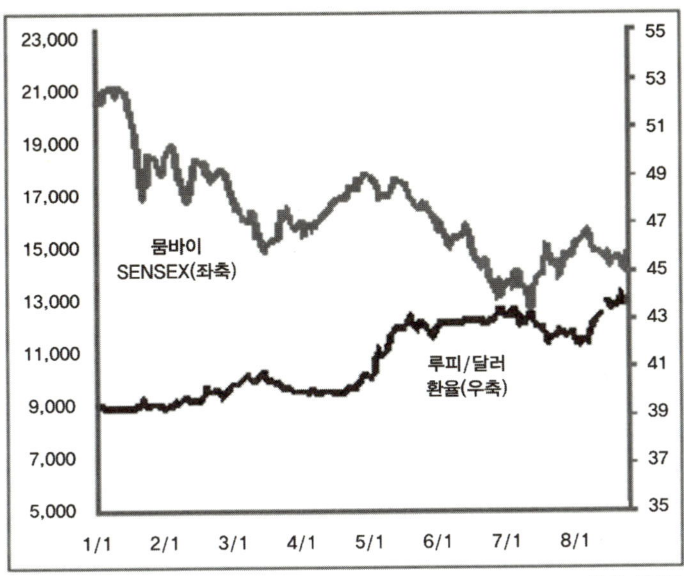

출처: CEIC

광공업 성장률 추이

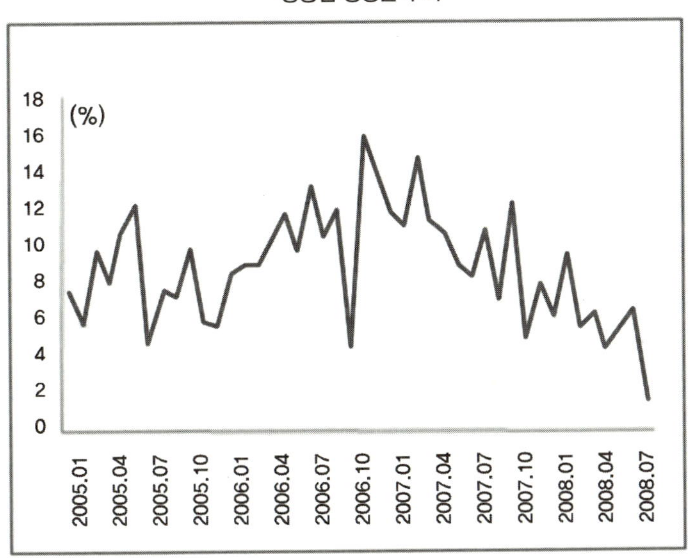

출처: CEIC

<도표 3-3> 2008년 9월 리먼 브러더스 파산 사태 직전의 인도경제 현황

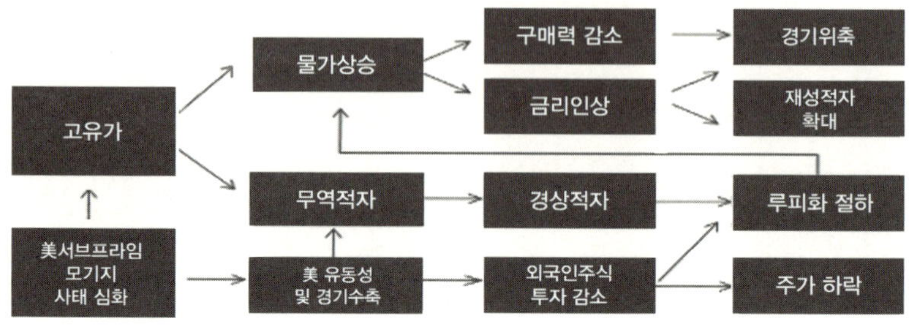

출처: 저자 작성

비해 절반 수준으로 낮아졌으며, 2008년 8월에는 2000년 이후 최저 수준인 1.7%를 기록하고 있었다.

2003년 이후 승승장구하던 인도 경제에 처음으로 빨간불이 켜지기 시작한 때가 바로 2008년 상반기였다. 2007년 1월 국가신용등급을 투자적격 등급인 BBB로 상향 조정한 S&P는 물가폭등과 재정 및 경상수지 적자가 장기화될 경우 신용등급을 하향 조정할 수 있다고 밝혔으며, 모건스탠리도 인도 경제가 위기에 노출될 우려가 있다고 경고하였다. 일각에서는 인도 경제가 스태그플레이션의 함정에 빠질 가능성이 있다는 주장이 나왔다. 하지만 이때까지만 해도 인도 경제는 경제의 기초 여건이 약화되었음에도 불구하고 위기를 겪을 정도는 아니었다.

무엇보다도 당시 민간 기업들의 재무상황이 좋았다. 당시 금융기관을 제외한 2,082개 민간 상장 기업의 경영실태를 보면 2006년 4월부터 2007년 9월까지 매출은 20% 이상, 세후 이익은 38% 이상 증가하였다. 민간 기업들은 그 어느 때보다 풍부한 유동성을 갖고 있었다. 실제로 당시만 해도 기업들의 투자 수요가 꺾이지 않은 상태였다.

2008년 6월까지 상업은행의 비식료 부문 대출 증가율은 24~26%로 2007년과 비슷한 수준을 유지하고 있었다. 결국 무산되기는 했지만 인도의 한 이동통신사가 아프리카 및 중동 지역의 최대 이동통신사 중 하나를 약 100억 달러에 인수하는 대형 M&A를 추진할 만큼 당시 인도 기업들의 투자의욕은 높은 상태였다. 소비자들의 소비수요도 그때까지만 해도 크게 흔들리지 않았다. 2008년 4~6월 승용차 판매 증가율은 15.1%로 양호하였으며, 모터사이클 · 스쿠터 등 이륜차의 판매증가율도 같은 기간 7.2%를 유지하고 있었다. 이동전화 가입자는 2008년 6월 말 2억 1,210만 명을 돌파하여 전년 동기 대비 56%나 증가한 상황이었다. 국제유가도 2008년 7월 중순부터는 상승세를 멈추고 하락하고 있었다. 2008년 7월 중순 정부가 신임을 묻는 국민투표에서 신임을 얻음으로써 그동안의 정치 불안이 해소되는 등 인도 경제는 2004년부터 시작된 글로벌 고유가의 높은 파고를 나름대로 견뎌내고 있는 상황이었다.

2. 글로벌 경제위기의 발생과 인도 경제

2008년 9월 15일 미국의 리먼 브러더스가 파산보호를 신청한 것으로 알려지자 세계 금융시장이 요동치기 시작하였다. 인도도 예외는 아니었다. 당일 뉴욕 다우지수는 2001년 9.11테러 이후 최대 낙폭인 4.42% 하락을 기록했으며, 인도 뭄바이 센섹스(Sensex) 지수도 3.35% 하락하였다. 특히 금융주가 하락을 주도했는데, ICICI뱅크의 주가는 3.9%나 급락하였다. 9월 16일 센섹스 지수는 0.09% 하락하

<도표 3-4> 2008년 하반기 주요 국가의 주가 및 환율 변동치

(단위: %)

	주가 변동(2008.6~12월)	대미 환율 변동(2008.6~12월)
중국	−48	1
홍콩	−40	1
인도	−41	−13
한국	−36	−20
아르헨티나	−51	−13
브라질	−49	−31
멕시코	−29	−26
일본	−36	18
유로존	−37	−11
미국(S&P 500)	−36	−

출처: Loser(2009), Kumar(2009)에서 재인용

였지만 이날 ICICI뱅크 주가는 또다시 5.7%나 떨어졌다. 환율은 9월 15일 0.37% 상승한 데 이어 16일에는 1.5%나 상승하였다. ICICI뱅크가 인도에서는 유일하게 리먼 브러더스의 파산으로 2억 달러 이상 손실을 입을 것이라는 소문이 증권가에 돌기 시작하였다. 급기야 예금자들이 은행창구와 은행의 자동인출기(ATM)로 몰려들어 예금을 인출하는 소위 뱅크런 사태까지 발생하였다. ICICI뱅크는 정식 기자회견을 열고 리먼 브러더스가 보유하고 있는 ICICI 뱅크 자사 주식 등은 없으며, ICICI뱅크 런던지점이 보유한 리먼 브러더스의 선순위채권(senior bond) 8,100만 달러를 9월말로 대손상각 처리하였다고 발표하였다. 여기에다 경찰 당국이 ICICI뱅크와 관련한 악성 소문의 진원지를 찾아내 처벌하겠다고 강력하게 나오자 뱅크런 사태는 사라졌다.

ICICI뱅크는 순자산만 100억 달러가 넘는 우량 은행으로, 인도 중

앙은행은 물론이고 국제결제은행(BIS)이 요구하는 9%보다 훨씬 높은 13.4%의 적정자본비율을 유지하고 있던 매우 건실한 은행이었다. 그럼에도 불구하고 뱅크런 사태가 발생한 것은 당시 금융시장이 매우 불안했음을 시사한다.

실제로 주식과 외환시장은 그 후 2009년 3월까지 불안 양상을 지속적으로 보여주었다. 2008년 1월초 20,800 포인트를 넘어선 뭄바이 센섹스 지수는 2009년 3월초 8,197포인트까지 떨어져 60% 이상 하락하였다. 루피/달러 환율도 같은 기간 39.27루피에서 52.06루피로 58% 이상 상승하였다.

리먼 브러더스 사태에 따른 직, 간접적 금융피해 규모도 상대적으로 적고, GDP 대비 수출 비중도 약 15%에 불과하며 특히 미국에 대한 수출 의존도가 약 15%에 불과함에도 불구하고, 인도 금융시장은 다른 나라에 비해 상대적으로 많은 충격을 받았다. 2008년 하반기에만 인도의 센섹스 주가는 41% 떨어졌으며, 환율은 13%나 상승하였다. 인도 주가는 같은 기간 한국이나 미국보다 더 많이 떨어졌으며, 루피화의 환율도 상대적으로 많이 인상되었다.

인도 주식시장과 외환시장이 이렇게 상대적으로 더 불안한 모습을 보인 데는 나름의 이유가 있다. 경제성장과 함께 외화의 유출입 규모가 상대적으로 커졌기 때문이다. 상품무역의 경우 1991/92년만 해도 GDP 대비 14.8%에 지나지 않았지만 2008/09년에는 40.2%로 높아졌다. 상품무역에다 서비스 및 이전거래, 소득거래까지 합한 경상거래 규모는 같은 기간에 21.2%에서 60.5%로 높아졌다. 자본거래 자유화가 아직 완전하게 이뤄지지는 않았지만, 자본거래 규모도 같은 기간에 16.1%에서 51%로 크게 증가하였다. 일일 외환거래 규모도

2004년에 약 70억 달러이던 것이 2007년에는 340억 달러로 크게 늘어났다. 외화거래 규모가 커진 만큼 시장 변동성도 커진 것이다. 인도 주식시장과 외환시장은 글로벌 금융위기의 확산에 영향을 받을 수밖에 없는 상황이었다. 하지만 그 당시에도 주가폭락이나 환란사태가 발생할 가능성은 낮았다.

리먼 사태로 글로벌 경기의 위축이 예상되자 국제유가가 바로 하락세로 전환되었다. 2008년 6~7월만 해도 배럴당 130달러를 넘어섰던 국제유가가 금융위기 발발 1개월만인 2008년 10월 중순 86달러로 크게 떨어졌다. 환율상승이 수입물가의 상승을 압박하는 요소로 작용하겠지만 국제유가의 하락은 당장 물가부담은 물론이고 무역적자와 재정적자 부담까지 줄여주었다. 외환보유고는 환율 상승을 저지하기 위한 중앙은행의 시장 개입 등으로 2008년 4월의 3,042억 달러에서 8월 말에는 2,861억 달러로 줄어들었지만, 그래도 단기 외채의 23.8배에 이르고 약 15개월치의 수입 대금을 지불할 수 있는 수준이어서 외화 유동성 부족에 따른 금융 대란이 발생할 가능성은 거의 없었다. 하지만 글로벌 신용경색으로 달러화에 대한 수요가 급증하면서 인도 증시에 유입된 외국인 투자자금이 지속적으로 빠져나가고 주가가 하락하며 환율이 급등하는 등 금융시장의 불안은 계속되었다.

금융시장의 불안은 실물경기에도 타격을 주었다. 경기 전망이 극도로 불투명해지면서 일부 업종을 중심으로 감산과 감원, 자산 매각 현상이 나타나기 시작하였다. 미국 등 선진국으로 주로 수출하던 섬유와 수공예, 보석 가공업계 일부는 수요 급감으로 생산을 줄여야 하는 상황에 처하자 현장 노동자들을 감원하였다. 자동차 판매도 2008년 10월 12.3% 줄어든 데 이어 11월에도 6.1% 감소하였다. 이에 따라 타

<도표 3-5> 인도의 GDP 대비 국제수지 규모 추이

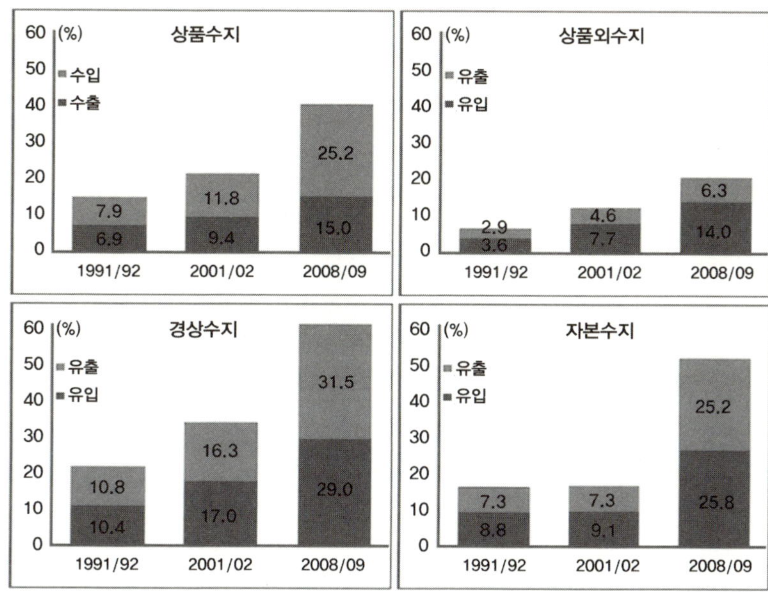

출처: CEIC

타자동차는 2008년 12월부터 주 3일 생산체제로 들어갔으며, 2008년 10~12월 7년 만에 처음으로 약 5,380만 달러의 손실을 기록하였다. 당시 인도 소재 현대자동차도 2008년 12월말부터는 일일 3교대에서 2교대 체제로 전환하였다. 고유가로 이미 적자상태에 빠져있던 인도 항공업계에서는 항공 수요가 급감해 손실이 눈덩이처럼 불어나고 있었다. 인도 최대 민항사인 제트에어라인은 리먼 사태 직후 사상 최대 규모인 1,900여 명의 인원 감축 계획을 발표하였으며, 2008년 10~12월 손실 규모가 전년 동기에 대비해 135%나 증가하였다. 모토로라 인디아도 2008년 10월 3,000명의 감원 계획을 발표하였다.

좀처럼 흔들릴 것 같지 않았던 부동산개발, IT서비스, 소매유통 부문에서도 경기 둔화의 그림자가 짙어지고 있었다. 인도 부동산개발

1위 업체로 한 때 시가총액 1위를 기록하기도 한 디엘에프(DLF)의 2008년 10월~12월 순이익 규모는 전년도 같은 기간에 비해 무려 69%나 줄어들었다. 2위 업체인 유니텍은 유동성 부족을 시인하고 주요 부동산의 매각을 적극 검토하기 시작하였다. IT서비스 부문은 주요 수요처인 미국, 특히 금융기관들의 발주 둔화로 신규 고용을 대폭 축소하거나 연기하였다. 당시 인도에서 현대적 슈퍼마켓 체인스토어를 가장 많이 보유하고 있던 수빅사는 2009년 1월말부터 전국 1,600개 매장의 영업을 중지하였다. 1만 5,000여 명의 임직원 중 1만 4,200여명에게 임금을 주지 못하고 있었으며, 약 600개 매장에서는 직원과 경비원들이 체불에 반발, 매장을 점령하고 있었다. 수빅사 사태는 2005년까지만 해도 150개에 불과하던 매장을 2008년 말 1,655개로 급팽창시키는 과정에서 일어난 유동성 부족이 주원인이었지만, 매출 감소와 투자유치 불발 등을 고려하면 글로벌 금융경색 및 인도 국내의 경기 위축과도 결코 무관하지 않았다. 2009년 2월초 인도 정부가 섬유, 자동차, 기타 수송기계, 금속, 보석류, IT서비스, 광업 등 7개 업종의 단체를 통해 긴급 현장 조사를 실시한 결과 2008년 11월부터 2009년 1월까지 석 달 동안에만 약 50만 명이 감원된 것으로 나타났다. 사정이 이렇게 되자 만모한 싱 총리는 연설 등을 통해 기업들에게 감원 자제를 요청하였다.

3. 인도 정부의 대응

한편 인도 정부는 리먼 브러더스의 파산보호 신청이 알려진 다음날인 2008년 9월 16일 즉각 대응조치에 돌입하였다. 금융시장의 불안은 글로벌 금융시장과의 통합 정도가 상대적으로 높아 그 영향을 차단하는 데 한계가 있지만 실물 부문은 정책적 노력에 따라 경기를 방어할 수 있다는 판단에 따라, 인도 정부는 그 어느 정부보다 신속히 정책들을 내놓았다.

당장 인도 중앙은행은 유동성, 특히 외화 유동성을 확보하기 위해 재외 인도인(Non Resident Indian: NRI)의 외화 및 루피화 예금 금리를 각각 0.5%, 1%포인트씩 인상하였다. 그리고 인도 재무부는 인프라 부문 투자 기업이 자유로이 상업차관을 도입할 수 있도록 도입 허

<도표 3-6> 2008년 9~10월중 인도 정부의 주요 대응 조치

9월 16일	중앙은행, 비거주자 예금 금리 인상 - 외화예금 : 리보 - 25bp에서 리보 + 25bp로 - 루피예금 : 리보 + 50bp에서 최고 리보 + 100bp로
9월 22일	재무부, 인프라 투자기업 상업차관 허용 범위 상향 조정 - 최고 1억 달러에서 5억 달러로 - 조달 금리 : 리보 + 350bp에서 리보 + 450bp로
10월 6일	중앙은행, 지준율(CRR) 9%에서 8.5%로 인하 참여채권(P-notes) 발행 허용
10월 7일	재무부, 인프라 투자기업 범위에 채굴, 탐사, 정유 부문 포함
10월 7일	중앙은행, 지준율 8.5%에서 7.5%로 인하
10월 15일	중앙은행, 지준율 7.5%에서 6.5%로 인하
10월 20일	중앙은행, 기준금리(Repo rate) 9%에서 8%로 인하

출처: 언론발표 등 취합

용 범위를 기존 1억 달러에서 5억 달러로 대폭 높였다. 10월 초에는 정책금리인 지급준비율을 0.5%포인트 인하하였다. 이는 호주와 함께 다른 어떤 나라보다 먼저 정책금리를 인하한 것으로, 2003년 6월 이후 5년 4개월 만의 첫 인하 조치였다. 이와 함께 참여채권(P-notes) 발행에 대한 제한을 전격적으로 철폐하였다. 참여채권은 인도 증권시장에 직접 투자할 수 없는 외국인 기관투자자들이 간접적으로 투자할 수 있도록 설계된 파생상품이나, 인도 주가가 연속적으로 고점을 갱신하고 루피화가 절상을 거듭하던 2007년 시장 안정을 위해 인도증권거래위원회(SEBI)가 잠정적으로 발행을 제한하고 있었다. 이어서 인도 재무부는 인프라 투자기업의 범위에 채굴, 탐사, 정유 부문을 포함시켜 이들 부문의 해외 상업차관 도입 조건을 완화하여 자발적으로 외화 유동성을 확보하도록 유도하였다.

2008년 10월 중순부터는 정책금리 인하 속도를 더욱 가속화하였다. 상업은행의 지준율을 1%포인트씩 두 차례나 인하하였다. 10월말에는 기준금리를 1%포인트 인하하였다. 바로 몇 개월 전인 2008년 7월까지만 해도 지준율과 기준금리는 각각 세 차례나 인상되었다. 경제 정책의 초점이 물가상승 억제에서 경기방어로 급전환되었다. 인도 중앙은행은 2008년 11월에도 기준금리와 지준율을 각각 1%포인트씩 추가로 인하하였다. 2008년 9~10월 14~18%대로 급등한 콜금리가 11월 5%대로 낮아져 시중 유동성이 완화되었지만 이후에도 인도 중앙은행의 정책금리 인하정책은 2009년 4월까지 계속되었다. 지준율은 2009년 1월 0.5%포인트 추가 인하되었으며, 기준금리는 2009년 1월에 1%포인트, 3월에 0.5%포인트, 4월에 0.25%포인트씩 추가 인하되었다. 시중금리인 상업은행들의 우대대출금리(Prime Lending

<도표 3-7> 글로벌 경제위기 발생 이후 인도의 정책 및 시중 금리 추이

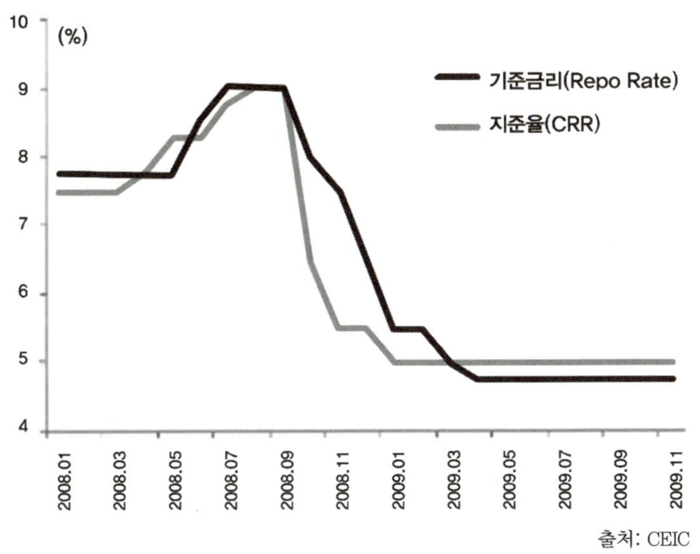

출처: CEIC

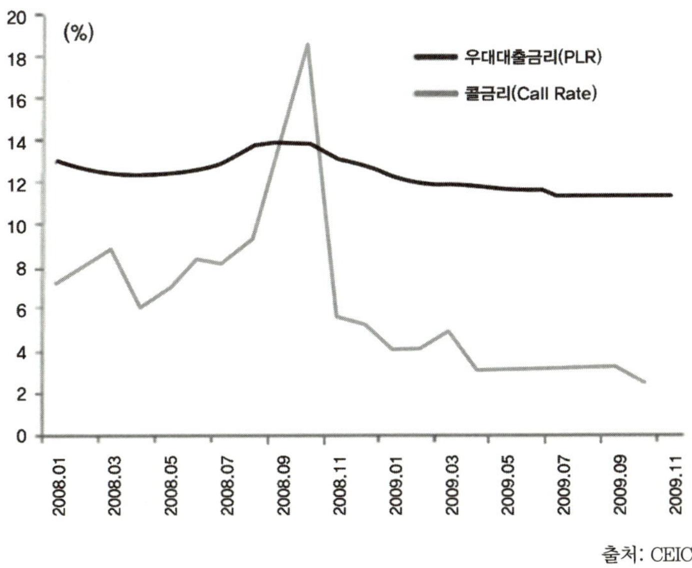

출처: CEIC

Rate: PLR)도 정책금리의 지속적인 인하로 2008년 10월 13.9%에서 2009년 4월 11.5%로 인하되는 등 2007년 이후 가장 낮은 수준까지 떨어졌다.

2008년 12월부터는 신용완화(또는 양적 완화)와 재정투입을 통한 경기부양정책이 본격적으로 추진되었다. 2008년 9월~11월 사이에 나온 정책들이 외화예금 금리를 인상하고 상업차관 도입 범위를 상

<도표 3-8> 인도 정부의 경기부양정책

제1차(08년 12월7일)

금리 인하	- 기준금리(repo rate) 1%p 인하 - 법정 유동성비율(Statutory Liquidity Ratio) 1%p 인하
재정지출 확대 및 감세	- 영세민 주택건설, 농촌 고용보장 및 관개시설 개선사업 등에 총 3조 루피(약 600억 달러) 2008/09 회계연도내 추가 지출 - 2009/10년 예산도 재정지출 확대 기조 유지 - 부가가치세 4%로 인하(09년 3월까지)
수출 지원	- 노동집약적 수출업체(섬유류 및 수공예품, 가죽, 보석가공, 수산물가공 및 중소기업 제품)에 이자율 2% 수출금융 2009년 3월말까지 지원 - 물품세, 서비스세 등 환급 - 수출업체의 자본재 수입시 관세감면 혜택 확대 등
주택건설 지원	- 고용창출효과가 큰 주택건설을 지원하기 위해 국립주택은행(National Housing Bank)에 400억 루피(약 8억 달러) 지원
중소기업 지원	- 은행 및 비금융기관 등에 700억 루피(약 14억 달러) 지원 - 최대 대출보증 금액 확대(500만 루피→1,000만 루피) - 영세기업 보증한도 85%로 확대
인프라 지원	- India Infrastructure Finance Company(IIFCL) 비과세 채권 1,000억 루피(약 20억 달러) 발행
기타	- 정부 관용차 신차로 교체 - 발전용 납사 수입관세 면제(09년 3월말까지) - 철광석 수출관세 면제

제2차(09년 1월2일)

금리 인하	– 기준금리(repo rate) 1%p 인하 – 지준율(CRR) 0.5%p 인하
유동성 확보 지원	– 해외상업차관 도입시 이자율 규제 폐지(09년 6월말까지) – 비금융기관 해외 상업차관을 통한 인프라 파이낸싱 허용 (09년 6월말까지) – 외국인 기관투자가(FII) 루피화 표시 채권 투자 한도 60억 달러에서 150억 달러로 상향 조정 – 비은행금융기관에 2,500억 루피(50억달러) 유동성 지원
수출 지원	– 수출용 원부자재 관세환급 적용 범위 확대(니트류, 자전거, 농기구 등) – 수출입은행 선적 전후 수출신용 500억 루피(10억 달러) 지원
기타	– 상용차 감가상각률 50% 적용(09년 3월까지)

제3차(09년 2월24일)

세율 인하 및 감면	– 서비스세, 물품세 각각 2%p 인하 – 부가세 4%로 인하 연장(09년 3월말 이후 계속 적용) – 발전용 납사 수입관세 면제 연장(09년 3월말 이후 계속 적용)

제4차(09년 2월26일)

수출지원 강화	– 관세환급 조치 신속화 – 수출제품 생산용 자본재 수입관세 면제 혜택 유지를 위한 의무수출액 달성기간 1년간 연장

향 조정하고 정책금리를 인하하여 경색되고 있던 시중 유동성 상황을 완화시키는 데 초점을 두었다면, 12월부터는 보다 적극적으로 금융안정화와 실물경기 방어에 중점을 두었다. 2009년 2월 말까지 총 4차례의 경기부양정책이 실시되었는데 대규모의 재정투입과 유동성 지원 정책은 1, 2차 경기부양책에 거의 포함되었으며, 이후 3, 4차 경기부양책은 1, 2차 경기부양책의 후속 조치와 중소기업 및 수출기업

지원에 초점을 맞추었다.

2008년 12월 초 발표한 1차 경기부양정책에서 인도 정부는 기준금리 1%포인트 인하와 함께 총 600억 달러에 달하는 대규모 재정을 추가로 지출하기로 하였다. 기존에 추진되고 있던 영세민 주택건설 사업, 농촌 고용보장 사업, 관개시설 개선사업, 농촌 근대화 사업 등에 예산을 추가로 배정하고 지출을 확대하여 고용유지 및 영세민 보호를 강화하였다. 또한 감원 압력이 높은 노동집약적 수출 기업에 대한 낮은 금리의 금융 지원과 각종 세금 감면 및 환급 혜택을 확대하였다. 중소기업 지원을 위해 약 14억 달러 규모의 자금을 은행 및 비은행 금융기관에 지원하였으며, 대출보증 금액 및 한도를 상향 조정하였다. 신용 경색으로 인프라 개발 사업이 중단되지 않도록 인도인프라금융회사(IIFCL)가 20억 달러 규모의 채권을 비과세로 발행하도록 조치하였으며, 발전용 납사 수입 관세, 철광석 수출 관세도 폐지하였다.

2009년 1월 초 발표된 2차 경기부양정책에서는 기준금리와 지준율이 각각 1%포인트씩 추가로 인하되었으며, 해외 상업차관 도입에 대한 이자율 상한 규제를 한시적으로 폐지하여 금융기관이나 기업들이 자율적으로 해외에서 유동성을 확보할 수 있도록 하였다. 또한 외국인 기관투자자들의 루피화 채권투자 한도를 60억 달러에서 150억 달러로 대폭 인상하여 외국자본의 국내 유입을 유도하였다. 비은행 금융기관에 약 60억 달러 규모의 유동성을 지원하는 한편, 수출입은행의 수출금융 지원을 늘려 수출 기업을 간접적으로 지원하였다. 이 밖에도 어려움을 겪고 있는 상용차의 판매 촉진을 위해 감가상각률을 한시적으로 50%까지 적용할 수 있도록 하였다.

<도표 3-9> 분기별 GDP 성장률 및 주요 거시 지표 추이

GDP 성장률

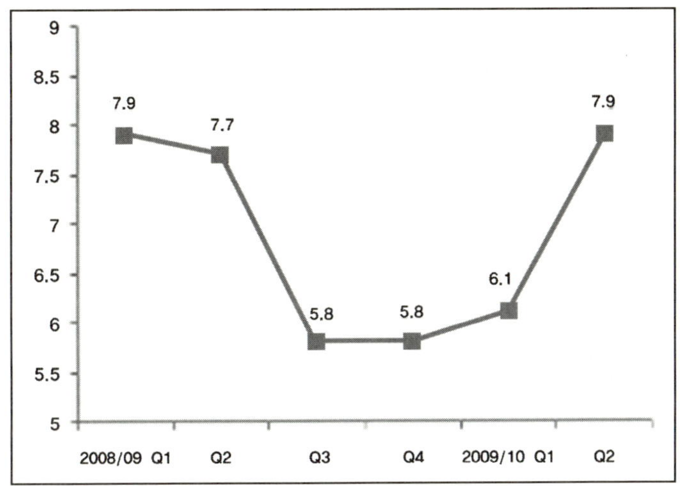

주요 거시 지표

		2008/09		2009/10	
		Q1	Q2	Q1	Q2
GDP		7.8	5.8	6.1	7.9
	농업	3.0	2.7	2.4	0.9
	광공업	5.1	−0.5	4.2	9.3
	서비스	10.0	8.4	7.7	8.1
민간 소비지출		4.5	2.7	1.6	5.6
총고정 투자		9.2	6.4	4.2	7.3

주: 인도회계년도 기준 성장률
출처: 인도 재무부, 인도 중앙은행

2009년 2월 말에 실시된 3, 4차 경기부양정책에는 각종 세율 감면과 수출기업 지원 강화가 추가로 포함되었다.

4. 경기회복 과정과 출구전략

인도 경제는 정부의 신속한 대응과 대규모 경기부양책에 힘입어 2008/09년 4/4분기(1~3월) 저점을 돌파한 이후 성장 속도가 빨라지는 V자형 회복세를 보이고 있다.

리먼 브러더스 파산 사태가 발생한 직후인 2008/09년 3/4분기(10~12월)에 5.8%까지 떨어졌던 GDP 성장률은 2008/09년 4/4분기에도 5.8%를 기록한 후 2009/10년 1/4분기(4~6월) 6.1%를 기록, 2분기 만에 상승세로 돌아섰다. 2009/10년 2/4분기(7~9월)에는 GDP 성장률이 7.9%로 급증하였다. 이는 글로벌 투자은행들의 분기별 예상 성장률 전망치 6.3%를 크게 상회하였을 뿐만 아니라 리먼 사태 직전 분기 성장률 7.7%보다 높은 것이었다.

산업별 생산을 보면 제조업이 전년 동기 5.1%에서 9.2%로 대폭 증가하였고, 전기 및 가스업도 같은 기간에 3.8%에서 7.4%로 크게 증가하였다. 공공예산 집행 증대 등으로 공공서비스도 같은 기간에 9.0%에서 12.7%로 증가하였다. 그러나 농업 생산은 같은 기간 강우량 부족으로 2.7%에서 0.9%로 오히려 둔화되었다.

지출 측면에서는 민간소비 지출 증가율이 전 분기 1.6%보다 크게 증가한 5.6%로 리먼 사태 직전 수준을 회복하였으며, 고정자본 투자 증가율은 7.3%로 전 분기 4.2%보다는 높아졌지만 예년의 수준에는 미치지 못하였다.

경기회복 속도가 기대 이상으로 빨라지고 경기에 대한 낙관적인 심리가 확산되면서 주가 및 루피화도 2009년 3월 이후 강세로 전환되었다. 2009년 5월 총선 이후에는 인도의 정치 리더십이 더욱 공고해

<도표 3-10> 인도 뭄바이 SENSEX 및 환율, 물가 추이 자료

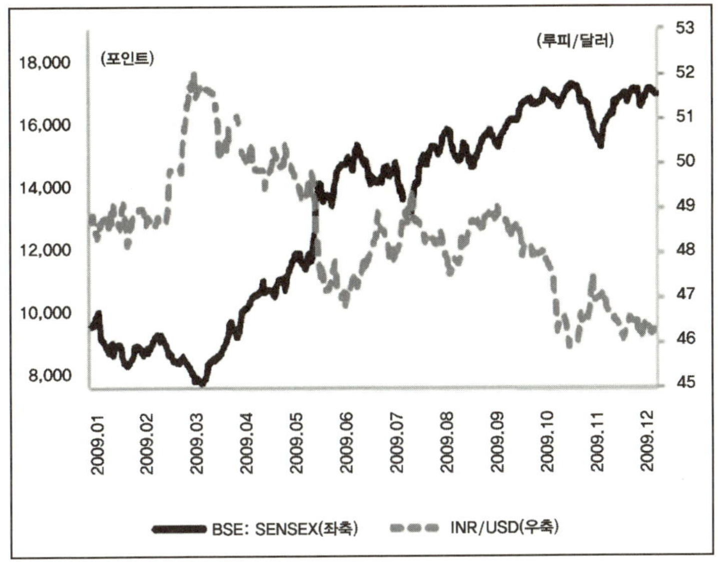

출처: CEIC

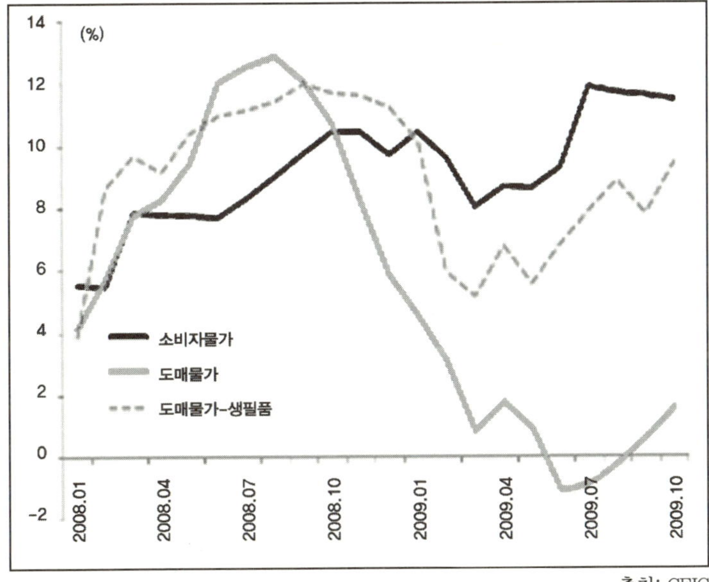

출처: CEIC

<도표 3-11> 인도 중앙은행의 유동성 관련 주요 정책

	주요내용
유동성 회수 정책	- 법정 유동성비율(SLR)을 24%에서 25%로 상향 조정 - 수출기업에 대한 리파이낸스 한도 50%에서 15%로 축소 - 뮤츄얼펀드 및 비은행 금융회사 등에 대한 특별 리파이낸스 철회
건전성 감독 강화	- 상업용 부동산 대출에 대한 은행의 대손충당금 비율을 0.4%에서 1%로 상향 조정 - 은행의 부실자산(NPA)에 대한 대손충당금 비율을 2010년 9월까지 70% 수준으로 상향 조정할 것을 권고

출처: 인도중앙은행 2009/10 2분기 통화정책 review

지고 글로벌 경기불안이 완화되면서 외국인투자 유입이 재개되어 주가와 루피화는 더욱 강세를 유지하였다. 여기에다 2009년 11월 말 2009/10년 2/4분기의 성장률이 예상치 이상으로 발표되자 주가와 루피화는 더욱 강세를 나타내었다. 뭄바이 센섹스 지수는 3/4분기 성장률 발표 직후인 12월 첫 주에만 3% 증가한 17,101포인트로 마감하여 연초 대비 약 73% 상승하였다. 환율도 분기 성장률 발표 이후 더욱 떨어져 12월 4일 46.25루피를 기록하여, 연초 대비 약 5%, 2009년 3월 고점 대비 약 11% 이상 하락하였다.

한편 물가는 오름세가 더욱 강해졌다. 몬순 강우량의 부족으로 농업 생산량이 줄어들어 곡물을 중심으로 한 생활필수품 가격이 지속적으로 상승하였기 때문이다. 예상보다 빠른 경기회복과 국제유가의 불안 등이 겹치면서 물가 오름세 심리도 보다 강해졌다. 실제로 도매물가 상승률은 2009년 9월 0.6%를 기록, 4개월 만에 처음으로 플러스로 반전되었지만, 10월에는 1.6%를 기록, 1개월 만에 1%포인트 상승하였다. 곡물을 포함한 생필품 도매물가 상승률이 2009년 2월 이후 지속적으로 높아져 10월 9.4%를 기록하는 등 더욱 빠르게 증가하였다. 물가상승 속도가 예상보다 훨씬 빨라진 것이다. 예년보다 늦게 시작된 몬순 강우가 결국 1972년 이래 가장 적은 강우량을 기록하면서 농산물 생산이 감소할 것이란 우려를 낳았고, 이것이 물가 불안 심리를 자극한 것이었다. 실제로 2009년 6~9월까지 강우량은 평균 강우량에 비해 23%나 적었다. 전국 36개 지역 중 13개 지역만이 평균 강우량을 초과했고 나머지 23개 지역은 평균 강우량에 미치지 못했다. 2008년 같은 기간에 평균 강우량 초과 지역이 29개이고 부족 지역이 7개였던 것과 비교하면 강우량 부족 지역만 2008년 대비 3배 이상 늘어난 것이었다. 여기에다가 2009년 8월부터 70달러를 돌파한 국제유가(WTI 기준)가 10월 중순부터는 80달러를 돌파하기 시작하였다.

결국 2009년 10월 27일 인도 중앙은행은 기준금리를 동결한 채 법정 유동성 비율(Statutory Liquidity Rate:SLR)을 1%포인트 인상하고, 수출기업 및 비은행기관에 과도하게 적용하였던 리파이낸스 한도를 축소하며 상업은행들의 부동산대출 및 부실채권에 대한 충당금 적립 비율을 대폭 인상하는 등 사실상의 출구전략을 실시하였다. 인도의 이러한 출구전략 시동은 2009년 9월 G20 정상회의, 10월 EU재무장관회의 등에서 합의한 국제적 공조 하의 출구전략 시행에 비해 다소 빠른 것은 사실이지만, 기준금리를 인상하지 않았고 재정지출 확대 등 경기부양 정책을 유지하였기 때문에 G20 차원의 국제적 공조에서 이탈하였다고 볼 수는 없었다.

인도에서 출구전략에 대한 논의는 비교적 빨리 시작되었다. 경기회복과 물가상승 압력이 높아진 2009년 8월 말부터였다. 2009/10년

1/4분기(4~6월) GDP 성장률이 6.1%로 2분기 연속 5.8%를 기록한 후 상승세로 전환되었고, 8월 곡물 등이 포함된 생필품 도매물가 상승률이 8.5%를 기록하는 등 물가상승 압력이 높아지기 시작하였다. 하지만 글로벌 경기 불안이 지속되고 있고, 국내 소비 및 투자 심리가 완전히 회복되지 않았기 때문에 섣불리 출구전략을 실시할 수 없는 상황이었다. 인도 중앙은행의 출구전략 조기 도입론과 인도 정부의 신중론이 맞서다가 2009년 10월 물가상승 압력이 더욱 높아지자 제한적이나마 출구전략을 시작한 것이다.

기준금리와 지준율을 각각 4.75%와 5.0%로 동결한 채 출구전략이 시작되었지만 법정 유동성 비율 1%포인트 인상만으로도 시중 유동성이 약 3,000억 루피(약 64억 달러) 줄어든다. 법정 유동성 비율은 예금자산으로 국채 또는 국영기업 채권을 매입해야 하는 비율로 모든 상업은행들이 준수해야 하는 일종의 정책금리이다. 이에 대해 두부리 수바리오(D. Subbarao) 인도 중앙은행총재는 "물가를 안정시키면서 경기회복세를 방해하지 않은 방법"이라고 설명하였다. 당시에 2008년 9월 리먼 사태 이후 대폭 내렸던 정책금리를 실제로 인상한 나라는 G20 국가 중에서는 호주에 이어 인도가 두 번째였다.

5. 전망 및 평가

인도 정부는 2009년 12월 말 현재까지 제한적인 출구정책을 실시하고 있다. 개선되고 있는 소비 및 투자 심리가 훼손되지 않도록 기준금리는 인상하지 않고 시중 유동성을 서서히 줄이는 정책만을 실시하고 있다. 하지만 기준금리를 인상하는 본격적인 출구전략의 도입 시기가 점차 빨라지고 있다. 2009/10년 2분기(7~9월) 성장률이 7.9%로 이미 2009년 리먼 사태 발발 이전 수준 이상으로 회복하였고 물가상승 압력이 더욱 거세지고 있기 때문이다. 기준금리 인상을 동반하는 출구전략이 선진국의 경우 2010년 하반기 이후에나 가능할 것이란 전망과 달리, 인도의 경우에는 2010년 3월 이전에 실시될 가능성이 높다는 전망이 점차 설득력을 얻고 있다.

재정정책과 관련해서는 인도 정부는 2009년 말 현재까지 어떠한 출구전략도 시행하지 않고 있다. 대신 인도 정부는 경기부양 정책으로 급증한 재정적자를 줄이기 위해 국영기업의 민영화를 적극 추진하고 있다. 인도 정부는 2008년 9월 리먼 사태 발발 이후 대규모 재정을 투입하여 GDP 대비 재정적자 규모가 2007/08년 4.8%에서 2008/09년 10.7%로 대폭 늘어난 것으로 추정하고 있다. 2009/10년에는 소폭 낮아지겠지만 여전히 두 자리 수인 10.3% 정도를 기록할 것으로 예측하고 있다. 이렇게 늘어날 재정적자를 축소하기 위해 인도 정부는 2009년 11월 초 정부 소유 기업의 지분 매각을 추진하는 민영화를 승인하였고, 재정적자 규모를 2012년까지 4%까지 낮추는 계획을 세워 놓고 있다.

2010년 초 기준금리를 인상하는 인도 정부의 본격적인 출구전략이 시작될 가능성이 높은 가운데 인도 경제는 2010/11년 회계연도(2010년 4월~2011년 3월)에 최소 7% 이상 성장할 전망이다. 글로벌 경기가 서서히 회복되고 인도의 기준금리 인상이 점진적으로 이뤄질 경우 경기회복 심리가 훼손되지 않을 것이기 때문이다.

한편 2009년 9월 발생한 전대미문의 글로벌 경제위기를 인도 경제

<도표 3-12> 인도 재정적자 비율(GDP대비) 및 경제성장률 전망

재정적자 비율

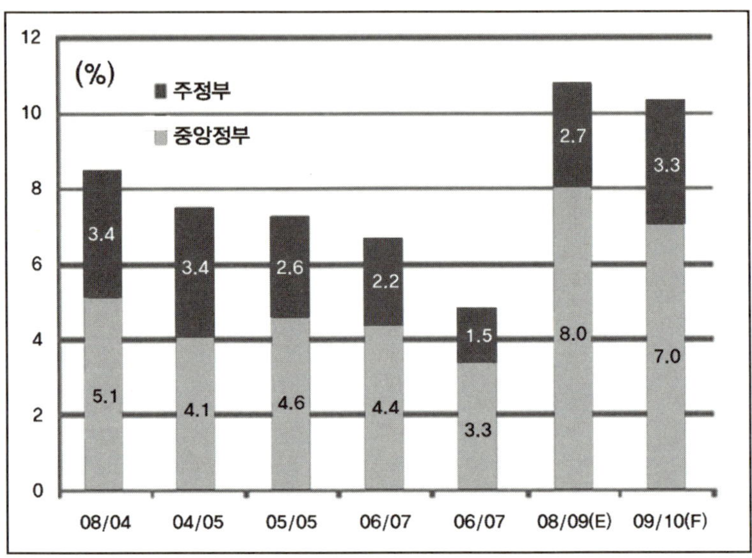

경제성장률 전망

(단위, 전년 동기 대비 %)

기관 (전망 시점)	2008/09년	2009/10년(F)	2010/11(F)
IMF(10월)*	6.7	5.3	6.5
ADB(12월)		7.0	–
Global Insight(12월)		6.4	7.5
OECD(11월)		6.1	7.3
EIU(12월)		5.8	6.8

* calendar year 기준

출처: IMF 및 각 기관 최근 전망 보고서

가 어느 나라보다 잘 극복하고 있는 데는 몇 가지 이유가 있다.

우선 제도적으로 또 실질적으로 세계경제와의 통합 정도가 아직 상대적으로 낮다는 점이다. 자본 자유화가 아직 이뤄지지 않아 인도 기업들은 물론 인도 금융기관들의 유동성 리스크가 발생할 여지가 처음부터 다른 나라들에 비해 낮았다. 또한 예금액의 일정 부문을 국채로 보유해야 하는 법정유동성비율(SLR) 등 상업은행들의 자금 운영에 대한 제한이 오히려 인도 은행들의 안정성을 높여주는 역할을 하였다. 수출 비중이 GDP 대비 15%에 불과하여 글로벌 경기 위축에 따른 실물경기의 타격 정도가 다른 나라에 비해 상대적으로 적었다. 경기에 덜 민감한 서비스업 비중이 GDP의 절반 이상을 차지하고, 투자보다는 소비에 의존하고 있는 경제산업구조도 인도 경제가 글로벌 경제위기에서 상대적으로 자유로울 수 있게 하였다.

하지만 위기 발생 시 인도 정책 당국이 보여준 신속하고도 적절한 대응조치는 높게 평가할 만하다. 글로벌 위기가 발생하자마자 유동성 지원정책을 실시하였으며, 재정적자 부담이 큼에도 불구하고 과감하게 대규모 재정을 투입하여 경기 급락을 최대한 저지하였다. 특히 감원 가능성이 높은 영세 수출기업과 중소기업에 지원정책을 집중해 실업 발생을 최대한 줄이는 등 사회적 불안이 조성되지 않도록 하였다. 중장기 성장 동력인 인프라 개발 사업이 중단되지 않도록 이들 사업에 대한 유동성 지원도 강화하였다.

출구전략을 신중하게 도입한 것도 높게 평가할 만하다. 경기회복 조짐과 소비 및 투자심리 회복이 완연하고 물가상승 압력이 높아지는 적정한 시점에서 기준금리를 바로 인상하지 않고 과도하게 풀린 시중 유동성을 점진적으로 흡수하는 조치들을 실시하였다.

그러나 무엇보다도 인도 경제의 기초 여건이 과거 어느 때보다 강화되어 있었다는 점이 이번 미증유(未曾有)의 위기를 인도가 잘 극복하고 있는 가장 큰 이유라고 할 수 있다. 인도는 지난 1991년 개혁 · 개방정책을 도입한 이후 모든 제도와 시스템을 시장 중심 체제로 바꿨다. 규제 완화로 국내 기업은 물론 외국인의 투자 활동이 왕성해져 고성장과 함께 기업과 정부는 그 어느 때보다 풍부한 유동성과 외환 보유고를 확보하고 있다. 완전변동환율제도는 외환시장의 빠른 회복과 안정화에 기여하였다. 또한 은행의 건전성 감독을 강화하여 부실채권 비율이 대폭 낮아져 은행의 안정성이 매우 높아진 점도 위기 돌파에 크게 기여하였다.

제 4장
러시아 경제위기의 현황과 전망

이재영
(대외경제정책연구원 연구위원)

I. 들어가는 말

2008년 상반기 미국의 거대 모기지 회사인 프레디 맥(Freddie Mac)의 주가가 80% 이상 하락한 뒤, 그 해 9월 국제 금융회사 리먼 브러더스의 파산으로 촉발된 미국발 서브프라임 모기지의 역풍이 국제 금융기관들의 경쟁적인 디레버리지(부채 축소)를 통해 전 세계 금융위기로 확대되었다. 세계 금융위기가 증폭됨에 따라 특히 신흥 경제권으로부터 해외투자자들의 자금 이탈이 급속히 증가하는 현상이 발생하였다. 특히 러시아의 경우 외국인 투자자들이 보유하고 있던 러시아의 주식을 비롯한 모든 형태의 금융자산에서 대대적으로 이탈하는 사태가 발생하면서, 2008년 러시아 주가는 고점 대비 약 70%나 폭락하였다. 따라서 러시아는 세계 금융위기의 타격을 가장 크게 받은 국가 중 하나가 되었다. 세계 금융기관들의 부실이 표면화되고, 이들의 자산 가격 하락과 추가 부실에 대한 우려로 인해 금융시장 경색 현상이 확산되었다. 이러한 금융위기는 실물경기의 침체를 가속화시켰고, 국제 원자재 수요 감소 및 가격 하락을 동반하였다.

이러한 배경에서 국제유가의 하락은 러시아 경제를 더욱 위기 상태로 몰아넣었다. 한때 배럴당 129달러에 이르던 국제유가가 2008년 말에 38달러까지 폭락함에 따라 2008년 6월 1,900 포인트까지 올라갔던 러시아 주가지수(MMVB 지수)는 그해 12월에는 600 포인트까지 추락하였다. 러시아 증권시장의 시가 총액이 감소함에 따라 담보가치 보전을 요구하는 마진 콜(margin call)을 수없이 야기하였고, 기업들은 저가에 주식을 매각하지 않을 수 없었다. 주가가 폭락한 러시아 기업들이 제공한 담보물의 가치가 하락하자, 외국인들은 러시아 채무자들에게 일부 차관을 기한 전에 상환할 것을 요구하였다. 이 과정에 러시아 은행의 결제 및 예금계좌에서의 자금 인출이 외국인 자본이 빠져나가는 주요 통로가 되었는데, 2008년 4/4분기에 외국인 투자자들이 러시아 증권시장에서 회수한 금액은 약 400억 달러에 달한 것으로 평가된다. 그 결과 총수요 감소는 수출 감소와 더불어 해외로부터 자본 유입을 감소시키는 결과를 야기하였다.

이와 동시에 러시아 국민들이 루블화 예금을 외화로 바꾸면서 자본이탈 현상은 더욱 심화되었다. 그 결과 러시아의 외환보유고는 급격히 감소하였다. 이는 또 러시아의 신용등급에도 부정적인 영향을 미쳐 러시아 기업들이 해외에서 자본을 유치하는 조건을 더욱 어렵게 만들었다. 이어 2008년 말부터 2009년 상반기까지 러시아의 국내 대출이 급감하는 상황이 발생하였다. 소비 수요는 국민소득 감소, 실업률 증가 및 경제에 대한 불확실성 증대 때문만 아니라 대출 규모의 감소에 의해서도 현저히 줄어들었다.

한편 세계 각국이 서둘러 위기극복을 위한 대책을 마련하고, 국제적으로 상호협력을 강화한 데 힘입어 2009년 하반기에 접어들면서 세계 경기의 회복 속도가 빠르게 진전될 것이라는 전망이 확산되었다. 이런 가운데 달러 약세와 세계경기 회복세로 인해 원자재 가격이 상승하면서 러시아 경제도 회복 국면으로 진입한 것이 아닌가 하는 조심스런 기대감이 나타나고 있다. 2009년 9월부터 국제유가 상승, 원자재 수요 증가, 정부의 경기부양책 등에 힘입어 러시아 국내 기업들의 생산과 수출이 증가하고 실업률도 감소하며, 주가도 상승하는 등 경제침체 현상이 다소 완화되는 모습을 보이고 있다.

이 글의 목적은 글로벌 금융위기 이후 러시아 경제의 현황을 살펴보고, 러시아 정부의 경제위기 극복 방안을 분석한 후 향후 러시아 경제를 전망하는 데 있다. 이를 위해 두 번째 절에서는 세계 금융위기가 러시아 경제에 미친 영향을 2009년 상반기를 중심으로 살펴보고자 한다. 세 번째 절에서는 러시아 정부의 경제위기 극복 대책을 분석하고자 한다. 이어 네 번째 절에서는 세계경기 회복세와 함께 러시아 경제 현황이 어떻게 변화하고 있는지를 살피고, 그에 따른 러시아 정부의 정책 방향도 점검하고자 한다. 마지막으로 다섯 번째 절에서는 그 앞에서 살펴본 러시아의 경제 동향과 경제정책 방향을 토대로 2010년 러시아 경제를 전망하고자 한다.

2. 세계 금융위기가 러시아 경제에 미친 영향

〈도표 4-1〉에서 보는 바와 같이, 경기침체가 본격적으로 나타나기 시작한 2009년 상반기 러시아의 경제성장률은 전년 동기 대비 -10.1%를 기록하였으며, 고정자본투자 증가율은 -15%로, 특히 건설 투자의 위축 현상이 가장 두드러지게 나타났다. 산업생산 증가율도 전년 동기 대비 -14.8%를 기록하였으며, 이 중 제조업 생산 부문은 -21.3%로 크게 하락하였다. 기업 생산 악화와 높은 물가상승률로 인한 실질소득 감소는 가계의 소비심리를 크게 위축시켰고, 특히 비(非)식료품 구매 및 외식 이용 부문이 크게 줄었다.

<도표 4-1> 2008~2009년 상반기 주요 경제지표[1)]

	2008			2009		
	1분기	2분기	상반기	1분기	2분기	상반기
GDP 성장률(%)	8.7	7.5	8.1	-9.8	-10.4[2)]	-10.1[2)]
산업생산 증가율(%)	6.2	5.5	5.8	-14.3	-15.4	-14.8
고정자산투자 증가율(%)	23.6	17.4	19.9	-15.6	-20.0	-18.2
소비자물가 상승률(%)[4)]	12.9	14.9	-	13.7	12.4	-
실질임금 상승률(%)	13.4	12.5	12.9	-0.8	-4.6[2)]	-2.8
소매거래량 증가율(%)	17.2	14.9	16.0	-0.1	-5.6	-3.0
수출(십억 달러)	110.1	126.7	236.8	57.4	68.1[3)]	125.5[3)]
수입(십억 달러)	60.2	75.4	135.7	38.4	43.8[3)]	82.2[3)]
우랄산 평균 유가 (배럴당 달러)	93.4	117.3	105.3	43.5	58.0	50.8

주: 1) 전년 동기 대비임, 2) 러시아 경제개발부 추정,
3) 러시아 중앙은행 추정, 4) EIU 통계.
출처: Министерство экономического развития(2009b); EIU(2009).

〈도표 4-2〉에 제시된 바와 같이, 대외무역도 현저히 감소하였다. 2009년 상반기 러시아의 수출액은 세계 경기침체로 인한 우랄산 국제유가 하락과 해외 석유 수요 감소가 지속되면서 전년 동기 대비 약 47% 감소하였다. 특히 2009년 1분기 수출량이 전년 동기 대비 약 14% 감소한 것을 고려할 때, 러시아의 수출액이 감소한 것은 수출량이 줄어든 것보다 유가 하락이 좀 더 크게 영향을 미친 것으로 보인다. 러시아 에너지부의 자료에 따르면, 2009년 1분기 석유 수출량은 전년 동기 대비 2.1% 감소하고, 가스는 56.3% 감소한 것으로 조사되었다. 이 중 CIS(독립국가연합) 국가로의 수출 증가율은 전년 동기 대비 −1.7%이고, 그 외 국가로의 수출은 −4.1%로, 기타 국가로의 수출 하락폭이 더 크게 나타났다. 이는 주요 수출 대상국인 EU의 경기침체로 인해 유럽 국가들의 석유 수요가 크게 감소한 데서 비롯된다. 2009년 상반기 러시아 수입액은 가계소득 감소와 기업투자의 위축 등이 주요 원인으로 작용하여 전년 동기 대비 39.4% 감소하였다. 기업 신용경색에 따른 설비투자가 위축되면서 기계·설비 및 운송장비

<도표 4-2> 2007~2009년 상반기 수출입 동향 (십억 달러)

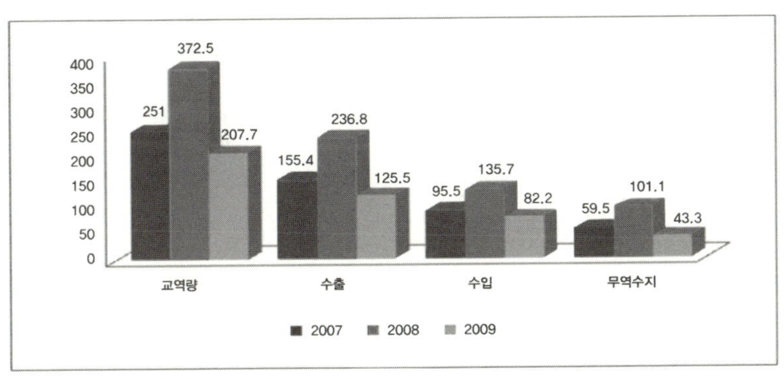

자료: Министерство экономического развития(2009b)

의 수입 물량이 크게 감소한 가운데, 특히 불도저, 그레이더 등 건설 장비, 트랙터, 화물차 등의 감소율이 매우 크게 나타났다.

그러나 특이한 점은 경기 침체로 인한 물가 하락세가 세계 여러 나라에서 나타난 것과는 달리, 러시아는 내수 침체에도 불구하고 2009년 1분기 13%대의 높은 소비자물가 상승률을 유지하였다는 것이다. 이는 달러 및 유로 대비 루블화 가치 하락이 심화되면서 수입 소비재의 가격상승이 촉발되었고, 당초 계획했던 공공요금이 인상됨에 따라 물가상승 압력이 지속된 것으로 분석된다. 즉, 국내 소비재의 50% 이상이 수입품인 경제 구조에서 루블화의 가치하락은 물가상승의 주요 원인이 되었고, 평균 15%인 지방세, 철도 및 통신 요금 인상(1)이 물가상승을 더욱 부추긴 것으로 파악된다. 환율 인상에 의한 수입가격 상승에도 불구하고, 곡물 및 원유 가격의 하락에 힘입어 식료품의 가격 인상률은 전 분기 대비 0.7%포인트 하락한 반면, 비식료품 가격 및 서비스 요금 상승률은 전 분기 대비 각각 1.8%포인트, 1.0%포인트 증가하였다. 그러나 1분기의 높은 물가상승률도 내수 위축으로 인해 소폭 둔화되어 2분기에는 12.4%를 기록하였다.

한편 세계 금융위기가 러시아 기업 부문에 미친 영향을 살펴보면(〈도표 4-3〉 참조), 공공요금의 인상은 다른 실물 부문에 부정적인 영향을 미쳤으며, 특히 제조업 부문의 수익률을 떨어뜨려 업종별 기업실적 중 가장 악화된 것으로 나타났다. 은행 대출의 비중이 상대적으로 높은 건설업은 투자 위축, 대출자금 부족 등으로 인해 기업실적이 제조업 다음으로 저조한 수준을 기록하고 있다.

---

(1) 2008년 철도, 통신, 지방세 요금 인상률은 평균 10.9%였다.

<도표 4-3> 2008~2009년 1분기 업종별 기업 실적 비교

(단위: 십억 루블, %)

업종별 구분	2008년 1분기	2009년 1분기	증가율
전체	1,260	351	−72.1%
광물자원업	250.9	130.6	−47.9%
제조업	451.3	−86.1	−119.1%
전력, 가스 및 수도 공급	75.7	126.5	67.1%
건설	14.1	0.8	−94.3%
교통 및 통신	167.2	51.5	−69.2%

출처: Министерство экономического развития(2009a)

이러한 기업실적 저조로 인해 미회수 외상매출금이 증가하고, 부채 규모가 확대되는 등 기업의 유동성 문제가 더욱 악화되면서 2009년 1분기 임금 체불액이 급증하였다.[(2)] 〈도표 4-4〉에서 볼 수 있듯이,

<도표 4-4> 2008~2009년 상반기 임금 연체율 동향 (100만 루블)

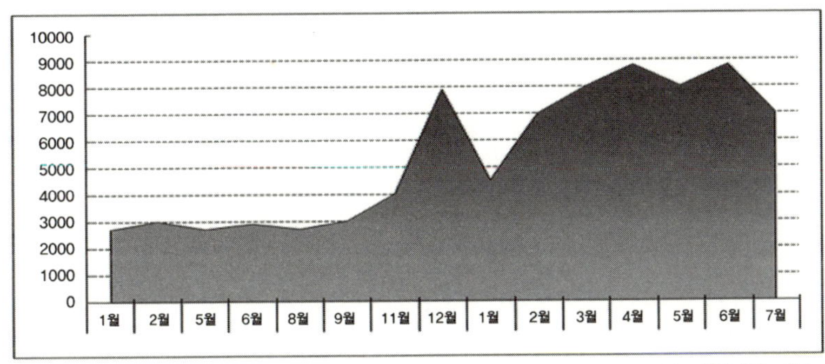

주: 매월 1일 기준

출처: Министерство экономического развития(2009b)

(2) 총 임금 체불액 중 2009년 1분기에 발생한 체불액이 50.2%를 차지한 반면, 2008년과 2007년에 발생한 임금체불은 각각 41.4%, 8.4%를 차지하였다.

이러한 임금 체불 증가는 러시아 경기 악화가 심화되었던 3~5월 말에 정점에 달한 후, 세계 신용경색이 완화되고 실물 경기침체가 둔화된 6월 말에는 임금체불액이 전월에 비해 크게 감소한 것으로 나타났다.

2009년 상반기 러시아 금융시장의 상황은 달러나 유로화에 비해 평가절하되었던 루블화 환율의 안정세 회복, 외환보유고 감소, 은행의 루블화 유동성 부족과 대출 연체율 증가 등으로 요약할 수 있다. 환율 부문의 경우, 국제유가 하락과 러시아 경기 불안에 따른 외국인 자본의 이탈로 인해 2008년 8월 달러당 23루블이던 환율은 2009년 2월 환거래 제한선인 달러당 36루블까지 치솟았으나, 3월부터 우랄산 국제유가가 지속적으로 상승하고 중앙은행의 환율 방어에 힘입어 외환시장이 안정을 찾기 시작하였다. 러시아의 외환보유고도 2008년 7월 5,966억 달러로 최고치를 기록한 후, 글로벌 금융위기가 가시화된 2008년 10월에는 전월 대비 13% 감소한 4,846억 달러를 기록하며 10년 만에 최대 감소폭을 나타내었다. 2009년 1분기에 기업의 월말 납세, 또 루블화 가치 하락을 예상한 시중은행의 달러 구입으로 루블화에 대한 수요가 확대되면서 은행의 루블화 유동성 부족이 극

<도표 4-5> 2008~2009년 분기별 금리 동향 (%)

	2008년				2009년	
	1분기	2분기	3분기	4분기	1분기	2분기
은행 간 일일 대출금리	3.8	3.9	5.7	8.4	11.4	7.5
예금 금리[1)]	5.3	5.4	5.7	6.7	7.8	8.7
대출 금리[2)]	10.9	11.2	12.0	14.9	16.6	15.8

주: 1) 1년 미만 루블화 예금금리, 2) 루블화 기업대출 금리

출처: 러시아 중앙은행

심해졌다.

이로 인해 〈도표 4-5〉에 제시된 바와 같이 은행 간 대출 금리는 11.4%로 전 분기 대비 3%포인트 상승하였으며, 중앙은행의 총 레포(Repo: 환매조건부 채권) 거래량은 전 분기 대비 37.4% 상승하였다. 특히 2009년 1월에는 은행 간 일일 대출금리(MosPrimeRate)가 16.3%로 전월 대비 8%포인트 상승하였다. 이는 기업의 유동성이 부족한 상황에서 납세를 위한 루블화 수요가 몰렸던 반면에 시중은행은 가치가 폭락한 루블화보다는 외화자금을 보다 많이 확보하려 한 탓에 루블화 수요 급증에 미처 대비하지 못한 데서 비롯되었다. 또한 2008년 4/4분기 기업의 수익률이 하락하는 상황에서 기업은 납세 및 외상매입 대금을 지불하기 위해 은행으로부터 차입을 확대하였으나, 이후 소득 감소와 금리 인상으로 인해 은행의 대출 연체율이 증가하게 되었다

한편, 러시아의 경제위기는 지역별로 경제적 양극화 현상을 심화시켰다. 2009년 1~9월 러시아의 7개 연방관구(3) 가운데 극동관구를 제외하고 거의 모든 지역에서 광업 및 제조업 생산량이 전년 같은 기간에 비해 감소한 것으로 나타났다. 특히 우랄관구, 볼가관구, 중앙관구의 산업생산이 크게 감소한 반면, 유용 광물 채굴량이 많은 극동지역은 상대적으로 양호한 것으로 나타났다(〈도표 4-6〉 참조).

---

(3) 2000년 5월 13일 푸틴 정부는 각 연방 구성체에 대한 연방 정부의 영향력을 확대하기 위하여 러시아 전역을 중앙관구(본부 모스크바), 북서관구(상트페테르부르크), 남부관구(로스토프-나-도누), 볼가관구(니즈니노보고로드), 우랄관구(예카테린부르크), 시베리아관구(크라스노야르스크), 극동관구(하바로프스크) 등 7개의 연방관구로 나누었으며, 각 연방관구는 중앙 정부에서 임명한 전권대표에 의해 관리된다.

<도표 4-6> 연방관구별 광업 및 제조업 산업생산 증가율 비교 (%)

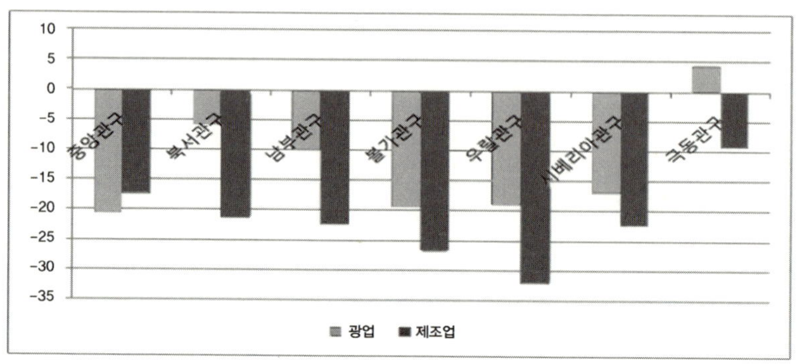

주: 2008년 1~9월과 2009년 1~9월 통계를 비교한 것임.
자료: Министерство экономического развития(2009b)

세계 금융위기 이후 2009년 1/4분기의 지역별 수출량은 전년 동기 대비 4% 증가한 케메로보 주를 제외하고 모스크바가 가장 많은 54% 감소한 데 이어, 튜멘 주 53%, 상트페테르부르크 50%, 타타르스탄 공화국 55%, 레닌그라드 48%, 스베르들로프 주 36%, 사마라 주 50%, 크라스노야르스크 지방 34%, 사할린 주 41% 등 급격한 감소를 보였다. 그럼에도 불구하고 같은 기간에 모스크바와 튜멘 주가 러시아 총 수출의 46%를 차지하여, 지역별 수출 편중 현상이 크게 나타나고 있음을 알 수 있다. 동시에 지역의 산업생산량에서 수출 비중이 30% 이상인 지역의 수가 2008년 1/4분기 19개에서 2009년 1/4분기 24개로 증가한 반면, 수출 비중이 낮은 지역들(산업생산량의 20% 이하)은 31개에서 36개로 증가하였다. 즉, 수출 비중 면에서 지역 간 불균형이 심화되있음을 알 수 있으며, 이는 세계 금융위기가 발생한 이후 지역별 수출 양극화 양상이 심화되고 있음을 의미한다.

〈도표 4-7〉에서 알 수 있듯이, 2009년 1/4분기 외국인 직접투자

<도표 4-7> 2008년 및 2009년 1/4분기 외국인직접투자(FDI)의 지역별 분포

연방 주체	2008년 1/4분기			2009년 1/4분기		
	FDI (백만 달러)	대러 FDI 대비 비중(%)	일인당 FDI (달러)	FDI (백만 달러)	대러 FDI 대비 비중(%)	일인당 FDI (달러)
러시아	5,585	100	39	3,182	100.0	22.4
모스크바시	572	10.2	55	587	18.4	56.1
첼랴빈스크 주	1,892	33.9	538	6	0.2	1.6
모스크바 주	460	8.2	69	347	10.9	52.0
사할린 주	802	14.4	1,539	226	7.1	435.7
크라스노야르 지방	20	0.4	8	2	0.1	1.0
상트페트르부르크시	266	4.8	58	210	6.6	45.9
사마라 주	8	0.1	2	8	0.3	2.6
사하 공화국	4	0.1	4	1	0.0	0.6
타타르스탄 공화국	323	5.8	86	32	1.0	8.6
벨고로드 주	2	0.0	2	0	0.0	0.2
케메로보 주	166	3.0	63	0	0.0	0.1
아르한겔스크 주	61	1.1	48	96	3.0	75.9
스베르들로프 주	38	0.7	9	21	0.7	4.8
레닌그라드 주	132	2.4	81	452	14.2	276.7
튜멘 주	5	0.1	2	15	0.5	4.5
기타 지역	834	15	9	1,178	37	13

주: 표에 제시된 연방 주체들은 2008년 1/4분기 외국인투자에서 차지하는 비중이 러시아 전체 외국인투자에서 1%를 넘는 지역들임.

출처: 러시아 국가통계청

(FDI)는 43% 감소하였다. 같은 기간에 레닌그라드 주, 튜멘 주, 모스크바를 제외하고 거의 모든 지역에서 외국인 직접투자가 감소한 것으로 나타났으며, 특히 벨고로드 주와 케메로보 주에는 FDI가 전혀 유입되지 않았다. 만약 2008년 1/4분기 첼랴빈스크와 2009년 1/4분기 레닌그라드 주에서 발생한 FDI의 일시적 증가를 고려하지 않는다면, 외국인 직접투자의 1/3 이상이 여전히 모스크바와 모스크바 주, 사할린 주에 집중되어 있다고 할 수 있다. 또한 2008년 1/4분기와 마

찬가지로 2009년 1/4분기에도 1인당 외국인 투자 금액이 가장 많은 지역은 사할린 주와 모스크바이다. 특히 FDI의 경우 사할린 주가 확고하게 우세를 보이고 있다.

3. 러시아 정부의 경제위기 대응 정책

1) '2009년 경제위기 극복 프로그램' 내용과 평가

러시아 정부는 2008년 11월 금융 · 재정 · 산업 등 총 17개 분야에 대한 경기부양책을 발표한 후에도 경제위기가 점차 가시화되자 이를 보완하여 2009년 4월 '2009년 경제위기 극복 프로그램'을 발표하였다. '2009년 경제위기 극복 프로그램'의 핵심은 사회보장제도 및 의료제도의 강화를 통한 사회복지증진, 국가 산업경쟁력 제고, 인적자본 및 혁신 투자, 내수 촉진 및 노동시장 안정화를 위한 중소기업 지원, 금융시스템 전반의 자본 확충 및 유동성 제고와 더불어 은행의 기업내출 증대를 위한 금융시스템 강화, 거시경제 안정화를 위한 당국의 책임 있는 정책 추진, 지방 경기 부양 등 7대 과제로 구성되어 있다.

이와 관련하여 러시아 정부는 금융시장을 안정화하고 실물 부문을 부양하기 위해 2009년 예산을 수정하였다. 위기극복 대책 내용이 반영된 2009년 수정 연방예산의 총 재정지출액은 9조 6,922억 루블(GDP 대비 약 24%)로 기존에 확정했던 예산보다 7.3% 확대되었다. 2009년 재정지출액 중 위기극복 대책 관련 예산이 1조 3,799억 루블

증액 편성됨에 따라 총 3조 루블(GDP 대비 7.4%)이 위기 극복 대책에 지원되었다. 특히 실물경제 부양을 위해 정부가 마련한 예산 규모는 전년 대비 70.1% 증액된 총 1조 7,435억 루블(GDP 대비 4.3%)이다.

러시아 정부는 우선적으로 금융시장을 안정화시키기 위해 2009년 총 5,550억 루블(GDP 대비 1.4%)을 지원하기로 계획하고 주요 은행 중심으로 유동성을 공급하였다. 이미 러시아 정부는 2008년 하반기에 2조 루블(GDP 대비 3.8%)을 금융시장에 투입해 시장 안정화를 도모한 바 있다. 러시아 정부의 지원을 받는 주요 은행과 그 지원금은 대외무역은행(VTB) 2,000억 루블, 대외경제은행(VEB) 1,300억 루블, 그리고 시중은행 2,250억 루블 등이다.

금융시장이 다소 안정되는 양상을 보이고 실업률 증가, 실질임금 감소 등으로 국민 가계 경제가 악화됨에 따라 러시아 정부는 중소기업 지원 강화와 노동시장 안정화를 다음 해결 과제로 간주하였다. 러시아 정부는 '2009년 경제위기 극복 프로그램' 중 사회복지 증진과 중소기업 지원 과제를 통해 국민 생활 안정을 도모하고 노동시장을 지원하는 정책을 종합적으로 시행하였다. 임금, 사회보조금, 의료, 연금 등 정부가 의무적으로 수행하는 사회복지 부문의 2009년 전체 예산은 4조 3,654억 루블로 전년 대비 30.4% 확대되었으며, 특히 자녀교육 지원, 부녀자 연금 지원, 주택구입 보조 등의 목적으로 1만 2,000루블 상당의 다자녀 가족 지원 연방보조금을 각 가정에 지급하기 위해 180억 루블의 추가 예산이 배정되었다.

또한 2009년 평균 사회연금을 최저생계비 수준(4,294루블)으로 인상하여 지급하는 한편, 평균 근로연금을 2009년에는 35% 인상하고,

2010년에는 2009년 대비 45% 추가 인상하여 지급하기로 하였다. 또한 2009년 실업보조금을 연초 대비 1.5배 인상하여 최소 850루블에서 최대 4,900루블까지 상향 조정하였다. 특히 영세기업의 재정지원을 위해 10억 루블의 중앙정부 예산을 투입함으로써 연간 약 2만 여 개의 영세 사업장을 지원할 수 있을 것으로 기대하고 있다. 기타 노동시장에 대한 지원정책으로는 실업보조금 인상, 98만 2,000개의 일자리 창출, 외국인 근로자 고용 비중 축소, 근로자 부당해고에 관한 정부 모니터링 등을 시행하고 있다.

뿐만 아니라 러시아 연방정부는 국민 고용 개선을 위해 지방정부와 공동 프로그램을 시행하고 있으며, 연방정부 예산의 보조금을 지방 예산에 추가 지원하는 방식으로 협조가 이뤄지고 있다. 현재 각 지역별로는 대량해고 발생에 대비한 선행 직업 재교육, 임시 일자리 창출, 일자리가 있는 지역으로 실직자들의 이주 실시, 실업자의 창업 지원 등 노동시장 개선을 위한 지역 프로그램을 시행하고 있다. 지역 프로그램에 대한 연방정부의 예산 지원은 1단계(40%)와 2단계(60%)로 나뉘어 시행되며, 1단계에서는 94억 5,000만 루블이 러시아 연방의 모든 지역에 지원되었다. 2009년 8월 6일 기준, 63개 지역에 2단계 자금인 117억 루블이 지원되었으며, 모스크바, 상트페테르부르크, 아무르 주, 사할린 주 등 나머지 지역은 1단계 프로그램 지출 실적이 낮아 2단계 지원에서는 제외되었다. 2009년 7월 1일 기준으로 노동시장 개선을 위한 지역 프로그램의 혜택을 본 수혜자는 총 77만 6,700명이며, 그 중 선행 직업교육의 수혜자가 4만 7,200명, 공공사업 근로 · 임시직 취업 · 졸업생 수습실습 등의 수혜자가 70만 9,100명, 구직을 위한 이주자가 3,400명, 소기업 및 자영업 창업자가 1만 7,000

명인 것으로 조사되었다. 여기에 지출된 총 예산은 40억 루블이었다.

이와 더불어 러시아는 자국의 산업경쟁력을 제고하기 위해 국가 전략기업을 선정하여 집중적으로 지원하고 있다. 중앙정부 차원에서 295개 전략기업, 지방정부에서는 1,148개 기업을 선정하여, 각 부처에서 이들 기업에 대한 모니터링을 실시하는 한편, 국가의 지분 매입, 직접적인 정부 지원, 정부 대출보증 등의 지원책을 시행·계획하고 있다. 러시아 정부는 혁신 분야에 대한 민간투자를 촉진하기 위해 기업의 혁신 프로그램 개발과 기술 업그레이드 등의 사업 프로젝트도 재정 지원할 계획이다.

이외에도 러시아 정부는 〈도표 4-8〉에 정리한 것처럼 주요 산업별 지원책을 시행했는데, 농업, 어업, 자동차 및 금속산업 등 상대적으로 취약한 산업과 군수산업, 교통 · 운송산업 등 전략산업에 대한 직, 간접적인 지원정책이 주류를 이루고 있음을 알 수 있다.

이상과 같이 러시아 정부의 위기극복 대책이 러시아 경제가 침체의 늪에서 벗어나는 데 어느 정도 역할을 했다는 점을 인정하지 않을 수 없다. 그럼에도 불구하고 러시아의 위기극복은 실물경제 부문보다는 금융 및 은행 부문을 지원하는 방향으로 진행되고 있다고 평가할 수 있다. 예컨대 러시아 연방 감사원의 자료에 따르면, 실제 85%의 재원이 금융 시스템 및 증권시장에 대한 지원과 과두 재벌의 구제를 위해 투입되었던 반면 실물경제 부양과 주민에 대한 지원은 10~15%에 불과하였다(Юрий Воронин 2009: 24). 러시아의 위기극복 대책 프로그램에는 혁신 부문에 대한 특별지원 조치가 매우 미약하며, 선진국들에 비해 교육시스템에 대한 특별지원 조치는 거의 검토되지 않았다는 점을 알 수 있다. 다시 말해서 실제 재정집행은 일부 대형

<도표 4-8> 러시아 정부의 산업 지원책 주요 내용

산업	주요 내용
농업 · 어업	● 중앙정부에서 2,120억 루블, 지방정부에서 950억 루블 편성 – 중앙은행의 대출이자 100% 보조: 70억 루블 편성 – 일반 대출기관으로부터 받은 농업단지 내 개별 농산물기업 대출이자 80% 보조: 100억 루블 편성 등
자동차 산업	● 중앙정부에서 390억 루블 편성 – 러시아에서 생산된 승용차를 구매할 경우 3년 만기 대출 이자의 2/3 보조금 지급: 20억 루블 편성 – 극동지역으로 러시아산 자동차 운송비 지원: 20억 루블 편성 – 러시아산 자동차를 러시아 중앙은행 재할인율의 2/3수준까지 차량 리스에 대한 이자 보조금 지급: 10억 루블 편성 – 연방 및 지방정부 차원에서의 차량 구입: 325억 루블 편성 – 러시아 자동차 생산업체가 생산기기설비를 교체하기 위해 러시아 여신기관에서 대출을 받을 경우 금리 보조: 25억 루블 편성 – 이외에 자동차 생산업체들의 대출 원금 상환기한 연장(2009~2015년으로 된 원금 상환 기한을 2011~2017년으로 연장) 등
군수산업	● 중앙정부에서 9,690억 루블 편성 – 군수산업체에 대출이자 보조: 최대 150억 루블 지원 편성 – 군수업체 중 전략기업에 제공되는 대출에 대해 원금의 70%까지 정부 보증: 1,000억 루블 편성 등
교통 · 운송	● 중앙정부에서 5,600억 루블 편성, 이중 자동차 도로 인프라에 3,190억 루블 편성 – 항공기 및 그 부품 수입관세 납부를 최대 6개월까지 연장 – 2009~2011년 철도 투자프로그램 재정 마련을 위해 러시아 철도청에서 채권발행 계획. 이미 1,000억 루블 규모의 인프라 채권 7종류 발행
임업	– 주요 삼림개발 투자프로그램을 위한 대출금 상환을 1~2년 연장 – 목재, 원료의 계절 간 비축량 확보를 위한 대출에 이자 보조금 지원
금속업	– 철금속 수입에 대한 관세감독 강화 – 비철금속 수출 지원 및 철금속 내수시장 보호를 위한 관세규정 채택

출처: Министерство экономического развития(2009c)

은행 및 대기업에 편중되어 있고, 가계 및 소규모 기업에 대한 지원은 적시에 효율적으로 집행되지 못했다고 할 수 있기 때문에 러시아 실물경제 전체에 대한 가시적인 효과는 아직 미약하다고 평가할 수 있다.

2) 경제위기에 따른 러시아의 보호무역조치

2008년 하반기 미국발 금융위기 발생 후 실물 부문이 급속도로 악화됨에 따라 다수 국가들이 보호주의 조치들을 도입하였다. WTO의 제2차 모니터링 보고서에 따르면, 2008년 9월 이후 27개국에서 보호무역 관련 조치가 99건이 확인되었다. 이 국가들이 실시한 보호무역 조치로는 관세인상, 수입허가 요건 강화, 반덤핑, 긴급수입제한, 보조금 등이 있다. 러시아도 예외는 아니어서 자국 산업의 보호 차원

<도표 4-9> 러시아 보호무역 조치 개관

상품교역 관련 보호무역 조치		상품교역 이외 조치
관세	보조금	
– 가금류: 쿼터량을 초과하는 수입에 대한 보호관세 60% → 95% – 돼지고기: 쿼터량을 초과하는 수입에 대한 보호관세 60% → 75% – 승용차: 25% → 30~35%(신차 및 5년 미만 중고차), 배기량 1cc당 적용 최소 20~최대 80% 인상(5년 이상 중고차) – 일부 철강제품 5% → 15~20% – 콤바인 5% → 15% – 일부 유제품 15% → 20%	– 자동차 부문: 정부 조달, 대출 지원 등 2,200억 루블 지원 – 농업 부문: 농업 보험 및 지역농업 발전지원 등 138억 루블 지원	–스테인리스 압연강판 반덤핑조사 실시, 자동차 통관 요건 강화 등

출처: http://www.rg.ru; http://www.vedomosti.ru에서 발췌하여 종합 정리함

에서 주요 산업에 대해 수입관세 인상, 정부 보조금 지원, 반덤핑 조사 착수, 수입허가 요건 강화 등의 조치를 취하였다. 2009년 러시아는 600개 품목의 관세율을 변경하였으며, 이 가운데 350개 품목에 대한 관세율이 인상되었다. 2009년 3월말 기준, 전 세계에서 한국 제품에 내려진 수입규제 총 123건 중에서 러시아가 취한 조치가 8건인 것으로 나타났다.

러시아 정부는 2008년 10월 '자동차에 대한 한시적인 수입관세 부과에 관한 정부령'에 근거하여, 2009년 1월부터 9월 1일까지 한시적으로 자동차 수입 관세를 인상하였다. 예컨대 신차와 5년 미만 중고승용차의 수입 관세는 과거 25%에서 30~35%로 인상하였다. 극동 연해주 지역의 외국산 자동차 판매업체들은 수입자동차 가격인상에 따른 매출 감소를 우려하여 정부 조치에 대해 강력히 항의하였다. 그러나 한시적으로 도입되었던 자동차 수입관세 인상 기간이 2009년 10월 12일부터 다시 9개월 연장되어 인상된 수입관세율이 2010년 7월 12일까지 적용될 계획이다.

자동차 부문의 경우, 산업에 대한 직,간접적인 보조금 이외에도 국내 자동차 수요 증진을 위해 자동차 구입 대출에 대한 이자를 지원하고 있다. 이외에도 2009년 7월 15일부터 외국 자동차 수입 통관 시 러시아 농업감독국의 허가를 받고 모든 중고자동차 제품은 국경 및 지정된 장소에서 2회에 걸쳐 동식물 위생검역을 통과해야 한다. 여기에 해당되는 자동차 종류는 승용차, 트럭, 트랙터, 기중기 외에 소방차 등 일부 특장차가 포함돼 있다. 2009년 11월 2일부터는 자동차 수입 통관을 33개 지정 세관에서만 가능하도록 하였다. 자동차 통관이 많았던 극동지방의 경우 11곳이 자동차 통관 지정 세관으로 선정되었으며, 여기에는 블라디보스토크, 마가단, 바니노 등의 세관이 포함돼 있다.

또한 러시아 정부는 돼지고기 및 가금류와 유제품 등의 품목에 대해서도 9개월간 한시적으로 수입관세를 인상하였다.(4) 우유 및 크림 등의 유제품의 경우, 기존 15%에서 20%로 인상하고, 버터류는 관세율 변경 없이 1kg당 기존에 0.22유로를 부과하던 것을 최소 0.35유로를 부과하기로 확정하였다.

이외에도 러시아 정부는 일부 철강제품의 수입관세를 인상하고 스테인리스 압연강판에 대해 반덤핑 조사를 실시했으며, 2009년 1월 9일엔 '일부 강관 및 철강제품의 임시 수입관세에 대한 결의'로 일부 철강제품 수입관세를 기존 5%에서 15%로 인상하였다.(5) 이외에도 러시아 정부는 자국 TV 제조업체들의 요청에 따라 2009년 5월 1일부터 9개월간 LCD TV 수입 관세를 기존 10%에서 15%로 인상하였다.

자동차 수입관세 인상과 함께 실시된 식료품 분야의 수입규제와 농업 부문에 대한 보조금 지급 등과 같은 보호무역정책은 자국의 생산기반을 육성하려는 러시아 정부의 전략이 반영된 것으로 평가할 수 있다. 즉, 경제위기 상황에서 높은 소비재 수입 의존도에서 벗어나 자국 산업을 육성하려는 강력한 의지를 표출한 것으로 판단된다. 하지만 러시아 정부는 기본적으로 보호무역주의를 글로벌 경기침체 극복의 유일한 수단으로 간주하지 않으며, 자국의 보호무역조치는 경제 악화에 민감하게 반응하는 품목에 한해서만 적용된 것이라고 주

(4) 돼지고기와 가금류는 2009년 1월 1일부터, 유제품은 2009년 3월 6일부터 적용되었다.

(5) 신규 수입관세는 공고 후 1개월이 경과한 시점인 2월 9일부터 효력이 발생하였다.

장하고 있다. 예컨대 엘비르 나뷸리나 러시아 경제개발부 장관은 인테르팍스와의 인터뷰에서 러시아의 수입관세 인상 조치는 수입 비중이 높고, 덤핑 및 보조금 적용이 빈번한 품목을 중심으로 러시아 경제성장에 민감하게 영향을 끼칠 수 있는 품목에 한해 "불가피하게" 적용한 것임을 강조하였다(Interfax 2009). 또한 연평균 수입관세 증가율을 볼 경우, 2009년은 평균 10.7%로 2008년 11.45%에 비해 0.75%포인트 감소하였으며, 이러한 방향이 러시아 정부의 기본 관세 방침이라고 표명하였다.

러시아 정부는 각국의 무역장벽 및 자국의 산업보호주의 정책의 철폐와 관련하여, 각국의 보호주의를 완전 철폐하는 것은 불가능하다고 보고 있다. 다만 러시아 정부는 자국 시장을 보호하는 수준을 낮출 준비가 되어 있으나, 그것은 어디까지나 다른 국가들과의 상호적인 관계에서만 가능하다는 입장을 견지하고 있다. 결국 러시아는 형식상으로 보호주의를 비판하는 입장을 취하고 있지만, 실제로는 당면한 경제위기를 극복하기 위해 당분간 자국 기업의 경쟁력 강화, 자국 제품의 수출 촉진, 정부와 가계의 국산품 수요 촉진 등 보호무역 정책을 지속할 것으로 보인다.

4. 2009년 하반기 러시아의 경제 현황 및 정책 방향

2009년 하반기로 접어들면서 러시아 경제는 국제유가 상승, 원자재 수요 증대, 정부의 경기부양책 등에 힘입어 국내 기업들의 산업생산과 수출이 증가함에 따라 침체 현상이 다소 완화된 것으로 보인다. 〈도표 4-10〉에 제시된 바와 같이, 2009년 러시아의 분기별 경제성장률은 전년 같은 기간에 비해 1분기 -9.8%, 2분기 -10.9%, 3분기 -8.9%를 기록한 것으로 잠정 집계된 가운데, 계절변동조정통계의 3분기 성장률은 2분기 대비 1.1% 증가하면서 경기 하강세가 다소 완화되었다. 세계 경제위기로 인한 대외수요 감소와 큰 폭의 유가하락으로 인해 수출이 감소함에 따라 2009년 1월부터 10월까지 러시아의 수출은 전년 동기 대비 -42.2% 감소하였다. 그러나 국제유가가 연초에 비해 지속적으로 상승함에 따라 수출액도 계속 증가하는 추세이다.(6) 산업생산 증가율이 감소하는 추세도 2009년 2분기 -15.4%에서 3분기 -11.0%로 크게 완화되었다. 특히 전 분기 기준으로 살펴보면, 2분기 0.5%였던 산업생산 증가율은 3분기에는 6.8%의 높은 성장세를 보이고 있다.

<도표 4-10> 2008 4분기~2009년 3분기 주요 경제지표

	2008년		2009년		
	3분기	4분기	1분기	2분기	3분기
GDP 성장률(%)	6.0	1.2	-9.8	-10.9	-8.9
산업생산 증가율(%)	4.7	-6.1	-14.3	-15.4	-11.0
소비자물가 상승률(%)	14.9	13.8	13.7	12.4	11.4
실업률(%)	5.9	7.1	9.1	8.5	7.8
수출(FOB, 십억 달러)	136.8	98.0	57.4	68.3	80.6
수입(FOB, 십억 달러)	82.9	73.3	38.4	43.9	49.2
RTS 주가 변동률	-40.8	-67.0	-51.4	-42.8	23.4
환율(루블/US$, 평균)	24.26	27.26	33.97	32.21	31.32

출처: EIU(2009)

(6) 수출액은 1월 202억 달러, 7월 263억 달러, 10월 300억 달러로 연초에 비해 계속 증가 추세를 보이고 있다.

소비자 물가상승률의 경우 실질임금 하락에 따른 가계소비 감소, 농산물가격 하락 등의 이유로 2009년 1분기 13.7%, 2분기 12.4%, 3분기 11.4%로 전년도 같은 기간에 비해 꾸준히 완화되는 추세이다. 2009년 2월 달러당 35.72루블이던 대(對)달러 환율도 10월 29.05루블로 평가절상되었으며, 당분간 이런 추세는 지속될 것으로 보인다. 러시아 중앙은행은 루블화가 1% 평가절상될 경우 소비자물가를 0.3% 하락시키는 효과가 있을 것으로 추정한다. 그렇다면 9월부터 본격화된 루블화 평가절상이 소비자물가 안정에 크게 기여한 것으로 분석된다.

실업률도 계속 감소 추세를 보이고 있다. 2009년 9월 실업률은 2009년 들어 가장 낮은 7.6%를 기록하였다. 러시아 노동시장이 이처럼 안정을 되찾을 수 있었던 배경에는 공공근로사업의 일자리 확대, 그리고 기업이 기존의 해고 방식 대신에 임금삭감 및 근로시간 단축을 택한 인력구조조정 방식의 전환이 주요 역할을 하였다. 또한 실질임금 하락으로 인한 내수 위축, 수입 감소 등이 물가상승 압력을 억제하면서 인플레이션 압력도 계속 낮아지는 추세이다.

러시아 주식시장은 달러 약세 및 유가 상승 등의 호재로 연초 대비 130%의 주가 상승을 기록하였다. 2008년 가격 폭등을 경험했던 주택시장도 금융위기 후 10년 만에 최저 가격으로 하락하였으나, 2009년 3분기에 가격 저점을 지난 것으로 평가된다.

2008년 하반기 금융위기 발생 후 러시아 정부가 초기에 환율 방어에 매진하면서 경기부양책을 적기에 제대로 실행하지 못한 탓에 러시아의 경기 회복세가 중국, 브라질 등에 비해 부진한 편이다. 러시아 중앙은행은 금융완화를 통한 실물경기 회복을 위해 2009년 초

13%이던 기준금리를 10차례 추가 인하하여 12월 말 현재 기준금리는 8.75%이다.[7] 그러나 중앙은행의 금리인하 정책에도 불구하고 은행의 기업대출 위험 및 경기 불확실성에 대한 우려로 기업의 실질 대출금리는 여전히 높아 실물 부문의 신용경색은 개선되지 않은 상황이다.

또한 최근 러시아 중앙은행은 2009년 말 부실채권의 비율이 당초 10%에서 약 7%로 낮아질 것으로 전망하였다. 최근 쿠드린 재무부장관도 금융시장 상황이 어느 정도 개선되었다고 판단, 은행 구제금융을 위한 3,000억 루블을 은행 지원이 아닌 실물 부문 지원으로 전환시켜 경기부양에 힘쓸 것이라고 발표한 바 있다.

이처럼 러시아 정부는 자국의 경제가 침체기를 어느 정도 벗어나고는 있으나 여전히 실물 부문의 경기부양책이 확대되어야 한다고 판단하고 있다. 따라서 출구전략을 시행하기에는 아직 시기상조라는 입장이다. 또한 러시아 경제가 정부의 재정정책에 대한 의존도가 높아서 출구전략보다는 기존의 위기극복 정책을 고수하는 것이 바람직하다는 판단이다. 최근 러시아 정부는 현(現) 러시아 위기극복 정책의 세부 사업대책을 수정 · 보완하여 러시아 경제구조의 현대화에 초점을 맞춘 새로운 경제발전 전략을 마련 중이며, 출구전략도 이를 토대로 계획될 전망이다.

이외에도 러시아 정부는 2010년부터 재정적자를 최소화하고, 예산지출의 효율성을 증대하는 방향으로 재정정책을 실시할 것이라고 발표하였다. 드리트리 메드베데프 대통령도 지나친 자원 의존형 경제

(7) 기준금리는 2009년 10월 30일 9.5%(8차), 11월 25일 9%(9차), 12월 28일 8.75%(10차) 등 계속 인하되었다.

에서 탈피하기 위해 생산, 운송 및 에너지 이용의 효율성 제고, 핵기술 발전, 정보기술 개선, 우주항공기술 발전, 최신 기술을 활용한 의료장비 생산 등 5대 경제 현대화 전략 방향을 제시하였다.

5. 러시아 경제 전망

2010년 러시아 경제성장의 주요 변수는 유가 동향이기 때문에 러시아 에너지 기업의 경기 활성화 여부에 따라 경제성장률이 -0.4~+4.5% 사이로 커다란 편차를 보일 것으로 예상된다. 러시아 중앙은행은 〈도표 4-11〉에 제시된 바와 같이 우랄산 국제유가를 4개 시나리오로 분류해 2010년 경제성장을 전망하고 있다. 이에 기초하여 최근 러시아 정부는 2010년 예산안에 평균 유가를 배럴당 58달러로 예상하여 1.6%의 경제성장률을 달성할 것으로 전망한 바 있다. 특히, 우랄산 국제유가가 배럴당 58달러일 경우, 2010년 고정자산투자 증가율은 1%를 넘지 못할 것으로 예상되며, 실업률도 9%대를 지속할 것으로 예상된다. 또한 2010년 가계 실질소득은 전년 수준을 유지함에 따라 소비수요 증가율도 매우 완만하게 나타날 것으로 예상된다. 이 경우 러시아의 실질 GDP 규모는 2012년 말에 가서야 글로벌 경제위기 이전 수준으로 회복될 수 있을 것이다.

그러나 세계은행은 향후 배럴당 75.3달러로 예상되는 높은 유가와 2009년도 8%대의 경제성장률에 따른 '기저효과' 등으로 인해 2010년 러시아 경제가 3.2%까지 성장할 수 있다고 전망하고 있다(World Bank 2009). 현재의 추세로 볼 때 2010년 국제유가는 배럴당 70달러

<도표 4-11> 2010년 국제유가 시나리오에 따른 경제전망 변화 (%)

	2010년			
	I	II	III	IV
GDP	−0.2	1.6	3.0	4.4
실질 가처분소득	−0.6	0.4	1.4	2.4
고정자산 투자	−2.5	1.0	4.5	8.0
수출(십억 달러)	305.9	348.5	384.0	425.5
수입(십억 달러)	252.9	271.3	285.7	297.0

주: 연평균 우랄산 유가(배럴당) Ⅰ) 45달러, Ⅱ) 58달러, Ⅲ) 68달러, Ⅳ) 80달러 경우.
출처: Центральный Банк Российской Федерации(2009)

에 이를 것으로 전망되어 러시아 경제에는 긍정적인 효과를 미칠 수 있을 것으로 보인다. 이 외에도 세계경제 회복세에 따른 대외 여건 개선, 러시아 정부의 경기부양책 효과 발생, 금리인하 정책 등이 경제회복에 기여할 것으로 예상된다. 2010년에 배럴당 70달러 대의 유가가 지속된다고 예상할 경우, 러시아는 3% 성장까지도 가능할 것으로 전망된다.

다만 2010년에도 기업의 고정자산 투자와 내수 증가가 크지 않을 것으로 예상되기 때문에 소비자물가 상승률은 9~10% 수준을 유지할 것으로 전망된다. 환율은 현재 수준에서 유지될 가능성이 크다. 국제유가 상승이 지속되면 오일달러의 증대로 루블화 평가절상 압력이 높아질 수 있으나, 물가상승을 억제하는 것이 중요하기 때문이다. 고용창출과 실물경제가 뒷받침되지 않은 상황에서 무리하게 내수를 확대하고 루블화 강세가 지속될 경우 수입물가 상승만 부추겨 인플레이션 억제에 제동이 걸릴 수도 있다.

만일 러시아 정부가 최근 상승하고 있는 국제유가와 세계경제의 회복세에 기대어 금융 부문 개혁을 비롯한 경제의 근본적인 구조개혁을 단행하지 않을 경우 현재 예상되는 모든 긍정적인 효과는 일시적으로 끝날 수 있다. 그렇게 되면 2007년 1인당 GDP 1만 3,900 달러의 세계 10대 경제대국에서 2020년 1인당 GDP 3만 달러의 세계 5대 경제대국으로 부상한다는 러시아의 장기발전전략(Ведомости 2008)은 실현되기 어려워질 것이다. 따라서 러시아 정부는 지속적인 경제 구조개혁과 더불어 자원 의존형 경제에서 탈피하기 위한 산업 현대화 및 다각화 정책을 적극 추진해야 할 것이다.

제 5장

글로벌 경제위기와 남아프리카공화국

김광수
(한국외국어대학교)

1. 들어가는 말

남아프리카공화국(이하 남아공)은 아프리카 국가들 중 우리 국민들에게 가장 잘 알려진 국가로 과거 유색인들에 대한 인종차별정책을 실시하였고 금, 다이아몬드 등 귀금속 자원 및 석탄과 철광석 등 광물자원을 많이 보유하고 있다. 케이프타운을 비롯한 아름다운 관광자원을 가진 국가로, 최근에는 2010 월드컵 개최국으로 세계 언론의 주목을 끌고 있다. 또한 우리에게도 익숙한 G20의 회원국이기도 하다.

아프리카 남단에 위치한 남아공은 인구 약 4,900만 명에 국토 면적이 한반도의 5.5배에 달하며, 아프리카에서는 드물게 정치, 경제적으로 안정되어 있는 국가이다. 또한 남아공은 아프리카 대륙 전체 GDP의 27%, 수출입의 22%, 제조업 생산의 40%, 광물 생산의 45%,

전력 생산의 50% 이상을 차지하는, 아프리카 정치 및 경제의 중심 국가이다.

남아공은 여러 분야에서 아프리카에 큰 영향력을 미치고 있으며, 특히 경제적인 면에서는 아프리카 대륙에서 가장 중요한 국가이다. 아프리카 경제 발전의 견인차 역할을 하는 '남부아프리카 개발공동체'(South African Development Community: SADC) 국가들이 포함된 남부 아프리카는 물론이고 아프리카 전역에 걸쳐 가장 막강한 영향력을 행사하고 있다. 남아공은 1994년 흑인 정권으로 교체된 이후 SADC에서의 핵심적 위치, '아프리카 개발을 위한 신파트너십'(New Partnership for Africa's Development: NEPAD)의 추구, G20 참여, 2010년 월드컵 개최 등으로 명실상부한 아프리카 대표 국가로 인식되고 있다(Carson 2009).

남아공의 산업은 제조업, 금융업, 서비스업 중심의 선진국 형 구조를 띠고 있다. 제조업은 철강, 석유화학, 자동차 등을 중심으로 발달했으며, 그 중에서 풍부한 철광석을 바탕으로 발전한 철강 산업이 가장 큰 비중(21%)을 차지하고 있다. 석유화학 산업은 전체 제조업의 19.6%로 철강 산업에 이이 두 번째로 큰 비중을 차지하고 있다. 아울러 남아공 정부의 유치 정책에 따라 BMW · 벤츠 · 도요타 등 주요 자동차 메이커들이 남아공을 생산기지로 삼으면서 자동차 산업 역시 제조업에서 큰 비중을 차지하고 있다. 최근 들어 금융 산업이 고속 성장을 구가하고 있으며 서비스업 역시 남아공 경제에서 큰 비중을 차지하고 있다.

이로 인해 남아공은 아프리카 대륙에서 성장 잠재력이 가장 높은 유망 신흥 시장이며 아프리카 최대의 소비시장이다. 남아공은 아프리카 최고 수준의 산업과 경제 인프라를 갖고 있을 뿐 아니라 광물 등 천연자원도 풍부하여 아프리카에서 가장 유력한 신흥 경제대국이라 할 수 있다.

아프리카 경제 내에서 차지하는 비중이 큰 만큼 남아공 경제가 아프리카 경제에 미치는 파급효과도 크다. 아프리카 지역에서 차지하는 남아공의 경제적 위상을 실증적으로 분석한 결과, 남아공의 실질 GDP 성장률이 10% 증가하면, 아프리카 지역의 경제성장이 2.0~2.4% 성장하는 것으로 분석되었다(박영호 외 2006). 남아공은 아프리카의 다른 국가들을 상대로 투자 활동도 활발히 벌여 아프리카에서 가장 중요한 투자국가 중 하나로 성장했다. 이처럼 남아공은 아프리카에서 경제적 리더의 위치에 있다고 볼 수 있다.

2009년 10월 IMF가 사하라 이남 아프리카의 경제를 전망한 보고서에 따르면, 남아공은 이번 경제위기에 과거보다 훨씬 잘 대응하고 있는 것으로 분석되었다(공수민 2009). 물론 글로벌 경제의 침체가 예상보다 더 심각한 것으로 드러남에 따라 2009년에 마이너스 성장을

<도표5-1> GDP 성장률

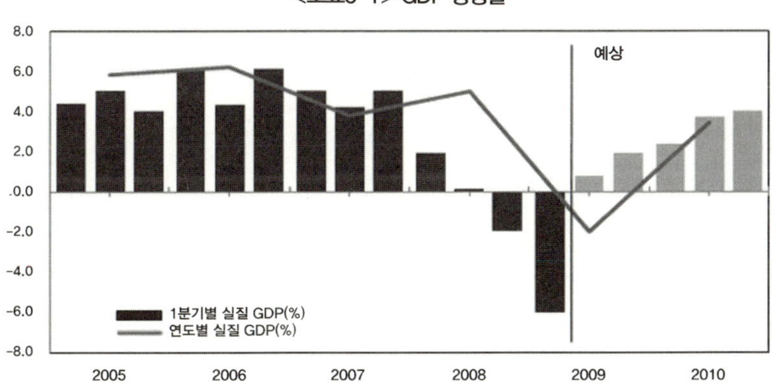

출처: ABSA South African Economic Perspective 2009 Q3

보였지만, 2010년에는 플러스 성장이 예상된다. 발표 기관에 따라 성장률은 2.3%, 3.1% 등으로 다른데, 최근 IMF는 4%대 성장까지 예상하고 있다.

2. G20과 남아공

1) 남아공이 G20에 선정된 이유

1997년 세계경제의 변두리로 여겨지던 아시아에서 발생한 외환위기에 세계경제가 흔들리자 기존의 선진국(G7)은 물론 신흥공업국까지 포괄하는 국제협의체제의 필요성이 제기되었다. 이에 1999년 주요 선진국 및 신흥국의 재무장관 및 중앙은행총재가 모여 국제사회의 주요 경제 이슈를 논의하는 G20 재무장관회의가 출범하였다. 이는 국제 금융시장 안정과 지속가능한 성장을 위한 국제협의체였으며, 거기서는 긴급 현안보다는 중장기적 과제가 주로 논의되었다. 2008년 발발한 세계적 금융위기를 해결하기 위해 선진국과 신흥공업국들 간에 긴밀한 공조가 필요하다는 주장이 제기되었다. 이에 여러 형태의 협의체가 논의되었으나 결국 기존의 G20 재무장관회의를 활용하는 것이 가장 효율적이라는 데 의견이 모아졌다. 이렇게 등장한 것이 바로 G20 정상회의이다.

G20은 국제경제의 안정과 지속가능한 성장을 위한 범세계적 리더그룹으로 출범한 만큼 기존의 G7 국가(영국 · 미국 · 일본 · 프랑스 · 독일 · 캐나다 · 이탈리아)는 물론 중국 · 인도 등의 신흥공업국 외에도

남미의 브라질 · 멕시코 · 아르헨티나, 유럽의 러시아 · 터키 · EU 의장국, 아시아의 한국 · 인도네시아, 오세아니아의 호주, 중동의 사우디아라비아, 아프리카의 남아공 등을 포함해 대륙 간 분포를 생각했다.

남아공은 G20 국가들 중 유일한 아프리카 국가이다. 남아공의 1인당 GDP는 세계 70위권으로 전 세계적으로 보면 그 규모가 크지 않지만 아프리카 경제에서 차지하는 비중과 영향은 막대하다. 남아공은 참가국의 지역적 안배 및 아프리카의 성장 가능성 등이 고려되어 G20에 참여하게 되었다고 볼 수 있다. 즉 남아공은 아프리카 53개 국가를 대표하는 입장인 것이다.

개발도상국으로서 남아공은 다른 신흥공업국들과 함께 G20 정상회의에 참여함으로써 선진국 중심의 국제 금융체제의 한계를 극복하는 데 큰 역할을 하고 있다. 최근 급속한 발전으로 세계경제에서 차지하는 비중이나 영향력이 커진 신흥공업국들이 세계 금융체제 및 그 운영에 관해 제 목소리를 냄으로써 그간 소외되었던 지역과 문제들이 체제 안으로 수용되는 효과를 낳고 있다. 즉 선진국 중심의 논의에서 놓치기 쉬웠던 위기의 요소를 논의에 끌어들임으로써 세계경제의 안정에 기여할 수 있을 것으로 보고 있다.

남아공은 G20의 제도화를 주장하며 모임을 정례화하고 재정 및 무역부 장관들이 참여해 실무적인 회담이 가능하도록 해야 한다고 주장했다. 남아공은 개발도상국의 이익을 대변하며 G7/G8 국가들에 대항하기 위해 개발도상국들의 모임에 참여하기도 했다(Draper 2008). 남아공은 정책 공조를 통해서 보호무역주의를 막고 북반구 선진국 중심의 국제질서에 맞서 국제사회의 균형을 꾀하는 데 일조할 것으로 기대된다.

이와 함께 남아공은 유일한 아프리카 국가로서 그동안 소외되었던 아프리카 국가들의 입장을 대변하면서 아프리카와 세계를 잇는 교량 역할을 해야 할 것이다. 아프리카 경제에서 독보적 위치를 점유하고 있는 남아공이 아프리카를 제대로 대변하지 못한다면, 아프리카에서 남아공의 지위도 흔들릴 것이며 아프리카의 변화와 성장을 주도할 수도 없을 것이다. 따라서 남아공은 아프리카의 경제를 대변할 뿐만 아니라 신흥공업국과의 긴밀한 협력을 통해 G20에서 독자적인 목소리를 내기 위해 노력해왔다. 물론 G8 회의에도 남아공은 아프리카를 대표하여 꾸준히 정상회의에 참석해 왔다.

2) 기대되는 역할

남아공은 앞에서 언급한 것처럼 아프리카의 가장 큰 경제규모에 걸맞게 그 동안 개최된 G20 회의에서 아프리카 국가들의 입장을 대변하고 있다. 예를 들어 남아공은 국제금융체제를 개편할 경우에는 저개발국의 지분 확대와 지배구조 개혁을 통해 저개발국의 참여를 확대하고, 아프리카의 저개발 문제를 특별히 고려해 줄 것을 요구하고 있다.

2009년 9월 피츠버그에서 개최된 회의에서는 인도 · 일본 · 프랑스 · 독일 등이 기술적인 경기침체에서 벗어나는 '그린 슈트'(Green Shoots: 새싹이 겨우내 언 땅을 뚫고 돋아나듯 경기가 침체에서 벗어나려는 조짐을 일컫는 표현임)의 증후를 보임에 따라 출구전략을 논의하였다. 그러나 남아공은 아직 시기상조라는 입장이었다(Business Report

2009). 이는 신흥공업국들의 주장이기도 하며 또한 우리나라와도 같은 주장이다.

2009년 9월 4~5일 런던에서 열린 G20 재무장관 및 중앙은행총재 회의에서 돌아온 재무장관 프라빈 고단(Pravin Gordhan)은 G20 재무장관들과 중앙은행총재들은 각국이 과감한 정책과 국제적 공조로 세계경제가 회복되고 있다는 데는 의견의 일치를 보였지만, 세계경제에 남아 있는 위험 요소를 고려하여 출구전략은 아직 시기상조이며 향후 국제적 협력을 통해 효과적인 출구전략을 논의하고 준비해 나가기로 합의했다고 발표하였다.

또한 피츠버그 회의에서 가장 큰 쟁점이었던 국제금융기구 개혁에 대해서도 남아공은 세계의 지속가능한 성장을 가져올 수 있도록 노력해야 하며 이를 위해 국제금융제도를 더욱 강력하고 효과적으로 개혁하고 구축해야 한다고 주장하고 있다.

이는 많은 G20 회원국들이 공감하는 부분이기도 하지만, 남아공은 아프리카 유일의 G20 회원국으로 개발과 성장에서 뒤처져 있는 아프리카 국가들의 이해관계를 적절히 대변해야 한다는 입장에서 국제금융 개혁을 비롯한 아프리카 국가들의 이익을 위해 적극적으로 대처하고 있다. 특히 아프리카에서도 아프리카연합(African Union: AU)을 통해 아프리카 단일통화를 위한 논의가 본격화 되고 있고, IMF 등 국제금융기관들의 인위적인 구조조정 문제 때문에 국제금융기관과 갈등을 빚은 사례들도 있었다.

아프리카의 경우 개별 국가들의 정치, 경제적 위상으로는 세계정치와 경제질서에 큰 역할을 수행하기 어렵다. 이러한 이유 때문에 아프리카연합을 통해 아프리카의 이익을 대변하려 하지만 이것 또한 쉽지 않은 상황이다. 아직 아프리카연합이 국제사회에서 큰 역할을 수행할 만큼의 역량을 가지고 있지 않기 때문이다. 따라서 현재 세계정치, 경제질서에서 가장 큰 영향력을 행사하고 있는 G20의 회원국인 남아공은 이러한 아프리카 국가들의 열망을 대변해야 한다.

이를 위해 남아공은 국제사회가 아프리카 대륙을 위해 해결해야 할 문제들(예를 들어 에이즈, 빈곤, 선정(Good Governance) 등)을 지원하는 데 중간자 역할을 충실히 해야 한다.

3. 세계 금융위기와 남아공의 정책적 대응

1) 세계 금융위기가 남아공에 미친 영향

세계 경제위기를 극복하는데 있어 아프리카의 역할은 미미했다. 하지만 세계 경제위기의 여파는 아프리카 국가들에게 경제적 충격을 직접적으로 안겼으며, 그 후 고조되고 있는 보호무역주의 또한 심각한 영향을 주고 있다. 아프리카 국가들에 직접적으로 미치는 경제적 충격은 여러 방향으로 나타나고 있다. 첫째, 직접적인 금융위기의 확산, 특히 신흥시장으로부터의 자본이탈, 환율 하락, 높은 국내 이자율과 부채의 증가로 인한 거시경제의 혼란이 꼽힌다. 둘째, 선진국에 거주하는 아프리카인들의 송금 감소이다. 지난 몇 십 년간 해외 거주 아프리카 국민이 아프리카로 보낸 자금의 유입은 거시경제의 부실관리에 따른 여파를 완화시키거나 긍정적인 구조적 변화를 받쳐왔다. 셋째, 선진국의 경기침체로 인한 주요 수출상품의 가격하락과 양적 감소이다.

세계에서 경제력이 가장 취약한 아프리카 대륙이 세계 경제위기의 가장 큰 희생양이 될 것이라는 시나리오가 나오고 있다. 남아공 또한 예외일 수 없어 2008년 4/4분기부터 2009년 2/4분기까지 3분기 연속 마이너스 성장을 보였는데, 이는 17년 만에 처음 겪는 것이었다. 최근에는 다시 경제가 회복세를 보이고 있지만, 남아공 역시 세계경제와 긴밀한 관계를 맺고 있음을 감안할 때 글로벌 경제의 충격은 남아공에도 직접적인 영향을 미친다는 것을 알 수 있다.

(1) 국내총생산의 감소

남아공 경제는 2009년 2분기에 실질 성장률이 하락함으로써 17년 만에 3분기 연속 분기별 국내총생산 감소를 기록하였다. 그러나 2009년 2분기보다 1분기의 경기침체가 더 심각했으며, 2분기에는 그래도 경기후퇴 압력이 다소 약해진 것으로 나타났다.

2009년 1분기 실질 GDP 성장률이 2008년 4분기에 비해 6.4% 감소하면서 남아공은 공식적으로 경기후퇴기로 접어들었다. 1~3월 사이의 하락 수준은 1984년 이래 가장 심각한 수준이었으며, 경기침체의 주요 원인은 제조업과 광산업 분야의 수출 격감이었다.

2009년 금리하락과 월드컵 개최 준비 그리고 관광산업의 활황에 힘입어 남아공의 GDP는 2010년에는 3.1%까지 다시 오를 것으로 전망되고 있다. 제조업은 2006년 전체 GDP에서 차지하는 비율이 24%였으나 2008년 4분기 21.8%, 2009년 1분기 22.1%로 나타나는 등 최근 4년간 가장 낮은 수치들을 보이고 있다. 광산업은 제조업보다 더 심각한데 1~3월 사이에 32.8% 감소하였고 특히 세계 자동차 산업의 침체로 백금 생산량이 급격한 감소를 보였다. GDP의 13.6%에 해당하는 도소매 분야는 가계의 수요와 높은 부채 비율, 실직 상태를 잘 반영하고 있다. 20.3%로 GDP의 가장 큰 비중을 차지하는 금융과 부동산 부분은 2.3%포인트 하락한 것으로 나타나고 있는데, 금융과 부동산 부분이 하락한 것은 1993년 이후 처음이다. 운송, 통신 부분은 GDP의 10.1%로 1.8%포인트 하락하였다. 그러나 정부 지출은 증가하였다. GDP의 12.8%를 차지하고 있는 정부 서비스도 4.1% 증가하였고, GDP의 3.9%를 차지하고 있는 건설업도 9.4% 성장하였다. 건설업의 성장은 2010년 월드컵을 앞두고 인프라를 구축한 때문으로 보인다(Statistics South Africa 2009).

<도표 5-2> 남아공의 실질 GDP

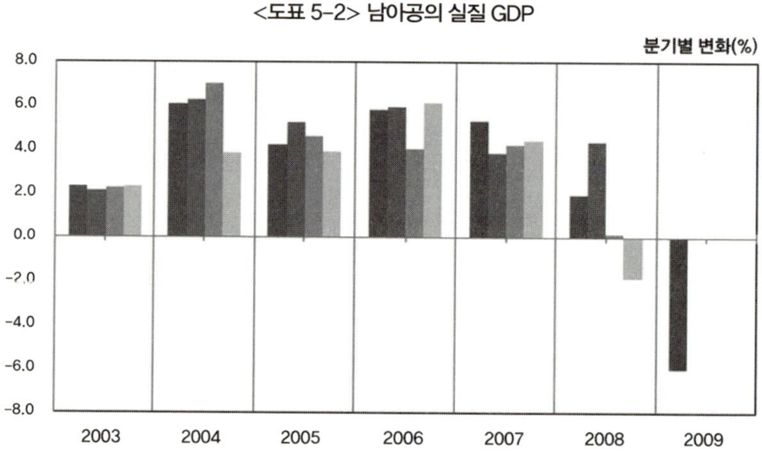

주: 계절적으로 조정된 연 평균 비율

출처 : 남아공중앙은행 Quarterly Bulletin June 2009

(2) 수출 감소 및 보호무역주의의 조짐

현재 남아공의 가장 큰 문제점은 수출의 부진이라고 진단할 수 있다. 수출의 증가는 일자리를 창출하고 남아공의 경제를 회복시키고 지속가능한 발전을 이끌 수 있다는 점에서 중요하게 인식되고 있다. 신흥경제국과 비교할 때, 남아공은 수출이 점점 줄어들고 있는 반면에 수입은 급격히 증가하고 있어 수출입 불균형 현상을 보이고 있다.

그런 한편 미국의 오바마 행정부와 G7 국가들이 경제위기를 벗어나기 위해 적극적으로 나섬에 따라 보호무역주의가 가속화될 위험이 커지고 있다. 남아공은 G20의 지도력을 통한 다자간 해결 방법이 효과적으로 진행되지 않을 경우 보호무역주의가 힘을 얻을 수 있다고 판단하고 있다.

세계은행에 따르면, 2009년 11월 이래 새로 취해진 무역조치의 2/3가 무역을 제한하는 것이며, 그 후 G20 회원국 중 17개국이 47개의 무역제한조치를 실시했다. 일부 개발도상국들이 관세를 인상했지만, 이런 조치들은 일반적으로 용인할 수 있는 수준이며 또 일부 상품에만 제한적으로 적용되고 있다.

최근 들어 이러한 정책에 적절히 대응하기 위해서는 남아공도 보호무역조치를 취해야 한다는 압력이 가중되고 있다. 남아공 노동조합(Congress of South African Trade Unions: COSATU)은 남아공 의회에 보호무역정책을 입안할 것을 요구하고 있다. 남아공 산업이 외국 정부의 보조금을 받은 수입품들로부터 보호를 받아야 하며, 그런 보호 장치가 국내의 고용을 개선시킬 것이라며 의회에 압력을 가하고 있다.

(3) 고용 감소, 실업률 증가

흑인정권이 들어선지 15년이 지난 현재 남아공의 사회문제 중 가장

<도표 5-3> 남아공 노동시장 지표

	2008 2분기	2009 1분기	2009 2분기	전 분기 대비 변화	전년 대비 변화	분기별 유의확률 (P-value)
	단위 : 1000명					
15-64세 노동 가능 인구	30,705	30,987	31,080	93	375	
노동인구	17,844	17,820	17,495	−325	−349	0,00
취업자	13,729	13,636	13,369	−267	−360	0,00
공식 부문(비농업 부문)	9,415	9,449	9,356	−93	−59	0,16
비공식 부문(비농업 부문)	2,340	2,150	2,109	−41	−231	0,34
농업	790	738	710	−28	−80	0,41
민간 가계 부문	1,185	1,299	1,194	−105	9	0,00
실업자	4,114	4,184	4,125	−59	11	0,45
비경제활동인구	12,861	13,166	13,585	419	724	0,00
비적극적인 취업 희망자	1,079	1,215	1,517	302	438	0,00
기타	11,783	11,951	12,068	117	285	0,15
비율(%)						
실업률	23,1	23,5	23,6	0,1	0,5	0,79
고용률	44,7	44,0	43,0	−1,0	−1,7	0,00
노동인구비율	58,1	57,5	56,3	−1,2	−1,8	0,00

출처 : 남아공통계청 Quarterly Labour Force Survey Quarter 2, 2009

큰 문제의 하나는 실업문제이다. 남아공의 실업문제는 심각한 상태이다. 노동 가능 인구 중 30~40%가 실업 상태이다. 따라서 남아공 정부는 실업문제를 해결하는 데 최선의 노력을 기울이고 있다.

2009년 7월 28일 남아공 통계청은 2분기 '노동시장 조사'(Quarterly Labour Force Survey Quarter)에서 실업률이 2009년 1분기에 23.5%였으나 2분기에는 23.6%로 0.1%포인트 증가하여 안정적인 상황을 유지하고 있다고 평가하였다. 그러나 2008년 4분기부터 2009년 2분기까지 3분기 동안 계속해서 실업률이 증가하고 있는 상황에 대해 우려를 나타내고 정책 마련을 요청하였다(Statistics South Africa 2009).

실업은 직업별로 다양하게 나타나고 있으나, 특히 전문직에서 14만 1,000개의 일자리가 감소하여 이 분야가 가장 심각한 것으로 드러났다. 가사 노동에서 6만 8,000개, 단순 노동에서 4만 5,000개, 숙련된 농업 분야에서 3만 5,000개의 일자리가 감소하였다. 2008년 2분기와 비교할 때 단순 노동에서 24만 8,000개, 수공업과 관련된 무역에서 16만 7,000개 그리고 전문직에서 13만 5,000개의 일자리가 감소하였다.

<도표 5-4> 총고용인구와 산업별 고용인구

총 고용인구(천명, 2009년 3월말 현재)

2001	2002	2003	2004	2005	2006	2007	2008	2009
12,494	11,995	11,666	11,823	12,503	13,237	13,326	13,623	13,636

산업별 고용인구

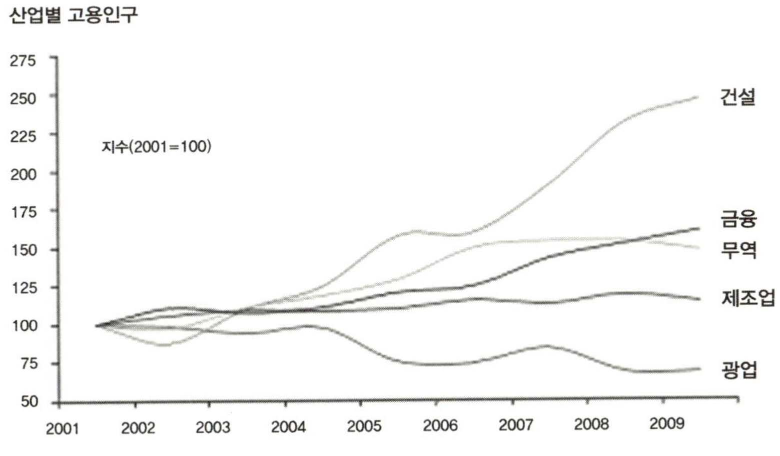

출처 : 남아공중앙은행(SARB)

(4) 양극화 및 사회적 불평등 심화

남아공 정부는 세계경제위기에 따른 남아공의 경제침체에 직면하여 실업을 줄이는 것이 불평등을 줄일 수 있는 핵심이라고 인식하고 있다. 일반적으로 최저임금제도는 불평등을 완화시킬 수 있는 요인이지만 실업자에게는 어떠한 영향도 미치지 않는다. 고용된 노동자들 간의 수입 분산은 불평등 해소에 기여할 것이나 정규직, 비정규직 간의 수입 차이는 불평등을 더욱 강화시키는 요인이 될 수 있다고 인식하고 있다(TIPS 2009).

전통적으로 남아공의 노동시장은 산업, 광산업, 농업 등 거대한 규모의 공공 분야가 주도하는 구조였으나, 1990년대 들어와서 세계화, 시장 자유화, 국내시장의 경쟁력 강화와 맞물려 노동시장에 급격한 변화가 나타났다. 서비스 부문의 고용이 높아졌고 또 중요하게 인식

<도표 5-5> 1999~2008 소비자 물가지수와 평균임금의 관계(%)

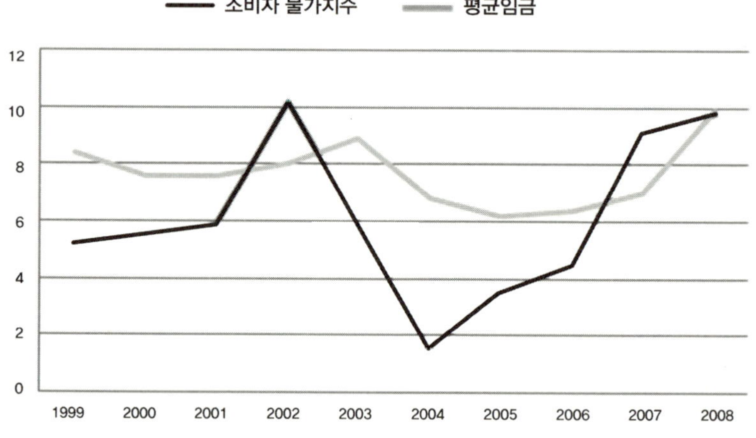

출처 : South Africa at a glance 2009-10

되고 있다(Miriam Altman. 2005).

기술력이 낮은 노동자의 실제 수입은 낮아진 반면, 높은 기술력을 갖고 있는 노동자의 수입은 높아졌다. 산업 구조가 서비스업으로 변화하면서 기술 부족 현상이 나타남에 따라, 자연스럽게 높은 기술력을 갖고 있는 노동자의 수입이 높아진 것이다. 또한 높은 기술력이 요구되는 부문으로 자본이 집중되고 있다.

남아공 흑인들은 노동시장에서 교육 수준이 낮다는 이유로 차별을 받고 있는 것으로 파악되고 있다. 1990년대 이후 남아공 중등 교육기관의 역할이 강화되었지만, 교육의 질에서는 여전히 차이를 드러내고 있다. 교육과 훈련의 기회가 불평등하게 주어지는 것이 노동시장의 차별로 이어지고 있다고 평가하고 있다(Miriam Altman. 2005).

2)남아공의 정책적 대응

남아공은 2008년 12월 노동계, 정부, 기업가들이 한자리에 모여 세계 금융위기와 어려워지고 있는 국내 경제상황에 효과적이고 종합적으로 대처하기 위해 대통령 직속으로 경제위기 합동대책반을 구성하였다. 이러한 정책적 결과는 대통령과 국가경제발전 및 노동 위원회(National Economic Development and Labour Council: NEDLAC)가 지속적으로 협의하는 과정을 거쳐 이루어졌다.

남아공 정부는 2009년 2월 19일 세계 경제위기에 대한 남아공의 대응전략을 발표했다. 저임금 노동자와 실업자, 가난하고 경제적으로 취약한 사람들을 보호하는 사회안전망을 확보하고, 성장을 위한 경제적 능력을 강화하고, 공공 부문 인프라에 대한 투자를 대규모로 실시한다는 등의 내용이었다.

(1) 거시경제 정책

남아공은 금융관련 장관이 요청한 예산에 대해 재정과 통화정책이 필요하다고 인식하고 재정확장 정책으로 공공 기간시설에 대한 투자를 늘리기로 했다. 이에 따라 도로와 철도, 공공 수송, 항만, 댐, 위생, 주거, 통신, 에너지, ICT(정보통신기술) 등 공공 인프라에 2012년까지 3년간 약 7,870억 랜드(1달러는 약 7랜드)를 투자하기로 하였으며 특히 2010년 월드컵 관련 인프라의 건설에 투자를 집중하겠다고 발표하였다. 남아공 정부는 이러한 공공 인프라 건설 사업이 민간 분야의 일자리를 창출할 것이라고 전망하고 있다.

또한 통화정책의 원활한 추진을 위해 남아공중앙은행(SARB)의 역할과 권한을 강화하는 조항을 포함하고 있다. 환율정책의 중요성을 인식하고 일정 정도의 랜드화의 가치하락은 수출을 늘려 고용을 창출하고 경공업 소비재의 수입을 줄일 것이라고 평가하고 있다.

재정부가 의회에 제출한 예산의 배경에 대해, 남아공의 주요 정당들은 재정정책과 통화정책이 필요하다는 데 동의하였다. 또한 위기 해결을 위해 요구되는 곳에 이러한 수단을 적극적으로 사용해야 한다고 주장했다. 재정정책과 통화정책은 함께 쓰여야 하며, 예상한 효과를 실제로 얻기 위해서는 서로 긴밀히 공조해야 한다고 보고 있다.

남아공의 주요 정당들은 경기 침체와 일자리 감소를 막기 위해 적절한 경기 조정 수단이 필요하다는 데 동의하였다. 또한, 이를 실행하기 위한 구체적인 재정 수단이 다른 수단들과 최대한 조화를 이루어야 하며 또 그 조화가 장기적으로 유지되어야만 한다는 데도 뜻을 같이했다. 현재 남아공에서 충분히 생산될 수 있는 상품의 수입을 줄일 뿐만 아니라 고용 촉진을 위해 수출을 늘릴 기회가 있다. 이는 고용과 지역 경제 활동에 긍정적인 영향력을 미칠 것이다. 이러한 논의는 산업정책과 인센티브 수단에 대한 고려를 포함한다(남아공정부, 2009).

'산업발전협회'(Industrial Development Corporation: IDC)는 경제위기에 즉각 대응할 수 있도록 향후 2년 동안 60억 랜드를 지원할 계획이다. 그중 상당한 비중의 돈이 2009년 경제위기를 맞아 재정적 어려움을 겪고 있는 회사들을 지원하는 데 쓰였다(남아공정부, 2009).

(2) 보호무역주의 예방 정책

남아공은 최근 국제경제의 위축으로 제조업을 중심으로 타격을 받고 있는 가운데 수출마저 심각한 타격을 입어 결과적으로 고용률의 격감을 경험하고 있다. 그러면서도 남아공은 다른 G20 국가들과 달리 보호무역주의 정책을 취하지는 않고 있다.

오히려 남아공은 국제사회가 현재 가장 긴급하게 해결해야 할 문제가 보호무역주의의 출현을 막는 것이라고 주장하고 있다. 보호무역주의에 대항하는 방법은 국내 금융체계의 조정과 공급을 강화할 수 있는 경쟁의 확대 같은 개혁이라고 보고 있다. 국제 수요의 감소를 극복하기 위한 단기적 조치로서 보호무역주의 정책을 시행하는 것보다는 중장기적 조치로서 국제무역에서 보호무역주의를 배격하는 국제적 공조가 반드시 이루어져야 한다고 주장하고 있다.

남아공은 NEDLAC 자료를 통해 무역정책을 발표하였으며 보호무역주의 정책의 입안을 배격하고 보호무역주의 정책을 시행하지 않고

<도표 5-6> 외국의 보호무역조치 현황

남아공에 영향을 줄 수 있는 외국의 보호무역조치 통계자료	모든 보호무역조치	반덤핑, 반보조금, 세이프가드를 제외한 모든 보호무역조치
남아공에 영향을 줄 수 있는 보호무역조치의 전체 수	85	78
남아공에 이익을 주거나 변화가 없는 외국의 보호무역조치의 전체 수	12	11
시행되어 왔고 남아공에 피해를 줄 수 있거나 발표만 되고 시행되지 않았지만 남아공에 분명히 피해를 줄 수 있는 외국의 보호무역조치의 전체 수	26	22
시행되어 왔던 보호무역조치로 남아공에 분명히 피해를 줄 수 있는 외국의 보호무역조치의 전체 수	47	45
남아공에 피해를 줄 수 있고 또 시행되고 있는 외국의 보호무역조치의 전체 수	67	63
남아공에 피해를 줄 수 있는, 개정중인 외국의 보호무역조치의 전체 수	18	15
시행된다면 남아공에 피해를 줄 수 있는, 개정 중인 외국의 보호무역조치의 전체 수	16	13
남아공에 피해를 줄 수 있는 보호무역조치를 취했던 무역국가의 전체 수	45	45

출처: Global Trade Alert(http://www.voxeu.org/)

있다. 현재 남아공은 특정한 분야에 대해 긴급 구제조치 및 세금 경감조치의 필요성을 인식하고 있다. 특히 자동차산업 분야에 100억 랜드를 지원하는 것이 시급한 상황이다. 그러나 선별적인 특혜 조치가 공정한 경쟁을 해치고 도덕적 해이와 경영의 생산성 약화를 가져올 수 있다고 보고 있으며, 세금이 낭비될 수 있다는 데 대해 우려를 표하고 있다(Razeen 2009).

<도표 5-7> 남아공의 보호무역조치 현황

외국에 영향을 줄 수 있는 남아공의 보호무역조치 통계자료	모든 보호무역조치	반덤핑, 반보조금, 세이프가드를 제외한 모든 보호무역조치
외국에 영향을 줄 수 있는 남아공 보호무역조치의 전체 수	4	3
외국에 이익을 주거나 변화를 주지 않을 남아공의 보호무역조치의 전체 수	0	0
시행되어 왔고 외국에 피해를 줄 수 있거나 발표만 되고 시행되지 않았지만 외국에 분명히 피해를 줄 수 있는 남아공의 보호무역조치의 전체 수	3	2
시행되어 왔던 보호무역조치로 외국에 분명히 피해를 줄 수 있는 남아공의 보호무역조치의 전체 수	1	1

출처: Global Trade Alert(http://www.voxeu.org/)

앞의 도표(〈도표 5-6〉, 〈5-7〉)에서 알 수 있듯이 남아공이 외국 기업들을 상대로 취한 보호무역 조치들은 상대적으로 적은 편이다. 반면, 남아공을 상대로 한 외국의 보호무역주의 조치들을 보면, 현재 시행되고 있거나 아니면 개정 중이거나, 또 시행되었다면 남아공에 피해를 주었을 조치 등을 포함하여 다양한 조치들이 남아공에 피해를 주고 있음을 알 수 있다.

국제사회에서 현재 가장 긴급하게 해결해야 할 문제는 보호무역주의의 출현을 막는 것이라고 할 수 있다. 만일 보호무역주의 정책의 확산을 막지 못한다면 국경을 넘나드는 무역과 투자를 감소시키는 '탈세계화'(deglobalization)를 불러 결과적으로 심각한 경기침체를 초래할 수 있다.

보호무역주의의 출현을 막으려면 제 기능을 발휘하는 시장경제가 필요하고, 또 이를 위해 시장개방, 경제의 세계화 및 국제정치의 안정이 필수적이라는 인식하에 국제사회의 공조가 긴밀하게 이루어져야 한다(Razeen 2009).

(3) 노동시장 문제에 대한 대응 정책

일자리 창출 정책: 남아공 정부의 향후 정책 목표는 실업률을 줄이고 고용창출을 강화할 것으로 예상된다. 정부는 경제위기로 인한 파급효과를 최소화하고 일자리 창출과 빈곤층을 줄이기 위한 중반기 전략을 발표하였다. 정부는 일자리 창출에 초점을 맞추고 실직자 교육 프로그램을 가동하며 2000년 말까지 50만 개의 일자리를 창출하겠다고 약속하였다.

또한 2009년 ANC(아프리카 민족회의: 남아공 집권 여당)의 선거 전략을 기반으로 만들어진 중반기 전략 문서도 2004년을 기준으로 2014년까지 실업률을 절반으로 줄이겠다는 정부의 공약을 재확인하고 있다. 이러한 정책은 현재 23%가 넘는 실업률을 14% 선으로 줄이겠다는 것을 의미한다. 이에 따라 2009년 7월 14일 국가기획부 장관 트레보 마누엘(Trevor Manuel)은 경제학자들의 비관적인 주장에도 불구하고, 2014년까지 일자리 창출과 빈곤 퇴치에 대한 정부의 공약을 반드시 실현할 것이라고 거듭 강조했다.

1년에 50만 개의 일자리를 창출하겠다던 정부의 목표는 2006년과 2007년 사이에 이루어지는 듯했으나, 2009년 1분기와 2분기 사이에 26만 7,000개의 일자리가 사라짐으로써 어려움에 직면해 있다. 남아공 정부가 2014년까지 빈곤을 줄이고 일자리를 창출하겠다는 공약은 세계 경제위기로 인해 목표를 달성하기 어려울 것으로 보인다.

일자리 창출 계획은 정부의 지원으로 이루어진 단기 프로젝트로, 복지사업과 공공 분야의 고용에 투자될 것이라고 발표하였다. 특히 주택건설사업과 2010년 월드컵을 위한 인프라 구축 사업이 일자리 창출에 기여할 것이지만, 2010년 월드컵 이후 일자리가 저점으로 떨어질 것에 대비해서 다른 인프라 사업을 계속해서 발주하겠다고 발표하였다.

일자리 창출을 위한 중반기 전략으로 정부는 자동차, 화학, 금속, 관광, 의류 및 섬유산업 분야에 주력하고 있으며, 농업, 보건과 같은 공공 서비스, 금융과 사업 등의 민간 서비스 분야에도 초점을 맞추고 있다. 일자리 창출과 식량 안보 향상을 위해 농업 부문의 개혁전략을 수립할 것이라고 발표하였다. 구체적으로 2014년까지 경작지의 30%가 흑인 소유가 될 수 있도록 정책적 노력을 기울이겠다고 발표하였다(The South African Star 2009).

노동문제의 여파를 최소화하기 위한 정책: 남아공 정부는 실업자를 위한 대책들을 마련하고 있다. 실업보험기금(Unemployment Insurance Fund: UIF)은 노동자들이 해고, 구조조정, 질병과 같은 이유로 한시적 또는 영구적으로 실직할 경우, 그들이 노동 활동 중에 납부한 세금으로 단기간 구제받을 수 있는 수단이다. 국내 실업자들에게 단기간 일정 소액의 수입원을 제공하고 재교육을 적극 장려함으로써 노동자가 시장에서 유연하게 대처할 수 있도록 하고 있다.

UIF에 내는 기금은 고용주 1%, 피고용인이 1%를 부담한다. 예를 들어 한 달에 800 랜드를 버는 국내 노동자의 경우, 8 랜드를 매달 납부해야 한다. 국내 노동자의 경우, 6일 동안 일을 했다면 하루치 임금을 받을 수 있다. 만약 3개월 동안 근무를 한 후 실직했다면, 일할 때 15일 동안 받았던 임금을 요구할 수 있는 자격이 주어진다. 14일 이상 실직하거나 병상에 눕게 될 경우 UIF의 혜택을 받을 수 있다. 한시적 혹은 영구 실직한 노동자는 그들이 일을 그만 둔 마지막 날로부터 14일 이후에 UIF에 혜택을 요구할 수 있다. 임산부는 출산 8주 전부터 아이가 출생한 후 6개월 이내에 지원서를 제출하면 혜택을 받을 수 있다(South Africa info reporter 2003).

이와 더불어 실업자를 위한 교육의 필요성을 논의하기 위해 프리토리아에서 열린 세계 경제위기 대응팀의 회의가 끝난 후에 자콥 주마(Jacob Zuma) 대통령은 실직자 교육 프로그램을 실시하겠다고 발표하였다. 남아공은 숙련된 기술 인력의 부족과 사업장에서 요구하는 기술을 교육시킬 교육체계의 부재라는 만성적 문제를 안고 있다. 정부는 이에 대한 대안으로 외국인 노동자에 대한 규제를 완화하고 있으나 여전히 인력의 부족이 심각하다. 숙련된 기술 인력의 부족은 세계적인 문제라고 할 수 있지만 남아공이 특히 더 심하다.

국가기술기금(National Skills Fund: NSF)과 UIF에서 자금을 조달하여 기본급의 약 50%에 해당하는 비용 또는 최대 월 6,239랜드의 급여를 노동자들의 훈련수당으로 지급할 것이라고 발표하였다. 이 정책은 2009년 9월부터 실시되었으나 2010년 4월 현재, 경제위기로 인해 전년도에 비해 2배 가까이 늘어난 약 77만 명의 실업자가 등록함으로써 매년 18만 랜드의 수입을 올릴 수 있도록 하겠다는 원래의 계획은 수정이 불가피하게 되었다. 그러나 실직 상태인 노동자들을 재교육시키고 훈련시키려는 계획은 경기침체로 심각한 타격을 받고 있는 기업에게는 비용을 절감시키고 노동자들에게는 노동의 질을 향

<도표 5-8> 2009년 남아공 랜드화의 환율 추이

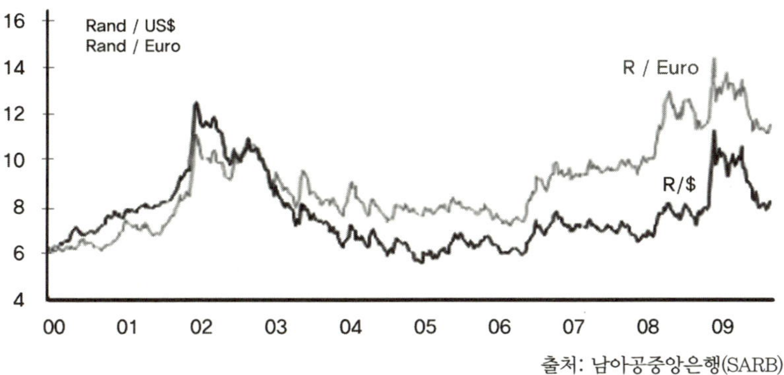

출처: 남아공중앙은행(SARB)

상시킬 수 있는 정책으로 평가받고 있다.

산업개발협회는 경제위기에 대한 대응책으로 앞으로 2년에 걸쳐 사용할 60억 랜드의 자금을 마련하고 있다. 2009년 할당액의 상당 부분이 재정 상황이 열악한 기업을 지원하는 데 사용되고 있다. 경제위기에 대한 정부대책위의 계획에 따라 소비자들이 빚을 재조정함으로써 신용불량에서 벗어나는 데 도움을 주기 위해 국가부채조정협회가 만들어졌다(Williams 2009).

(4) 대폭적인 경상수지 적자

남아공은 금융위기에 빠진 동유럽 국가들과 비슷한 수준의 GDP 대비 경상수지 적자를 보이고 있다. 이것이 남아공 경제의 불안 요인 중 하나이다. 경상수지 적자가 크다는 것은 자본유입에 지장이 생길 경우 외화 준비고가 줄어들어 랜드화가 가치 하락의 압력에 노출된다는 것을 의미한다.

2008년 9월 리먼 브러더스 사태 이후 세계 신흥공업국의 금융시장이 동요했고 그런 가운데 헝가리와 우크라이나 등이 IMF의 긴급 지원을 받았던 것을 기억한다면, 2008년 남아공의 GDP 대비 경상수지 적자 비율이 위기에 빠진 헝가리나 우크라이나의 수준까지 커지고 있다는 사실은 경각심을 일깨우기에 충분하다.

우크라이나와 헝가리에서는 리먼 사태를 계기로 경제의 취약성과 불안이 고조되어 외국 자본들이 빠져나갔다. 헝가리와 우크라이나는 리먼 사태 발생 이후 2008년 10월부터 외국 자본이 대규모로 이탈하여 외환보유고가 급감했고 이로 인해 IMF의 긴급 지원에 의지하지 않을 수 없었다. 그러나 남아공의 경우 2008년 가을 이후 외환보유고에 큰 변화가 없다.

국제금융계에서는 이전부터 남아공 금융 당국이나 금융기관의 리스크 대응 상황이 다른 신흥시장 국가들보다 견실하다고 평가해왔다. 리먼 사태 이후 남아공과 앞에서 언급한 헝가리와 우크라이나 사이에 나타나는 차이는 이런 견해를 뒷받침하는 것이라 할 수 있다.

(5) 사회정책

남아공은 이번 경제위기로 인해 저소득 근로자와 실직자 등 사회적 약자가 가장 큰 타격을 받을 것으로 보고 장기적인 정책의 효과가 나타날 때까지 이들을 보조할 수단을 마련하고 있다. 남아공은 식량 가격을 안정시키고 극빈층에게는 수도와 전기를 무료로 공급하며 자녀 양육 보조금의 대상을 18세로 연장하였다. 경제위기 합동 대책반은 또한 위기에 봉착한 기업 및 저소득층을 대상으로 한 세금 감면을 논의하기도 했다.

외국기업의 남아공 투자에 가장 큰 걸림돌로 여겨지는 것이 치안 불안이다. 이는 높은 실업률이나 격심한 빈부 격차 등으로 인해 저소득층이 쉽게 범죄를 저지르면서 생긴 현상이다. 또한 남아공 내에 총기가 많은 것도 강력범죄가 빈발하는 이유로 지적된다.

실제로 남아공의 범죄 발생률은 상당히 높다. 살인사건 발생률을 예로 들면, 남아공은 미국의 8배, 일본의 40배에 이른다.

다행하게도 최근 들어 남아공의 일부 흉악 범죄가 감소하는 추세를 보이고 있다. 예를 들어 살인, 주거침입, 일반 강도 등의 범죄 발생 건수를 보면 2002년 이후 서서히 감소하고 있음을 알 수 있다. 치안은 여전히 불안하긴 하지만, 최악으로 꼽히던 인종차별정책 철폐 직후에 비하면 나름대로 치안이 개선되고 있다는 견해도 나온다. 그러나 주택을 침입하는 강도 건수는 여전히 높으며, 그 밖의 흉악 범죄도 감소했다고는 하지만 발생 건수를 보면 치안이 현저하게 개선되었다고 말할 수준은 아니다.

남아공 정부는 2010년 월드컵 개최를 앞두고 경비 강화 등 범죄 방지 노력을 펼 방침이다. 그러나 월드컵 대회 기간에 치안 당국이 축구장 주변 경비에 중점을 두지 않을 수 없기 때문에 일반 주택 등 경비가 소홀한 지역의 강도 · 절도 피해가 증가할 것이라는 우려의 목소리도 나오고 있다.

4. 남아공의 향후 전망

세계 금융위기 발발로 많은 국가들이 보호무역주의의 유혹을 받고 있다. 남아공 정부 역시 일부에서 보호무역주의를 택하라는 압력을 가하고 있지만, 기본적으로 보호무역주의를 경계하는 입장이다. G20 정상회의장에서 보호무역주의 추방을 주장한 한국의 입장을 강력히 지지하고 나서기도 했다. 특히 보호무역주의는 경제위기에서 주요 선진국들이 자국 산업을 보호하기 위해 취하는 것으로 남아공뿐 아니라 우리나라 등 신흥공업국들에게 큰 타격이 될 수 있다. 따라서 보호무역주의 반대는 남아공과 우리나라가 정책 면에서 공조할 부분이다.

2009년 5월 남아공 공산당과 노조의 지지를 얻어 제이콥 주마 대통령이 당선되었다. 좌파 대통령이 선출된 것은 전임 정권에 대한 국민의 심판이라는 의견도 있다. 타보 음베키(Thabo Mbeki) 전 정부는 경제 개방과 시장 개혁을 통해 성장에는 어느 정도 성공했지만 분배에는 실패했다는 평가를 받아왔다. 주마 정권은 음베키 정권보다 분배에 무게를 둘 것으로 예상된다. 좌파 대통령이 취임하면서 너무 급진적인 경제정책을 펴지 않을까 하는 우려도 있었지만 새 내각에서 지난 정권에서 일하던 실용주의 입장의 경제 부처 장관들을 다시 등용해 이런 염려를 불식시켰다(조귀동 2009).

2008년 세계 금융위기로 주춤했던 남아공 경제는 현재 성장세로 돌아섰다. 남아공은 현재 2010년 월드컵이 남아공을 대하는 국제사회의 인식을 바꿔놓을 것으로 기대하며 도로, 철도, 발전소, 상하수도 등 관련 시설을 건설하고 점검하느라 분주하다. 많은 분석가들 역시 남아공의 미래를 긍정적으로 전망한다.

2010년 남아공 월드컵은 직접적으로 약 500억 랜드가 넘는 경제유발 효과를 가져 올 것으로 예상된다. 또한 약 330억 랜드가 경기장 건설을 비롯한 인프라 투자, 특히 수송 인프라 등에 투자되어 경기를 부양하는 효과를 부를 것으로 평가되고 있으며, 약 28만 9,000명의 외국인과 약 4만 8,000명의 아프리카인들이 월드컵 개최 기간에 남아공을 방문하여 81억 랜드를 지출할 것으로 예상된다. 그 밖에 경기장 입장권 판매로 60억 랜드, 스폰서 비용으로 7억 5,000만 랜드를 벌어들일 것으로 전망된다(SouthAfrica.info 2007).

그러나 극복해야할 문제들이 있다. 아파르트헤이트(인종차별정책)가 폐지된 1994년 이후에도 종전의 불균형은 여전히 해결되지 못하고 있다. 9% 내외의 백인과 일부 흑인들이 부를 독점하고 있으며, 인구의 대다수를 차지하는 흑인들은 월평균 수입이 300달러에도 미치지 못한다. 심각한 빈부격차와 함께 이중적인 경제구조도 문제다. 남아공 경제는 흑인들의 자급자족 경제활동과 백인 위주의 시장 지향적 경제체제가 이중 구조를 이루고 있어 흑인이 백인에 종속된다는 우려가 끊이지 않고 있다. 뿐만 아니라 만성적 전력난과 광산업 침체, 정치적 불안정 등도 남아공을 괴롭히는 문제다.

특히 최근에 불거진 전력 부족사태는 인종차별정책 폐지 이후 전력산업에 대한 투자 축소와 유지 관리 부실로 일어났는데, 남아공의 경제발전을 위해서 반드시 해결해야 하는 고민거리이다. 원래 남아공은 수출에 적합하지 않은 저질의 석탄을 화력발전에 사용하여 전기료가 세계에서 가장 싼 국가였다. 백인정권 시대에는 전력공사(ESKOM)가 장기 계획을 바탕으로 발전 시설에 투자를 했지만 인종차별정책 폐지 이후 설비 투자나 유지보수의 수준이 떨어져 전력 부족 상태에 빠졌다.

흑인의 소득과 생활수준 향상 문제는 또한 최근 경기침체로 불안해진 사회문제와도 연관지을 수 있다. 남아공의 실업률은 경기 확대와 생산 증가를 배경으로 2003년부터 2008년까지 5년간 10%포인트 정도 하락하였다. 이처럼 고용 사정이 대폭 개선된 것은 개인 소비 확대에도 크게 기여했다. 그러나 실업률을 인종 그룹별로 보면 큰 격차가 존재한다는 사실이 확인된다. 백인의 실업률이 5%를 밑돌고 있는데 반해 그 밖의 다른 인종 집단의 실업률은 매우 높다. 특히 인구의 80%를 차지하는 흑인의 실업률은 23%대로 현저하게 높은 상태다. 이는 곧 흑인의 고용 환경을 개선하면 소득이 증가할 것이고, 또 그 같은 개인 소비의 증가로 경제가 성장할 여지가 있다는 것을 의미한다.

남아공 정부는 흑인들이 경제활동에 참가하도록 고무하여 흑인의 소득수준을 향상시킨다는 목적으로 2004년 '흑인 경쟁력 강화에 관한 법률'(Broad Based Black Economic Empowerment Bill: BEE 법)을 시행했다. BEE 법은 기업의 소유, 경영, 고용, 서비스, 조달 등의 분야에서 흑인을 일정 비율 이상 참가시킬 것을 기업에 요구하는 법률이다.

외국계 기업들 중에는 BEE 법 시행으로 인해 비용이 상승하고 경영 효율이 떨어져 기업 경영에 어려움을 겪는다고 호소하는 곳도 있다. 또한 흑인 우대 조치로 백인 경영자나 전문직 사람들이 해외로 유출되는 사례도 증가하고 있다.

그러나 이러한 정책에 힘입어 최근에 흑인들의 소득과 생활수준이 향상되고 있는 것으로 조사되고 있다. 인구 4,900만 명인 남아공은 인종차별정책이 실시되던 시기에는 소수인 백인(500만 명)이 지배하였지만 인종차별정책 종식으로 백인 우위가 붕괴되었다. 그 후 남아공 경제는 '500만 명의 경제'에서 '4,900만 명의 경제'로 변모하고 있다. BEE도 이런 남아공 경제의 역동적인 변화를 지지하는 큰 추진력이 될 것으로 보인다. 따라서 남아공 경제의 중장기 전망도 점점 두터워지고 있는 흑인 중산층과 아프리카 국가들의 경제발전을 배경으로 성장할 것으로 보인다.

세계 금융위기가 사라진 이후 중장기적 관점에서 살펴보면, 남아공 경제는 성장 가능성이 높을 것으로 예상되고 있다. 가장 큰 이유는 향후 '흑인 경쟁력 강화에 관한 법률' 등을 배경으로 흑인의 소득이 향상되고 개인 소비를 중심으로 국내 수요가 지속적으로 확대될 것으로 예상되기 때문이다.

흑인들의 소득 향상은 남아공 최대의 사회 문제인 치안의 개선에도 크게 기여할 것으로 보여 외국인들의 투자를 끌어들이는 데도 많은 도움을 줄 것으로 예상된다. 향후 흑인들의 경제 활동 참여를 확대하고 그들의 소득 및 생활수준을 순조롭게 향상시키는 것이 남아공 경제의 중장기적 발전에 중요한 열쇠라고 해도 과언이 아닐 것이다.

남아공은 기본적으로 다른 어느 신흥시장보다 발전 잠재력이 높은 만큼 국민통합 등을 통해 사회적 안정 기반을 어느 정도 갖추기만 하면 세계적 신흥시장으로 급성장할 가능성이 있다고 하겠다(대외경제정책 연구원 2009).

3부

각국의 G20 외교

제 6장

G20 정상회의와 캐나다의 역할

김보영

(한양대학교)

1. 캐나다 외교정책 추진 방향

1) 캐나다 정부의 외교정책 추진 기조

캐나다의 외교정책 추진 방향은 크게 세 부분으로 설명할 수 있다. 첫째, 국제협력관계에 있어 캐나다는 우방국 및 동맹국들과 공통의 가치와 이익의 증진을 위해 협력하고 국제사회와 건설적인 공존을 추구하는 것을 목표로 잡고 있다. 캐나다의 가장 가까운 우방이자 최대 교역 파트너인 미국과의 관계를 바탕으로 보다 강력한 양자 및 다자관계를 구축해 나가겠다는 것이다.

둘째, 캐나다의 핵심 가치인 자유와 민주주의, 법치, 인권을 세계적으로 옹호 · 확산시키려고 노력하고 있다. 이를 위해 캐나다는 외교적 활동을 보다 역동적으로 펴고, 군사적 역할 또한 보다 강력하게 펴고, 원조자금을 보다 효율적으로 활용하려고 애쓰고 있다. 이러한 노력의 일환으로 캐나다 군대는 아프가니스탄에서 캐나다의 국익을 지키고 테러리즘을 퇴치하는 한편으로 아프가니스탄 국민의 자유민주평화 국가의 건설을 지원하는 등 중요한 역할을 수행하고 있으며, 앞으로도 그런 노력을 이어갈 것이라고 밝히고 있다.

셋째, 미국과의 관계에 있어서는 현 보수당(Conservative Party) 정부는 이전 자유당(Liberal Party) 정부보다 더 적극적으로 미국의 입장을 존중하고 이해하면서 협력을 강화하는 추세를 보이고 있다. 2006년 보수당에 정권을 물려준 자유당 정부는 10년 만에 대외정책에 대한 전면적인 재검토 작업을 벌여 2005년 4월 '세계 속의 긍지와 영향력 있는 캐나다의 역할'을 모토로 한 대외정책 성명(Canada's International Policy Statement : A Role of Pride and Influence in the World)을 채택하여 추진했다. 외교부장관 주도로 외교부, 국방부, 국제개발처, 통상부 등 4개 부처가 공동으로 작업하여 총리실에서 최종 완성한 이 대외정책 성명은 대외정책에 외교뿐만 아니라 국방·개발협력·통상 등을 포함하는 통합적 접근 방식을 도입하여 국제사회에서 캐나다의 역할과 위상을 제고하는 것을 목표로 잡고 있다.

2) 캐나다 정부 외교정책의 주요 목표

스티븐 하퍼(Stephen Harper) 총리가 이끄는 캐나다 정부는 외교부를 통해 외교정책의 주요 목표를 다섯 가지 정도로 요약해 밝히고 있다.

① 안보와 번영을 통한 미국 · 멕시코와의 북미 파트너십 강화
② 대(對)테러, 실패 · 취약 국가의 안정화, WMD(대량살상무기) 확산 대처 등을 통해 보다 안전한 세계 건설
③ 캐나다의 경쟁력 강화, 핵심 파트너 국가들과의 통상 증진, 캐나다 기업에 대한 서비스 제공을 통한 국내 및 세계의 번영에 기여
④ 캐나다의 경험 공유를 통한 국제적 선정(善政)의 증진
⑤ 새로운 환경에 대처하는 유연한 외교의 구축

3) 캐나다 외교정책의 주요 목표에 따른 정책적 우선 사항 및 계획

캐나다 정부는 이런 외교정책의 기조와 목표를 달성하기 위해 정책적 우선사항 및 계획을 세워두고 있다.

(1) 북미 파트너십 강화

북미 파트너십의 강화를 위해 미국과의 안보관계 현대화, 범(汎)세계문제 협력 강화, 환경 관련 이슈에 대한 협력, 대미(對美) 홍보 강화 등을 위한 정책을 수립하고 있으며, 멕시코와도 NAFTA(북미자유무역협정)를 통해 투자 및 통상 관계의 심화를 꾀하고 있다. 실제로 멕시코에 대한 캐나다의 직접 투자 비용이 2002년 이후 지속적으로 증가하는 등 그런 노력이 현실로 나타나고 있다.

(2) 보다 안전한 세계 건설

지구촌을 보다 안전한 곳으로 만들기 위해 캐나다 정부는 실패 · 취약 국가의 안정화 도모, 테러 및 조직범죄 대처, WMD 확산 대처, 캐

나다의 인간안보 리더십 강화 등을 위해 국제적 활동을 다양하게 벌이고 있다. 구체적인 예로는 캐나다가 중동지역의 평화 유지를 위해 펼치고 있는 다양한 노력을 들 수 있다. 캐나다는 중동 평화 과정에 적극적으로 참여한 바 있는데, 이러한 활동을 통해 캐나다의 주요 외교정책 목표인 국제평화와 지역 안보를 달성하고자 노력하고 있다.

캐나다 군대가 아프가니스탄에서 활동하고 있는 것 역시 보다 안전한 세계 건설을 위한 노력을 보여주는 대표적인 사례라고 할 수 있다. 아프가니스탄에서 활동하고 있는 캐나다 군대는 캐나다의 국익 수호, 테러리즘 퇴치, 아프가니스탄 국민의 자유민주평화 국가 건설 지원 등 중요한 역할을 수행하고 있으며, 앞으로도 이런 중요한 역할을 계속 이어갈 뜻을 밝히고 있다.

(3) 세계 번영과 국제적 선정의 증진

캐나다는 세계의 번영과 평화에 이바지하기 위해 다양한 노력을 기울이고 있다. 최근 아이티에 지진이 발생했을 때도 캐나다 정부가 적극적인 행보를 보인 바 있다. 캐나다 정부가 국제사회에서 보이고 있는 이런 노력 역시 세계의 번영과 국제적 선정 증진이라는 외교적 목표를 달성함과 동시에 국제사회에서 캐나다의 영향력을 확대하기 위한 정책적 노력이라고 볼 수 있다.

캐나다는 세계적으로 약 10억에 이르는 인구가 가난에 허덕이고 있으며, 이로 인한 경제적 상황의 국제적 불평등이 해소되지 않고 지속될 경우 세계는 정치, 경제적으로 불안정을 맞게 될 것[(1)]이라는 시각

(1) 장경룡, 국제평화와 캐나다 외교정책, 한국 동북아 논총, 제26집 2003

을 가지고 있다. 이에 따라 캐나다는 다양한 난민지원 프로그램을 운영하고 국제적 불균형 해소를 위한 노력을 기울이고 있다. 캐나다 정부가 난민운영그룹(RWG: Refugee Working Group)과 연계해 난민들의 기본적인 결핍을 해결하기 위해 노력하고 있는 것이 대표적인 사례라고 할 수 있다.

(4) 유연한 외교의 구축

일반적으로 캐나다는 중위국, 혹은 중진국(middle-ranking power)으로 여겨지고 있다. 중진국에 대한 개념은 국가의 물리적 능력이나 규모를 기준으로 규정하기도 하고, 국제사회에서의 외교적 행태를 기준으로 규정하기도 한다. 외교정책의 행태가 주로 분쟁의 중재, 평화유지, 국제기구에 대한 지원 등으로 이뤄질 때, 그러한 국가를 중위국으로 본다. 캐나다 정부는 실제로 캐나다를 제2차 세계대전 이후부터 중위국으로 규정하여 왔다.[(2)] 이러한 맥락에서 캐나다는 다양한 국제적 네트워킹을 통해 국제사회에서 적극적인 역할을 수행하고 있으며, 캐나다 외교정책의 목표인 세계 번영에의 기여, 국제적 선정 증진, 유연한 외교의 구축 등을 위해 다각적인 노력을 기울이고 있다. 또한 APEC(아시아태평양 경제협력체), G20, UN 등 다양한 국제기구와 다자기구를 통해 국제사회에서 적극적인 역할을 수행하고 있다.

---

(2) 장경룡, 국제평화와 캐나다 외교정책, 한국 동북아 논총 제26집.

2. G20 정상회의와 캐나다의 관계

1) G20 출범에 캐나다가 한 역할

G20 정상회의는 1997년 아시아 외환위기 이후 국제 금융시장의 안정을 위한 협의체의 필요성이 대두되던 시기에서 그 출발점을 찾을 수 있다. 1999년 9월 워싱턴 D.C.에서 열린 IMF 연차 총회 당시 개최된 G7 재무장관회의에서 G7 국가와 주요 신흥국이 참여하는 G20의 창설에 대한 합의가 이뤄졌고, 그해 12월 독일 베를린에서 제1차 회의가 개최되었다. 이후 2008년 세계 금융 및 경제위기를 극복하기 위해 G20 정상회의가 창설됨으로써 연 1회 정례적으로 개최되는 G20 재무장관회의 외에 정상회의 직전에 재무장관회의가 추가로 열리게 되었다.

당초 G20의 창립 목적은 선진국과 개도국 간의 정책사항들을 연구하고 토론하는 장을 통해 국제 금융의 안정성을 제고하자는 것이었다. 이 과정에서 캐나다는 초기 의장국을 맡아 G20 재무장관회의의 기반을 마련하는 데 결정적인 역할을 했다. 당시 캐나다 재무장관이던 폴 마틴(Paul Martin)은 G20 재무장관회의의 초기 2년간 의장직을 수행했다. 1999년 12월 열린 1차 회의와 2000년 캐나다 몬트리올에서 열린 2차 회의, 2001년 캐나다 오타와에서 열린 3차 회의에 이르기까지 캐나다는 G20 재무장관회의가 국제사회의 경제 현안을 다루는 포럼으로 자리를 삽는 데 중요한 역할을 수행했다.

<도표 6-1> 제1~3차 재무장관회의 의제 및 일반 사항

구분	일시	장소	의제
제1차	1999.12	독일 베를린	환율제도, 대외채무, 자본 이동, G20의 역할과 목표, 금융시장 통합에 따른 국내적 대응, 위기 재발 방지
제2차	2000.12	캐나다 몬트리올	바람직한 환율제도, 건전한 대외채무 관리, 위기 방지를 위한 민간 부문 참여, 국제기준 및 규범 이해
제3차	2001.11	캐나다 오타와	국제기준 이행, 민간 부문 참여, 테러 자금 조달 방지, 빈곤국 국제적 지원, 세계화

출처: G20 기획단, http://www.g20.go.kr

2) G20 정상회의 격상 이후의 캐나다의 입장과 역할

G20 재무장관회의가 정상회의로 격상된 이후, G20이 국제적인 최상위 포럼으로 움직이는 데 대해 캐나다 내부에서는 찬반 논란이 끊이지 않고 있다. 캐나다 정부도 G20 초기에는 세계 이슈를 다루는 회의체의 규모가 커지는 것을 썩 달가워하는 눈치는 아니었다. 그러나 일부에서는 이런 캐나다 정부의 시각을 비판하면서 캐나다 정부가 G20에 좀 더 적극적으로 참여해야 한다는 주장도 있어왔다.

실제로 캐나다의 언론 보도를 보면 G20에 대한 캐나다 내부의 갈등 양상을 잘 알 수 있다. 캐나다의 유력 언론사인 '스타'(The Star)의 정치 평론가 리처드 그윈(Richard Gwyn)은 G20에 대해 부정적인 입장을 표명한 칼럼을 게재했다. 그는 이 칼럼에서 G20은 의사결정 기구로서 효율적으로 작동하기에는 지나치게 방대하며, G20에 새롭게 참여하게 된 국가들이 기존의 G8 국가에 대해 보이고 있는 부정적 태도 때문에 G20의 성격 자체가 모호하게 될 수 있을 것이라고 내다봤다. 또한 그는 G20에서 다루고 있는 많은 의제들–헤지펀드 문제, 조세 감면 지역 문제, 신용평가기관 문제–이 현실적으로 위협을 받고 있는 캐나다의 실업문제나 연금문제 등을 해결해 줄 수 없다는 점을 지적하며, G20 회의가 경제위기 극복에 실질적 도움을 주기보단 요원한 희망만을 말하고 있다고 비판한 바 있다.(3) 그러나 이와 대조적으로, 캐나다의 CBC는 2009년 7월 보도에서 기존의 G8 체제로는 세계경제를 비롯한 국제적 이슈를 논하기 어렵다며, G20으로의 확대를 바람직한 방향이라고 보도한 바 있다.(4) CBC는 그 기사에서 UN이 경제 관련 분야에서 제 기능을 발휘하지 못하고 있다고 평가하고, 이런 상황에서 G20이 초국가적이고 국제적인 경제 이슈를 조정할 수 있는 핵심적인 기구로 역할을 할 수 있을 것이라고 평가했다. CBC는 아울러 캐나다 정부가 기존의 G8에 머무르려 하고, G20으로 옮겨가는 것을 망설이는 듯한 모습을 보이고 있다고 비판하였다. 또한 국제사회에서 캐나다의 영향력이 약해지고 있는 추세를 걱정하며, G20을 통해 국제사회에 대한 리더십을 확보해야 한다는 점을 강조하였다.

사실 이러한 갈등의 주된 원인은 캐나다가 국제사회에 미치는 영향력의 감소에서 찾아 볼 수 있다. 객관적인 경제지표의 측면에서 보면, 캐나다의 인구는 3,300만 명으로 G8 국가 중 가장 적으며, GDP 규모도 G8 국가 중 가장 작다. 많은 캐나다 언론도 이런 사실을 지적하

(3) The Star.com "Richard Gwyn, http://www.thestar.com/article/612822" 2009. 4. 3

(4) CBC.com 2009. 7. 7 "Viewpoint; Jeremy Kinsman"

면서, 캐나다 정부가 국제사회에서 캐나다의 영향력이 떨어지는 현실을 직시하고 새로운 국제협력 채널인 G20에 더욱 능동적이고 적극적으로 참여해야 한다고 목소리를 높이고 있다. 이러한 자국 내의 여론 동향에 부응해, 캐나다는 협의체 확대에 소극적이던 태도에서 벗어나 적극적으로 G20을 수용하려는 입장을 보이고 있다.

최근 캐나다 정부의 행보에서도 G20 개최에 대한 적극적인 입장을 엿볼 수 있다. 대표적인 사례는 회의 개최 예정지를 바꾼 것이다. 2009년 12월 7일 스티븐 하퍼 캐나다 수상은 2010년 개최될 G20 제4차 정상회의를 토론토에서 열겠다고 발표했다. 당초 개최 예정지는 헌츠빌(Huntsville)이었다. 캐나다 정부는 헌츠빌이 1만여 명 정도가 될 G20 회의 참가자들을 충분히 수용할 여건이 안 된다는 점을 개최지 변경의 이유로 밝혔다. G20 회의를 성공적으로 치러내겠다는 정부의 의지를 보였다고 할 수 있을 것이다. 또한 캐나다 정부는 자국에서 열리는 4차 G20 정상회의에서 논의할 의제 설정에 대해 상당히 고심하고 있다. 제5차 G20 정상회의 개최국인 한국에도 긴밀히 협조를 구하는 등, 4차 정상회의를 통해 국제사회에 캐나다의 리더십을 보여주기 위해 다양한 노력을 기울이고 있다.

3. G20 정상회의의 주요 이슈에 대한 캐나다의 입장과 역할

1) 보호무역 제한 조치

캐나다가 천연자원이 풍부하다는 것은 이미 주지의 사실이다. 실제로 수출액의 35% 정도가 1차 산품이다. 그러나 캐나다는 1차 산업이 아니라 서비스산업 중심의 지식 집약적 산업구조를 보이고 있다. 고부가가치형 제조업도 빠르게 발전하고 있으며, 수출도 이전에는 원료 위주였지만 지금은 기술 및 고부가가치 제품 수출로 영역을 확장해가고 있다. 이러한 영향으로 캐나다 경제는 GDP 대비 무역액이 70%를 상회하며, G7 국가 중 무역의존도가 가장 높을 정도로 개방적이다.(5) 따라서 다양한 국제시장에 대한 접근성과 자유무역은 캐나다의 이익과 매우 밀접하게 연결되어 있다. 따라서 보호무역 조치에 대한 기본적인 태도는 부정적이고,(6) 따라서 국제적인 보호무역 제한 조치에 대해 찬성하는 입장을 적극적으로 표명하고 있다. 미국 주재 캐나다 대사인 마이클 윌슨(Michael Wilson)은 미국의 '바이 아메리칸' 법률의 시행이 공표된 뒤 미 상원의 한 위원회 위원장에게 보낸 서한에서 미국의 '바이 아메리칸' 법은 다른 국가들의 보호무역 정책을 유발할 수 있음을 지적했다. 그러면서 미국이 국제사회에서 다른 국가들에게 보호무역정책을 펴지 말라고 압력을 가하는 데 있어서도

(5) 한국무역협회, 월간무역.
(6) G20 모니터링단 10월 보고서 캐나다편

도덕적 권위를 잃게 될 것이라고 주장했다.(7) 이는 캐나다의 높은 대미(對美) 무역의존도를 감안하면 자연스러운 반응이라고 할 수 있다. 캐나다는 대미 의존도가 매우 높은 무역구조를 보이고 있다. 미국과의 교역이 수출의 80%, 수입의 60%를 차지할 정도로, 대미 의존도가 매우 높다. 또한 캐나다에 있어 대미 무역 흑자액은 전체 무역 흑자액을 상회한다.

그런 한편으로 캐나다 내에서도 미국의 '바이 아메리칸' 법이 시행된 후 미국과 유사한 보호무역 조치를 주장하는 움직임이 있다. 캐나다 연방 하원의원인 신민당(NDP: New Democratic Party)의 피터 줄리앙(Peter Julien) 의원은 미국의 '바이 아메리칸' 법과 유사한 '캐나다 생산품 조달법'(Made in Canada Procurement Act)을 발의한 바 있다. 줄리앙 의원은 "정부 조달은 개인의 물품 구매와 다르다"며 "국민의 세금을 지출할 때는 당연히 캐나다 산업을 보호하고 일터를 늘려야 한다"고 입법 배경을 설명하고 있다. 법안은 캐나다 국내에서 50% 이상 제조된 제품만을 캐나다 제품으로 인정하며, 미국의 '바이 아메리칸' 조항과 유사하게 도로, 철도, 항만, 도시 재개발 등 공공사업에 10만 달러 이상을 지출할 때 이 법의 적용을 받는다고 정하고 있다.

하지만 캐나다 일부에서는 미국 시장 규모는 3억 명에 가깝지만 캐나다는 3,300만 명에 불과한 작은 시장임을 언급하며, 그 법률이 보다 넓은 국제시장에 대한 캐나다 기업의 접근성을 저해하는 계기가 될 수도 있음을 지적하는 목소리도 있다. 구조적으로 높은 대외 의존

---

(7) http://www.cbc.ca/canada/story/2009/02/02/day-trade.html

도를 보이고 있는 캐나다 경제의 특성상 이 법안이 통과되어 실제로 적용될 가능성은 적어 보이지만, 캐나다 내부에서도 국제경기 침체로 힘들어하는 자국 경제를 활성화시키기 위해 보호무역 조치가 필요하다는 목소리가 있는 것은 명백하다.

그럼에도 불구하고 캐나다는 보호무역 제한조치를 강력히 옹호하는 국가라고 할 수 있다. 지난 몇 차례의 G20 정상회의에서 캐나다는 일관되게 보호무역 제한조치를 옹호하는 입장을 밝혀 왔으며, 미국의 '바이 아메리칸' 조항에 대해 반대 의견을 밝혀왔다. 앞서 밝힌 바와 같이, 캐나다는 전통적으로 해외시장에 대한 의존도가 매우 높기 때문에 자유무역은 캐나다의 이익과 매우 밀접한 관련이 있다. 따라서 캐나다의 입장에서는 다자간 무역협정이나 지역 및 국가 간 FTA(자유무역협정) 체결을 통해 교역을 활성화하는 환경을 조성하는 것이 매우 중요한 이슈임에 분명하다. 따라서 캐나다는 보호무역 제한조치에 대해 가장 적극적인 태도를 보이고 있다.

2009년 4월 개최되었던 런던 정상회의에서도 캐나다가 경제 분야에서 주로 제기한 이슈 역시 보호무역조치의 동결이었던 것은 해당 분야에 대한 캐나다의 지대한 관심을 대변한다고 할 수 있다. 런던 정상회의 이후 12개월 동안 새로운 무역장벽을 만들지 않겠다는 동결 조항에 대한 국제적 합의를 이끌어낸 것에 대해 캐나다 언론들은 런던 정상회의가 매우 성공적이었다는 평가를 내렸을 정도이다. 캐나다 정부는 G20 정상회의에서 동결 약속이 이루어졌음에도 불구하고 일부 국가가 보호무역 조치를 취하는 것에 대해 상당히 경계하고 있다. 대공황 때도 보호주의가 행해졌지만 실패했고, 오히려 그 영향 때문에 세계경제가 회복하는 데 더 오랜 시간이 걸렸다는 사실을 지적하면서 또 다시 그런 전철을 밟아서는 안 된다는 것이 캐나다의 주장이다.

2) 글로벌 금융위기에 대한 전 세계적 공조

캐나다는 기본적으로 전 세계적인 경제위기에 대해 자국의 책임은 없다는 입장을 고수하고 있으며, 경제위기로 인한 경제적 충격도 가장 적다고 자부하고 있다. 그러나 미국 경제에 크게 의존하고 있는 경제체제의 특성 때문에 경기의 일시적 침체는 피할 수 없다는 입장을 표명한 바 있다. 다만 자국의 경제침체를 최소화하면서 경기회복을 이끌 수 있는 방향으로 정책적 대응을 모색하고 있으며, G20 정상회의에서 글로벌 경제위기와 관련하여 전 세계적인 금융시스템의 개혁, 경기부양책 동시 시행, 보호주의 정책 지양, 자본시장 규제 강화와 같은 이슈를 제기하였다. 또한 전 세계 경제위기를 헤쳐 나가는 것은 전 세계적인 파트너십에 달려 있다고 주장하며, 국경을 넘어 국제적 협력의 문을 열어 놓아야 한다는 입장을 밝히고 있다.

특히 금융시스템의 개혁과 관련하여 G20 회원국들 중 가장 자신 있게 목소리를 내고 있는데, 이는 캐나다의 금융구조가 세계에서 가장 안정적이며 세계 금융시장의 본보기가 될 만하다는 자신감에서 기인하는 것으로 볼 수 있다. 미국의 워싱턴포스트는 이와 관련하여, 미국이 글로벌 경제위기로 휘청거리고 있는데 캐나다는 상대적으로 안정적이라고 보도한 바 있다. 캐나다 경제에 대한 낙관론의 근거로 워싱턴 포스트는 캐나다의 은행시스템을 첫손가락으로 꼽았다. 전문가들의 진단에 따르면, 캐나다 은행은 가장 엄격하게 규제되고 있으며 일반적인 투자은행과 달리 예금자들에 기반을 둔 보수적인 방식으로 운영되고 있기 때문이다.(8) 캐나다는 자국 금융 시스템에 대한 자신감을 바탕으로 가치가 쇠락한 금융자산과 은행에 대한 개혁 조치를 취해야만 한다는 점을 강조하고 있으며, 국제 금융기관들이 안정적인 자산을 보유하고, 대출 활동 지원을 위한 재원을 마련해야만 한다는 점을 G20 회원국들에게 강조하고 있다. 이러한 캐나다의 입장은 세계 금융시장의 안정화와 금융시스템 개혁이라는 화두에 상당한 영향력을 갖는 것이라 할 수 있다.

3) 글로벌 금융 거버넌스 및 국제금융기구 개혁

캐나다는 G20 정상회의 이전부터 IMF의 쿼터제도 개선에 대해 언급한 적이 있는데, 기존의 쿼터시스템에서 저평가되어 있는 중국, 한국, 멕시코, 터키 등 신흥 개도국의 쿼터를 높일 필요성이 있다고 주장해 왔다. 또한 캐나다는 IMF 회원국들이 자국의 환율, 재정정책 등을 수행하는 데 있어서 책임을 다하고 있는지 확인하기 위해 감독기능의 개혁을 옹호해 왔으며, 2009년 4월 런던에서 열린 제1차 G20 정상회의 당시부터 국가 차원의 건전한 규제와 국제 수준의 협조와 감독이 어우러진 국제 금융규제 강화를 강조해 왔다.

캐나다는 국제적으로 자국이 가장 건실한 재정시스템을 갖추고 있다고 자부하고 있으며, 특히 G20의 워킹그룹 1의 보고서에서 금융규제 개혁의 청사진을 작성하는 데 자국이 기여한 바가 컸다는 사실을

(8) The Washington Post 2008. 10. 16.

홍보하고 있다. 하지만 국제금융기구의 개혁과 은행에 대한 규제, 은행 보상체계와 같은 이슈의 구체적인 시행에 대해서는 캐나다만의 상황을 고려한 독특한 태도를 취하고 있는 것이 사실이다.

(1) IMF 개혁

캐나다 정부는 IMF가 지난 세기 세계경제를 위해 핵심적인 노력과 역할을 해왔으며, 앞으로도 그런 역할을 계속 해나가길 바란다고 밝히고 있다. 그러나 최근의 금융위기와 급변하는 21세기의 경제 환경 속에서 IMF가 20세기에 사용하던 방식으로 21세기의 경제를 다루려 하는 것으로 보인다는 우려를 나타냈다. 따라서 앞으로 IMF가 급변하는 시대에도 그 영향력을 유지하면서 효과적이기 위해서는 세 가지 측면에서 변화를 시도해야 한다고 주장하고 있다. 그 세 가지는 21세기의 변화한 세계의 경제 현실에 맞도록 IMF가 정당성을 갖추어야 하며, 회원국 간의 신뢰와 합의사항의 이행에 필요한 자원을 확보함으로써 신뢰성을 회복해야 하고, 전략적이고 논리적인 관리 구조를 통해 효율성을 확보해야 한다고 지적하였다.

정당성 제고를 위한 개혁 필요성: IMF 체제의 정당성에 대한 최근의 화두는 변화하는 경제적 지위에 따른 신흥 국가들의 발언권 증대와 저소득 국가에 대한 최소한의 발언권 보장이다. 이를 실현하기 위해 캐나다 정부는 G20 회의에서 논의된 바와 같이, 지나치게 쿼터를 많이 배정받은 국가에서 적게 배정받은 국가로 최소한 5%정도는 이양되어야 한다고 주장함과 동시에 IMF 회원국 중 가장 가난한 국가들에게도 발언권을 보장해 주어야 한다고 밝히고 있다. 캐나다의 재무장관은 정당성이 단순히 쿼터의 재배정만으로 이루어지지는 않는다고 밝히면서, IMF 총재와 이사회의 선출이 선택된 몇몇 국가에 의해서 이루어져서는 안 되고 공개적이고 투명한 방법으로 이루어져야 한다고 지적하였다.

신뢰성의 제고를 위한 개혁 필요성: 신뢰성과 관련해 캐나다 정부는 두 가지 차원의 신뢰성 문제를 제기하였다. 한 가지는 IMF가 제 역할을 하기 위한 자원과 수단을 갖추어야 한다는 점이며, 다른 한 가지는 회원국들로부터 신뢰를 확보해야 한다는 측면이다.

첫 번째 차원의 이슈와 관련해서는, IMF가 국제협력과 자본 배분과 관련한 전통적인 역할뿐 아니라, 자본의 효율적인 배분을 저해하고 국제적 금융위기를 초래하는 사적 자본의 무분별한 국제적 이동에 대해서도 적절히 대응해야 한다고 강조하였다. 이를 위해서는 국제금융 분야와 환율, 개별 국가의 거시경제 측면에 대한 IMF의 권고안을 강화할 필요가 있으며, 권고안이 변화하는 환경에 맞도록 지속적으로 업데이트 되어야 한다는 점을 강조했다.

두 번째 차원의 문제와 관련해서는 회원국들에게 신뢰를 주기 위해 IMF는 분석적이고 솔직한 정책적 조언을 제공해야 한다고 주장했는데, 이를 위해 IMF는 개별 회원국의 특수한 상황적 요소들을 이해하려고 노력해야 한다고 지적하였다. 동시에 회원국들도 IMF의 비판적인 조언을 수용하려는 태도를 가져야 한다고도 밝혔다.

효율성의 제고를 위한 개혁 필요성: 캐나다 정부는 효율성의 제고는 IMF의 관리 구조의 개편을 통해 이룰 수 있으며, 효율성을 갖추기 위해 현대적이고 납득할 만한 관리구조를 갖추어야 한다고 주장했다. 금융통화위원회와 같은 정례적 모임은 이러한 관리구조의 발전을 위해 상당히 긍정적이라고 밝혔다.

IMF의 효율성을 위해 캐나다는 IMF 총재와 총회, 상임이사회의 권한과 임무에 대한 점검이 필요하며, IMF 총재가 총회에서 정해진 전략적 방향에 대한 추진을 책임져야 하고 또 그렇게 할 수 있는 재량권을 가져야만 한다고 주장했다. IMF가 모든 잠재력을 발휘하기 위해서는 협력적인 관리구조의 측면에 발전이 있어야 한다고 언급했다. 아울러 IMF는 회원국들의 모임이기 때문에 회원국들이 책임을 다하지 않으면 아무리 좋은 절차를 갖추고 있어도 효율적이지 못할 것임을 지적하면서 회원국들이 각각 책임을 다해줄 것을 촉구하기도 했다.

(2) 은행에 대한 세금의 부과

미국과 프랑스, 독일, 영국 등이 은행에 대한 세금 징수 강화에 대해 지지하는 입장을 보이고 있지만, 이 이슈에 대해서는 G20 국가들 사이에서도 의견이 일치되지 않은 부분이 있어 앞으로도 논의가 쉽지 않을 것으로 보인다. 또한 IMF가 이 주제에 대한 보고서를 2010년 4월 회의에서 발간했지만, 이의 시행에 대한 최종적 결정은 6월 캐나다에서 열리는 회의와 11월 한국에서 열리는 회의에서 이뤄질 것이다.

그런데 캐나다는 기본적으로 은행에 대한 세금 징수 강화에 대해 반대의 입장을 취하고 있다. 캐나다 정부는 자국의 은행은 이러한 방법에 의해 자국 정부로부터 보조 받아야할 필요가 없으며, 은행에 대해 세금 징수를 강화하는 조치에 반대한다고 밝히고 있다. 일반적으로 캐나다가 반대하는 국제적 이슈는 그렇게 큰 영향력을 발휘하지 못한 것이 근래의 현실이다. 그러나 다음 G20 정상회의가 2010년 6월에 토론토에서 열리고, 캐나다가 의장국으로서 의제를 설정하게 된다는 점을 고려하면 이야기가 달라질 수 있다. 일부 G20 전문가들은 캐나다의 반대로 인해 소위 말하는 '부담의 공유'(sharing burden: 글로벌 경기 침체에 대한 공동 대응을 의미)에 대한 진전이 차기 한국에서 열리는 회담까지 늦춰질 수 있다고 전망하고 있기 때문이다. 실제로 2010년 3월 마지막 주에 열렸던 G20 협상단 회의에서 캐나다 연방은행의 부총장인 데이비드 롱워스(David Longworth)는 은행에 대한 세금 징수는 G20의 주된 이슈가 아니라고 밝힌 바 있다. 그는 이전까지의 G20 회의에서 이러한 이슈가 다뤄진 적이 없었다는 점을 지적하면서, 은행에 대한 세금 징수는 금융시스템 규제의 핵심 이슈가 아니며 그런 이슈에 대해 국제적 합의가 이뤄졌는지도 분명치 않다고 말했다. 미국과 프랑스, 독일, 영국은 각기 다른 이유로 은행에 대한 세금 강화에 찬성하는 입장을 보이고 있는데, 이러한 세부적인 입장 차이를 조율하는 것도 관건이 되겠지만, 무엇보다 2010년의 첫 의장국인 캐나다가 은행에 대한 세금 규정의 강화에 반대하는 입장을 보이는 것이 가장 큰 문제가 될 것으로 보인다.

(3) 은행 보상체계

원론적으로 캐나다 정부는 금융 부문의 과도한 보상정책이 과도한 리스크 부담 행위를 반영하고 촉진한다는 데에는 동의하는 입장을 취하고 있다. 그러나 일괄적인 샐러리캡과 같은 과도한 규제에는 원칙적으로 반대하는 입장을 취하고 있다. 은행원들의 보상은 은행이 결정하게 둬야 한다는 입장에 가까웠다. 그러나 G20 정상회의에서 합의한 것처럼, 금융위기 이전에 은행원들의 보상체계가 단기적인 성과를 바탕으로 했기 때문에 금융권의 부실과 위기의 폭이 커졌다는 데는 동의하고 있다. 따라서 은행 임직원에 대한 보상체계는 단기적 성과가 아닌 장기적 성과에 기반을 둬야 한다는 입장을 취하고 있다.

4) 그린 뉴딜 정책

기본적으로 캐나다는 온실가스 배출량 감축 정책과 같은 환경 이슈에서 국제사회의 다수 의견과는 조금은 동떨어진 입장을 고수해 오고 있는 편이라고 할 수 있다. 2005년 교토의정서가 정한 온실가스 배출에 대한 기준이 발효될 당시 캐나다 정부는 배출 제한 규정을 지킬 수 없을 것이라는 입장을 시인하면서 배출권 판매 시스템을 이용해야 할 것이라고 밝힌 바 있다. 또한 당시 캐나다 보수당 정부는 사실상 교토의정서에서 합의한 탄소배출 감소 목표치에 대해 줄곧 반대 입장을 견지해 왔었다. 하지만 2007년 캐나다 의회에서 교토의정서의 배출 가스 감축 목표치 달성을 위한 계획을 제출할 것을 요구하는 '교토의정서이행법안'(Kyoto Protocol Implementation Act)을 통과시킴에 따라 캐나다 정부는 지구온난화 문제에 능동적으로 참여할 수밖에 없는 입장이 되었다.(9) 법안 통과 후 야당과 여당 사이에 치열한 논쟁이 있었으나, 정부의 태도가 법안의 실행과 지구온난화 문제 해결 방안에 대해 기존의 입장보다 상당히 적극적인 쪽으로 선회하고 있다.

---

(9) G20 모니터링 사업단, 12월 보고서 캐나다 편

2009년 12월 7일부터 코펜하겐에서 열린 기후변화협약 당사국 총회에서 캐나다의 스티븐 하퍼 총리는 이러한 캐나다 국내의 분위기를 반영하여 기존의 입장에서 조금은 친환경적으로 선회한 입장을 밝힌 바 있다. 그는 기후변화협약이 기후변화를 위한 세계적인 공조에 지니는 중요성을 충분히 인식하고 있으며, 캐나다는 교토의정서에서 합의한 1차 의무 공약 기간 이후에도 지속적인 노력을 펴겠다는 입장을 표명했다. 이와 더불어 개도국과 경제적으로 빈곤한 국가들의 기후변화 노력에 대한 지원을 계속하겠다는 입장도 밝혔다. 하퍼 총리에 따르면, 캐나다 정부는 캐나다 전체의 온실가스 배출량을 2020년까지 2006년 배출량의 20%를, 이어 2050년까지는 60~70%를 감축하기 위해 노력할 것이라며, 이러한 목표를 달성하기 위해서 미국 정부를 포함한 전 세계 파트너들과 긴밀히 협조할 필요가 있다고 강조했다.

G20 정상회의에서 기후변화와 관련된 이슈는 앞으로도 지속적으로 논의될 것으로 생각된다. 캐나다 정부가 기존의 입장보다는 조금 더 친환경적으로 돌아선 것은 사실이지만, 아직 국제사회 특히 개도국과의 입장 차이가 큰 것도 분명하다. 이런 상황에서 캐나다가 이 이슈에 대해 어떤 태도를 취하느냐는 캐나다 뿐 아니라 다른 회원국에도 많은 영향을 끼칠 것으로 생각된다.

우리 정부는 지난 코펜하겐 기후변화협약에서 기후변화 방지를 위한 제안을 국제사회에 적극적으로 내놓았다. 또한 한국 국내에서 녹색 성장정책을 수립하고 있음을 밝혀 국제사회의 관심을 끌기도 했다. 캐나다 정부 역시 기후변화 문제에 대한 중요성을 인식하고 있다. 2010년 11월 대한민국에서 열리게 될 제5차 G20 정상회의와 캐나다에서 6월 열리게 될 제4차 G20 정상회의에서 한국과 캐나다가 긴밀하게 협조한다면 기후변화협약에 대한 국제사회의 공조를 이끌어낼 수 있는 좋은 기회가 될 것이다. 우리 정부의 입장에서 보면 이는 국제사회에서 이 이슈에 대한 우리의 영향력을 확대시킬 수 있는 계기도 될 수 있을 것이다.

3. G20 정상회의와 캐나다를 통한 한국의 외교 발전 방향

1) 대(對)캐나다 외교 발전 방향

지난 30여 년간 한국이 비약적인 경제성장을 이룩했음에도 불구하고 캐나다의 정책 담당자들은 아시아 국가들과의 경제관계에서 한국을 간과해 오고 있다. 한국이 상품과 서비스산업, 인적 교환에서 일본, 중국과 더불어 중요성이 큼에도 불구하고, 캐나다 정부는 한국시장에 그에 걸맞은 관심을 보이지 않고 있다. 한국 정부 역시 캐나다가 중요한 교역 파트너임에도 불구하고 캐나다의 중요성을 제대로 인식하지 못하고 있다. 한국과 캐나다가 상품과 서비스산업에서 중요한 교역 파트너임에는 의심할 여지가 없다. 한국은 캐나다의 7번째로 큰 교역 파트너이고, 중국과 일본 다음으로 아시아에서 3번째로 중요한 위치를 차지하고 있다. 양국 간 무역 거래량은 1980년 이래로 매년 평균 10%씩 증가하고 있으며, 2008년에는 상품에 관한 상호 무역 규모가 9억 8,000만 달러에 육박하고 있다.

<도표 6-2> 한국-캐나다 수출입 규모

(단위: 천 달러)

	수출		수입	
년도	건수	금액	건수	금액
2009	62,215	3,436,675	74,560	3,535,329
2008	59,823	4,030,065	45,225	4,403,533
2007	61,540	3,516,510	40,967	3,254,474
2006	63,226	3,641,381	37,698	3,091,282
2005	64,171	3,405,515	37,589	2,603,716
2004	70,172	3,365319	34,640	2,188,744
2003	70,529	2,675,900	33,277	1,860,060
2002	70,657	2,316,538	33,522	1,845,891
2001	66,064	2,086,223	29,176	1,821,335
2000	66,358	2,286,991	30,395	2,107,789

출처: 관세청

캐나다와 한국의 교역관계가 서로에게 매력적인 점은 두 나라가 보완적인 공업과 무역구조를 지녔다는 점이다. 캐나다는 한국에 광물, 원유, 니켈, 알루미늄과 같은 물자를 주로 수출하고 전자제품, 자동차 등과 같은 제품을 한국으로부터 주로 수입한다. 전통적인 비교우위이론의 관점에서 보면 이는 상당히 주목할 만하다. 이러한 보완적인 교역 구조가 한국과 캐나다가 FTA 파트너를 결정할 때 중요한 고려사항이 될 수 있음은 의심의 여지가 없다.

이처럼 양국 간의 교역관계가 상당히 중요함에도 불구하고 그에 관한 관심과 노력, 연구는 부족한 실정이다. 그런 가운데 캐나다 정부가 자국의 무역에서 한국이 지니는 중요성을 인식하고 이에 관한 보고서를 작성하여 관심을 끌기도 하였다. 캐나다 통계청은 2004년 11

월 8일 '호랑이의 꼬리만을 잡을 것인가? 캐나다의 대(對)한국 교역 현황'(Tiger by the tail? Canada's trade with South Korea)이라는 제목의 보고서를 발표하였다. 이 보고서는 한국이 캐나다의 전체 무역 규모 상 캐나다-미국 간 교역 규모에 밀려 크게 부각되지는 않고 있으나 지난 10년간 캐나다의 중요 무역 파트너로 부상하고 있다고 밝히고 있다. 그러나 캐나다는 이 아시아 호랑이의 꼬리조차 잡지 못하는, 상대적으로 부진한 교역 성과를 내고 있다고 지적하고 있다. 이 보고서가 발표되기 전 10년간(1994~2003) 캐나다의 총수출은 69% 증가한 데 반해 대(對)한국 수출은 15% 감소하였으며, 캐나다의 총수입은 65% 증가하였으나 대(對)한국 수입은 자동차 부문의 약진으로 인해 무려 104%나 증가했다고 지적하였다. 따라서 캐나다는 1996년과 97년을 제외하고는 대(對)한국 무역수지가 매년 적자를 기록하였으며, 총교역량 대비 무역수지 적자 비중도 1994년에 6%이던 것이 2003년도에는 46%로 확대되었다고 전하고 있다. 또한 이 보고서는 한국 시장은 캐나다 기업들에게 새로운 기회를 제공할 매우 중요한 시장이라고 전하고 있다. 천연자원이 거의 없는 상태에서 대단위 산업 기반을 바탕으로 한 한국 경제의 특성상 한국은 캐나다가 제공 가능한 다양한 1차 산품의 중요 시장이 될 수 있다는 분석이었다. 2003년의 경우 펄프, 석탄, 알루미늄 등 3개 품목이 캐나다의 대(對)한국 전체 수출의 44%를 차지했다.

G20 정상회의는 우리나라가 캐나다와의 교역 규모를 확장하고, 양국 간 관계를 더욱 공고히 할 수 있는 좋은 기회로 작용할 수 있을 것이다. 앞에서도 여러 번 언급한 바와 같이, 캐나다는 G20 출범 초기에 중요한 역할을 해 왔고, G20 체제가 기틀을 잡는 데도 비중 있는

역할을 해 왔다. 우리나라는 2010년 G20 개최 당사국인데, 우리나라에서 열릴 G20 정상회의 전에, 캐나다 토론토에서 제4차 G20 정상회의가 개최될 예정이다. 사실, 캐나다에서 열리게 되는 제4차 G20 정상회의는 기존의 G8 정상회의에 나머지 G20 회원국들을 초대하는 형식이 더 강한데 이는 대한민국에서 개최되는 G20 정상회의로 인해 자국에서 열릴 G8 정상회의의 의미가 퇴색해 버리지 않을까 고심한 결과의 산물이다. G20이 2009년 9월 피츠버그 정상회의를 계기로 국제사회의 최상위 포럼으로 격상된 것은 이러한 캐나다의 위기의식을 더욱 키운 계기가 됐다. 우리 정부가 대한민국에서 열리는 G20 정상회의가 캐나다에서 열리는 G20 정상회의의 의미를 퇴색시키기보다는, 양국의 긴밀한 협조를 통해 두 정상회의의 의미를 극대화할 수 있다는 점을 보여준다면, 한국과 캐나다 양국 간의 관계는 더욱 공고해질 것이다. 이는 향후 캐나다와의 FTA 협상이나 교역 확대에 있어 우리 정부에 큰 도움이 될 것이다.

2) 국제사회에서의 외교력 확대

대한민국 정부는 2010년 G20 정상회의의 개최에 대해 상당한 의미를 부여하고 있다. 이명박 대통령은 G20 정상회의 유치와 관련한 기자회견에서 G20 정상회의를 개최하게 된 것에 대해, "대한민국이 아시아의 변방에서 벗어나 세계의 중심에 서게 됐다는 뜻"이라고 밝히면서 상당한 의미를 부여했다. 또한 그동안의 G20 정상회의에서 우리나라가 선진국과 개발도상국간의 중재자 역할을 해왔음을 상기시키면서, 11월 우리나라에서 열릴 G20 정상회의에는 아프리카 국가와 같은 저개발 국가 정상도 참여시킬 것을 밝혔다. 이는 기존에 우리나라가 국제사회에서 해 왔던, 중재자의 역할을 넘어서 국제사회에서 주도적인 역할을 하는 국가로 발전시켜 나가겠다는 포부를 밝힌 것이라고 할 수 있다.

G20 정상회의는 정치경제적인 측면에서 국제적으로 지니는 의미가 크다. 지난해 세계경제가 대공황 이후 최악이라는 경제 위기로부터 빠른 회복세를 보일 수 있었던 것은 G20을 중심으로 각국 정부가 긴밀히 공조한 덕분이라는 데는 큰 이견이 없는 듯하다. 또한 G20이 명실 공히 국제질서의 틀을 유지하기 위한 합의체의 역할을 하게 될 것으로 보인다. 이처럼 중요한 회의가 대한민국에서 개최되는 것은 국제무대에서 우리의 위상이 한층 높아질 수 있는 기회로 작용할 것이다. 대외정책연구원 선임 연구위원인 윤덕룡 위원은 헤럴드 경제신문과의 인터뷰에서 "한국이 G20 정상회의에서 다양한 영향력을 행사할 수 있는 개최국의 역할을 수임하게 된 것은 한국이 국제사회의 신임을 획득하였음을 시사한다."고 평가했는데,[(10)] 이는 2010년 개최될 G20 정상회의가 국제사회에서 대한민국의 위상을 높일 수 있는 계기가 될 것이라는 주장을 뒷받침한다.

제5차 G20 정상회의는 11월에 우리나라에서 열릴 예정인데, 캐나다와의 긴밀한 협조 없이는 내실 있는 회의를 진행하기가 쉽지 않을 것으로 보인다. 2010년 6월 캐나다에서 열릴 4차 정상회의에서 국제적으로 중요한 이슈가 모두 다루어져 버리면 한국에서 열리는 회담

(10) 헤럴드 경제신문 http://www.heraldbiz.com/SITE/data/html_dir/2009/12/31/200912310231.asp

은 속빈 강정이 되어 버릴 수도 있다는 지적은 이러한 우려를 나타내는 것이라고 할 수 있다. 이러한 우려를 불식시키고, 세계 속에 한국의 위상을 높이겠다는 우리의 목표를 달성하기 위해서는 회담 전반에 걸쳐 캐나다 정부와의 긴밀한 협조가 필요할 것이다.

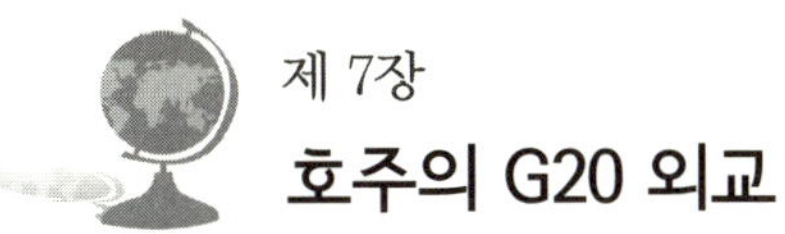

제 7장

호주의 G20 외교

문경희

(창원대학교)

Ⅰ. 들어가는 말

이 장에서는 2008년 글로벌 경제위기에 대한 호주의 케빈 러드(Kevin Rudd) 노동당 정부의 국내외적 대응에 관해 살펴본다. 구체적으로, 글로벌 금융위기의 영향으로 호주의 경기도 침체 국면에 접어들었지만 다른 선진국들에 비해 비교적 양호한 경제 여건을 유지한 것으로 평가받고 있다. 은행 경영의 건전성, 낮은 제조업 비중 등 경제 구조적 측면에서 그 이유를 찾을 수 있지만, 이 장에서는 러드 정부의 위기관리 노력이 집중적으로 조명된다. 그 노력에는 대내적으로 재정지출 확대를 통한 경기부양, 금융시장 규제 강화 및 구조조정, 금리인하, 자유무역 확대 등이 포함된다. 이와 함께, 러드 정부는 글로벌 금융시장 규제를 위한 IMF의 개혁, 선진국의 재정 지원을 통한 지속적인 경기부양책 시행, G20 국가들 간의 협력을 통한 글로벌 경제 거버넌스 구축을 주장하며 적극적인 외교를 펼쳤다. 그 결과 호주는 빠른 경기 회복과 함께 대외적으로 G20 국가들 중심의 새로운 글로벌 경제 거버넌스 체제의 구축과 운영에 두각을 나타내기 시작했다.

요약하자면, 글로벌 경제위기 대응 방안에 대한 러드 총리의 입장은 자유시장체제의 실패를 바로잡기 위해서는 글로벌 금융규제가 강화되어야 하고, 자유무역이 확산되어야 한다는 것이다. 이를 위해서는 IMF의 역할 강화 및 선진국뿐 아니라 신흥국가들이 함께 협력할 수 있는 새로운 글로벌 거버넌스의 장이 구축되어야 하고, 그것이 곧 G20 정상회의라는 입장을 견지한다. 따라서 이 장에서는 글로벌 경제위기를 해결하기 위해 다각도로 노력한 러드 호주 총리의 활약에 대해서도 고찰한다. 이러한 고찰은 동시대 호주의 정치, 경제, 외교적 현안을 이해함과 동시에 향후 G20을 중심으로 전개될 국제 정치경제 거버넌스 체제 내 호주의 입장을 전망하는 데 유용할 것이다.

2. 케빈 러드 노동당 정부의 대내외 정책 방향

러드 총리는 2007년 11월 총선에서 그전 11년(1996~2007) 동안 호주 정부를 이끌었던 자유당(Liberal Party)과 국민당(National Party) 연합의 존 하워드(John Howard) 전 총리를 물리치고 총리직에 처음으로 당선되었다. 하워드 전 총리가 보수적 자유주의자라면, 러드 총리는 중도 좌파적 성향의 사회민주주의자라 할 수 있다. 러드 총리는 취임 첫날부터 하워드 전 총리가 서명을 거부했던 교토의정서에 서명함으로써 앞의 보수연합 정권과의 차별화를 시도했다. 또한 그는 전 정부가 시행했던 '워크 초이스'(Work Choice) 정책[(1)]이 노동시장을 지나치게 자율화하고, 그 결과 노동자의 근로조건 악화와 임금 삭감, 노동조합의 무력화가 나타나고 있다는 비판하에 노동시장의 개혁을 단행했다(김성훈 2009). 즉, 그는 '워크 초이스' 법안의 지나친 노동 유연화 정책을 폐기함과 동시에, 사회안전망을 확대하기 위하여 사회민주주의식 노동시장제체를 도입하고 복지개혁을 단행했다. 이와 함께, 그는 2008년 2월에는 호주 정부의 원주민 탄압이라는 불행한 과거사에 대해 총리로서는 처음으로 호주 정부와 의회를 대신하여 원주민인 애버리진에게 공식적으로 사과했다. 이로써 그는 200년 이상 쌓여왔던 정부와 원주민 간의 갈등을 용서와 화해로 해결하는 데 기여한 첫 번째 총리로 평가받게 되었다.

호주 국민 대다수는 취임 초기부터 이처럼 호주 사회의 변화를 주도한 러드 총리에 대해 긍정적으로 평가하고 있다. 취임 후 1년 이상 동안 그의 지지도가 70% 아래로 떨어지지 않았다는 것이 이를 증명한다. 그의 활발한 대외 활동도 그에 대한 국민의 높은 지지도를 설명하는 데 중요하다. 일찍부터 중국 전문가로 알려진 러드 총리는 취임 후 세계 외교무대에서 호주가 중진국에 가깝다는 위치를 명확히 인식하고, 그러한 정체성을 바탕으로 호주의 역할을 재정립하기 위해 노력하고 있다. 그는 글로벌 권력이 아시아, 그 중에서도 중국으로 이동하고 있다는 전망을 바탕으로 호주가 선진국과 아시아의 개

(1) 워크 초이스는 2006년 보수연합 정권에 의해 시행된 '노사관계법 2006'을 의미함. 작업장관계법 또는 고용유연화 정책이라고도 일컬어짐.

도국을 잇는 교량 역할을 맡아야 한다고 주장했다. 그의 이러한 외교 성향은 과거부터 노동당이 추진해 온 '중진국 외교'(middle-sized power diplomacy)와 맥락을 같이 한다(Lowy Institute 2009:3). 더욱이 그는 이익 중심의 현실주의와 가치 중심의 자유주의적 제도주의가 공존해야 한다는 입장을 견지하고 있다. 그는 2008년 9월 UN총회에서 한 연설을 통해 이러한 입장을 공식적으로 표명했다. 그의 연설문에는 국가들 간 '상호의존(interdependence)은 더 이상 감성적인 이상주의적 표현이 아니다. … 상호의존은 21세기의 새로운 현실주의다'라는 내용이 포함되었다(Lowy Institute 2009:5). 이러한 이념을 가진 그의 외교적 특징은 첫째 미국과 동맹관계 강화, 둘째 아시아에 대한 적극적 개입, 셋째 다자주의 추구 및 UN 내 멤버십 강화로 요약된다.

러드 총리의 대내외적 국정 운영 방식은 2008년 중반 글로벌 경제위기를 맞아 그 해법을 찾는 과정에서 더욱 구체화되기 시작했다. 무엇보다도 그는 호주뿐 아니라 '이머징 마켓' 국가인 중국과 브라질 등이 포함된 G20 정상회의를 새로운 글로벌 경제협력 최상위 기구로 만들기 위해 외교적 노력을 다양하게 펼쳤다. 또한 IMF 개혁을 통해 글로벌 금융규제를 강화하고, 경제위기 이후 각국이 보호무역으로 회귀하려는 움직임에 일침을 가하기도 했다. 이러한 그의 입장은 대내적으로 재정 확대를 통한 경기부양, 금융권 규제 및 구조조정, 자유무역 환경 조성, 환경친화적 정책 및 사업 확대 등의 정책적 노력과 맥락을 같이한다. 이러한 그의 입장과 노력은 다른 긍정적인 시장 구조적 요인과 함께 글로벌 경제위기가 호주 경제에 미치는 영향을 최소화하는 데 기여했다. 그런 한편 일각에서는 그의 위기 대응책이 적절하지 않거나 충분하지 않다는 비판도 따른다. 이러한 비판은 향후 러드 정부의 리더십이 지속될 것인지 여부에 중요한 영향을 미칠 수 있다는 점에서 간과할 수 없는 사안이다. 따라서 다음 절에서는 글로벌 위기에 대한 러드 정부의 국내외적 대응책을 살펴본 후 마지막 절에서는 그의 정책에 대한 평가 및 향후 과제를 모색해보겠다.

3. 글로벌 경제위기와 호주의 경기 변동

앞에서 2008년 글로벌 금융위기 발발 이후 호주의 경기도 침체 국면에 접어들었지만 다른 국가들에 비해 2009년 12월 현재까지 비교적 양호한 상태를 유지하고 있다고 언급했다. 위기 이후 나타난 호주의 경기 변동을 주요 경제지표를 통해 살펴보면 다음과 같다. 먼저 호주의 GDP 변동 추이를 보면, 2000년 이래 지속적으로 OECD 회원국 중에서 상대적으로 높은 연평균 3~4% 수준의 양호한 경제성장률을 보이던 호주도 2008년 들어 매 분기마다 1% 이하의 성장세를 보이는 데 그쳤다.(2) 다음 〈도표 7-1〉에 나타나듯이, 같은 해 4/4분기에는 -0.5%로 경제위기 이후 최저치를 기록했다. 하지만 호주의 전반적인 경기는 2009년 들어 서서히 회복세를 보이기 시작했으며,

(2) 호주의 경제규모는 2007년 기준 GDP가 9,110억 달러에 해당된다. 이는 한국의 9,698억 달러에 비해 약 94% 수준이다. GDP 규모는 한국에 비해 적지만, 인구가 약 2,150만 명 수준으로 적기 때문에 2007년 1인당 국민소득은 43,010 달러로 한국보다 높은 수준이다. 2008년에는 50,150 달러로 상승했다(외교통상부 주호주대사관, 2009).

매 분기 플러스 성장을 보였다. 2009년 9월 마지막 주에 발표된 IMF의 경제전망 보고서는 호주의 경제성장률을 2009년 0.7%, 2010년 2.0%로 전망하며, 다른 선진국에 비해 호주의 경제 전망이 가장 밝다고 밝히기도 했다(IMF 2009.9).

<도표 7-1> GDP 변동 추이 (전분기 대비)

연도/분기	07.3/4	07.4/4	08.1/4	08.2/4	08.3/4	08.4/4	09.1/4	09.2/4	09.3/4	09년 평균
성장률	1.0%	0.7%	0.6%	0.3%	0.1%	−0.5%	0.3%	0.4%	0.5%	0.4%

출처: 'Australian National Accounts', (www.abs.gov.au)

경제위기 시 호주의 경제가 비교적 건재한 이유로는 내구 소비재 등의 제조업이 국가 경제에 미치는 비중이 낮다는 점, 건전한 은행 경영, 중국의 수요 증가에 따른 호주의 광물자원(철광석, 석탄 등) 수출 호조 등 경제구조적인 측면을 꼽을 수 있다(National Australia Bank 2009). 한편 호주의 실업률은 2009년 현재 최고 5.8% 선을 유지하고 있다. 이 또한 미국과 같은 다른 선진 경제국에 비해 양호한 수준이다. 경제위기 이후 구직 광고가 급감하고, 최대 인력 수요처인 자원·건설 경기 부진 등을 감안할 때 실업률의 지속적 상승이 예측되었으나 전망과는 달리 비교적 낮은 수준의 실업률 상승을 보이고 있다.

경기 및 고용이 대체적으로 안정되고 실업률 또한 예측보다 낮은 이

<도표 7-2> 실업률 변동 추이

연도/월	08.4	08.7	08.10	08.11	09.5월
실업률	4.2%	4.3%	4.3%	4.4%	5.7%

출처: 'Australian National Accounts', (www.abs.gov.au)

유에 대해 호주 정부는 일자리 창출과 소비 촉진에 초점을 맞춘 정부의 경기부양책의 결과라고 설명하고 있다(Kevin Rudd 2009.6.25).[(3)] 또한 2008년 초부터 단행된 노동시장 개혁이 호주 노사관계의 안정화에 기여했다는 사실도 꼽아야 한다. 안정된 노사관계 속에서 수행된 정부의 경기부양책은 노조나 야당으로부터 큰 도전을 받지 않고 있다. 하지만 고용 안정을 위해 해고보다는 고용의 시간제화, 근무시간 단축 및 일자리 공유 등에 초점을 맞춘 호주의 노동시장 정책이 오늘날 호주의 고용을 안정시키고 있다는 측면에서 보면 장기적으로는 호주 노동시장의 비정규직화 현상이 문제를 일으킬 수도 있다. 또한 새로운 일자리 창출이 건설, 도·소매업 분야에 집중되어 있다는 점, 다시 말하면 경기부양책의 혜택이 노동 집약적인 사회서비스, 의료·보건, 교육 분야 등으로 연계되고 있지 않은 점 때문에 정부는 장기적인 관점으로 노동시장 정책을 수행할 것을 지속적으로 요구받고 있는 실정이다(Elly Robinson, 2009).[(4)]

글로벌 경제위기 이후 나타난 무역수지의 변동을 보면, 〈도표 7-3〉과 같다. 우선 호주 정부는 자유무역이 호주의 경제성장에 절대적으로 도움이 된다고 믿고 있지만, 실상은 대부분의 공산품을 수입에 의존하는 무역수지가 만성적으로 적자인 국가이다. 하지만 〈도표 7-3〉에서 볼 수 있듯이, 2001년부터 지속되어 오던 무역적자가 2008년 8월부터 2009년 4월까지 흑자로 돌아섰다.

2008년 경제위기 이후 뜻밖에 나타난 호주의 무역흑자는 미국 달

---

(3) 자세한 정보는 호주의 경기부양책 홈페이지 참조. (http://www.economic-stimulusplan.gov.au/)
(4) 자세한 정보는 호주 노동조합평의회(ACTU) 홈페이지 참조.(http://www.actu.asn.au)

<도표 7-3> 호주의 무역수지(2008.4~2009.9)

(단위: 백만 호주달러)

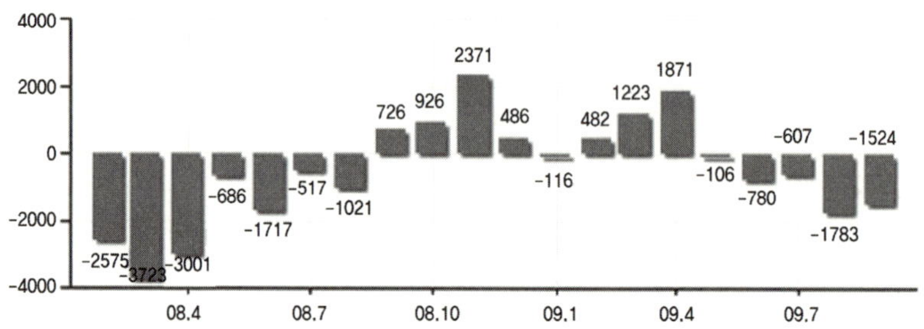

출처: 호주통계청 (재인용: www.tradingeconomics.com)

러에 대한 호주 달러(A$)의 가치 하락으로 인한 수출가격 경쟁력 강화, 수입가 상승 등에 의한 것으로 설명된다. 또한 이 기간에 호주는 주요 무역 상대국인 아시아 시장을 통해 수출을 지속적으로 성장시킨 것으로 나타났다. 수출이 증가한 주요 품목에는 농산품과 기계류, 석탄, 철광석과 광물 등이 포함된다. 하지만 2009년 4월부터 트럭이나 기계와 같은 자본재의 수입이 급감한 반면에 금속, 미네랄, 석탄 등 광물자원의 수출이 급격히 하락함으로써 다시 무역수지 적자로 돌아섰다.(5)

중앙은행 기준금리는 경제위기 이후 현재까지 유래 없이 낮은 수준인 3% 수준을 지속적으로 유지하다가 2009년 하반기에 경기가 예측했던 것보다 더 높은 회복세를 보이면서 일정 수준 상승한 것으로 나타났다. 한편, 글로벌 경제위기 이후 호주의 은행들은 아주 낮은 수

(5) 호주통계청의 2009년 'International Trade in Goods and Services, Australia' 참조. (http://www.abs.gov.au/)

준의 이익 손실만 입은 것으로 나타났다. 비록 은행마다 대출 손실과 지출과 수입의 불균형이 예전에 비해 증가하긴 했지만 다른 국가들에 비해 그 규모나 정도가 심각한 수준은 아닌 것으로 발표되었다. 또한 호주의 은행과 예금예치 금융기관이 위기로 인해 타격을 입기는 했지만 2008년 말 정부의 예금보장정책 지원을 통해 자금이 원활하게 유통된 것으로 나타났다. 마지막으로, 호주 중앙은행(Reserve Bank of Australia: RBA)은 2009년 5월 차기 회계연도(2009년 7월~2010년 6월) 예산안을 발표하면서 호주의 재정은 다른 선진국에 비해 상대적으로 양호하다고 밝혔으며 2015년까지 재정흑자로 돌아서겠다는 의지를 강력히 피력했다(Reserve Bank of Australia, 2009.09.23).

4. 위기에 대한 호주 정부의 정책적 대응

글로벌 경제위기 이후 소개된 호주의 국내 금융시장 정책은 금리인하, 상업은행 구조조정, 주식시장 규제, 제2금융권에 대한 유동성 공급 확대 등으로 요약할 수 있다.[6] 먼저 호주 중앙은행은 2008년 10월 7일에 호주의 경제성장 둔화와 국제 금융시장의 계속된 위기가 호주 가계에 미칠 영향을 줄이기 위해, 호주 주요 은행의 기본 모기지 금리를 1.0%포인트 인하(기준금리를 7.0%에서 6.0%로)했다. 모기지 금리 인하 조치는 세계 경제성장 둔화로 인한 호주 경기 둔화, 국제 금융시장의 위기와 자금 융통 및 조달의 어려움으로 인한 자금 대출

(6) 대응책에 대한 자세한 설명은 연구자의 G20 정상회의 관련 월별 보고서 7월호, 9월호 호주 편을 참조.

비용을 감축하기 위한 대책으로 발표되었다. 이는 1992년 5월 이후 최대 금리 인하조치였다. 다른 한편, 호주 중앙은행은 기준금리를 1964년 이후 최저 수준인 3%로 유지했다. 그러나 2009년 3분기에 경기가 예측했던 것보다 더 높은 회복세를 보인 결과 중앙은행은 G20 국가 중 최초로 10월과 11월에 각 0.25%포인트씩 이자율을 올렸다.

경제위기 발생 이후에 호주의 은행산업에도 구조조정이 단행되었다(Sydney Morning Herald 2009.9.23). 우선 중간 규모의 은행들이 사라졌다. 세인트조지(St George)와 뱅크웨스트(BankWest)가 각각 웨스트팩(Westpack)과 CBA로 통합된 것이 대표적인 예이다. 뱅크웨스트의 경우에는 글로벌 금융위기의 여파로 모회사인 영국 은행 HBOS의 상황이 어렵게 된 결과 그런 운명을 맞게 되었다. 그러나 세인트조지의 경우에는 이미 금융위기 발발 이전인 2008년 초기부터 CBA와 통합 논의가 있었으며 글로벌 금융위기가 통합의 직접적인 원인은 아닌 것으로 밝혀졌다. 이외에도 애들레이드 뱅크(Bank of Adelaid)가 벤디고 뱅크(Bendigo Bank)와 통합했고, 선기업(Suncorp)이 대출 기능을 중단하는 등 은행 구조조정이 활발히 이뤄졌다. 또한 정부는 예금보장 지원을 통해 소규모 은행과 크레딧 유니온(Credit Union)이 위기를 모면하도록 보호했고, 정부의 도소매 자금 지원이 중, 대규모 은행의 역외 기반을 보호했다. 이외에도 생명보험, 일반보험, 연금 분야에서도 구조적인 변화가 있었다.

다음으로 주식시장 규제를 살펴보면, 경제위기 이후 2008년 9월 22일 영국, 미국 증권거래위원회에 이어 호주 금융 당국도 주가 하락세를 이용한 헤지펀드들이 대규모 단기 차익을 올리는 것을 막기 위한 조치에 착수했다. 이를 위해 호주의 기업 감독기관인 주식투자위원회(ASIC)는 같은 날부터 투자자들의 공매도(short selling)(7)를 잠정 금지하여, 금융시장의 혼란으로 야기된 약세장에서의 시세 차익을 노리는 투자행위를 방지키로 결정했다. 또한 그로부터 며칠 후에는 호주 중앙은행과 재무부, 호주 증권투자위원회(ASIC), 호주 금융 감독기관인 자문규제위원회(APRA)가 함께 모여 호주 금융기관의 파산 및 위기가 발생할 경우에 대비해 시장을 중심으로 한 해결책과 정부가 인수하는 방식을 포함한 종합 계획안을 마련했다. 또한 10월 3일에 호주 웨인 스완(Wayne Swan) 재무장관은 제2금융권(비은행권 대출기업)에 40억 호주달러를 투입하기로 결정했다. 이는 금융관리청(AOFM)이 주택담보유동화증권(RMBS)을 사들이는 방식 등으로 제2금융권에 자금을 지원하기 위해서였다. 이로 인해 대출 자금을 대부분 해외에서 조달하는 제2금융권이 금융위기로 인한 차입의 어려움을 해소할 수 있게 되었다. 이어서 호주 정부는 10월 12일과 다음 해인 2009년 2월에 1차 경기부양책(104억 호주달러의 경제보호전략), 2차 경기부양책(420억 호주달러의 국가건설일자리계획)을 공식적으로 발표했다. 주요 내용은 〈도표 7-4〉와 〈도표 7-5〉에 소개되고 있다 .(8)

이같이 민간 소비 촉진에 초점을 맞춘 호주 정부의 경기부양책에 대한 단기적인 평가는 일단 긍정적이지만 장기적인 평가가 필요하다는 점이 야당과 언론을 통해 제기되었다(Sydney Morning Herald, 2009.9.22). 이에 대한 호주 정부의 입장은 경기부양책이 호주 경제

(7) 공매도는 주가 하락에 대한 기대로 주식을 빌린 후 매도해 주가가 하락하면 낮은 가격에 주식을 재매입하는 투자 전략을 일컬음.

(8) 외교통상부 주호주대사관(2009)의 '호주 개황' 및 호주 정부의 경기부양책 홈페이지 참조(http://www.economicstimulusplan.gov.au/)

<도표 7-4> 1차 경기부양책(2008.10.12)

▶ 10월 12일 호주 총리는 예금 보장, 금융기관의 단기 자금 조달 보장 및 제2금융권으로부터 주택담보유동화증권(RMBS) 추가 매입을 골자로 하는 세계 금융위기에 대한 정부의 대응책을 발표.

〈주요 내용〉

①예금 보장

현 위기에 대한 대응책으로 정부는 호주 금융기관(외국 은행의 호주 자회사 포함)의 모든 예금을 향후 3년간 보장할 것임.

②금융기관의 단기 자금 조달 보장

③제2금융권으로부터 주택담보유동화증권(RMBS) 추가 매입.

주택담보유동화증권 추가 매입은 10월 3일 정부가 주택담보유동화증권 매입에 40억 호주달러를 투입한 데 이은 추가 조치임.

▶ 경제보호전략 발표(10.14)

ㅇ 호주 정부는 글로벌 금융위기에서 호주 경제를 강화하기 위해 연금 수령 및 저소득층 지원, 첫 주택 구입자에 대한 지원 확대, 5만 6,000개의 기술 인력 양성 시설 건설 및 정부의 3대 국가건설 펀드 시행 가속화를 주요 내용으로 하는 104억 호주달러 규모의 경제보호전략을 발표.

ㅇ 주요 내용(5가지 정책)

① 연금수령시스템의 포괄적인 개혁을 위해 연금 수령자에게 12월 8일부터 48억 호주달러의 재정 지원

- 연금수령 대상은 고령자, 장애인 지원 연금수령자, 재향군인.

②저소득층과 중산층에 대한 39억 호주달러의 긴급 재정 지원

- 약 200만 저소득층과 중산층의 각 자녀에 대해 1,000 호주달러 자금 지원 (12.8 시행)

③ 주택 시장 활성화 및 첫 주택 구입자의 주택 구매를 돕기 위해 15억 호주달러 지원

- 기존 주택을 매입하는 첫 주택 매입자에 대하여 1만 4,000 호주달러 지원(현재 7,000 호주달러 지원)
- 신규 주택을 매입하는 첫 주택 매입자에 대하여 2만 1,000 호주달러를 지원 (현재 7,000 호주달러 지원)
- 10월 14일부터 시행, 2009~2010년 회계연도까지 적용될 방침

④ 5만 6,000개 기술인력 양성시설 추가 설립 지원(1억 8,700만 호주달러)

- 향후 5년간 70만 개의 기술인력 양성시설 설립을 위해 A$20억 이상을 투자하는 Productivity Places Program 확대
- 동 프로그램에 추가로 5만 6,000개의 양성시설을 설립하는 것으로, 2008~2009년 호주에 설립되는 양성시설은 11만 3,000여 개로 증가

⑤정부의 3대 국가건설펀드 시행 가속화

- 호주 정부는 3대 국가건설 펀드의 시행을 가속화할 것이며, 교육 · 연구, 보건 · 병원, 운송 · 통신 분야에 대한 주요 프로젝트가 2009년에 시작될 수 있도록 할 방침

<도표 7-5> 2차 경기부양책(2009.2.3)

▶ 러드 총리는 2월 3일 세계 경기 침체에 더욱 강력히 대응하기 위한 조치로, 장기적인 경제 성장 투자 및 일자리 보호와 창출을 위한 추가 지원책의 일환으로 장기적 국가건설 투자와 중 · 저소득층에 대한 긴급지원을 내용으로 하는 '420억 호주달러의 국가건설일자리계획'(National Building and Jobs Plan)을 발표.

〈주요 내용〉

ㅇ 장기적 국가건설 투자

①교육 분야 지원 및 투자(147억 호주달러)

- 학교 운영과 건물 수리를 위해 호주의 모든 학교에 최대 20만 호주달러 지원, 초등학교와 장애인 학교에 큰 규모의 인프라 건설, 500개의 과학 실험실과 언어학습센터 건설

②주택의 에너지 효율성 증가(39억 호주달러)

- 2009년 7월부터 2.5년간 270만 호주 주택에 무료 단열재 설치
- 단열재 설치를 통하여 각 가정 당 연간 200 호주달러의 에너지 비용 절감 및 2020년까지 약 4,940만 t의 온실가스 배출 감소

③ 주택 건설 분야 지원(66억 호주달러)

- 2010년 12월까지 802개의 군인 지원 주택 건설 및 2만개 정부지원 주택 건설을 통하여 노숙자 및 저소득층에 공급

④ 중소기업 지원(27억 호주달러 세금 공제)

- 중소기업의 사업상 투자 및 구입에 대해 일시적으로 1호주달러 당 30센트의 세금 공제

⑤ 지역 사회의 인프라에 대한 지원 및 투자(8억 9,000만 호주달러)

- 350개의 지역 도로 개선 프로젝트 실행 및 약 200개 철도 시설 설치
- 지역, 주 정부의 인프라를 위해 6억 5,000만A$ 자금 지원

ㅇ 127억 호주달러의 중 · 저소득층 긴급 지원

① 개인소득 10만 호주달러 이하의 모든 근로자에 대하여 최대 950 호주달러까지 감세 (최대 870만 근로자가 혜택을 받을 것으로 예상)

② 중 · 저소득층 가정에 대하여 950 호주달러 자금 지원(150만 가정 대상)

③ 가뭄으로 피해를 입은 약 2만 1,500명의 농부와 농업 관련 사업을 운영하는 소기업 운영자에게 950 호주달러 지원

④ 중 · 저소득층의 280만 자녀들의 교육 지원을 위해 자녀 1명당 950 호주달러 지원

⑤ 교육과 훈련 비용에 대한 지원으로 학생들과 재교육을 받고자 하는 사람들에게 950 호주달러 지원(약 44만 명이 혜택을 받을 것으로 예상)

를 회생하는 데 효과적으로 작용하고 있다는 것이다. 일례로 2009년 4월의 경제지표를 보면, 경기부양책 시행 이전에 비해 소매 거래량이 4.8% 상승한 것으로 나타났다. 이는 같은 시기에 경기부양책을 썼지만 소비 촉진에 초점을 맞추지 않은 일본 · 미국 · 캐나다 같은 국가들의 경우 소매 거래량이 과거에 비해 2% 내지 3% 낮게 나타난 것과 대조적인 결과이다. 정부의 경기부양책의 효과에 대해서는 실증적인 자료를 통한 분석이 요구되지만, 호주 정부는 세금 환불과 보너스 현금 지급 등을 통해 민간 소비를 촉진하는 경기부양책이 개별 가정, 특히 저소득층 가정을 지원하는 데 효과적이라는 점을 기존 통계 자료를 근거로 강조하고 있다. 대체로 공공시설 인프라 확충에 중점을 둔 경기부양책이 효과적인 것으로 받아들여진다. IMF도 이 점을 강조한 바 있다. 이에 호주 정부는 2차 경기부양 지출의 70% 이상을 도로, 주택, 학교 등 인프라 확충에 배정했음을 강조하고, 특히 학교 시설 확충 또는 재건에 대한 투자는 경기부양 혜택을 호주 전역에 확산시킨다는 전망과 함께 미래를 위한 바람직한 투자라는 점을 부각시키고 있다. 또한 인프라 확충 계획은 저소득층, 특히 비숙련 노동자의 실업 구제에 효과적이라는 점을 강조하고 있다.

실제로 앞에서 소개한 경기부양책의 긍정적인 효과는 2009년 4월부터 7월까지 다섯 번에 걸쳐 발간된 '국가 건설-경기부양책 진척보고서'(Nation Building – Economic Stimulus Plan Progress Report)를 통해 공식적으로 보고되고 있다. 제1, 2차 경기부양책이 효과적이라는 판단 하에 호주 정부는 인프라 확충을 통해 경제회복을 꾀하는 세 번째 경기부양책을 계획했다. 즉, 2009년 5월에 있었던 2009~2010 예산 편성에서 220억 호주달러에 해당하는 예산을 대규모 인프라 공사에 쓰기로 결정했다. 주로 대규모 주택공사에 소비될 예정이라고 밝혔다. 호주 정부는 경기부양책이 없었다면 호주의 실업률이 10% 이상으로 상승했을 것이며, 현재보다 약 20만 명 이상의 실업자가 더 발생했을 것으로 추정한다. 결과적으로, 호주 정부는 글로벌 경기침체가 호주 경제에 미치는 부정적 영향을 최소화하기 위해 재빠르게 경기부양책을 시행한 것이 바람직했다는 점을 역설하고 있다.

5. 러드 총리의 G20 정상회의 외교 및 정책적 대응

1)외교적 대응

러드 총리는 이번 위기가 지난 30년 간 신자유주의 · 경제주의 · 경제근본주의 등 여러 이름으로 일컬어져 온 자유시장 이념이 낳은 결과라고 진단했다. 신자유주의는 보이지 않는 손의 힘으로 금융시장 스스로 문제를 해결할 수 있다고 주장해왔지만 이번 위기는 그 주장이 옳지 않다는 점을 보여주는 좋은 사례라고 지적했다. 러드 총리는 이번 위기가 자유시장체제의 실패이긴 하지만 그렇다고 해서 개방적이고 경쟁적인 시장의 가치를 포기해야 하는 것은 아니라고 강조하며, 시장의 실패를 정부가 나서서 바로잡으면서 개방적이고 경쟁적인 시장의 가치를 지켜나가는 것이 중요하다고 역설했다. 글로벌 협력을 통한 금융규제 강화와 자유무역과 친환경적 사업 확대의 중요성을 강조한 그는 글로벌 규모의 위기를 극복하기 위해서는 글로벌 주체 모두가 힘을 합쳐 노력해야 한다고 주장했다. 이러한 그의 주장은 그가 2008년 9월 25일 유엔 총회 연설에서 역설한, '현재의 글로벌 금융위기는 21세기에 세계의 모든 국가가 상호의존적으로 연계되어 있다는 점을 명확히 보여준다. 그러므로 글로벌 금융위기는 글로벌 커뮤니티가 함께 행동할 것을 요구한다'는 관점에 그대로 담겨 있다(Kevin Rudd, 2008c).

우선 그는 기존의 G7 회담이 현재 전개되고 있는 글로벌 금융위기에 대응하기엔 역부족이라고 판단했다. 그는 위기에 대응하기 위해 선진국들 이외에 중국을 포함한 신흥 경제권 국가들도 함께 대화하고 협력해야 한다는 신념하에 G20 정상회의를 지속적으로 강조했다. 2008년 10월 10일자 오스트레일리언(The Australian)에 따르면, 러드 총리는 그날 당시 미국 대통령이던 조지 부시와의 전화 통화에서 글로벌 경제위기 해결을 위해 G20 정상회의를 개최할 필요가 있다고 거듭 역설해 마침내 부시 대통령으로부터 G20 정상회의에 대한 관심을 성공적으로 이끌어냈다. 이와 함께, 러드 총리는 중국이 문제 해결에 반드시 동참해야 함을 강조했다. 그 이유로 중국의 시장 파워가 경기침체 극복에 유용할 것이라는 점과 나아가 중국이 현 금융위기를 서구 자본주의의 실패라고 규정하며 정치적으로 이용하지 못하도록 막기 위해서라고 설명했다(The Australian 2009.11.19).

러드 총리는 UN을 통한 연설, 언론 기고 뿐 아니라 주요 동맹국가들의 지도자와 개별적인 회담을 가지면서 G20 국가들을 중심으로 한 글로벌 경제위기 극복을 강조한 것으로 알려졌다. 예를 들면 2009년 4월 런던 정상회의가 개최되기 며칠 전에 백악관을 방문해 버락 오바마 미국 대통령과 가진 회담에서 그는 경기부양책의 필요성과 주요 국가들의 공조 필요성을 역설하고 그 다음 주 런던 G20 정상회의에서 긍정적이고 효율적인 합의가 도출되기를 기대한다는 점을 강조했다. 이후 G20 정상회의 참석을 위해 런던을 방문한 그는 고든 브라운 영국 총리와의 회담(2009. 3. 30), 이명박 한국 대통령과의 회담(2009. 4. 1) 등을 통해 G20 런던 정상회의에서 진전된 합의를 도출하는 것이 중요하다는 데 인식을 같이하고, 경기부양책 등 거시경제 정책 공조, 보호주의 저지 등을 위해 상호 협력해나가자고 당부했다.

러드 총리가 G20 정상회의를 무대로 벌인 외교활동의 성과는 국내외 언론의 주목을 받았다. 예를 들어, 2009년 9월에 개최된 피츠버그 G20 정상회의가 끝난 이틀 뒤인 26일에 영국의 선데이 텔리그래프(Sunday Telegraph)는 'G20의 위상을 바꿔놓은 러드 총리의 승리'라는 제목의 기사를 실었다.(9) 이 기사에는 G20이 G8을 대체하는 세계 경제협력을 위한 최상위 포럼으로 거듭났다는 사실과 그것을 가능하게 한 주요 인물이 러드 총리라는 점을 강조했다. 또한 그가 역사상 처음으로 호주를 최상위 포럼의 주역으로 만드는 데 성공했다는 극찬이 포함되어 있었다. 비슷한 시기에 국외뿐 아니라 호주 국내의 주요 언론들도 일제히 G20 정상회의에서 주도적 목소리를 내며 회담을 이끌어간 자국 총리의 활약에 대해 일제히 보도했다. 9월 29일 호주의 유력 일간지인 시드니 모닝 헤럴드(Sydney Morning Herald)가 실은 '러드 총리가 세계질서를 바꾸었다'(Rudd changed world order)라는 제목의 기사가 대표적인 예라고 할 수 있다.

---

(9)'Kevin Rudd's victory on G20 change'라는 제목의 기사 실림.

2) 금융규제 강화와 경기부양책

러드 총리는 G20 국가들이 각각 국내 경기부양책을 통해 경제위기의 피해를 최소화하고 경기를 활성화할 필요가 있다고 강조했다. 또한 금융규제 강화를 위해 은행의 부실 또는 부실(또는 독성) 자본 제거 및 글로벌 규제, 그리고 헤지펀드에 대한 엄격한 규제가 따라야 한다는 점과 IMF의 개혁을 지적했다. 이에 대한 언급은 그의 2008년 9월 유엔총회 연설문에도 포함되어 있다(Kevin Rudd 2008.9.25). 내용을 요약하면 다음과 같다.

1)금융시장은 공공재이다. 그러므로 글로벌 금융시장의 안정 또한 공공재이다. 이런 점에서 투기꾼들이 아니라 정부가 나서서 시장이 제대로 작동하도록 책임을 져야 한다.

2)금융위기의 원인은 금융기관의 내부적 거버넌스 실패, 외부 관리 · 감시 실패, 금융기관의 부적절한 운영을 인지하지 못한 규제자의 잘못에 있다고 지적한다.

3)이에 대한 해결책으로 글로벌 금융시장과 규제 시스템에 대한 개혁을 아래와 같이 주장한다.

- 중요한 금융기구들(상업은행, 투자은행, 헤지펀드, 각국의 중앙은행 등 포함)의 투명한 운영이 요구된다. 대차대조표 분석과 부외 거래내역(off-balance sheet)을 투명하게 공개해야 한다. 이러한 운영은 IMF에 의해 평가된 금융규제 글로벌 기준을 따라는 것이 바람직하다.
- 은행과 다른 금융기구들은 불황기에 대비해서 호황기에 합법적으로 자본을 축적해야 한다. 금융관리가 경제주기와 순방향이 아닌 역방향(counter-cyclical)으로 이뤄져야 한다.
- 금융기구 내부자의 무한한 욕심을 채우기보다는 책임 있는 행동이 요구된다. 금융회사들이 단기이익이나 과도한 위험감수에 대한 보상으

로 지나친 보상 패키지를 제공할 수 없도록 더 높은 수준의 자본규제가 요구된다.

–관리감독 체제는 자산의 가치를 합리적으로 평가하는 회계원칙과 양립해야 한다.

–IMF는 건전성 분석(prudential analysis)을 하도록 그 역할을 강화해야 한다. 나아가 IMF와 금융안정화포럼(FSF)은 금융기관이 취약하다고 판단될 때 작동할 수 있는 조기경보시스템을 개발하고 문제에 대한 처방책을 제언해야 한다.

또한 유엔 총회 연설에서 그는 위와 같은 해결책을 행동으로 옮기기 위해서는 개별 국가들이 IMF, FSF, G20 회의를 통해 협력하려는 정치적 의지가 요구된다고 주장했다. 무엇보다도 G20 국가의 재무장관 및 지도자들이 IMF, FSF와 긴밀히 협력해 글로벌 금융체제 개혁을 주도해야 한다고 강조했다.

더욱이 그는 피츠버그 G20 정상회의에서 각국이 은행과 다른 금융기관의 고위 임원들에 대한 보너스 지급을 연기하고 사업 실적이 좋지 않을 경우에 임금을 환수하겠다는 보상체계 원칙을 만드는 데 중요한 역할을 했다. 이 원칙은 금융기관의 고위 임원의 임금을 회사의 장기적 사업실적과 연계하는 데 역점을 둔 것인데, 이는 스위스에 본부를 둔 금융안정이사회(FSB)의 제언에 의한 것이다. 여기서 중요한 것은 이 원칙이 러드 총리가 2008년에 호주신용규제위원회(APRA)에 '극단적인 자본주의'를 통제하기 위해 특별히 요청해서 만든 것이라는 점이다. 이를 근거로 호주의 언론은 G20이 호주의 보너스 가이드라인을 채택했다는 점을 강조하면서 G20에서 호주가 중요한 역할을 하고 있다고 보도했다(The Australian, 2009.9.28).

그런 한편으로 호주 정부는 피츠버그 G20 정상회의를 앞두고 한국 정부와 공조하며 G20 국가들에게 국제 출구전략 계획을 제안했다. 이 제안은 9월 3일 영국의 '파이낸셜 타임스'에 실렸는데, 호주와 한국은 경기회복을 위한 3단계 안을 내놓았다(Financial Times, 2009.9.2). 러드 정부가 2009년 런던과 피츠버그에서 개최된 두 번의 G20 정상회의에서 주장한 내용을 주요 사안별로 요약하면 다음과 같다.

1) G20 국가들이 경기회복을 위한 전략을 자체적으로 만든다.
2) 이를 IMF에 보고해, 지속가능하고 균형 잡힌 세계경제성장이라는 목표에 부합하는지 검토 과정을 거친다.
3) G20 국가들이 2010년에 다시 만나 이런 목표를 달성하기 위한 조치에 합의한다.

이 3단계 프로세스는 피츠버그 회의에서 채택되었다. 그러한 출구전략에 따라 호주는 20개국 가운데 사실상 처음으로 출구전략을 채택한 국가가 되었다. 피츠버그 정상회의가 끝나고 얼마 되지 않은 10월 6일에 호주 재무부는 기준금리 인상을 통해 경제위기 때 풀린 유동성을 거둬들이는 전략을 택했다. 또한 9월 피츠버그 회의에서 러드 총리는 기본적으로 각국이 지속가능하고 균형 잡힌 성장을 이루려는 공동의 목표에 합의를 해야 하며, 이것이 각국의 경제 전략에 포함되어야 한다는 점을 강조했다. 특히 그는 IMF가 지속적이고 균형 잡힌 성장을 이루려는 노력이 각 국가의 경제 전략에 포함되어 있는지 여부를 점검하고, 그 결과에 대해 모든 회원국이 '동료 리뷰'(peer review)를 할 수 있도록 보고서를 작성해서 각국에 보내야 한다고 지적했다. 호주와 한국 간의 친밀한 외교 공조는 지금으로부터 정확히 20년 전인 1989년에도 한 차례 있었다. 그 당시 호주 총리였던 밥 호크(Bob Hawke)는 한국의 동의를 얻어 서울에서 아시아-태평양지역 공동체(이후 APEC으로 발전)가 필요하다는 점을 역설했다. 이처럼 20년 시차를 두고 두 국가가 외교 교류를 긴밀히 했다는 점이 호주 언론의 주목을 받았다(The Age, 2009.11.13).

3) 무역정책

경제위기 이후 일정 기간에 무역수지 흑자를 기록한 호주는 '무역이 곧 경제부양책이다'라는 입장을 가지고 있다. 그러므로 호주 정부는 G20 국가들을 대상으로 경제위기 극복뿐 아니라 미래를 위해서도 자유무역만이 전 세계 모든 국가의 경제를 성장시킬 수 있다고 강조하고 있다. 호주 정부가 일부 국가의 보호무역주의로의 회귀를 우려하는 시각은 2009년 5월에 호주 외교통상부에 제출된 '자유무역의 혜택'(Benefits of Trade Liberalization)이라는 보고서에 잘 드러나 있다. 이 보고서를 작성한 주체는 호주의 저명한 경제학자들로 구성된 '국제경제연구소'(Centre for International Economics)였다. 이 보고서는 오늘날 미국을 중심으로 한 개별 국가의 보호무역주의 지향은 1930년대 미국의 대공황 시기에 나타난 현상과 비슷하다고 지적했다. '경제대공황으로부터 배운 것은 없는가?'라는 질문하에, 보고서 저자들은 대공황 시기에 미국의 관세인상이 다른 무역상대국의 관세를 10% 이상 수준으로 인상시키는 결과를 초래했고, 나아가서 개별 국가들이 수입량 할당제와 기타 수입품의 양을 제한하는 조치들을 내놓기 시작했다고 설명했다. 대공황 때도 그랬듯이, 보호무역주의의 대두는 각국의 무역 비중을 줄이지는 않는다 하더라도 각국의 생산성, 투자, GDP, 고용을 감소시키는 결과를 초래하고 결국에는 장기적인 공황으로 이어질 것이라는 예측이었다.

이 같은 입장을 가진 호주 정부는 경제위기 이후에 다른 국가에 의해 대두된 보호무역주의에 대한 우려를 여러 차례 표명한 바 있다. 대표적인 예를 보면, 2009년 초 EU가 유제품 수출 지원책을 발표했을 때 호주 정부는 이에 강력히 반대했으며, 호주 무역부장관이 직접 유럽연합 집행위원회 통상담당 집행위원에게 문제를 제기했다. 호주 무역부장관은 EU의 행동이 타국의 보복적인 정책을 유인할 것이라고 우려했다. 실제로 미국 등 다른 국가들이 이미 침체된 유제품 가격을 더욱 떨어뜨리는 정책을 내놓았고, 이로 인해 시장 혼란이 초래되었다. 또한 호주 정부는 미국의 '바이 아메리칸' 캠페인에 대해서도 비판적이며, G20 회의에서 제안된 보호무역동결 조치의 강화를 지지했다. 다른 한편, 호주 정부는 국내에서도 일었던 보호무역 움직임에 대해 강력히 제재를 가한 것으로 알려졌다. 한 예로 뉴사우스웨일스 주정부가 2009년 6월 예신안에서 주정부 계약 사업에 경쟁을 벌이는 호주 기업에게 20% 유리한 가격 조건을 제안한 일이 있었는데, 결국 연방정부의 강력한 비판에 부딪쳐 현실화되지 못한 것으로 알려졌다.

6. 맺음말-평가와 향후 과제

앞에서 논의한 러드 정부의 위기 대응책은 호주 경제가 침체의 늪에 빠지는 것을 사전에 예방했다는 차원에서 그 실효성을 인정받고 있다. 또한 G20 정상회의 정례화 및 위상 강화에 기여한 러드 총리의 대외적 역할도 국내외 언론으로부터 상당히 긍정적으로 평가받고 있다. 그러나 러드 총리의 위기 대응 리더십에 대한 대내외적 도전도 존재하는 것이 현실이다. 이 절에서는 현재 호주 러드 정부가 직면한 국내외 도전을 세 가지로 나눠 살펴보겠다.

첫 번째 도전은 러드 정부가 현금 지원에 초점을 맞춘 경기부양책에 관한 것이다. 먼저, 호주의 제1 야당인 자유당은 정부의 공적자금이 민간 소비 위축과 금리 인상을 유도할 수 있다는 우려에서 2009년 2월 제2차 경기부양책을 단행할 때부터 현금 소비성 경기부양책을 멈춰야 한다는 비판을 내놓았다. 이러한 자유당의 의견은 호주의 양호한 경기 여건 때문에 대다수 국민의 지지를 얻지는 못했다. 하지만 앞서 지적했듯이, 정부의 경기부양책이 위기 이후 심화되고 있는 양극화 문제를 해결하기에는 역부족이므로 장기적인 실업대책과 함께 소외층에 대한 복지지원을 확대해야 한다는 의견은 주목할 가치가 있다. 주로 학계나 노동계에서 제안된 이 의견은 호주에서 위기 이후 실업률이 예상보다 낮게 나타났기 때문에 정부의 경기부양책이 성공한 것처럼 보이지만, 실상 실업률 상승을 막는 요인은 경기부양책이라기보다는 노동시장의 유연성 강화 전략이라는 것이다. 즉 위기 이후 노동시장에서 전일제 일자리가 시간제 일자리로 전환되고, 정규직보다는 기간제 계약제가 확대되고 있다. 문제는 이런 전략이 단기적으로 실업률을 낮추기는 하지만 장기적으로 고용 안정성을 해칠 수 있다는 것이다. 특히 시간제가 청년 고용과 여성 고용에 집중되고 있어, 호주 사회 내 양극화 심화 문제가 진지하게 제기되었다.[(10)] 또한 청년실업의 증가, 무보수 초과 근무의 증가 또한 심각한 문제로 지적되었다. 이러한 문제의 확산에 대응해 호주노동조합협의회(ACTU)는 2009년 7월에 호주 근로자들을 위한 직업과 권리 강령을 발표했는데, 그 내용에는 정부에 일자리 안정화, 가족지원 확대, 노동자의 권리보호, 지속가능한 고용성장을 요청하는 것이 포함되었다.

호주사회 양극화의 또 다른 한 축에는 이민노동자 문제가 존재한다. 이민 국가인 호주는 지난 10여 년 동안 중국 시장의 붐을 타고 광산업에서 호황을 누렸다. 이는 새로 유입된 해외 이주노동자의 노동력이 없었다면 불가능한 일이었다. 그러나 위기 이후 호주의 주요 무역국가들이 경제침체에 빠진 상황에서 노동당 정부는 이민 제한이 불가피하다는 판단을 내렸다(호주동아닷컴 2009.3.20). 하지만 이러한 제한 조치는 호주 사회 내 백인들과 유색인종 간의 갈등을 심화시키는 요인으로 지적되었다. 실제 2009년 5월에 멜버른 지역에서 인도 유학생들이 호주 백인들의 일자리를 빼앗는다는 문제로 폭력사태가 발생한 적이 있기 때문에 글로벌 경제위기 이후 이민노동자 문제는

---

(10) ACTU에 따르면, 지난 몇 년 동안에 기업의 이윤이 약 28% 정도 상승했지만 근로자의 임금은 최고 44%까지 감소했음. 2003~4년에서 2005~6년 사이에 가구당 빚이 3만 7,700 호주달러에서 5만 500 호주달러로 약 34% 증가했음. 1990년에서 2005년 사이에 호주 50대 기업의 CEO의 평균 보너스가 약 564%, 340만 호주달러 수준으로 상승했음. 같은 기간에 전일제 근로자의 임금에 비해 18배가 많았던 CEO의 임금이 63배로 증가했음('Jobs and Rights Charter for Working Australians', 2009).

호주 정계에서 민감한 현안으로 다뤄지고 있다.

두 번째 과제는 러드 총리의 G20 외교와 관련된 것이다. 앞서 살폈듯이, 러드 총리는 G20을, 미국과 유럽의 강대국과 중국, 인도, 브라질 등 이머징 경제 국가들이 함께 모여 글로벌 경제위기의 해법과 새로운 경제 거버넌스를 모색하는 최상위 외교의 장으로 만드는 데 기여했다. 또한 그는 G20 국가들을 대상으로, 더 나아가서 UN이나 언론 매체를 통해 그의 금융위기 해법을 적극 알리고 관철시키는 외교를 펼치는 데 주력했다. G20 회의를 중심으로 지금까지 그가 편 '중진국 외교'는 국내외 언론들로부터 비교적 긍정적인 평가를 받고 있다. 하지만 러드 총리는 개인적 친분 또는 호감에 의존한 '보이기식'(또는 메가폰식) 외교 행태를 일삼는다는 비판에 직면해 있다(The Age 2009.7.17). 예를 들어, 런던 G20 정상회의 기간에 야당 총수 말콤 턴불(Malcom Turnbull)은 러드 총리가 개인적인 호감을 갖고 있는 중국과 브라질이 G20 회의에서 돋보이도록 하기 위해 지나치게 노력했다고 비판했다(호주일보 2009.7.21). 그러나 러드 총리는 자신이 이들 국가들과 가까운 관계를 유지하고자 하는 노력은 호주의 국익을 위한 것이라며 야당의 비판에 반박하기도 했다. 그러나 그 후 호주와 중국 사이에 광산산업을 둘러싸고 외교적 마찰이 빚어졌다. 이때 러드 총리가 문제해결을 위해 외교적 노력을 적극적으로 펴지 않았다는 점 등이 문제가 되어 러드 총리의 대(對)중국 저자세 외교가 호주 정계에서 비판받고 있다.

마지막으로, 러드 정부가 직면한 세 번째 도전은 그가 제시한 환경정책과 관련 있다. 2007년 취임 직후 교토의정서에 서명한 러드 총리는 국내 '탄소배출권거래안'(CPRS) 시행을 통해 2020년까지 2000

년도 탄소배출량의 25%를 감축하겠다는 야심찬 목표를 세우고 있다. CPRS는 정부가 탄소배출 허용 총량의 상한선을 정하여 그에 상응하는 배출권(permit)을 발행하고, 기업과 가계는 배출권을 사고 팔 수 있게 한 제도이다. 아울러 클린 에너지를 위한 투자 및 기업체와 가계의 탄소배출량 감축을 지원하는 정책을 의미한다. 그러나 러드 총리의 이러한 노력은 국가적 경제 손실을 우려한 야당 지도부에 의해 심각하게 도전받고 있다.(11)

야당 지도부는 "탄소배출권 거래 법안은 1,200억 호주달러(약 120조 원)나 소요되는 엄청난 '세금 폭탄'이므로 가뜩이나 글로벌 금융위기 여파로 큰 어려움을 겪고 있는 기업들에게 너무 큰 부담을 가중시킨다"면서 법안 통과에 반대하고 있다(ABC, 2009.12.16). 이러한 야당의 비판에 직면한 러드 정부는 글로벌 경제위기 이전에 제안한 법안의 내용이 경기침체 국면을 고려하지 않았다는 점을 이유로 2009년 5월 4일에 CPRS 시행 완화책을 발표했다(Penny Wong 2009.5.4). 주요 내용으로는 호주 기업들이 경기침체에서 회복하는 기간을 고려하여, CPRS 시행을 2011년으로 늦추고 첫 1년간은 탄소배출권 가격을 1t당 10 호주달러로 고정한다는 것이다. 또한 고정가격제가 실시되는 기간에는 1t당 10 호주달러인 배출권을 기업들이 필

(11) 호주의 기후변화에 대한 대응책은 다음을 참조. Australian Government, Department of Climate Change and Water, 'Living with climate change: adapting to the climate change we cannot avoid' http://www.climatechange.gov.au/~/media/publications/adaptation/dl-living-with-cc-adaption-brochure-series.ashx (검색일: 2009.12.17).
호주의 코펜하겐 당사국 총회에서의 입장은 다음을 참조. 호주정부 'Australia at Copenhagen: Australia's Positions', http://www.climatechange.gov.au/copenhagen/australias-position.aspx (검색일: 2009.12.22) .

요로 하는 만큼 무한정 발행한다는 것이다. 다른 한편, CPRS 시행 전까지 기업들의 탄소 감축 노력을 장려하기 위해 조림사업을 하는 기업에게는 2010년 7월 1일부터 '저장된' 탄소에 대한 배출권을 스스로 창출할 수 있도록 허용하여, 경제적 기회를 창출해준다는 안도 세웠다. 또한 CPRS 시행 후 5년 동안 90% 지원 대상인, '가스 배출 강도가 높은 무역 관련 산업'(Emissions-Intensive Trade-Exposed, EITE)의 기업에게는 5%의 무료 배출권을, 60% 지원 대상인 EITE 기업에게는 10%의 무료 배출권을 추가로 제공함으로써 각각 95%와 66%의 무료 지원 효과를 제공하겠다고 발표했다. 단 이 지원율은 CPRS 규정에 맞추도록 6년째부터 해마다 1.3%씩 감소하게 된다.

이 법안은 2009년 12월에 노동당이 다수 의석을 차지하고 있는 하원에서는 통과되었지만 의석 분포가 다양한 상원에서는 41대 33으로 부결되었다. 흥미롭게도, 극좌 성향을 가진 녹색당 의원들도 노동당 정부의 탄소배출권 법안에 반대하고 있다. 그 이유는 노동당 정부가 제안한 법안이 호주의 환경문제를 해결하기에 충분하지 않다는 것이었다. 결과적으로, 노동당 정부의 탄소배출권 정책은 호주 정치권의 좌파와 우파 간의 첨예한 입장 차이 때문에 해결점을 찾지 못했다. 결국 러드 총리는 2009년 12월 7일 덴마크 코펜하겐에서 열린 기후변화회의에 탄소배출권 거래제에 대한 국민적 지지를 얻지 못한 채 '빈손'으로 참석했다는 비판을 야당으로부터 받게 되었다. 더욱이 토니 애보트(Tony Abbott) 신임 야당 당수는 코펜하겐 기후변화회의에 참가하고 있던 러드 총리에게 2010년에 조기 총선을 통해 기후변화 정책을 놓고 국민의 심판을 받자고 밝히기도 했다(ABC, 2009.12.16). 이렇듯 현재 호주에서는 탄소배출권 거래제가 정치계의 뜨거운 감자로 다뤄지고 있다.

그런 한편 러드 총리는 교토의정서 준수와 함께 다양한 지역과 글로벌 차원의 협력을 통해서 기후변화로 인한 호주의 피해를 최소화하고, 국제사회에서도 선진국으로서 기후변화에 대한 책임을 다하기 위해 노력하고 있다는 입장을 거듭 밝혔다. 러드 총리가 코펜하겐에서 벌인 활약에 대한 평가는 회의 결과에 대한 평가만큼이나 긍정과 부정적 시각이 교차했다. 코펜하겐 기후위원회 의장인 팀 플래너리(Tim Flannery)는 세계 지도자들이 조율해서 만든 합의 내용이 '좋긴 하나 완벽하지는 않다'고 언급하며, 정상회의에서 러드 총리의 역할이 '두드러졌다'(outstanding)고 평가했다(Sydney Morning Herald, 2009.12.20). 또한 그는 러드 총리가 코펜하겐 회의를 준비하기 위해 몇 개월 동안 열심히 뛰었으며, 그의 그런 노력이 그의 연설을 통해 '정직하게' 전달되었다고 전했다.

그러나 이번 코펜하겐 기후변화회의에서 러드 총리는 개도국 대표들로부터 "러드 총리가 하는 모든 행동은 교토의정서로부터 멀어지고 있으며, 의정서를 죽이고 있는 것"이라는 비판을 강하게 받았다(ABC, 2009.12.16).(12) 이런 비판이 제기된 이유는 러드 총리가 2012년 이후 법 구조에 대해 보인 견해 때문이다. 미국은 선진국들에게 책임을 묻는 교토의정서보다 전 세계 모든 국가가 함께 서명해서 글로벌 기후변화에 책임을 지는, 완전히 새로운 협정을 도입해야 한다고 주장했다. 이에 대해 러드 총리는 교토의정서를 폐지해야 한다고 말하지는 않았지만, 교토의정서를 확대하는 것만으로는 불충분하다

(12) 원문: 'All the actions of Prime Minister Kevin Rudd is basically a move away and a killing of Kyoto Protocol'

는 의견을 피력했다. 그 때문에 개도국 대표들은 러드가 결국엔 교토의정서 폐지를 주장한 미국을 옹호한 것으로 받아들인 것이다.

결론적으로, 이상과 같은 러드 총리의 기후변화에 대한 대응책은 국내외 정치권으로부터 심각한 도전을 받았다. 탄소배출권제도에 대한 그의 강한 입장과 그에 대한 국내 야권의 반발은 2010년 연방총선전에 더욱 거세어질 것으로 보이며, 이는 결국 국민들의 투표에 의해 결정될 전망이다. 다른 한편, 2009년 12월 코펜하겐 기후변화회의에서 나타난 문제는 러드 총리가 대외적으로 표방하고 있는 '중진국 외교'의 한계를 드러낸 것으로 해석할 수 있다. 즉, 선진국과 개도국 간에 첨예한 의견 차이를 보이고 있는 글로벌 환경문제 해결에 있어서, 호주가 선진국과 개도국을 연결하는 교량 역할을 하기에는 역부족이었다는 것이다. 오히려 자국의 이익과 일치하는 선진국의 입장을 옹호해 개도국의 비판의 대상이 되었다는 점에서 향후 호주의 '중진국 외교'의 전망이 그리 밝지만은 않음을 예측할 수 있다. 코펜하겐 당사국 총회에서 해결되지 못한 기후변화 대응 방안이 2010년 G20 정상회의에서 논의될 예정이다. 세계 경제협력을 위한 최상위 포럼이라고는 하지만 선진국과 개도국의 이해가 경합하는 장인 G20 정상회의에서 기후변화 대응 방안에 대한 합의를 도출하는 것은 어려운 과제이다. 이런 맥락에서 2010년은 러드 총리의 정치적 리더십이 대내외적으로 심판받는 중요한 한 해가 될 전망이다. 기후변화 정책에 대한 국내 야권의 지지를 얻어내야 하는 과제와 함께, 글로벌 외교무대에서 선진국뿐 아니라 개도국을 상대로 그가 주장하는 '중진국 외교'를 성공적으로 수행해야 하는 과제 모두 그의 정치 생명 연장에 영향을 줄 것이기 때문이다.

제 8장

G20과 EU: 한국의 금융 외교에 대한 함의

안병억*

(G20 정상회의 준비위원회 취재지원과장)

1. 들어가는 말

G20 회원 가운데 유럽연합(EU)의 위상은 독특하다. 회원 중 EU는 국민국가가 아닌 유일한 경제블록이기 때문이다. 이는 '통합'에 따라 국민국가(회원국)가 보유한 통화와 금융, 경제정책에 대한 권한의 전부 혹은 일부가 EU라는 초국가기구로 이양된 상황에서, G20이 다루는 의제들에 대해 EU가 권한을 행사하고 있어 EU 참여는 당연하다고 할 수 있다.

EU는 1999년 1차 G20 재무장관 및 중앙은행총재 회의부터 유럽중앙은행(ECB)과 유럽이사회(European Council) 순회의장국이 대표로 참석했다. 단일화폐 유로(euro) 가입 회원국인 유로지역(euro area)

---

*이 글은 필자의 개인 견해이며 G20 정상회의 준비위원회의 견해를 반영하지 않습니다.

의 중앙은행 격인 ECB 총재는 통화정책의 책임자로 참석하며 재정 정책은 아직도 상당 부분 각 회원국의 고유 권한이기 때문에 순회의 장국 의장이 회원국을 대표해 G20에 참석했다. 이러한 이중대표(dual representation)는 2008년 11월 제1차 G20 정상회의에도 그대로 이어졌다. 다만 정상회의에는 EU의 행정부 역할을 하는 집행위원회 위원장과 유럽이사회 순회의장이 참석한다는 점이 다르다.(1)

EU가 글로벌 경제 거버넌스에 관여한 역사는 1970년대 서방 선진 7개국 모임(G7)부터 시작되었다. 물론 그 이전의 '관세 및 무역에 관한 일반협정'(GATT)이나 후신인 세계무역기구(WTO)에는 공동 통상 정책을 담당하는 집행위원회가 참석했고 경제협력개발기구(OECD)에도 집행위원회가 참여해 활동하고 있다. 이 역시 EU 회원국이 보유한 통상정책이나 경제정책 권한이 집행위원회라는 초국가기구로 이양되었기 때문이다.

이 글은 이처럼 초국가기구인 EU가 글로벌 경제 거버넌스에 관여해온 점을 G7 참여를 사례로 들어 역사적으로 간단하게 조망한 후 경제 거버넌스의 중요한 기구인 국제통화기금(IMF) 내 회원국들의 정책 조율과 이 기구의 개혁에 대한 입장 차이를 분석, 좀 더 구체적으로 경제 거버넌스와 EU를 다룬다. 이어 2009년 9월 미국에서 개최된 제3차 피츠버그 정상회의에서 글로벌 경제협력의 최상위 포럼으로 격상된 G20에 대한 EU의 입장을 분석한다. 이런 비판적 분석을 바탕으로 EU의 글로벌 경제 거버넌스에 대한 정책이 우리나라의 G20 정책과 금융 외교에 가지는 함의를 조망하고자 한다.

---

(1) 2009년 12월 1일부터 리스본조약이 발효됨에 따라 유럽이사회 상임의장(Permanent President of the European Council, 일명 'EU 대통령')이 G20에 집행위원장과 함께 참여한다.

2. 유럽경제공동체의 G7 참여

유럽경제공동체(EEC)(2)가 G7에 참여하고 있다는 사실은 그다지 알려지지 않았다. 1975년 첫 회의를 시작한 G7에 EEC가 참여하게 된 과정은 하나의 투쟁이었다(Garavini 2006). 당시 주요국들의 입장을 보면 프랑스는 EEC의 참여에 강력하게 반대, 미국과 이탈리아는 지지, 독일은 일본의 참여를 지지했으나 EEC의 참여에 대해서는 미온적인 입장, EEC내 G7 회원국이 아닌 '5개 소국들'(The Little Five: 베네룩스 3국과 덴마크, 아일랜드)과 집행위, 유럽의회는 참여를 희망했다. EEC 집행위원장과 순회의장국 의장이 1977년 런던 G7에 초청을 받아 경제와 통상 등 일부 회의에 참석한 후 1978년부터 EEC는 G7의 모든 분과위원회에 참여하게 되었다(Garavini 2006; Culpeper 2002; Hajnal 2007).

우선 프랑스는 1975년부터 유럽이사회(European Council) 정기 개최를 관철시킨 점에서 알 수 있듯이(S. Bulmer and W. Wessels 1987, 24), 국민국가, 특히 자국이 주도적으로 이끄는 유럽통합을 원했다. 따라서 서방 선진국이 모여 주요 국제금융과 경제문제를 논의하는 G7이라는 비공식적 회합에 초국가기구가 참석하는 것을 달가워하지 않았다. EEC 회원국은 아니지만 G7을 주도한 미국의 경우 EEC 집행위원회 등 초국가기구의 참여가 현실적으로 필요하다고 보았다. 통합의 진전으로 집행위원회가 통상과 경제정책 권한을 국민국가를 대신해 행사하고 있는 상황에서 집행위원회를 배제하고 논의할 경우

(2) 1993년 11월 발효된 유럽연합조약(마스트리히트조약)으로 유럽연합(EU)이 출범했다. 그 이전에는 유럽경제공동체(EEC)였다.

정책 논의가 별 효과가 없을 뿐 아니라 정책 집행에서도 실효성이 떨어진다고 보았기 때문이다. 1975년 G6 모임에 겨우 참여하게 된 이탈리아는 유럽통합을 지지하고 국제무대에서 유럽이 점차 한목소리를 내야 한다는 입장이었기 때문에 EEC의 참여를 지지했다. 반면에 당시 독일의 헬무트 슈미트(Helmut Schmidt) 총리는 다자주의 입장을 지지했지만 지스카르 데스탱(Giscard d'Estaing) 프랑스 대통령과 쌍벽을 이루면서 국민국가가 주도한 유럽통합을 이끌었듯이 주요 국민국가의 참여를 더 중시하는 입장이었다. 한편 슈미트는 제2차 세계대전 패전국으로 제2의 경제대국이 된 일본의 참여가 필수적이라고 보았다.

통상정책과 경제정책의 권한을 행사하는 집행위는 G7에서 배제되는 것을 매우 당황스럽게 여겼고 참여를 위해 적극 노력했으나 언제나 프랑스가 가장 큰 걸림돌이었다. 이런 상황에서 '5개 소국들'이 집행위원회의 참여를 적극 지지했다. 1976년 6월 당시 유럽이사회 순회의장국이던 룩셈부르크 총리는 G7 개최국인 미국의 제럴드 포드(Gerald Ford) 대통령에게 EEC의 참여를 정식으로 요청했다. 그러나 6월말 푸에르토리코에서 열린 2차 G7 정상회의에 EEC가 참석하지 못하자 유럽의회는 7월 EEC의 참여를 지지하는 결의안을 통과시켰다. 당시 '5개 소국들'과 집행위는 이 문제를 두고 G7 회원국인 EEC 국가들과 그렇지 않은 국가들 간의 분열을 우려했다.

1977년 영국 노동당의 거물 정치인 로이 젠킨스(Roy Jenkins)가 집행위원장이 되고 미국에서 지미 카터 대통령이 취임하면서 EEC의 참여에 좀 더 유리한 분위기가 조성되었다. 카터 대통령은 전임자의 외교정책을 비판하면서 EEC를 적극적으로 껴안는 쪽으로 돌아섰고 유럽통합에 적극적이던 젠킨스 위원장도 EEC 참여를 위해 활발한 대(對)프랑스 정책을 시행했다. 1977년 3차 런던 G7 정상회의를 앞두고 프랑스는 EEC 순회의장국의 G7 참여를 반대하지 않겠다고 나섰으나 집행위의 참여는 여전히 반대했다. 1977년 3월말 로마에서 열린 유럽이사회에서 이탈리아와 '5개 소국', 집행위의 강력한 지지로 결국 EEC 차원에서 집행위와 순회의장국의 G7 참여에 대한 합의가 이루어졌다. 그러나 성명서는 배타적인 권한을 가진 분야의 G7 회의에만 집행위와 순회의장국이 초청을 받는다고 규정했다. G7 정상회의가 통화정책과 무역, 통상, 경제정책 등 여러 분야를 다루고 각 분야가 상호 밀접하게 연관되어 있음에도 프랑스의 반대로 이처럼 EEC의 참여를 일부 분야로 제한했고 차후 G7 회의 참여를 보장한 것은 아니었다. 결국 미국과 이탈리아의 적극적인 지지와 '5개 소국', 유럽의회의 지지에 힘입어 1978년 4차 G7 본 정상회의부터 EEC의 집행위와 순회의장국이 G7의 모든 분과위에 참여하게 되었고 참여국가 수반과 마찬가지로 발언권도 갖게 되었다. '셰르파'(sherpa)를 중심으로 한 G7 준비 모임부터 정상회의 등 모든 과정에 참여하게 되었다.

이처럼 EEC가 G7 정상회의에 참여하기에 이른 과정은 순탄치 않았다. 통합 과정에서 국민국가의 중추적 역할을 고집한 프랑스와 유럽통합을 지지한 이탈리아와 일부 5개 소국들, 집행위, 유럽의회의 입장이 갈등을 빚으면서 EEC가 분열상을 드러냈다. 그러나 3년간의 투쟁 끝에 집행위와 순회의장국이 1978년부터 G7 정상회의에 참여하게 되었다. 비록 EEC가 G7에 참여했지만 EEC의 독자적인 목소리는 제대로 드러나지 않았다. G7이 다루는 의제에 대한 권한이 집행위와 회원국 간에 중복되는 경우가 있었다는 점과 함께 G7 정상회의는 주요 회원국 수반들이 언론의 각광을 받으며 자국이 국제무대에서 주요 행위자라는 점을 적극 부각시키는 자리였기 때문이다. 집행위와 유럽이사회 순회의장국의 이중 대표가 일반인에게 EEC의 매우 복잡한 의사결정체계를 보여주면서, 이중 대표의 독자적인 목소리는 회원국 언론의 자국 중심 보도에 가려 언론에도 거의 언급되지 않았다(Garavini 2006, 158).

3. EU와 IMF: EU 회원국의 정책 조율과 IMF 개혁에 대한 입장

유럽통합의 가속으로 27개 회원국 가운데 16개국이 유로지역에 속하고 있다. 경제 · 재무장관이사회(Economic and Financial Affairs Council: Ecofin) 중 유로지역 장관들은 별도로 '유로그룹'(Eurogroup)을 만들어 이사회 전에 유로의 환율정책 등 공동 입장을 조율하고 있다.(3)

1999년 1월 단일화폐 유로가 출범하기 직전 EU 회원국들은 국제금융기구 등에서 국제통화와 환율정책 분야의 협력과 조정을 강화하기로 합의했다. EU의 이런 입장은 대외 금융정책에도 일부 반영되고 있으며 IMF와 세계은행에서도 EU 회원국들은 전반적인 사안에 대해 협력을 강화하고 있다(Smaghi 2002; A. Ahearne and B. Eichen-

(3) 장-클로드 융커(Jean-Claude Juncker) 룩셈부르크 총리가 2005년부터 유로그룹 의장을 맡고 있다. 이 기구는 유럽연합 조약(마스트리히트 조약)에 규정되지 않은 비공식 기구이지만 유럽헌법 조약에는 명문화 되었다.

green 2007).

봄과 가을에 열리는 IMF 총회의 경우 순회의장국 의장(회원국 재무장관)이 EU 전체를 대표해 EU의 경제 상황과 IMF의 주요 의제에 대해 입장을 표명하는 연설을 한다. 총회 이전에 열리는 경제 · 재무장관 이사회에서 IMF 의제를 두고 의견을 수렴하고 전반적인 입장을 조율한다. IMF 총회에서 순회의장국 의장이 발표할 EU의 입장을 준비하는 경제재무위원회 등이 있다.

회원국 재무부와 중앙은행 고위관리들로 구성된 경제재무위원회(Economic and Financial Committee: EFC)가 순회의장국의 IMF 연설문을 준비한다. EFC는 EU 회원국의 실무진들로 이루어진 IMF 소위원회(sub-committee on IMF: SCIMF)의 도움을 받는다. 회원국 재무부와 중앙은행총재, 그리고 집행위원회와 유럽중앙은행 총재가 SCIMF의 구성원이다.

이처럼 IMF 총회에서 논의하는 전반적인 입장 표명의 경우 회원국들이 조약의 규정은 없지만 기구를 활용해 입장을 조율하고 하나의 목소리를 내려고 한다.

반면에 회원국의 이해관계가 엇갈릴 수밖에 없는 IMF 개혁의 하나인 쿼터(지분율) 조정에는 각국이 상이한 입장을 보인다. EU 회원국들은 IMF 이사회에서 '과대 대표'되어 있고 영국과 프랑스의 경우 GDP에 비해 쿼터가 과도하게 배분되어 있어(〈도표 8-1〉 참조) IMF 개혁의 걸림돌이 되고 있는 것도 사실이다. IMF의 주요 의사결정기구인 이사회의 24개 이사국 가운데 7개국이 EU 회원국이다. 이들은 회원국별로 약간씩 입장 차이는 있지만 중국과 인도 등을 위한 쿼터 재조정에 반대하는 입장을 보이고 있다(L Smaghi 2004;

A. Ahearne and B. Eichengreen 2007).(4)

2009년 9월말 피츠버그 G20 정상회의에서 IMF의 쿼터 재조정과 관련, 선진국이 과다 보유한 쿼터를 과소 보유국인 신흥경제국과 개도국에 최소한 5% 이전하기로 합의했다. 미국은 국내총생산(GDP)이 세계 총생산의 23%를 차지하지만 IMF 쿼터는 17%에 그치고 있다며 영국과 프랑스 등 과대 대표된 유럽 국가들에게 쿼터 양보를 요구했지만 양국은 자국의 발언권 약화를 우려해 강력 반대했다(Financial Times, 2009.09.25). 27개 EU 회원국이 현재 IMF 쿼터의 1/3을 보유하고 있기 때문에 쿼터 재조정이 이뤄지면 주요 회원들이 쿼터 삭감을 감수해야 한다. 중국이 자국 경제력의 위상에 맞는 IMF 쿼터 증가를 요구하고 있어 이 문제는 2011년 1월 개혁 합의 시한을 앞두고 앞으로도 많은 논란이 예상된다. 〈도표 8-1〉에서 보듯이 중국의 IMF 지분율은 GDP에 비해 절반을 조금 웃돌고 있지만 프랑스와 영국은 GDP에 비해 지분율이 과대 대표되어 있다. 미국은 GDP에 비해 지분율이 거의 6%포인트 정도 낮다.

24개 이사국의 1/3이 EU 회원국으로 이루어져 EU가 과대 대표되어 있는 이사국을 조성하는 문제도 쉽지 않다. EU 차원에서 단일 이사국을 내는 방법도 있으나 회원국들의 이해관계가 엇갈려 현실적으로 어렵다(Smaghi 2002; A. Ahearne and B. Eichengreen 2007). 독

(4) IMF 재정적 기여를 기준으로 5대 주주인 미국과 일본, 독일, 프랑스, 영국은 개별 국가가 하나의 그룹(constituency)을 구성하고 있다. 이탈리아는 그리스, 포르투갈, 그리스, 몰디 등이 포함된 그룹의 이사국, 벨기에는 오스트리아, 벨라루스, 체코 등이 포함된 그룹의 이사국, 네덜란드는 아르메니아, 보스니아 등이 소속된 그룹의 이사국, 스웨덴과 핀란드 등은 동일 그룹에 속하며 2년에 한 번씩 교대로 이사국을 역임하고 있다.

<도표 8-1> IMF 내 주요국 지분율 현황

구분	미국	일본	독일	영국	이태리	프랑스	캐나다	러시아	중국	힌국
지분율	17.09	6.13	5.99	4.94	3.25	4.94	2.93	2.74	3.72	1.35
GDP 비중	23.1	7.8	6.1	4.5	3.9	4.8	2.5	2.9	6.8	1.5

출처: 정무성 2009년 8월

일과 프랑스, 영국이 단일 이사국으로서 IMF 내에서 영향력을 행사하고 있는데 이를 포기하고 EU 27개 회원국을 대표하는 단일 이사국을 지지할 가능성은 매우 낮다. 독일과 프랑스는 종종 두 나라가 IMF에서 하나의 의석을 차지할 수도 있다는 이야기를 꺼냈지만 양국이 유럽통합을 이끌어 가고 이를 강화한다는 측면에서 수사적인 성격이 강하고 두 나라가 이사국 지위를 포기하기는 쉽지 않다(Ahearne and Eichengreen, 150). 반면 이탈리아는 〈도표 8-2〉에서 볼 수 있듯이 그리스, 포르투갈, 몰타 등이 포함된 그룹의 이사국으로 EU 회원국들과 협력적인 의사결정의 경험이 있기 때문에 IMF 내 단일 의석 형성에 긍정적인 입장이다(Ahearne and Eichengreen, 150). 유럽의회는 2006년 3월 회원국들에게 단일 의석 형성을 위해 노력할 것을 촉구하는 결의를 통과시켰다. 유럽의회는 이 결의에서 장기적으로는 IMF 내에 경제재무장관 이사회 순회의장과 EU 집행위원회를 포함하는 일관성 있는 EU 대표를 요구했다.

EU 회원국들이 이처럼 IMF 내 단일 의석을 형성할 가능성이 낮기 때문에 현실적인 방안은 IMF 개혁과 쿼터조정 등에 대한 협력과 조정을 강화하면서 단일 이사국을 장기적인 목표로 추진하는 방안이다. 아헌(A. Ahearne)과 아이켄그린(B. Eichengreen)은 EU 차원의 단일 이사국 형성에 대해 단계적인 방안을 제시하고 있다. 즉 유로지역

<도표 8-2> IMF 이사국과 그룹 현황

미국	일본	독일	프랑스
영국	오스트리아,벨라루스, 벨기에, 체코, 헝가리, 카자흐스탄,룩셈부르크, 슬로바키아, 슬로베니아, 터키	아르메니아, 보스니아-헤르체고비나, 불가리아, 크로아티아, 사이프러스, 그루지아, 이스라엘, 마케도니아, 몰도바, 네덜란드, 루마니아, 우크라이나	코스타리카, 엘살바도르, 과테말라, 온두라스, 멕시코, 니카라과, 스페인, 베네수엘라
알바니아, 그리스, 이탈리아, 몰타, 포르투갈, 산마리노, 동티모르	호주, 키리바티, 한국, 마샬 군도, 마이크로네시아, 몽골, 뉴질랜드, 팔라우, 파푸아뉴기니, 필리핀, 사모나, 솔로문군도, 바누아투, 세이셸	중국	안티구아 바르부다, 바하마 군도, 바베이도스, 벨리제, 캐나다, 도미니카, 그레나다, 아일랜드, 자메이카, 세인트키츠 네비스, 세인트루시아, 세인트 빈센트 그레나딘
덴마크, 에스토니아, 핀란드, 아이슬란드, 라트비아, 리투아니아, 노르웨이, 스웨덴	바레인, 이집트, 이라크, 요르단, 쿠웨이트, 레바논, 리비아, 몰디브, 오만, 카타르, 시리아, 아랍에미리트, 예멘	사우디아라비아	브루나이, 캄보디아, 피지, 인도네시아, 라오스, 말레이시아, 미얀마, 네팔, 싱가포르, 태국, 통가, 베트남
앙골라, 보츠와나, 부룬디, 에리트리아, 에티오피아, 감비아, 케냐, 레소토, 말라위, 모잠비크, 나미비아, 나이지리아, 시에라리온, 남아프리카공화국, 수단, 스와질란드, 탄자니아, 우간다, 잠비아	아제르바이잔, 키르기스스탄, 폴란드, 세르비아, 스위스, 타지키스탄, 투르크메니스탄, 우즈베키스탄	러시아	아프가니스탄, 알제리, 가나, 이란, 모로코, 파키스칸, 튀니지
브라질, 콜롬비아, 도미니카공화국, 에콰도르, 가이아나, 아이티, 파나마, 수리남, 트리니다드토바고	방글라데시, 부탄, 인도, 스리랑카	아르헨티나, 볼리비아, 칠레, 파라과이, 페루, 우루과이	베닌, 부르키나파소, 카메룬, 카보베르데, 중앙아프리카공화국, 차드, 코모로, 콩고, 코드디부아르, 지부티, 적도기니, 가봉, 기니, 기니비소, 마다가스카르, 말리, 모리타니, 모리셔스, 니제르, 르완다, 세네갈, 토고, 상투메 프린시페

의 단일 이사국, 비유로지역의 단일 이사국 등 EU 27개국들이 일단 2개의 단일 이사국을 형성해 각 이사국 내에서 단일 목소리를 내는 것이다. 이후 점차 회원국 전체를 망라하는 하나의 이사국을 만드는 것이다(Ahearne and Eichengreen, 147-148). 이럴 경우 기존 몇몇 그룹(constituency)에 산재되어 있는 EU 회원국들을 유로와 비유로 지역 이사국으로 모아야 하기 때문에 IMF 차원에서 그룹 조정이 있어야 하는데 과거 몇 차례 그룹 조정이 있었던 점을 감안하면 어려운 문제는 아니다. 〈도표 8-2〉의 IMF 이사국과 그룹에서 볼 수 있듯이 현재 8개 나라가 단일 이사국을 형성하고 있으며, 나머지 16개 그룹은 그룹별로 이사국을 선임하거나 선출하고 그 이사국이 비이사국을 대신해 각 그룹을 대표하고 있다(한인택 2006, 142). 유로지역과 비유로지역을 각각 하나의 이사국으로 만들 경우 그룹의 수가 줄어들 수 있다.

물론 유로지역과 비유로지역의 이사국이 형성되어도 현재 IMF 이사국은 국가만이 가능하기 때문에 IMF 설립협정(Articles of Agreement)을 개정해야 하는 문제가 있지만 이 역시 그동안 수차례 개정되어왔기 때문에 어려운 일은 아니다.

4. G20 정상회의 격상에 대한 EU의 입장

G20 정상회의에 EU를 대표해 참석하는 집행위원장 및 유럽이사회 순회의장국과 개별 국가로 참여하는 영국, 독일, 프랑스, 이탈리아의 경제 거버넌스에 대한 입장을 비교 분석할 필요가 있다. EU라는 초

국가기구와 주요 회원국의 입장이 다르기 때문이다. 구체적으로 3차 피츠버그 정상회의에서 참가국 수반들은 G20을 글로벌 경제문제를 다루는 최상위 포럼으로 격상시키기로 합의했다.(5) 미국발 금융위기를 계기로 대두되는 '신세계질서' 형성 과정에서 중추적 역할을 수행해야 하는 기구로 G8이나 G14 등에 대한 논의가 있었지만 결국 G20이 그 역할을 맡게 되었다는 점에서 피츠버그 정상회의는 중요한 함의를 갖는다.

미국과 영국은 G20 격상을 적극 지지했으며, 프랑스와 이탈리아는 반대를, EU 기구는 G20 격상을 지지했다. 미국은 중국 등 일부 신흥국가로부터 글로벌 경제위기 촉발의 주범이라는 비판을 받아 왔기 때문에 국제 경제 질서에서 파워가 커진 신흥국들을 포용하고 경제적 패권을 둘러싼 경쟁의 와중에 G20을 적극 활용한다는 입장이었다(곽수종 2008). 백악관은 G20 정상회의 중에 발표한 보도자료를 통해 "세계 경제의 극적인 변화가 항상 글로벌 경제협력 틀에 반영되지 않았다"며 "G20 회원국 수반들이 경제위기를 초래한 금융 약점을 피하고 지속적인 경제회복을 위해 함께 일하기로 결정하면서 G20을 이런 노력의 중심에 둔다는 역사적인 합의에 이르렀다"고 발표했다(백악관 2009.9.24).

영국의 고든 브라운 총리는 G20이 글로벌 경제 조정에서 '주도적인 정치세력'(a dominant political force)이 될 필요가 있다고 강조했다(Financial Times 2009.9.25). 그는 G20이 국제 금융 구조에서 중심적인 조정기구 역할을 수행할 것으로 내다 봤다. 조직 구조와 관련

---

(5) 이하는 G20 모니터링 사업단의 2009년 9월 EU모니터링 보고서 내용을 요약하고 추가한 것임. 자세한 내용은 http://g20.kangwon.ac.kr/ 참조

해서는 사무국이 필요없으며 국제통화기금과 세계은행, 금융안정위원회의 전문적 분석에 의존할 것이라는 영국 특유의 실리주의적 사고방식을 보였다. 전 투자은행 중역 출신의 중소기업 담당인 시리티 바데라(Shriti Vadera) 산업부 차관이 G20 특별보좌관이 되어 런던과 차기 의장국인 서울의 업무 연락을 담당하게 되었다.

유럽연합은 대외적으로 다자주의를 강조하며 새로운 세계질서 형성에 G20의 주도적 역할을 지지하는 입장이다(European Union 2009).[(6)] 피츠버그 정상회의를 앞두고 9월 17일 브뤼셀에서 G20에서의 입장을 조율하기 위해 '특별 유럽이사회'를 개최했다. 특별 유럽이사회는 EU 회원국 중 G20 회원국들이 비회원국의 의견을 듣고 그 뜻을 반영하기 위한 자리였다. 비록 특별 유럽이사회에서 보너스와 금융 규제 등 여러 가지 의제에 대해 개략적인 틀에 합의했지만 막상 G20 정상회의에서 EU 집행위원장과 유럽이사회 순회의장의 목소리는 거의 표출되지 않았다. 정상회의의 특성상 국가수반들, 특히 대립적인 입장을 지닌 국가수반들이[(7)] 언론의 조명을 독차지하다시피 했다. 1970년대 G7 정상회의에 참여한 EEC 기구가 독자적인 목소리를 내지 못하고 언론의 조명을 받지 못한 것과 유사하다.

---

(6) G20에 관한 EU의 입장은 다음을 참조할 것. Informal Meetings of EU Heads of State or Government, Brussels 17 September 2009. http://www.se2009.eu/polopoly_fs/1.15282!menu/standard/file/agreed%20lang%20--%20FINAL-1.pdf (2009.9.20 방문). 스웨덴은 2009년 후반기 유럽이사회 순회의장국으로 G20에 EU를 대표해 참가함.

(7) 피츠버그 정상회의의 경우 금융기관 보너스에 대해 프랑스와 미국이 대립적인 시각을 보였다, 2008년 11월 워싱턴 D.C.에서 열린 1차 정상회의 때 금융 규제 감독에 대해서도 독일과 프랑스가 이를 우선순위로 제시한 반면, 미국은 경기부양책을 우선했다. 자세한 내용은 G20 모니터링 EU, 2009.7월 참조.

반면 EU 주요 회원국은 각국의 이해관계에 따라 G20에 대해 상이한 시각을 보인다. 영국은 G20의 주도적 역할을 적극 지지했고 독일은 초기의 회의적인 입장에서 벗어나 점차 G20을 지지했다. 반면 프랑스와 이탈리아는 G14를 선호했다. 프랑스와 이탈리아는 G20으로 확대 시 G8에서 자국의 입지가 좁아질 것을 우려해 G8에 중국, 인도, 브라질, 남아공, 멕시코, 이집트가 추가된 G14를 글로벌 경제 조정기구로 우선하는 입장을 유지했다 (Colin Bradford in Aryeetey 2009, 16-18).

독일은 초기에 G20을 경계했다. 아무래도 유럽이 IMF 등 국제금융기구에 과대 대표되어 있고 미국이 이를 견제하기 위해 G20을 설립했다는 시각이 있는 가운데 독일은 이 기구를 반겨하지 않았다(김치욱 2009a, 163). 그러나 독일은 G20에 대한 초기의 부정적인 입장을 점차 바꿨다. 앙겔라 메르켈 독일 총리는 초기에 G20이 글로벌 경제문제를 다루기에 너무 큰 틀이라 생각하면서 중국이 포함되는 것에 반대, G8을 선호했다. 그러나 2009년 7월 이탈리아 라퀼라 G8 정상회의 직전, 연방 하원 연설을 통해 G20이 G8을 대체해야 한다고 발표했다. 그는 "G20이 미래를 감쌀 지붕에 알맞은 포맷이라고 생각한다."며 "세계는 함께 성장한다. 세계의 문제는 더 이상 8개 선진국들만으로는 해결될 수 없다"고 발언해 의견 변화를 보여주었다(G20 모니터링 보고서 2009a, 145).

중국과 인도, 브라질 등의 신흥경제국들은 자신들의 위상을 적극 반영할 수 있는 국가수반들의 협의체인 G20을 글로벌 경제문제 해결을 위한 주요기구로 선호했다 (Reuters 2009.9.19). 반면에 아시아 국가 가운데 유일한 G8 회원국이던 일본은 G20의 격상에 대해 매우 큰 우려를 표명했다. 일본은 중국 견제를 중요 정책 목표로 삼고 있는데 G8에는 중국이 포함되어 있지 않지만 G20에서는 미국과 중국 중심의 G2라는 말이 나올 정도로 중국이 매우 중요한 역할을 하기 때문이다. 우리나라는 G8과 G20이 대체 관계가 아니며 양 기구 간의 적절한 협력 메커니즘이 필요하다는 견해이며 또 글로벌 경제 거버넌스 기구로 G20의 제도화 필요성을 제기했다.[(8)] G20에 대한 미국과 유럽연합 등 주요 회원국의 정책선호도를 비교하면 〈도표 8-3〉과 같다.

<도표 8-3> 세계 경제 거너번스 주요 기구로서 G20에 대한 주요 회원국의 입장 비교[(9)]

회원국	입장(G8 혹은 G14과 비교)
미국	중국 등 신흥국이 포함된 G20을 다른 조직보다 선호. 영국과 함께 G20이 국제경제협력의 가장 중요한 포럼이라는 문구의 제안과 확정에 결정적 역할
중국 등 신흥국	발언권을 낼 수 있는 G20 적극 선호
유럽연합(EU)	EU 차원에서는 다자주의 지지 입장에서 G20 선호 -영국과 독일은 세계경제 힘의 이동을 반영하는 G20 선호. 특히 영국은 미국과 함께 G20을 최상위 포럼으로 격상하는 데 핵심적 역할 담당 -프랑스와 이탈리아는 G14 선호
일본	G8이 여전히 중요하다며 G20의 역할 확대에 우려를 표명
대한민국	G20 정상회의 제도화 필요성 제기 G8과 G20 간의 분업과 협조적 관계 구축 필요성

(8) Reuters, "S. Korea: G20 won't replace G8, should collaborate," 2009.6.26; Lee Myung-bak, "Pittsburgh: Bridging the Washington-London G20 Summits and Beyond," 토론토대학교 G20 연구그룹 사이트에 기고한 글임. (http://www.g8.utoronto.ca/newsdesk/pittsburgh/lee.html) (2009.9.22 검색)
(9) 필자가 언론보도 등을 종합해 작성함.

학자들은 G20의 격상에 대해 대체로 긍정적인 견해를 표명했다. 물론 G20이라는 조직이 너무 커 의사결정을 효과적으로 내릴 수 없을 것이라는 우려도 많지만 그동안 정상회의에서 국제경제 협력을 논의하는 기구로서 적지 않은 결실을 거두었다고 보기 때문이다. 콜린 브래드포드(Colin Bradford) 미 브루킹스연구소 선임연구원은 "G20을 최상위 포럼으로 지정했다는 것은 G7 확대가 아닌 대체라는 점에서, 지금 역사가 만들어지고 있다는 매우 중요한 의미가 있다."고 강조했다(Reuters 2009.9.26). 존 립스키(John Lipsky) IMF 수석부총재도 "G20을 세계경제 문제 해결의 중심에 둔 것은 경제적 현실을 인정하는 것이다. 역동적인 주요 신흥 경제권이 참가하지 않고 세계경제를 논의할 수 없다."고 규정했다. 사이먼 존슨(Simon Johnson) 전 IMF 수석 경제학자도 "G8이 좀비와 같아 사라지지는 않을 터이지만 정상회의 차원에서는 사라졌다."고 평가했다. 프레드 버그스텐(Fred Bergsten) 피터슨국제경제연구소 소장은 "G8은 정치적 의미에서 점차 정통성을 잃었고 효과적이지 못했다."고 진단했다(Wall Street Journal 2009.9.26).

반면에 격상된 G20이 과연 효과적인 의사결정을 내릴 수 있을 것인지에 대해서는 회의적인 견해가 많다. 20개나 되는 다양한 이해관계를 지닌 회원국들의 합의를 바탕으로 하는 의사결정체계 등이 문제점으로 지적되고 있다. 아르헨티나와 터키, EU 순회의장국 등과 같은 다양한 회원국이 있고 또 스페인과 네덜란드, 유엔 등은 옵서버 자격을 유지하고 있어 입장차가 클 수밖에 없을 것으로 보여 비효율적인 타협안을 산출할 가능성이 있다고 본다(Financial Times 2009.9.26; Wall Street Journal 2009.9.26). 이에 따라 일부에서는

G20의 실질적인 업무는 미국과 중국 등이 중심이 된 소위원회에서 이루어질 가능성이 큰 것으로 보고 있다(Financial Times 2009.9.26). 또 G8은 국제안보를 다루고 G20은 국제경제협력을 다루는 식으로 두 기구 간의 분업도 이루어질 것으로 보고 있다. 그러나 국제안보와 경제협력이 별개 이슈가 아니라 상호 밀접하게 관련된 경우가 많아 인위적인 구분으로 두 기구를 분리해 논의할 수 있을지에 대한 회의론도 제기되고 있다.

5. 제도화 선호에서 한국과 EU의 협력 가능성

통합의 진전으로 회원국이 보유한 통화와 경제정책 등에 대한 권한이 초국가기구로 이양되면서 EU의 초국가기구인 집행위원회와 유럽이사회 순회의장국도 글로벌 경제 거버넌스에 참여해왔다. 그러나 1970년대 EEC의 G7 참여는 처음부터 주어진 것이 아니라 집행위원회와 G7 회원국이 아닌 EEC 회원국들, 그리고 유럽의회의 강력한 지지에 힘입어 3년 만에 부분 참여, 이어 4차 정상회의부터 전면 참여가 이루어졌다. EEC 집행위원회는 1978년 G7 정상회의부터 전면 참여했으나 G7 회원국인 독일과 영국, 프랑스, 이탈리아에 가려 국제무대에서 제대로 목소리를 내지 못했다. 언론의 집중 조명을 받으며 자국의 입장을 알리는 회원국들과 달리 집행위원회는 비록 G7에 완전한 참여를 보장받았지만 G7이라는 임시 조직에서 그 역할이 제한적일 수밖에 없었다. 이런 점은 G20에서도 유사하다.

EU는 유럽이사회 순회의장국과 집행위원회 위원장이 G20에 대표로 참석한다. 그러나 영국, 독일, 프랑스, 이탈리아 등 4개 주요 회원국이 별도로 G20에 참석하고 있고 4개국의 국가수반은 EU보다 자국의 입장을 관철하기 위해 활동한다. 물론 EU는 G20 정상회의 이전에 G20 비회원국인 EU 회원국들에게 발언 기회를 주고 의견을 청취하기 위해 임시 유럽이사회를 소집하고 있다. 그리고 이 임시 유럽이사회에서 G20 정상회의에서의 입장도 조율하지만 그것은 어디까지나 큰 틀에 대한 합의일 뿐 세부적인 사항을 합의하지는 않는다. 정책 권한이 집행위원회와 회원국 사이에 나뉘어져 있기 때문이다. 집행위 위원장과 유럽이사회 순회의장국이 동시에 참석하는 이중 대표도 문제이다. 같은 EU 대표단 내에서도 각 기구가 보유한 정책 권한에 따라 발언이나 그 발언의 효과성도 의문시될 수 있다. 따라서 EU 집행위원회가 발간한 거버넌스 백서(2001)에서 밝힌 포부, 즉 "유럽의 거버넌스 개혁을 이행한 후 이를 국제사회에도 투영해 EU의 정체성을 제고할 필요가 있다."는 주장은 아직도 달성이 요원하다고 볼 수 있다. EU 기구의 수사와 현실의 괴리를 보여주고 있다.

물론 EU는 대외적으로 다자주의를 선호하며 G20의 제도화를 지지한다. 피츠버그 정상회의에서 정상회의의 연례화에는 합의했지만 아직도 제도화 측면에서 G20은 비공식성, 임시성, 공약의 비구속성과 책임성 결여, 약소국의 배제 등에서 많은 문제점을 지니고 있다(김치욱 2009a, 111-112). 상설 사무국도 없고 정상회의를 정례화 할 시기도 정해진 것이 아니라 그때그때 참가 수반들이 합의해 결정한다. 정상회의의 합의는 법적 구속력이 없다. EU 기구의 의사결정체계는 매우 정교하며 제도화를 자랑하고 있다. 또 패권이 쇠퇴하는 국가가 제도화에 관심을 보인다는 점을 감안하면(최영종 2006; 2009) EU는 상설 사무국 설치와 법적 구속력 확보 등을 지지하는 입장을 보일 가능성이 크다. 또 거버넌스 백서에서 보여주듯이 정책결정 과정에서 민간단체(NGO)와 이익단체 등의 참여를 제도적으로 보장하고 있다. 중견 국가로서 G20의 유지와 존속이 중요한 국익인 우리에게(김치욱 2009, 11.3) EU는 G20 제도화를 주창하고 있기 때문에 우리의 귀중한 파트너가 될 수 있다. 그러나 막상 중요한 의제에서는 EU라는 초국가기구의 목소리는 매우 낮고 효과적이지 못하다. 그렇다고 무시할 존재는 아니지만 미국과 영국 주도의 G20 의제를 견제하는 세력으로서 프랑스와 독일에 비해서는 아주 미약하다. 따라서 G20의 제도화와 오는 11월(2010년) 서울에서 개최될 5차 G20 정상회의 의제 발굴에 몰두하고 있는 우리에게는 의제 발굴과 의제에 따른 지지 세력에서 EU기구와 EU 주요 회원국 간의 입장 차이를 제대로 알고 잘 활용할 필요가 있다. IMF의 개혁에 대한 입장에서도 마찬가지이다. 아무래도 영미 입장의 견제 세력인 독일과 프랑스의 입장을 파악해 선제 대응하고 유사한 정책 선호도를 가지고 있을 경우 함께 협력해 나갈 수 있을 것이다.

4부

G20과 주요 이슈

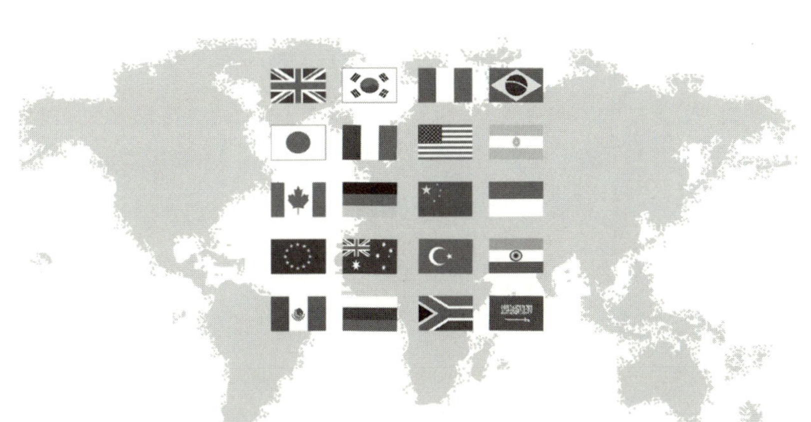

제 9장

금융규제와 국제금융기구 개혁

양오석

(삼성경제연구소)

1. 들어가는 말

2007년 서브프라임 모기지 사태를 시작으로 2008년 9월 리먼 브러더스 파산을 통해 본격화된 글로벌 금융위기는 전 세계 금융기관에 대한 규제 및 감독체계의 취약점에 대한 반성의 목소리를 높이는 계기가 되었다. 이에 바젤은행감독위원회(Basel Committee on Banking Supervision: BCBS), 금융안정위원회(Financial Stability Board: FSB), G20 정상회의, 유럽연합 등 일련의 국제기구 및 레짐[(1)]들은 일제히

(1) UN과 같이 건물과 같은 유형 자산이 있고 인사관리체계가 있으며 조약에 입각하여 복수의 주권국가로 구성되어 일정한 목적 하에 국제법상 독자적으로 존재하는 동시에 자체 기관에 의하여 독자적인 행동을 하는 조직체를 '국제기구'라 일컫는다. 이와 달리 레짐은 특정 국가체제를 일컫기도 하지만 이 글에서는 세계평화, 정의, 자유무역, 평등, 민주주의 등 각국 정부들이 추구하는 국가 또는 세계체제를 다스리는 규칙 또는 원칙 등 무형자산을 일컫는다.

금융규제 및 감독을 강화하는 방안을 내놓았다. 한편 이번 글로벌 금융위기를 통해 기존 글로벌 금융 거버넌스 체제가 보여준 역할 기능의 실패는 또 다른 거버넌스 체제를 위한 강한 수요를 자극하였다. 동시에 신흥국이 세계경제 활동에서 차지하는 비중이 높아지면서 기존의 낡은 국제 경제 레짐을 부정하고 새로운 대체재를 모색하는 움직임이 탄력을 받고 있다. 이에 국제통화기금, 세계은행 등의 국제금융기구 개혁의 필요성과 함께, 신흥경제국의 대표성을 확대하는 방안과 글로벌 금융위기 관리 시스템 재편이 모색되고 있다.

무엇보다 이번 금융규제 및 감독 방안에 대한 논의의 중심에는 G20 정상회의가 위치하고 있다. 현재 활발히 논의 중인 금융규제 및 감독 그리고 국제금융기구 개혁 방안들은 새롭게 부상한 국제 레짐으로서 2010년에 개최될 G20 정상회의(제4차와 5차)를 통해 최종적인 국제적 인증 과정을 거칠 예정이다. 새롭게 거론되고 있는 개혁 조치들은 금융기관 및 실물 · 금융경제에 미칠 영향 여부에 따라서 그 파장이 개별 금융기관의 생존에 직접적으로 미친다는 점에서 영향력이 클 것이라 예상된다. 더군다나 개별 금융기관 차원을 넘어서 국가 간 세력균형을 재편하게 될 패러다임 전환까지 초래할 가능성 때문에 세계의 관심이 집중되고 있다.

이에 이 장에서는 금융규제의 목적과 유형 그리고 효과 등을 개괄적으로 살펴보고 국제금융기구의 역할 및 개혁에 관한 세부사항을 분석해보고자 한다. 이러한 목적에 상응하여 2절에서는 G20에서 거론된 주요 금융규제 사안들과 그 밖의 규제 유형들을 살펴볼 것이며, 이어 3절에서는 국제금융기구의 개혁 방안에 대해 검토할 것이다. 이러한 일련의 검토는 마지막 절에 이르러 향후 금융규제 및 금융기구 개혁에 관한 몇 가지 정책적 함의와 전망을 도출하는 것으로 이어진다.

2. 금융규제의 유형

1) G20 정상회의에서 도출된 규제 방안

2009년 4월 2일 런던 정상회의에서는 워싱턴 회의 과제에 대한 대응책을 마련하는 차원에서 8개 분야에 걸쳐 개혁 과제에 대한 로드맵을 마련하였다. 그 결과 '금융안정포럼'(Financial Stability Forum: FSF)을 '금융안정위원회'(Financal Stability Board: FSB)로 확대 개편하고 기능을 확대하는 한편 자본규제 등 건전성을 위한 규제를 강화함과 동시에 그 범위를 확대하기로 합의하였다. 또한 비협조적인 지역에 대한 제재와 보상체계 개선, 신용평가사 등록 및 규제 감독 강화, 회계기준 개선, 공동감시단 설립을 포함한 국제협력강화 방안 등을 논의하였다.

이어서 2009년 9월 24~25일 피츠버그에서 열린 제3차 G20 정상회의에서는 은행 자본규제, 보상체계, 장외파생상품, 대형 다국적 금융기관 등 4가지 추가 과제를 위한 개혁방안 및 로드맵을 마련하였다. 은행 자본규제는 2010년까지 국가 간 합의를 거쳐 국제기준을 마련하고 2012년 시행을 목표로 하고 있으며, 보상체계에 관해서는 보장된 상여금 지급 제한과 공시 강화 등 상여금 지급 규제를 대폭 강화하였다. 장외파생상품에 있어서는 2012년까지 중앙청산소(Central

Counterparty: CCP)를 통해 정리하기로 하였으며, 대형 다국적 금융기관들은 2010년 10월까지 정리 체계를 마련하고 감독을 강화할 예정이다. 이러한 일련의 금융규제 추가 개혁은 금융규제의 경기 순응성을 완화하고 과도한 리스크를 방지하는 데 주요 목적이 있다.

(1) 자기자본비율 규제

금융기관의 자본의 질을 제고하기 위해서는 기존의 BIS 자기자본비율로는 부족한 편이다. 이는 BIS 자기자본비율 산정에 투입되는 하이브리드채권과 후순위채권은 위기 시 손실을 흡수할 수 있는 능력이 떨어지기 때문이다. 따라서 위기로 인한 파급효과를 흡수하기에 충분한 자본으로 자기자본비율을 구성할 필요가 있으며, 기본자본 비율(Tier 1 ratio)이 향후 국제적 은행자본 규제의 기준이 될 전망이다. 2009년 11월 6~7일 영국에서 개최된 G20 재무장관 및 중앙은행총재 회의에서 대형 은행의 자기자본 규제 강화에 대한 논의가 집중적으로 이루어졌다. 회의 결과 국제적 영업 활동을 펼치고 있는 대형 은행들의 자본 수준을 사전적으로 확충할 필요가 있다고 판단하여 은행 자본의 질과 양을 모두 높이는 방향으로 새로운 규제 기준을 도입한다는 잠정안이 도출되었다.

우선 양적인 면에서는 기존의 BIS 자기자본비율의 최저 수준을 현행 8%에서 12% 이상으로 인상하는 방안을 검토 중이다. 이에 상응하여 바젤은행감독위원회는 양적 확충을 위한 완충 기능 강화 방안을 국가별로 금융시장 여건 개선 및 경기회복 속도에 맞추어 단계적으로 도입한다는 계획을 발표하였다(2009년 12월).

또한 질적인 면에서는 대형 은행들의 보통주와 내부유보(유보이익)

로 이루어진 핵심기본자본(Core Tier 1)을 일정 비율 이상으로 보유하도록 의무화할 예정이다. 핵심기본자본은 보통주가 중심이 될 예정이며, 우선주와 우선출자증권 등은 원칙적으로는 규제 기준의 자본 대상에서 제외될 예정이지만 일정 조건을 충족할 경우 경과조치로서 산입을 예외적으로 인정하는 문제도 검토 중에 있다. 또한 구체적인 최저 기준 수치를 BCBS는 2010년 중에 확정할 방침이다. 현재로서는 보통주와 내부유보로 구성된 핵심기본자본 비율을 4~6% 범

<도표 9-1> 바젤은행감독위원회의 대형은행 자기자본 규제 강화 방향

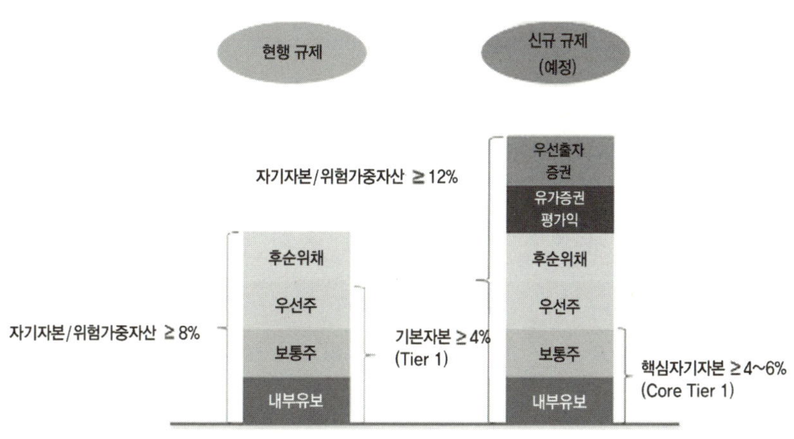

위 내에서 설정한다는 시나리오가 가장 유력하지만 금융규제에 대한 강경한 입장을 유지하는 입장(소위 매파)에서는 현행 4% 안팎을 보이고 있는 핵심자본비율 수준을 향후 8% 이상으로 대폭 강화해야 한다는 것이 기본 방침이다.

향후 신규 자기자본비율 규제를 도입하기 위한 일정은 다음과 같다.

우선 BCBS는 2009년 12월 새롭게 마련된 규칙을 2010년 말까지 영향 분석을 거쳐 자기자본규제협약을 만들고, 2012년부터 개별 국가별로 단계적 도입 방식을 통해 신규 자기자본규제를 도입하기로 합의하였다. 물론 신규 규제는 세계경기가 회복되었다는 것을 분명히 확인한 다음에 도입한다는 전제가 깔려 있다.

(2) 유동성 규제와 거래상대방 리스크 감소

금융 안정을 위한 규제는 유동성(금융시스템 내 사용 가능한 자금 스톡) 비율에 대한 규제가 출발점이 된다. 차입은행이 현금 유동성이 풍부하다면 자금 회수에 대해 순조롭게 대응할 수 있고, 협력을 해야 하는 채권은행의 비중은 감소하게 된다. 이때 채권은행 역시 현금 유동성이 풍부하다면 차입은행과 채권은행 간 협력은 쉽게 이루어진다. 따라서 은행에 대한 유동성 비율 규제는 상당히 효과적인 규제로 자리 잡을 수 있다. 결국 유동성 비율 규제는 거래상대방 리스크(counterparty risk)를 줄여주는데, 여기서 말하는 거래상대방 리스크란 은행 간 거래를 통해 한 은행의 부실이 다른 은행의 부실로 이어지는 위험을 말한다. 유동성을 규제하게 되면 은행 간 부실거래를 통해 한 은행의 위험이 체계적 효과를 발생시키는 가능성을 낮출 수 있다.

BCBS는 유동성 리스크 감독의 효율성 제고를 위해 감독 기준의 국제적 통일성을 추진하고 있다. 2009년 12월 발표한 자료에 따르면 국제적 통용이 가능한 2개의 유동성 리스크 감독 기준을 마련하였는데 유동성 커버리지 비율(LCR: Liquidity coverage ratio)과 순안정자금 조달비율(NSFR: Net stable funding ratio)이 그것이다. 전자는 심각한 스트레스 상황(자금 조달 위험 상황)에서 단기 유동성 부족분을 충당할 수 있는 고유동성 자산(Stock of high quality liquid assets)[(2)]을 충분히 보유했는지를 검증하는 지표로 30일간 고유동성 자산을 적정 수준으로 유지하도록 하는 것이 주목적이다. 한편 후자는 유동성 커버리지 비율을 보완하는 지표로서 장기적이며 구조적인 측면에서 유동성 만기 불일치를 검증하는 보조 지표이다. 1년 동안 자산 및 영업활동의 유동성 특성에 근거하여 금융회사에게 최소한으로 필요한 안정적 자금 조달 금액을 설정하게 된다. 이들 2개의 감독 기준은 G20의 유동성 관련 권고사항을 충족시키며 G20은 은행의 유동성 관리 능력 보완을 위해 감독당국의 분석기법, 지표 및 준거 등을 개선할 것을 권고하고 있다.

(3) 보상체계 규제

2009년 9월 24~25일 미국 피츠버그에서 열린 G20 정상회의의 주요 의제에 금융권의 보너스 규제 문제가 포함되었다. EU 정상들은 G20 정상회의가 개최되기 이전부터 이번 논의를 촉구하고 나섰다. 벨기에 브뤼셀에서 만난 27개 EU 회원국 정상들은 정부 주도로 금융권의 과도한 보너스 지급을 규제해야 한다고 성명서를 발표하기도 했다. 생존을 위해 공적자금을 지원받은 은행들이 과도한 보너스 잔치를 벌이는 것은 국민들의 분노를 불러올 것이며 무조건적인 보너스 지급이 아닌 실적에 따른 보너스 지급이 이루어져야 한다는 것이 그들의 기본 생각이다. 이와 동일한 맥락에서 2009년 하반기 EU 순회의장국인 스웨덴의 프레드릭 라인펠트(John Fredrik Reinfeldt) 총

---

(2) 유동성 수요, 즉 순누적현금인출을 감당하기에 충분한 어떤 제약도 없고 유동성이 높은(현금화에 제한이 없는) 자산.

리는 단기성과 위주로 이뤄지는 보너스 지급 문화에서 탈피해야 한다고 주장하기도 했다.

그러나 개별 정부들은 보너스 규제에 대한 원칙에는 동의하지만 실천 방안에 대해서는 여전히 이견이 대립되고 있다. 독일과 프랑스는 보너스 총액을 순익 대비로 제한하는 '보너스 상한제'를 도입하자고 제의했으나 미국과 영국은 과도한 규제라며 이를 반대하였다. 금융규제 부문에서 프랑스, 독일 등의 국가들은 은행가의 고액 연봉 제한을 최우선으로 강조한다. 프랑스의 니콜라 사르코지(Nicolas Sarkozy) 대통령은 금융권의 고액 연봉과 보너스 규제를 가장 강력하게 비판하는 사람이다. 사르코지 대통령은 2009년 8월 6대 은행 경영진과 회동, 보너스를 단기 수익이 아닌 장기 수익 기준으로 책정하고 개별 실적이 아닌 회사 실적과 연계해 지급하는 방안에 합의하였다.(3)

반면 미국과 영국은 자국 금융 산업에 미칠 영향력을 고려, 고액 연봉 제한에는 소극적인 입장이다. 그러나 미국과 영국 정부 역시 보너스 규제에 대해 원칙적으로는 동의하고 있다. 버락 오바마 대통령은 리먼 파산 1주년 연설에서 "은행들의 막대한 보너스가 지속될 수 없다"고 역설하였다. 영국의 고든 브라운 총리는 2009년 9월 15일 BBC와의 인터뷰에서 "은행권의 (고액) 보너스에 소름이 끼쳤다"며 "금융회사 중 일부는 오히려 과거의 보너스 문화를 확장시키는 등 역행하고 있다"고 질책하였다. 또한 피츠버그 정상회의 전에 열린 EU 정상회의에서 고든 브라운 영국 총리는 보너스 규제에 대한 반대의 목

(3) 한국일보(2009.09.15).

소리를 낮추면서 "은행들의 무책임한 보상 정책이 글로벌 경제의 위험을 일으킨 요소"라고 언급하였다.(4) 한편 앨리스테어 달링(Alistair Darling) 영국 재무성 장관은 고소득자가 납세의무를 더 많이 지는 것은 당연하며, 현재 은행권의 무모한 자동 보너스 문화는 수년 내로 사라질 것이라고 언급하였다. 또한 앨리스테어 달링 영국 재무성 장관은 금융규제가 취약한 국가들을 모아 블랙리스트를 만들어야 한다고 주장하기도 했다. EU에서는 이러한 블랙리스트에 대한 논의 과정이 정쟁으로 치닫기도 하였다. 한 예로 룩셈부르크에 대한 조세피난처 지명으로 언쟁이 거듭된 바 있다. 따라서 블랙리스트를 만드는 작업은 현실적으로 정치적 문제가 있어 실현되기 어려울 전망이다.

결국 보너스 규제의 필요성에 대해 영국과 미국은 원칙적으로 동의하나 구체적인 방법에 있어서는 유럽 국가들과 의견 조율을 통해 새로운 합의안을 마련하기로 했다. G20 정상들은 긴 논의 끝에 2009년 피츠버그 정상회의에서 FSB의 권고안에 따라 단기 실적이 아닌 장기 실적과 연동해서 지불하는 보수 체계 개혁안에 합의하였다. FSB의 권고안에 따르면 자본력이 부실한 금융기관의 경우, 거액 보너스 지급을 금지하거나 또는 보수 수준을 공시하고, 주식으로 보너스를 지급하는 방안을 내용으로 담을 예정이다. 또한 보상 수준의 공시를 강화하고 성과보수의 이연지급(deferral)(5), 효과적인 환수(6), 고정보상과 변동보상간의 관계, 보장된 상여금 등에 대한 국제적 기준

(4) 영국은 금융기관 급여 규제에 대해서 부정적인 의견을 보였으나 오바마 대통령의 맨해튼 연설 이후 반대 입장이 완화되었다.

(5) 특정 연도의 경영 성과에 대한 보수를 경영활동의 결과가 나타나는 수년간 분할하여 지급

(6) 경영 실적이 악화되는 경우 지급된 상여금을 반환하도록 하는 제도

을 마련할 계획이다. 기타 국제금융기구들도 FSB의 움직임에 동조하고 있다. BCBS는 2009년 10월 이를 지원하기 위해 고위 감독당국자의 네트워크를 설립하고 평가 방법을 개발하는 중이다. 또한 국제보험감독협회(IAIS: International Association of Insurance Supervisors)는 FSB 원칙에 근거한 보상 감독 기준을 개발하는 중이며 국제증권감독기구(IOSCO: International Organization of Securities Commissions)는 보상 결정 절차와 중요한 특성에 대한 공시를 원칙에 반영하는 방법을 검토 중이다.

(4) 레버리지 규제

은행은 근본적으로 레버리지(자본금 대비 자산의 비율)를 확대시키고자 하는 습성이 있다. 이는 레버리지가 확대되면 그 만큼 자본금 대비 수익률이 증가하기 때문이다. 수익률이 증가한다는 것은 자기자본이익률(Return On Equity: ROE)을 최대화한다는 경영전략과도 부합하는 일이다. 문제는 레버리지가 지나치게 상승한 상태에서 금융위기가 발생하면 금융위기에 수반되는 헤어컷[7]의 급상승으로 인한 레버리지 급감으로 유동성이 소멸되는 등 금융시스템의 긴장이 초래된다는 점이다. 금융위기 때마다 금융회사들이 어려움을 겪게 된 근본적 요인 가운데는 늘 지나친 레버리지 운용 문제가 포함되어 있었다.

---

(7) 헤어컷은 증권의 시가와 다시 매각되는 가격의 차이를 의미한다. 시장의 전반적인 자금조달 사정에 따라 변동하는 헤어컷은 레포 거래(Repurchase Agreement Transaction)에서 허용 가능한 최대 레버리지를 결정한다. 여기서 말하는 레포 거래란 대상물을 환매일에 사전에 정한 금액으로 환매수할 것을 조건으로 매도하거나 환매도할 것을 조건으로 매수하는 매매거래를 말한다.

이러한 문제점을 인식하여 BCBS는 2009년 12월 17일 레버리지 비율 산출 시 필요한 자본 및 총 익스포져의 정의를 다룬 은행에 대한 규제 시안을 발표하였다. 이 시안은 영속성과 손실 흡수력 기준에 미달하는 질 낮은 자본으로 과도한 레버리지를 축적하지 못하도록 사전에 차단하는 것이 주요 골자이다. 좀 더 상세히 살펴보자면 이중계산 방지를 위해 자본에서 공제되는 항목은 레버리지 및 익스포져에서도 공제되며 레버리지 산출을 위한 익스포져는 일반적으로 회계적 방법에 따라 측정된다. 이는 자료 입수가 용이하고 자료의 투명성 확보가 가능하며 비(非)리스크 기반의 익스포져를 산출할 수 있다는 장점이 있기 때문이다.(8)

2) 그 밖의 규제

금융위기 방지를 위한 금융규제 제도 개선에 대한 논의는 일련의 국제기구 및 레짐을 통해 이루어져 왔다. 대표적으로 2008년 4월 G7 금융안정포럼은 금융시스템 위기 극복을 위한 준비 등의 가이드라인을 발표한 바 있다. 최근 들어 새롭게 주목받고 있는 G20 정상회의에서도 금융위기 이후에 대한 후속 조치로 금융규제 강화와 감독 체계 재정비, 위기 이후 출구전략 이행 등을 논의 중에 있다. EU 역시 거시 건전성 및 미시 건전성 감독을 위한 역내 금융감독체계 개혁안을 모색하고 있고 국제회계기준위원회(International Accounting Standards Board: IASB)

---

(8) BCBS (2009.12.) "Strengthening the resilience of the banking sector", (Consultative Document) BCBS; BCBS (2009.12.) "International framework for liquidity risk measurement, standards and monitoring", (Consultatie Document) BCBS.

도 은행 대출 회계처리 기준을 강화하고자 한다. 또한 각국별로 경제 및 제도 상황에 상응하는 개별 추가 조치를 검토 및 시행하고 있다.

(1) EU의 역내 금융감독체계 개혁

2009년 6월 18일 유럽연합은 거시 건전성 감독을 위한 유럽시스템리스크관리이사회(European Systemic Risk Board: ESRB) 신설과 미시 건전성 감독을 위한 유럽금융감독시스템(European System of Financial Supervisors: ESFS) 구축 계획을 공표했다. 전자는 특정 회원국이나 지역에서 발생한 금융 위험이 유럽 시스템 전체로 확산되지 않도록 조기경보를 발동하고 각국 당국의 정책 대응을 촉구하거나 유효한 조치를 권고하는 기능을 맡는다. 한편 후자는 은행, 보험, 증권 등 3개 영역별로 각국 금융 당국으로 구성되는 운영위원회(steering committee)를 설치하고, 업종별 경영 실태를 감독, 개별 금융기관이 경영 위기에 직면하는 경우 정보 수집 및 공유 등을 통해 보다 효과적인 대처가 가능하도록 도모하는 역할을 담당한다.

EU는 2009년 12월 2일 재무장관회의를 열어 지금껏 논의해 온 금융 감독 개편안을 위한 막판 합의에 도달하였다. 이번 개편안의 핵심 내용은 은행, 증권사, 보험사를 감독할 3개 감독기관을 신설한다는 것이다. 이에 따라 3개 기관을 아우르는 유럽금융감독시스템이 등장할 예정이다. 신설된 3개 감독기관의 본부는 각각 런던, 파리, 프랑크푸르트에 생길 예정이다. 그러나 3개 감독기관이 독점적 권한을 행사하는 것이 아니라 일상적 시장 감독권은 회원국에게, 각국 규제기관 지침 통일 및 조율은 3개 기구에 권한이 부여될 예정이다. 또한 이번 개편안을 통해 ESRB가 신설될 예정이다. 이 기구는 시장 안정성에 대한 경보를 발령하는 기능을 맡게 된다.

이번에 신설되는 감독기구는 권한 강화와 재원 확보를 통해 초국가적 권한 기구로 자리 잡게 될 전망이다. 우선 국가별로 하루 단위로 이루어지던 감독 기능이 강화될 방침이다. 또한 공매도부터 채권 등급 선정과 기술적인 보증 기준에 이르기까지 금융 서비스 전반을 통제하게 된다. 이에 덧붙여 신규 규정을 위한 제안권 및 회원국 간의 갈등 조정 기구로 기능할 예정이다. 이처럼 권한 강화를 골자로 하는 기구의 신설인 만큼 이미 상당한 반대에 부딪혀 있으며 향후 법안 발효를 위한 개별 회원국들의 비준 과정에 상당한 진통이 예상된다.

한편 2009년 7월 23일 EU 집행위원회는 유럽 은행권 투명성 강화를 위한 지침서를 발표하기도 했다. 이는 영국계를 비롯한 유럽 은행들의 대규모 손실이 이어짐에 따른 위기의식에서 비롯된 것이다. 은행의 투명성 강화와 강도 높은 구조조정이 주요 내용이며 유럽 은행들은 자체 생존력을 기를 때까지 EU의 감시 하에 재무건전성 테스트를 의무적으로 받게 된다. 좀 더 자세히는 재증권화 자산과 관련된 자본 충족 요건 및 공시 요건 등을 예전보다 강화하여 일반적 증권화 자산과 동등하게 적용되어 온 자본 충족 요건을 차별화하는 방안을 내용으로 담고 있다. 또한 극단적 상황에서 발생할 수 있는 투자자산 간의 동조성과 변동성을 고려하여 잠재적 손실에 대해 최대한 자본을 축적해 두도록 규제하고 있다. 이를 위해 구체적으로는 일반적 VAR(Value at Risk)[9] 추정 방식을 따르지 않고 대형 금융위기와 같은 극단적 상황의 수익률 자료를 고

(9) 정상적인 시장 여건과 일정한 신뢰 수준 하에서 일정 기간에 발생할 수 있는 최대 손실 금액을 통계적으로 추정한 값. 이는 금융기관의 리스크 관리에 사용되는 주요 개념의 하나이다.

려할 수 있도록 '극단적 시나리오(stress scenario) VAR' 추정을 통해 필요한 자기자본을 산정하도록 규정하고 있다. 또한 위험추구 전략 실행을 제한하기 위해 투자위험이 과도하다고 판단될 경우 그 시행을 규제할 수 있도록 보수체계에 대한 제재를 강화하였다. 하지만 해당 지침서는 2010년 말까지 한시적으로 적용될 예정이다. 이 지침서는 2009년 9월에 마감한 유럽 은행권 재무건전성 테스트[10]를 앞두고 유럽 은행들에 대한 압력으로 작용한 것으로 평가된다.

(2) 국제회계기준위원회의 여신손실 처리 규정안 마련

2009년 11월 5일 국제회계기준위원회는 은행권의 부실 채권 리스크를 낮추기 위해 한층 더 강화된 여신 손실 처리 규정안을 마련하였다(2009년 11월 6일 Financial Times). 이에 따라 앞으로 한국을 포함해 일본, 유럽 등 주요국 은행들이 더욱 강화된 여신 손실 처리 규정의 적용을 받게 될 전망이다. 이 규정의 적용을 받는 은행들은 대출금에서 손실이 실제로 발생하기 전에 예상 손실을 파악하여 보고해야 한다. 대출로 인한 미래 손실 가능성을 미리 측정해 대출 기간이 만료되기 전까지는 이를 은행 순익에서 공제하겠다는 것이다. 부실 대출에서 손실이 현실화될 때까지 팔짱 끼고 기다리는 것이 아니라 손실 리스크에 신속하게 대처, 금융위기의 재발을 막겠다는 의도이다.

기존 회계처리 방식에서는 회계처리 시점에서의 부실 대출을 회계

(10) 테스트 결과에 따라 EU는 은행 측에 사업 모델 검토, 비수익 자산 처분, 부실 자산 공개 등을 요구할 예정이며 테스트 구조조정 비용을 은행권이 부담하고, 역내 시장에서 과도한 경쟁을 금지하는 방안 또한 추진할 계획이다.

보고서상에 계상하는 '발생주의 회계기준'(incurred loss model)을 준수해 왔다. 이로써 경기침체 시 개인 및 기업들의 대출 상환 능력이 일시적으로 저하될 경우 막대한 규모의 손실준비금을 적립해야 하는 부담이 가중되곤 했다. 이와 달리 이번 개정안은 국제회계 기준을 준수하고 있는 세계 110여 개국 은행들이 앞으로 연말 회계 처리 시 보유한 모든 대출에 대해 예상 손실을 추정하여 회계보고서 상에 계상하게 된다. 이를 통해 향후 은행의 대출 포트폴리오 구성이 다각화될 것으로 기대되고 투자자들은 은행별 미래 손실 가능성에 대한 파악이 손쉬워질 전망이다. 또한 은행 역시 대출 결정에 있어서 미래 손실을 고려한 보다 효율적인 의사결정이 이루어질 것으로 기대된다.

국제회계기준위원회의 기준은 한국, 일본, 인도, 캐나다, EU 회원국 등 총 110여개 국가의 은행들에 적용된다. 금융회계기준위원회(Financial Accounting Standards Board: FASB)의 회계기준(Generally Accepted Accounting Principles: GAAP)을 중심으로 독자적인 규정을 따르고 있는 미국 역시 이번 국제회계기준위원회의 방안을 청사진으로 삼을 수 있을 것이라는 것이 전문가들의 지적이다. 국제회계기준위원회 측과 미국은 2009년(11월 6일) 통합된 기준을 2011년 6월까지 마련하기로 합의하였다.

(3) 영국의 금융거래세 도입안 논의

EU 지도자들은 브뤼셀에서 글로벌 금융개혁과 관련해 회의를 갖고 글로벌 금융권의 투기적 거래 관행을 일소하고자 새로운 세금을 부과하는 방안을 논의하였다. 이 자리에서 앨리스테어 달링 영국 재무성 장관은 국제금융거래세(소위 토빈세(Tobin's tax)) 부과 방안을 검토할 것을 언급한 바 있다. 금융거래세란 투기적 목적의 자본이동을 규제하기 위해 외환 거래 시 세금을 부과하자는 방안이다. 1978년 노벨 경제학상 수상자인 제임스 토빈(James Tobin)이 주창한 토빈세와 같은 개념이다. 하지만 아직 공식적인 논의를 거쳐 최종 합의가 이루어지지 않은 상태이다.

한편 최근 영국 금융감독청(FSA)이 은행에 대한 재무건전성 테스트를 시행한다는 계획을 발표하면서 이 이슈가 재차 주목받고 있다. 영국 금융감독청은 '2010 금융리스크 전망 보고서'를 통해 발생 가능한 상황을 염두에 둔 재무건전성 테스트를 실시할 것이라고 발표하였다. 2009년에는 총 30개국이 넘는 국가들이 자국의 은행에 대해 재무건전성 테스트를 실시하였고 2010년 들어 세르비아와 체코가 역내 은행에 대한 재무건전성 테스트를 실시한 바 있다. 영국의 발표와 상응하여 2010년 1월에는 유럽은행감독위원회(CEBS: Committee of European Banking Supervisors)의 위원장이 2010년 유럽 은행시스템에 대한 재무건전성 테스트 실행 계획을 발표한 바 있다. 이를 두고 영국에 이어 유럽 차원의 재무건전성 테스트가 가시화될 경우 미국 등 주요국들도 잇따라 은행권에 대한 재무건전성 테스트를 실시할 것으로 예상하기도 한다. 이번 재무건전성 테스트 이슈의 재개는 향후 국제금융시장의 또 다른 불안 요인으로 작용할 가능성이 있다. 하지만 2009년 세계적으로 폭넓게 실시된 재무건전성 테스트를 통해 개별 은행들이 자본 확충을 어느 정도 수행한 상태라 2010년 개별 은행들의 재무건전성 상황은 상당히 양호하며 필요한 자본 확충 규모도 2009년에 비해 적을 것으로 예상된다.

3. 국제금융기구의 개혁

1) G20을 통한 국제금융기구 개혁 노력

금융위기의 전 세계적 확산으로 선진국과 주요 신흥국 간 긴밀한 정책 공조가 필요하다는 인식이 확산되면서 G20 체제를 활용하는 방안이 모색되었다. 2008년 11월 15일 워싱턴에서 제1차 G20 정상회의를 개최한 후 피츠버그 제3차 G20 정상회의를 거쳐 2010년 제4차(캐나다)와 제5차(대한민국) G20 정상회의를 앞두고 있다. 피츠버그 정상회의에서는 IMF와 세계은행 등의 재원을 확충하고 기능을 확대하는 한편 지배구조를 개혁하여 G20이 국제금융기구를 통해 세계경제 이슈를 주도하는 길을 모색하였다. 이에 상응하여 G8은 향후 지정학적 정치 및 안보 이슈를 담당하고, G20은 경제 및 금융 이슈를 담당하는 21세기 세계경제 협력을 위한 새로운 글로벌 경제 거버넌스 시스템이 구축될 전망이다.

G20의 정당성은 포괄성(inclusiveness)과 대표성(representation)에서 찾을 수 있다. G20 국가들은 전 세계 GDP의 85%를 차지한다. 대표성만큼 다루고자 하는 의제들도 다양하다. 2008년 11월 15일 워싱턴 정상회의에서는 위기 원인을 진단하고 거시경제 정책 공조, 금융시장 개혁, IMF 역할 및 기능 강화, 국제금융기구의 지배구조 개선, 보호무역주의의 경계 등 주요 의제를 설정하였다. 이 가운데 국제금융기구 지배구조 개선 문제는 워싱턴 정상회의를 통해 신흥개도국의 경제력 변화를 반영하여 IMF, 세계은행, FSF 등 국제금융기구의 지배구조를 개선할 필요가 있다는 지적을 반영한 것이다. 한편 2009년 4월 2일 런던 정상회의에서는 워싱턴 회의 과제에 대한 처방을 마련

하는 데 주력하였다. 그 결과 국제금융기구 개혁 문제에 있어서는 IMF의 예방적 대출제도인 '신축적 신용공여제도'(Flexible Credit Line: FCL)를 신설하고 조기경보 기능을 강화하며 IMF 쿼터와 세계은행 투표권 개혁을 조기에 추진[11]하는 한편 능력 위주로 지도부를 선출하기로 합의하였다.

또한 2009년 9월 24~25일 피츠버그에서 개최된 제3차 G20 정상회의에서는 IMF의 경우 쿼터 5%를, 세계은행의 경우 투표권 3%를 이전하는 문제를 논의하였다. 이를 통해 세계 주요국 정상들은 G20의 역할을 확대하고 정통성을 제고하여 국제금융 안정 증진과 균형 회복, 세계 빈곤 축소와 글로벌 공공재 공급이라는 주요 글로벌 과제를 실천하는 데 기여하고자 한다.

2) 국제금융기구 개혁 방안

(1) IMF의 예방적 대출제도 신설

이번 금융위기를 통해 우리가 얻은 또 다른 교훈은 정책에 대한 시장의 신뢰 부족으로 '낙인효과'(stigma effect)가 발생하여 정책 대응 효과를 감소시킨다는 것이다.

낙인효과란 특정은행이 구제금융 등 정부의 지원을 받을 경우 시장은 해당 은행의 건전성이 취약하다는 신호로 받아들임으로써 시장의 신뢰가 오히려 약화되는 현상을 지칭한다. 낙인효과가 발생할 경우 구제금융으로 자본을 확충한 은행의 신용파산스와프(Credit Default

(11) IMF 쿼터 문제는 2013년 1월 논의하기로 했던 일정을 앞당겨 2011년 1월로, 세계은행 투표권 개혁 문제는 2011년 봄 예정을 2010년 봄으로 앞당겼음

Swap: CDS)(12) 프리미엄이 자본 확충을 하지 않은 은행보다 상대적으로 큰 폭으로 상승하는 문제가 발생한다. 이는 시장이 정부의 지원 제공 자체를 수혜 금융기관의 경쟁 열위를 나타내는 부정적 신호로 인식한다는 것을 의미한다. 실제로 이번 금융위기 동안 유럽 은행들은 낙인효과가 부분적으로 발생하여 은행시스템의 정상화에 걸림돌로 작용하였다(양오석 2009). 이와 달리 미국의 재무건전성 테스트 대상이었던 19개 은행의 경우 자본 확충 명령을 받은 은행과 나머지 은행의 CDS 프리미엄이 소폭의 차이를 둔 채 동반 등락하여 낙인효과가 크지 않은 것으로 관찰되었다.

따라서 위기 발생 시 조속한 조치를 통해 금융기관의 건전성을 제고하고 금융시스템의 안정성을 회복하기 위해서는 정책 대응의 효과에 대한 신뢰가 높아 금융기관 및 금융시스템의 조기 안정화를 가져다주는 장치로서 예방적 대출제도를 마련하는 것이 시급하다. 동일한 맥락에서 IMF는 기존의 단기 유동성 지원 창구(Short-Term Liq-

(12) 신용파생상품의 가장 기본적인 형태로, 채권이나 대출금 등 기초 자산의 신용위험(credit risk)을 전가하고자 하는 보장매입자(protection buyer)가 일정한 수수료(premium)를 지급하는 대가로 기초 자산의 채무불이행 등 신용 사건(credit event) 발생 시 신용 위험을 떠안은 보장매도자(protection seller)로부터 손실액 또는 일정 금액을 보전 받기로 약정하는 거래이다. 일반적으로 CDS 프리미엄은 기초 자산의 신용 위험이 커질수록 상승한다. 즉, 기초 자산의 채무불이행 가능성이 높아질수록 이를 감당하기 위해서 더 많은 비용을 지불해야 하는 것이다. 따라서 CDS 프리미엄은 기초 자산 발행 주체의 신용도를 나타내는 지표로 해석할 수 있다. 이러한 이유로 국제금융시장에서는 각국의 정부가 발행한 외화표시 채권에 대한 CDS 프리미엄을 해당 국가의 신용등급이 반영된 지표로 활용하고 있고, 개별 은행의 대출상품에 대한 CDS 프리미엄을 통해 해당 은행의 신용도를 평가하는데 사용한다.

<도표 9-2> 미국과 유럽 은행들의 CDS 프리미엄 추이(2009년 5월 7일=1)

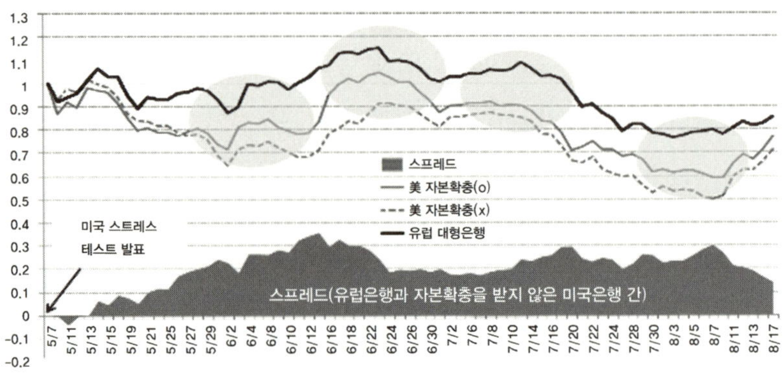

주: 1) 美 자본확충(O)=자본확충을 한 미국계 은행들 평균,
美 자본확충(X)=자본확충을 하지 않은 미국계 은행들 평균,
유럽 대형은행=구제금융을 받은 유럽 7대 은행 평균,
스프레드=유럽 7개 은행과 자본확충을 하지 않은 미국은행의
CDS 프리미엄 변화율 평균값의 차이
2) 각 변화율은 2009년 5월 7일 CDS 프리미엄 값을 1로 기준하여 계산한 수치

출처: Thomson Reuters, Datastream.

uidity Facility: SLF)(13)를 없애고 2009년 3월 24일 예방적 대출제도에 대한 신설 계획을 발표, 도입하였다. 이는 단기 유동성 위기에 몰린 우량 회원국이 엄격한 조건에 얽매이지 않고 IMF 자금을 이용할 수 있도록 만든 프로그램(단기외화자금 대출제도)이다. '신축적 신용공여제도'는 구제금융 신청국이라는 오명 없이 유동성 위기가 현실화되기 이전에도 대출을 요청할 수 있어 사전 예방적 대응이 가능해질 전망이다. IMF 지원 재원 한도 내에서 필요한 만큼 대출이 가능하도록 되어 있고, 대출기간도 최초 6개월 또는 1년으로 하되 최장 3

(13) 2008년 10월 IMF가 개설한 3개월짜리 단기대출제도로서 대출 실적을 한 건도 올리지 못한 실패한 제도로 평가된다. 한국이나 멕시코 등 주요 신흥국가를 지원 대상으로 고려해 개설되었는데, 이 제도를 이용해 단기대출을 받는 국가는 유동성 위기에 대한 신호로 인식되어 자칫 부정적 결과가 예상되는 '낙인효과'가 발생할 가능성이 높다.

년 3개월~5년까지 연장이 가능하도록 되어 있다. 다만 경제 기초 체질과 정책 건전성 그리고 정책 이행 실적이 양호하다고 판단되는 회원국에게만 제공된다. 실례로 2009년 4월 멕시코와 폴란드가 각각 470억 달러와 206억 달러 규모의 FCL 자금을 신청하여 IMF가 이를

<도표 9-3> IMF 대출제도 SLF-FCL 비교

SLF		FCL
한국, 멕시코 등 주요 신흥국	지원 대상	양호한 회원국 다수
1년	대출 기간	최초 6개월 또는 1년, 최대 3년 3개월~5년
IMF 분담금의 500% 이내, 3개월 이내 상환조건, 최대 3번 인출 가능	대출 한도	사실상 없음
無	이용 실적	멕시코, 폴란드, 콜롬비아 등

출처: 연합뉴스(14)

승인한 바 있다. 또한 2009년 5월에는 콜롬비아에 105억 달러 규모의 단기 외화자금 지원을 승인하였다.

(2) IMF 내 신흥국 · 개도국의 대표성 문제를 해결하기 위한 노력

현 G20 글로벌 거버넌스 시스템은 선진국 중심의 국제 레짐 내에 신흥국의 목소리가 급부상하고 있음을 알려준다. 신흥 성장국인 중

(14) http://news.naver.com/main/read.nhn?mode=LSD&mid=sec&sid1=101&oid=001&aid=0002570739

국, 브라질, 러시아, 인도 등이 G20에 포함되면서 과거 선진국 위주의 G7이 아닌 새로운 형태의 G20이 만들어지고 있는 중이다. 이들은 IMF 내에서 자신들의 의결권 확대를 재차 촉구하고 있다.

국제금융기구 개혁의 일환으로 국제통화기금 지분(쿼터) 및 대표성 문제를 둘러싸고 강대국의 마찰이 계속되어 왔다. 중국과 브라질 등 신흥 개도국들은 57% 대(對) 43%인 선진국 대(對) 개도국 지분 비율을 재조정하려는 입장이었다. 이에 미국은 경제규모에 맞추어 50% 대(對) 50%로 재조정할 것을 주장하는 한편 유럽을 견제하는 동시에 개도국을 지지하는 입장을 표명하였다. 지분(쿼터) 규모는 모든 가맹국들이 IMF의 정규 신용 자금을 비롯한 특별인출권(Special Drawing Rights: SDR) 자금의 인출 한도를 정하는 기준이 되고, 동시에 IMF에서 그 국가의 지위와 경제적 비중을 결정하는 기준으로 활용된다. 가맹국의 쿼터액은 5년마다 정기적으로 검토, 경우에 따라서는 가맹국의 요청에 의해 그 조정의 필요성과 타당성이 인정되는 경우 총투표권수의 85% 이상의 찬성에 의해 조정이 가능하다. 가맹국의 쿼터액 산정은 원칙적으로 각국의 GNP 규모, 대외 무역량, 외화준비고 등을 기준으로 산정되지만 정치적 배려가 가미되어 결정되기도 한다.

2009년 피츠버그 정상회의에서는 미국이 IMF 내에서 EU의 영향력을 줄이기 위해 신흥 개발도상국들의 권한을 강화하는 한편 상대적으로 유럽 국가들의 영향력을 줄일 수 있는 제도 개혁이 제안되었다. IMF 의장직 구성을 재조정한다는 것이 기본 생각이었다. 이는 최근 인도, 중국, 브라질 등 신흥 개발도상국들의 급속한 경제성장을 감안한 제안이기는 하지만 상당한 정치적 마찰을 초래하였다.

IMF 의장직 재구성 문제를 놓고 미국 대(對) 영국, 프랑스의 대립이 시작되었다. 미국이 24석인 이사회 의석수를 20석으로 줄일 것을 제안한 것이다. EU, 특히 영국과 프랑스의 임명직 이사가 주요 개혁 대상으로 지적되었다. IMF 이사직은 임명직이 5석이고 이 가운데 독일, 프랑스, 영국이 각각 한 자리씩 차지하고 있었다. 영국은 공식적으로 개발도상국에게 더 큰 발언권을 부여한다는 생각을 지지한다고 주장했으나 실제 이사회 의석 조절에는 반대하였다. 영국, 프랑스 등 유럽 국가들은 지분 조정에는 원칙적으로 찬성하지만 EU를 겨냥하는 것엔 반대하며 미국이 지닌 거부권 문제를 포함한 모든 사안을 원점에서 재론하자고 주장하였다.

결국 피츠버그 정상회의에서 선진국 대(對) 신흥개도국의 지분 배정이 재조정되었다. 미국은 IMF에서 유럽과 미국의 보유 지분인 60% 가운데 5%의 지분을 신흥 개발도상국에 추가 제공하는 안을 제안하였다. 피츠버그 정상회의에서 이 안이 받아들여져 IMF의 지분 5%를 신흥 개발도상국들에게 배정하기로 결정되었다. 이에 선진국과 신흥국 · 개도국 간 지분 구조는 종전의 57% 대(對) 43%에서 52% 대(對) 48%로 좁혀졌다.

한편 IMF의 의결권을 신흥국과 개도국에 최소 5% 이전하는 대신 신흥 경제국의 급격한 자본이동에 대해서도 지속적인 대응 및 감시가 가능해졌다. 또한 IMF 의사결정 과정을 확대하고 능력 위주의 의사결정자 선출 방식 등 민주성과 전문성 강화를 위한 방안을 마련하였다. IMF의 이사회 규모 및 구성, IMF 개혁 방향에 대한 재무장관들의 개입 확대 방안 등에 대해서도 논의되었다. 이에 국제금융기구의 대표 및 고위직은 능력을 바탕으로 선출 절차에 의거하여 임명하기로 합의하였다.

<도표 9-4> IMF 의장직 구성 현황

구분	대표하는 국가 수	펀드 비중
임명직		
미국	1	16.77
일본	1	6.02
독일	1	5.88
프랑스	1	4.85
영국	1	4.85
선출직		
벨기에	10	5.14
네덜란드	13	4.78
스페인	8	4.45
이탈리아	7	4.1
중국	1	3.66
아일랜드 (임시대리)	12	3.64
태국	13	3.52
한국	13	3.44
스웨덴	8	3.44
이집트	13	3.2
사우디아라비아	1	3.16
시에라리온	20	3.01
스위스	8	2.79
러시아	1	2.69
이란	7	2.42
브라질	9	2.42
인도	4	2.35
아르헨티나	6	1.96
르완다	23	1.35

출처:IMF

(3) 세계은행 투표권 개혁안

지속가능한 균형성장을 화두로 국제금융기구 개혁을 향한 목소리는 세계은행의 투표권 개혁 문제에까지 다다른다. 선진국과 개도국 간 주도권 다툼의 대상인 세계은행 투표권 개혁안 문제를 포함하여 2010년 6월 캐나다 제4차 회의에서 국제금융기구 개혁 문제가 어느 정도 가닥이 잡힐 전망이다. 2009년 9월 G20 정상회의에서는 세계은행의 투표권 개혁안으로 1단계 개혁에서 1.46% 증가한 것에 추가해 과소 대표된 신흥 개도국 등에 3% 이상의 투표권 이전을 추진하기로 결정했다. 이에 따라 G20으로 경제 거버넌스가 이전되면서 신흥국과 개도국의 위상이 제고될 전망이다.

2009년 10월 5일 세계은행 정책결정기구인 세계은행 개발위원회(World Bank's Development Committee) 회의에서는 브라질과 인도가 세계은행 투표권의 6%가 신흥국과 개도국으로 이전되어야 한다고 주장하기도 했다. 프라납 무케르지(Shri Pranab Mukherjee) 인도 재무장관과 기도 만테가(Guido Mantega) 브라질 재무장관은 투표권 6% 이전을 주장했고, 알렉세이 쿠드린(Alexei Kudrin) 러시아 재무장관은 러시아 경제가 세계 경제에서 차지하는 비중이 3%를 넘기 때문에 세계은행에 대한 러시아의 발언권이 지금보다 훨씬 더 증가되어야 한다고 주장했다(연합뉴스 2009년 10월 5일).

4. 시사점과 전망

1) 원칙적 아이디어와 인과적 아이디어의 차이 존재

금융 규제 문제는 2009년 피츠버그 G20 제3차 정상회의에서 선진국들 간에 가장 첨예한 대립을 보인 사안 중 하나였다. 이 문제를 두고 금융시장의 비중이 크지 않은 유럽 국가들은 금융기관 보너스 규제를 강조하는 반면 금융시장이 발달한 영미권 국가들은 은행의 자기자본비율 규제를 강조함으로써 입장 차이를 보여주었다. 자기자본비율 강화는 유럽계 은행에게 재무적 압박으로 작용한다. 은행권의 자기자본 비율이 강화될 경우 유럽계 은행들은 증자를 해야 하며 이는 결국 주가 하락에 압력을 가할 가능성이 상존한다. 런던정경대(LSE)의 찰스 굿하트(Charles Goodhart) 교수는 "은행들이 증자를 통해 더 많은 자금을 조달해야 할 것"이라며 "이는 기존 주식의 가격을 떨어뜨릴 것"이라고 경고하였다.(15)

종합하자면 G20 국가들은 금융위기 재발을 방지하는 대책 마련이 필요하다는 원칙적 아이디어(principled idea)에 대해서는 근본적으로 동의하나, 실행을 위한 인과적 아이디어(causal idea)에 대해서는 상이한 입장을 표명하였다. 금융위기에 대해 각국은 다시는 이런 일이 발생하지 않아야 한다고 한결같은 목소리를 내고 있지만 미국과 영국은 금융위기 재발 방지를 위해 은행의 자기자본 비율 확충 등을 강조하는 반면 독일과 프랑스는 금융기관들의 고액 보너스에 대한 규제를 강조하는 등 각국이 생각하는 금융규제의 초점이 서로 상이하다.

(15) 연합뉴스(2009.9.23.)

2) 단순 자산과 핵심자기자본의 중요성

향후 금융기관은 위험가중 자산보다 단순 자산과 핵심자기자본의 의미가 더 중요해질 전망이다. 향후 금융규제는 금융기관 재무제표의 자산 측 위험도 대신 부채 측에 초점을 두고, 금융기관 간 상호 자금을 회수하는 자금 순환의 외부성(또는 확산효과)에 초점을 둘 전망이다. 따라서 금융기관은 기존처럼 대출과 같은 위험가중 자산의 관리에 치중할 것이 아니라 단순 자산과 핵심자기자본의 관리에 집중해야 한다.

3) 지나친 규제 강화 경계

금융시장의 안정을 위해 규제 감독을 강화할 때 일부 부작용이 우려된다. 부작용에 대한 우려는 최근 미국 감독당국(재무부)이 발표한 금융회사 청산절차 개선안의 내용에도 나타난다. 이번 개선안은 구제금융을 신중히 시행하고 질서 있는 청산과 업무 제한을 주요 골자로 한다. 구제금융을 신중히 집행함으로써 납세자 부담을 줄이겠다는 목적이다. 이를 위해 구체적으로는 향후 금융회사 부실이 발생할 때 부실 금융회사의 파산 조치를 통해 1차적으로 손실을 투자자(주주)들에게 부담시킨 후 공공자금 지원을 추진하여 구제에 나선다는 내용이다. 또한 무차별적 지원을 통해 부실 금융회사를 회생시키는 것보다 구제금융 대상이 되기 위해서는 파산 신청을 의무화하고, 파산 신청 이후 구조조정, 매각, 청산 등에 대한 지원을 통해 금융시장의 안정성을 확보한다는 내용이다. 마지막으로, 금융시스템 안정에 중요한 금융회사를 대상으로 영업활동 및 분야를 제한함으로써 과도한 위험 노출을 방지하고 시스템 안정성을 확보한다는 내용이다. 이는 경영 내용은 건실하나 단기적 유동성 문제가 생긴 금융회사의 회생을 지연시키는 역효과를 낳을 수 있으므로 경계할 필요가 있다. 무조건적으로 규제를 강화하는 것은 이번 글로벌 금융위기를 통해 우리가 얻은 교훈이 아니다. 또한 과다한 레버리지 규제와 같은 규제 강화 자체나 금융 개혁의 필요성이 강조된다고 해서 현 자본시장이 문제가 많다는 의미가 아니다.

4) G20을 통한 새로운 글로벌 거버넌스 시스템의 태동

G20은 처음엔 주로 글로벌 경제 안정과 관련된 주요 이슈들을 놓고 권고안을 채택하는 수준에 그쳤었다. 그러나 정상회의로 격상되면서 G20은 금융규제 문제를 포함한 각종 이슈 영역에서 구속력 있는 합의를 도출해 내는 기구로 진화하고 있다. "위기 극복 이후에는 무게 중심이 다시 G7으로 옮겨가면서 급속히 동력을 상실할 것이라는 비관론이 제기되기도 한다. 참가국이 너무 많고 이해관계도 달라 효율성이 떨어지는데다 실행력을 기대하기도 힘들다는 점을 들고 있다(연합뉴스 2009년 12월 30일)." 향후 G20이 기존의 G8 정상회의를 완전히 대체하게 될 것인지에 대해서는 아직도 논쟁 중이지만(16) 2010년 두 차례에 걸친 정상회의를 통해 위기 이후 세계경제를 이끌어갈 주요 제도들을 정비하는 과정에서 세계경제를 움직이는 관제탑

(16) 2011년 G20 정상회의가 프랑스에서 개최된다. 이때 G8 정상회의도 열리는데 어느 쪽에 무게 중심이 실릴지에 따라 두 레짐의 상대적 중요성이 판가름 날 전망이다.

으로서 그 역할을 톡톡히 수행할 것으로 기대된다.

2010년을 전후로 세계질서의 균형이 G20을 통해 새로운 '헤게모니 이후'(After Hegemony)의 국면에 도달할 전망이다. 조지프 나이(Joseph s. Nye Jr.)와 로버트 코헤인(Robert Keohane)은 국민국가가 중심이 되는 세계질서의 틀이 무너진 '포스트-국민국가' 시대에는 국제기구와 레짐을 중심으로 국제공조의 틀 속에서 '제도'가 그 핵심축을 이루게 된다고 전망하였다. 하지만 '헤게모니 이후' 시대는 선진국이 지배하는 국제기구의 장으로 내용은 바뀌었으나 시스템은 기존의 형상을 유지하는 형국을 이루어 왔다. 그러다 이번 G20 정상회의는 기존 낡은 레짐의 형상을 거부하고 새로운 틀을 짜는 신국면으로 돌입한다는 평가를 받고 있다. 글로벌 금융위기로 인해 기존의 G7/G8에 의해 이루어지던 세계질서의 균형이 이제는 새로이 G20으로 옮겨오면서 판도가 변화하는 중이다. 2009년 4월 제2차 G20 정상회의에서 고든 브라운 영국 총리는 "새로운 세계 질서가 부상하고 있다"고 선언할 정도로 현 G20 글로벌 거버넌스 시스템은 글로벌 세력균형의 문제를 새로운 구도로 인식한다.

5) 한국, 선진국과 개도국 간 가교 역할을 통해 각종 의제설정 과정을 주도해야

2010년 G20 정상회의 의장국인 한국은 회원국들이 논의할 시의적절하고 포괄적인 의제를 설정하고, 선진국과 개도국 간 이해관계가 상충되는 이슈 영역에서 양자 간 절충을 원활하게 이끌어내는 가교 역할을 충실히 해야 한다.

특히 '코리아 이니셔티브'로 불리는 신흥국의 자본이동성 배제 문제, 자본이동이 미약한 최빈국에 장기 개발금융을 제공하는 방안, 선진국의 금융규제 등과 그 밖에 글로벌 금융안전망(Financial Safety Net) 구축[17], 국제금융기구 개혁 등의 이슈 영역에 세계인의 관심이 주목되고 있다.

한국이 가교 역할을 성공적으로 이행하기 위해서는 무엇보다 신흥시장국의 이해관계를 좀 더 적절하게 의제에 반영할 수 있는 채널을 구축해야 한다. 이를 위해 비(非)G20 국가들과의 적극적인 대화채널을 마련하는 일이 필요하다는 주문이다(아주경제 2010년 1월 5일). 글로벌 금융위기를 통해 구성된 G20 레짐이 위기 이후에도 최상위 포럼으로 자리 잡을 수 있도록 의장국들이 노력해야 할 것이다.[18]

(17) 이는 아직 의제로 확정된 단계가 아니다.
(18) 이는 사공일 G20 정상회의 기획조정위원회 위원장이 주장하는 바이기도 하다.

제 10장

글로벌 불균형과 중국의 외환 이슈

남수중

(공주대학교)

Ⅰ. 들어가는 말

미국발 글로벌 금융위기 이후 그 발생 원인을 두고 많은 논의들이 제기되었다. 미국에서 발생한 금융위기의 근본적인 원인을 내부적인 정책 혼선뿐만 아니라 외부적인 요인에서 찾는 시각도 상당수 존재한다.(1) 특히 최근에 다소 완화되는 추세를 보이는 글로벌 불균형이 미국발 금융위기의 근본 원인이라는 주장까지 대두되었다.

(1) 옵스펠드(Obsfeld)와 로고프(Rogoff:2009)는 2000년대의 글로벌 불균형과 최근의 글로벌 금융위기에는 밀접한 연관성이 있다고 주장함. 이들의 주장은 글로벌 불균형과 금융위기가 모두 세계 각국에서 추진했던 경제정책과 미국 및 국제금융시장에서 생성된 정책 혼선에서 촉발되었다는 것임. 미국 국내 경제정책뿐만 아니라 중국 등 신흥시장 국가들의 환율정책 등 경제정책들은 상호작용을 통해 미국이 해외에서 저렴한 자금을 조달하고 주택시장거품을 형성하도록 조장하였다는 주장임.

글로벌 불균형 문제는 동아시아 국가들의 무역수지 흑자와 미국의 대규모 무역수지 적자에서 파생된 것이며 세계경제의 불안정을 확대시키고 금융위기를 촉발시키고 있다는 것이다. 즉 아시아 국가들의 과잉 저축이 결국 최종 차입자이며 소비자인 미국으로 유입되었고, 자본 공급과잉 상태의 미국은 서브 프라임 모기지 위기에 직면하게 되었다는 것이다.(2)

적지 않은 경제학자들, 예를 들어 폴 크루그만(Paul Krugman) 등은 최근 미국의 서브프라임 모기지 사태로 인해 촉발된 글로벌 금융위기의 근본 원인을 '저축 과잉'(global saving glut) 등의 글로벌 불균형에서 찾고 있다(Krugman, 2009). 특히 미국의 무역수지 적자 급증으로 대표되는 글로벌 불균형의 책임이 미국이 아니라 동아시아, 특히 중국에 있다는 주장까지 등장한 바 있다(Bernanke, 2005, 2009).(3)

그리고 파이낸셜 타임스의 마틴 울프(2005) 역시 막대한 적자를 내고 있는 미국도 문제지만 막대한 흑자를 내고 있는 (아시아) 국가들도 현재 불균형에 대해 책임이 있다고 주장하였다. 마틴 울프의 지적은 이렇다. 글로벌 불균형 문제 해결을 미국에만 의존하는 것은 옳지

(2) 그러나 에이지 오가와(Eiji Ogawa)는 미국에서 발생한 금융위기가 중국, 일본 등 동아시아 국가들의 과잉저축에서 비롯되었다는 미국 학자들의 주장에 대해 반박하고 있음. 동아시아 국가들의 금융기관이 보유한 서브프라임 모기지 상품의 손실이 유럽과 미국 금융기관보다 크지 않음. 즉 동아시아의 과잉저축이 서브프라임 모기지 등 파생금융상품을 통해 미국의 주택시장 거품을 조장하지 않았다는 것임. 대신 동아시아 국가의 과잉저축은 미국 국채 매입을 통해 재정수지 적자로 인해 조성된, 지속 불가능한 경상수지 적자를 보전하는 역할을 수행하였음. 그렇지 않았다면 미 달러 가치는 폭락했을 것임. 결국 동아시아의 과잉저축이 글로벌 리스크를 완화시켰다는 주장임(일본경제신문, 2009.2.17).

(3) 실제로 최근의 미국발 글로벌 금융위기는 글로벌 불균형으로부터 촉발되었다는 실증분석 자료가 제시되었음. Caballero et. al(2008)을 참고할 수 있음.

않으며, 안정적인 국내 채권시장 육성이 필요한 신흥 시장국가들, 특히 중국은 더욱 유연한 환율제도로 이행해야 하고 내수 확대 정책을 추진해야 한다는 것이다(Wolf, 2009).

중국에서는 글로벌 불균형과 관련하여 미국 경제와 중국 경제 모두의 구조적인 문제에 그 원인이 있다고 주장한다. 글로벌 불균형 해소를 위해 재정수지 적자를 축소하고 구조조정에 따른 달러 가치의 하락을 용인하는 등 미국의 노력이 필요하며, 중국 경제 역시 점진적인 위안화 평가절상, 국내 소비 확대 등 소비 주도 경제성장 방식으로의 전환이 강조되었다. 또한 중-미 사이의 무역마찰이 발생할 경우, 대화와 타협을 통해 원만히 해결하는 것이 최선의 방안이라고 강조하고 있다(张明, 2007; 贺俊翔, 2007; 余永定, 2007A,B, 2009; 施建淮, 2006).

한편, 유재원(2009)은 포트폴리오 균형모형을 이용하여 경상수지, 자본수지 및 환율 사이의 상호 연관성을 고려하면서 미국의 경상수지 적자가 국내외 요인 중 어느 것에 의해 주도되고 있는지를 분석하였다. 실증 분석한 결과에 따르면, 1990년대 초 이후 지속된 미국의 경상수지 적자는 주로 미국의 저축률 하락 및 확대 통화정책에 기인하는 것으로 나타났다.(4)

이런 논란이 확산되고 있음에 주목하여 본 논문은 중국의 외환보유액 구성과 운용에 대한 분석을 통해 글로벌 불균형에 대한 이해를 증

(4) Xafa(2007)는 글로벌 불균형을 설명하는 주요 이론들을 다음 5가지로 정리함. 1) The 'Low U.S. Savings' View; 2) The 'Global Savings Glut' View; 3) The 'Revived Bretton Woods' View; 4) Portfolio Balance Models; 5) 'Exorbitant Privilege' 등이 기존 연구에서 제시되었던 논의들임.

진시키는 데 목적이 있다. 중국의 막대한 외환보유액은 수출 촉진정책에 따른 경상수지 흑자에 기인하는 한편, 미국 국채 등의 매입을 통해 다시 미국 금융시장으로 유입되고 있다. 따라서 중국의 외환보유액 운용과 증가 배경에 대한 연구는 글로벌 불균형을 이해하는 중요한 사례라고 할 수 있다.

중국을 비롯한 동아시아 지역의 외환보유액이 급증하고 있다. 이는 대부분 무역수지 흑자와 외국인직접투자의 유입에서 비롯되었다. 그러나 막대한 외환보유액의 보유에 따른 편익보다 비용이 상승하여 수익성과 안정성에 대한 문제를 제기하기도 한다. 중국 역시 외환보유액이 급증하였으나 달러 가치의 상대적인 하락이 지속되면서 보유외환의 수익률 하락을 경험하였다.(5)

따라서 중국 정부는 위안화의 국제적 사용을 확대하는 국제화 추진, 보유 외화자산의 다양화 모색, 국제금융시스템 개혁 및 미국의 재정수지 적자 축소 요구 등을 제기하고 있다(Asia Times, 2009. 5. 29).

이 글의 구성은 2절에서 글로벌 불균형의 의미와 외환보유액 증가와의 연관성을 제시하며, 3절에서 중국의 외환보유액 증가 추이와 주요 배경을 조사하고 외환보유액의 적정 규모를 추정한다. 또한 4절에서는 중국의 국채 매입 추이와 한계를 분석하고 국부펀드인 중국투자공사의 해외투자 사례를 소개한다. 5절은 글로벌 불균형에 대한 시사점을 포함한 결론 부분이다.

(5) 실제 보유 통화의 구성에 대해 정확한 통계를 파악하기 쉽지 않으나 중국의 복수통화바스켓의 통화 비중을 추정한 결과는 미 달러의 비중이 90%에 근접하는 것으로 나타났음(김봉한 등, 2008, pp. 60~62).

2. 글로벌 불균형과 중국 외환보유액 증가의 구조적 함의

최근의 글로벌 불균형은 1996년부터 본격화되었다고 할 수 있다. 글로벌 불균형은 2001~02년 기간에 일시적으로 완화되기는 하였으나 점증하는 추세이다[(6)](〈도표 10-1〉 참조). 주요 특징을 설명하면 다음과 같다(Blanchard et. al, 2009, p7-11).

첫째, 글로벌 불균형의 요인, 주체 등이 시기에 따라 변화되었다. 예를 들어 1990년대 미국의 무역수지 적자는 주로 일본과의 무역에서 발생했다면 최근의 무역수지 적자 상대국은 중국이다. 둘째, 글로벌 불균형은 대내외 정책 혼선에서 출발하고 있다는 것이다. 대내외 경제정책 혼선에 대한 수정 필요성을 강조하고 있다. 셋째, 각 시기별로 글로벌 불균형이 확대되는 원인 및 배경이 다양하다는 것이다. 예를 들어 미국의 대규모 경상수지 적자와 자산에 대한 해외의 수요는 계속 증가하고 있는데, 각 시기마다 다른 형태로 나타나고 있다. 원유가격 상승, 중국의 높은 저축률, 동유럽의 자산 가격 상승에 따른 투자 급증, 아시아 신흥시장 국가들의 투자 급감 등이 시기마다 다른 형태로 영향을 미쳤다. 여러 요인들이 결합하여 글로벌 불균형 확산을 심화시켰을 것이다.

---

(6) 2010년 3월 중국의 무역수지가 72억4,000만 달러 적자를 기록하였음. 이는 지난 2004년 5월 이후 처음이며, 글로벌 금융위기 이후 중국정부가 추진했던 일련의 내수 확대 정책 효과뿐 아니라 수입격차 해소, 사회안전망 확충 등 저축 축소의 영향이 견인할 재조정(re-balancing) 가능성을 시사하는 것이어서 관심을 끌고 있음. 2010년에는 중국 경상수지 흑자의 GDP 대비 비중이 감소할 것으로 예상(Barclays Capital, 12 April 2010).

시기마다 다르겠으나 미국의 경상수지 적자가 최대였던 2006년을 기준으로 중국의 경상수지 흑자가 미국 경상수지에서 차지하는 비중

<도표 10-1> 세계 주요 국가의 경상수지 흑자와 적자 비중(세계 GDP 대비)

국가/시기	1996-2000	2001-2004	2005-2008	2009	2010-2014
미국	-0.8	-1.4	-1.4	-0.6	-0.6
유럽(주변부)	-0.1	-0.4	-0.8	-0.5	-0.5
기타 세계 국가	-0.3	0.0	-0.3	-0.4	-0.4
중국	0.1	0.1	0.6	0.6	0.9
신흥시장 국가(아시아)	0.1	0.2	0.2	0.3	0.2
일본	0.3	0.3	0.3	0.2	0.2
원유 수출국	0.2	0.4	1.0	0.3	0.7
유럽(핵심)	0.2	0.4	0.7	0.4	0.5
오차	-0.3	-0.3	0.4	0.2	0.9

주: 2008년 이후는 예측치

출처: Blanchard et. al(2009)

<도표 10-2> 미국, 동북아시아(한, 중, 일)의 경상수지 추이

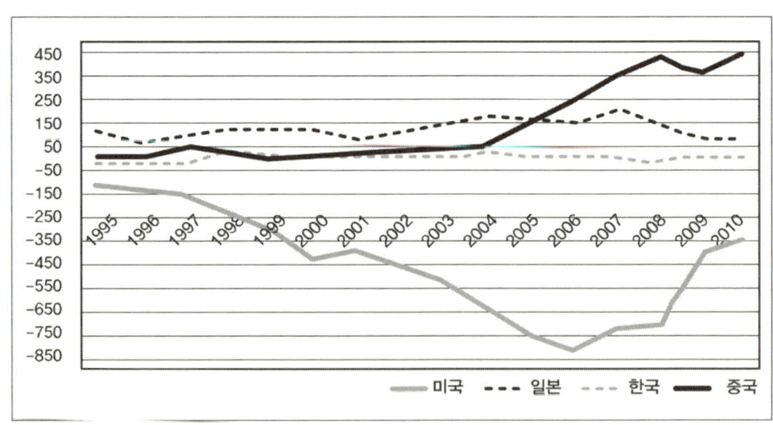

주: 1) 10억 달러

2) 2008년 이후는 예측 및 추정치

출처: IMF, World Economic Outlook Database October 2009.

이 31.5%까지 상승하기도 했다. 일본 등 아시아 지역 신흥시장 국가들의 경상수지 흑자 규모를 포함할 경우, 미국 경상수지 적자의 약 60%에 근접하는 수준인 것으로 추정된다(〈도표 10-2〉 참조).

결국 아이첸그린(Eichengreen, 2004; 2007)이 밝히고 있듯이 '브래튼우즈 체제의 재탄생'이라고까지 불리기도 하는 현재의 국제통화체제 아래에서 아시아 및 남미 신흥시장 국가들은 자국 통화보다 안정적이고 수익성이 높은 외화 보유를 선호하지 않을 수 없다는 것이다. 그러나 그는 이런 이유 때문에 미국의 경상수지 적자가 유지될 수 있다는 일부 학자들의 주장에 대해 우려를 표시하면서 과거 브래튼우즈 체제가 붕괴했던 것처럼 현재의 글로벌 불균형도 오래 유지되기 어렵다고 주장하였다.

과거의 글로벌 불균형 사례들을 분석한 결과에 따르면 다음과 같은 특징을 발견할 수 있다(Bracke et.al, 2008, p13-16). 첫째, 역사상 시대별로 다양한 형태의 글로벌 불균형이 발생했다는 것이다. 예를 들어 금본위 체제(Gold Standard System, 1914년 이전)에서는 선진국이었던 영국이 신흥시장국인 미국, 캐나다 등에 자금을 공급했으며, 1970년대에는 경상수지 흑자를 기록했던 석유 수출국들과 대규모 대외 부채에 시달리던 라틴 아메리카 국가들의 자본 흐름에 주목해야 할 것이다. 그리고 1990년대에는 주로 아시아, 라틴 아메리카 국가들이 선진국으로부터 자본을 차입했으며, 1980년대에는 주로 선진국 사이에 자본거래가 활발했다(〈도표 10-3〉 참조).

둘째, 과거 모든 글로벌 불균형이 무질서한 상태에서 해결된 것은 아니라는 사실이다. 1990년대 다수의 신흥시장 국가들(1998년 러시아, 1997년의 아시아, 1995년 멕시코 등)에서 발생했던 것처럼 자본의 급격한 유출과 산업생산의 급감 등 채무국에 타격을 준 사례가 있으나, 금본위체제 또는 1980년대의 선진국들 사이의 글로벌 불균형 조정 사례는 비교적 안정적인 형태를 띠고 있었다.

따라서 아이첸그린(2006)이 지적하는 바와 같이, 미국의 경상수지 적자가 지속될 수 있을지에 대한 논란이 진행 중이나 무엇보다 시급한 일은 급격한 조정으로 인해 발생할 리스크 회피를 위해 점진적인 조정이 하루 빨리 시작되어야 한다는 것이다.(7)

<도표 10-3> 과거 역사적인 글로벌 불균형 사례

기간	지역		적절한 해결 주체	
	채권국	채무국	채권국	채무국
금본위(1914년 이전)[1)]	선진국	신흥국	예	예
브레튼우즈	없음	없음	예	예
1970년대[2)]	신흥국	신흥국	아니오	아니오
1980년대	선진국	선진국	약간	예
1990년대[3)]	선진국	신흥국	예	아니오
2000년대	신흥국	선진국	?	?

주: 1)당시의 선진국은 영국, 신흥시장국은 미국, 캐나다, 인도, 호주 등이었음
2)석유 수출국들이 경상수지 흑자를, 라틴 아메리카 국가들이 막대한 대외부채를 보유
3)신흥국들은 주로 아시아와 라틴 아메리카에 위치한 국가들이었으며, 러시아도 포함됨

출처: Bracke et.al(2008, p14)

글로벌 불균형 지속에 대한 다양한 논의에도 불구하고 미국이 막대한 규모의 경상수지 적자를 지속할 수 있었던 것은 동아시아 국가와

(7) 미국발 글로벌 금융위기 이전에는 불균형 축소가 꼭 필요한지에 대한 다양한 논생이 있었으나, 글로벌 금융위기 이후 저축과 투자 패턴의 변화, 불균형의 가시적인 축소 등이 필요하게 되었음. 글로벌 불균형을 초래했던 대내외의 정책 혼선을 개선할 조정이 시급하다는 주장임. 특히 불균형 축소가 실패할 경우, 세계경제는 지속적인 회복이 어려울 것이라고 경고함(Blanchard and Milesi-Ferretti, 2009)

산유국들이 경상수지 흑자 등으로 유입된 외환보유액의 대부분을 미국 금융시장에 재투자하는 국제적 자본 환류가 발생하였기 때문이다(〈도표 10-4〉 참조). 동아시아 국가들은 '고위험-고수익'의 금융상품에 투자하는 것보다 안정적이며 수익성이 보장된 미국의 국채를 매입하여 외환을 보유하려는 경향이 강하다. 따라서 중국 등 동아시아 신흥시장 국가들의 외환보유액 중 상당 부분은 미국 금융시장으로 다시 투자되고 있으며, 이는 미국의 경상수지 적자를 보전하는 역할을 하고 있다.(8)

2005년 기준 세계 주요국 중에서 상위 채무국들은 미국, 유로존, 오스트리아, 멕시코, 브라질 등이며, 이들은 중국이 보유한 2,870억 달러의 순해외자산보다 많은 부채를 부담하고 있다. 상위 채권국들은 일본, 스위스를 제외하고 대부분 신흥시장 국가들과 중동 산유국들이다(〈도표 10-5〉 참조).(9)

신흥시장 국가들은 막대한 경상수지 흑자에 의해 외환보유액이 증가하고 순해외자산이 축적되었으나, 적지 않은 신흥시장 국가들이 스톡 기준으로는 순채무국이다. 반면, 전세계에서 차지하는 미국의 순채무 비중(약 37%)은 경상수지 적자 비중(전세계 경상수지 적자의 약

(8) 세계 각국의 금융시장 발전 수준에 차이가 있기 때문에 글로벌 금융 불균형은 급속한 금융 통합의 결과라는 주장이 있음. 발달된 금융시장을 보유한 국가들은 점진적이며 지속적으로 대외부채를 축적해왔음. 금융 발전의 차이는 대외 포트폴리오 투자 구성에 영향을 미침. 실증분석 자료는 다음 세 가지 주장을 뒷받침하고 있음: 1)금융 발전은 주로 선진국들에서 달성되었으며, 미국이 최고 수준임; 2)미국의 순해외 자산 비중은 세계경제의 금융통합이 진행되었던 1980년대 초부터 감소하기 시작함; 3)미국의 순해외 자산의 포트폴리오 구성은 위험 자산 보유 증대와 부채 급증의 형태로 나타남(Mendoza et. al, 2008).

(9) 싱가포르의 경우는 아시아 지역내 국제금융센터의 역할을 수행하기 때문에 순해외자산이 많은 것으로 파악됨.

<도표 10-4> 글로벌 불균형과 국제적 자본 환류

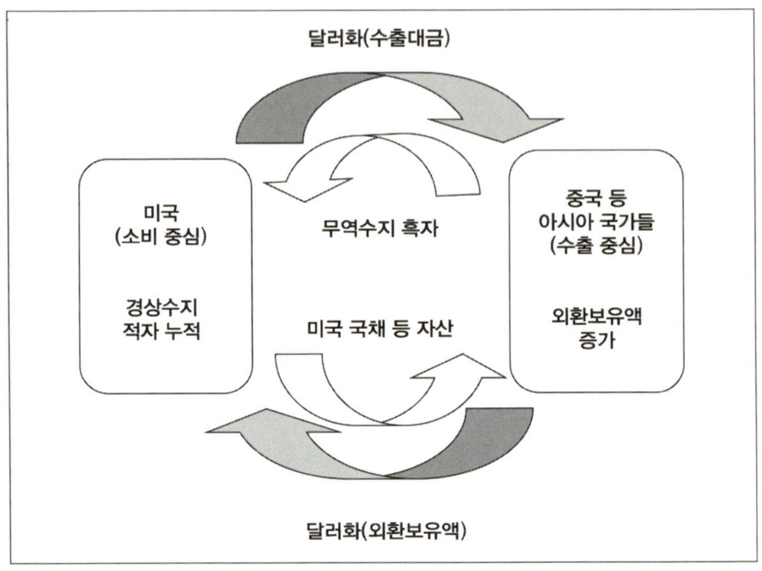

출처: Blanchard and Milesi-Ferretti(2009); Mendoza, Quadrini and Rios-Rull(2008)

<도표 10-5> 세계 상위 채무국과 채권국 비교(2005년 기준)

순위	상위 채무국			상위 채권국		
	국가	규모 (10억 달러)	GDP 비중(%)	국가	규모 (10억 달러)	GDP 비중(%)
1	미국	−2546	−20	일본	1532	34
2	유로지역	−1009	−10	스위스	363	99
3	오스트리아	−389	−55	중국	287	13
4	멕시코	−349	−45	사우디 아라비아	119	38
5	브라질	−329	−41	싱가포르	105	89
6	영국	−294	−13	알제리	43	42
7	터키	−169	−47	베네수엘라	37	28
8	캐나다	−151	−13	이란	36	19
9	폴란드	−124	−41	리비아	34	88
10	인도네시아	−106	−38	아르헨티나	19	10

*참고로 2005년 기준 한국은 11위의 채무국임

출처: IMF 자료를 인용한 Bracke et.al(2008, p22)

75%)보다 훨씬 낮다. 이는 멕시코, 브라질 등 신흥시장 국가들이 경상수지 균형을 유지하였으나 아직 순채무국의 지위를 유지하고 있고 있기 때문에 나타나는 현상이다. 또한 미국이 전세계 해외 투자에서 차지하는 비중과 역동성을 반영하는 것으로도 해석될 수 있다. 즉 미국이 투자한 해외자산은 높은 수익률을 실현해왔던 반면, 신흥시장 국가 등 외국 투자자들은 미국 저금리 정책의 영향으로 인해 수익성이 높지 않다는 것에 기인한다(Bracke et.al, 2008, p23).

요한 위즌홀즈(Johannes Onno de Beaufort Wijnholds)와 라스 쇤데르가르트(Lars Søndergaard:2007)는 세계 각국의 외환보유액이 적정한 수준인지를 추정하면서 두 부류의 국가들을 언급하였다. 첫째, 금융위기에 대비하기 위해 국가보험이 필요하여 적절한 조치를 실시하고 있는 라틴 아메리카와 중 · 동유럽 국가들이 있고, 둘째, 경직된 환율제도를 용인하면서 급속한 수출지향형 성장을 달성한 아시아의 신흥시장 국가들이 있다. 두 번째 부류에 속하는 국가들은 외화를 적정 수준보다 과도하게 보유하고 있다. 이들 국가들은 환율제도에 대한 의견이 분분하고 통화가치의 저평가에 대한 이익과 비용이 모두 존재한다.

따라서 이들의 연구는 인위적으로 저평가된 통화가치와 관련하여 과도하게 축적된 외환보유액이 거시경제(과열, 인플레이션, 보호주의 조치 등), 금융시장(차입비용, 기회비용, 불태화(sterilization) 비용, 미달러 대비 평가절상에 따른 자본 손실 등)에 심각한 영향을 줄 수 있다고 주장한다.

시간이 흐를수록 이런 비용은 편익을 초과할 것이며, 일부 국가들은 단순히 과다한 외환보유에 따른 경제, 금융 문제보다 경제 이외의 다른 문제에 직면하게 될 것이라고 전망하였다. 외환보유액 증대는 그 자체가 목적이라기보다는 성장을 위한 부산물로 전락하였으며, 국제적으로는 인위적으로 억제된 환율로 인해 대규모 글로벌 불균형이 초래되고 있다는 것이다. 그들은 보유 외환의 다양화 필요성을 강조하고 과도한 외환 보유 문제를 논의할 국제통화시스템의 개혁을 주장한다. 세계 기축통화로서의 달러 위상이 이전과 같지 않기 때문에 나타나는 현상이라고 할 수 있다(〈도표 10-6〉 참조). 달러의 위상이 약화되면서 대체통화의 필요성이 대두하였다. 1970~80년대 미국의 달러는 기축통화로서의 역할이 위축되지 않았고 세계경제의 정책결정과정에서 영향력을 발휘하고 있었다. 그러나 유로화가 출범하면서 미 달러를 대체하는 통화로서의 역할이 증대되고 있으며,[(10)] 미 달러화의 가치 하락을 우려하는 일부 국가에서는 IMF의 특별인출권(SDR)을 활용해야 한다고 주장한다(周小川, 2009).

진(2007)은 아시아 신흥시장 국가들이 외환보유액을 증가시키는 것

<도표 10-6> 세계 각국의 해외자산의 통화별 구성 추이(연말 기준)

	1999	2000	2001	2002	2003	2004	2005	2006	2007	2008
미 달러	61.7	62.8	64.5	61.6	58.5	57.2	60.1	59.0	55.4	58.2
유로	16.5	16.8	18.1	20.9	23.5	23.5	21.4	21.8	23.0	22.1
엔	7.8	7.4	5.2	5.0	5.2	5.4	4.5	3.3	3.7	3.8
파운드	4.5	4.1	4.2	4.2	4.6	5.1	5.1	5.9	7.0	5.5
스위스프랑	2.9	2.7	2.6	2.5	2.4	2.2	2.1	2.2	2.2	2.2
기타	6.6	6.1	5.5	5.7	5.8	6.4	6.8	7.7	8.7	8.3

출처: BIS

(10) 최근의 국제통화시스템이 과거 1920년대의 파운드-달러 이중 기축통화 체제와 유사하게 달러-유로화 체제가 진행되고 있다는 주장까지 대두됨(Bergsten, 2009)

은 적어도 2000년 이후 자본 유출입의 변동성, 외환위기 등을 예방하려는 국가보험의 차원에서 정당화되기 힘들다고 주장한다. 2000년 이후 이런 현상은 단순 편익-비용 모형으로는 설명하기 어렵고 외환위기 가능성이 너무 낮아서 외환 보유 증가에 따른 비용을 합리화할 수 없다고 강조한다. 위기를 예방하는 국가보험의 관점에서 과도한 외환을 보유하겠다는 것도 중앙은행들이 덜 유동적이고 고수익의 자산에 투자하기 위해 국부펀드를 조성하는 정책으로 인해 더욱 설득력을 잃고 있다.

비록 정당성에 대한 논란이 있더라도 아시아 신흥시장 국가들은 해외의 금융자산에 더 많은 투자를 하게 될 것이다. 이것은 국제사회에는 불균형 완화 등의 기회인 동시에 정책적인 도전이 될 것이다. 정책적 도전은 환율 혹은 금융자산의 급격한 가격 변동을 피하고 올바른 방향으로 진행되더라도 나타날 수 있다. 또한 기회는 국부펀드 투자가 신흥시장 국가들이 외환위기에 직면할 경우, 리스크에 더 잘 적응할 수 있게 하고 역내 금융시장 발전을 유도하여 글로벌 불균형 해소에도 도움을 줄 수 있다는 의미이다.(11)

(11) 조수아 아이젠만은 진(2007)의 논문에 대한 논평에서 '편익-비용 모형'은 중국에 적용하기에 적합하지 않다고 주장함. 경제가 급속하게 성장한 중국은 위기 가능성이 매우 낮고 외환보유액의 적정 수준을 측정하기에는 다른 국가들의 경험이 전혀 도움이 되지 않기 때문이라고 주장함.

3. 중국 외환보유액의 증가 배경과 적정 보유 규모 추정

1) 외환보유액 증가 배경 및 적정 보유 규모 논쟁

동아시아 국가들이 외환보유액을 증가시키는 배경에는 자본자유화의 진전과 금융위기와 같은 대외적 충격을 사전에 예방하거나 외국자본의 갑작스러운 유입 감소 혹은 유출에 대비하기 위해서라는 견해가 있다(이진수, 2009). 이러한 외부 충격으로부터 경제를 보호할 수 있는 국가보험으로 적절한 수준의 외환보유액이 필요하다는 주장이다.(12)

국가별 외환보유액/GDP 비율 증가를 설명할 수 있는 변수들은 인구수, 수입액/GDP, 환율 변동성, 1인당 실질 GDP 등이 있으며, 여기에 실물 경제 규모 대비 통화량의 비율(M2/GDP), 금융개방도, 고정 및 자유 환율제도 채택 여부, 선진국 여부 등 4개 변수를 추가하였다. 외환보유액의 적정 규모를 결정하는 요인에는 환율제도, 금융개방도, 외환위기 경험 여부 등도 있다고 지적하였다. 또한 국내 거주자들의 외환 수요 이외에도 외국인 주식 투자 순유출에 따른 추가적인 외환 수요 발생 가능성도 제기하였다.(13)

적정한 외환보유액과 관련하여 조수아 아이젠만(Aizenman)과 이재우

(12) Becker 등(Becker, Jeanne, Mauro, Ostry and Ranciere, 2007)은 경제에 대한 외부 충격을 완화하기 위한 국가보험으로 1) 건전한 경제정책 2) 강력한 금융구조 3) 적절한 수준의 외환보유액 등을 언급한 바 있음.

(13) Obstfeld et. al(2008)의 분석에 따르면, 1996~2004년 중국 외환보유액 증가는 실물 경제 규모 대비 통화량의 비율(M2/GDP) 증가로 설명할 수 있다고 함.

(2007)는 신흥시장 국가들이 많은 외환을 보유하려는 배경을 사전 위기 억제와 상업적 이익 추구 가능성의 두 관점을 활용하여 비교 분석하였다. 실증분석에 따르면 위기를 사전에 억제하기 위한 외환보유액 증가 유인이 컸던 것으로 나타났으며 자본자유화 속도가 빠른 국가의 외환보유액이 보다 크게 증가하였다. 외환보유액 증가는 금융위기에 대한 익스포져, 무역 개방도와 관련된 변수들이 통계적으로 유의미한 영향을 미쳤다. 다만 상업적인 이익 추구는 통계적으로 유의미했으나 외환보유 패턴을 고려할 경우에 경제적으로만 유의미하지 못했다.

따라서 이들은 연구 결과를 통해 사전의 위기 예방 수요가 외환보유액 규모를 결정한다는 모형을 제시하였다. 아이젠만과 이재우의 연구결과는 외환보유액의 적정 수준과 효율성 논의에 머물지 않고 신흥시장 국가들의 외환보유액 증대가 금융위기에 대한 노출과 시장개방 확대에 대한 대응 과정이라는 점을 밝힌 것이다.

그리고 적정 외환보유액 규모와 관련하여 1년 이내의 만기 도래 단기부채를 상회하는 수준이어야 한다는 '기도티-그린스펀 규칙'(Guidotti-Greenspan Rule)이 있다. 또한 국제결제은행(BIS:2004)에 따르면 일부 연구 내용들을 종합하여 적정 외환보유액 수준을 수입액(3~6개월), 유동 외채(100%), 외국인 주식투자자금 유출 규모(1/3), 외화예금 인출 규모(100%), 현지 금융(100%)을 합한 규모가 적정 외환보유액 수준이라고 산정 기준을 제시하였다.

모리스 옵스트펠드(Maurice Obstfeld), 제이 샴보우(Jay Shambaugh), 앨런 테일러(Alan Taylor:2008)는 금융위기 시 국내 거주자들의 외환 수요가 증가하는 경우를 고려하여 적정 외환보유액 규모를 추정할 수 있다고 주장하였다. 최근 자본시장의 세계화 추세를 고려할 경우, 금융의 안정성과 개방도는 더 이상 외환보유액 증가를 설명할 수 있는 적절한 모델이 아니라고 강조한다.

또한 올리비어 진(Olivier Jeanne), 로맹 랑시에르(Romain Ranciere:2009)는 소국 개방경제의 외환보유액 증가와 관련하여 자본 유입의 급격한 둔화(sudden stops)에 따른 외부 충격을 완화할 수 있는 국가보험 개념을 도입하여 분석모형 수립에 적절히 활용하였다. 그들은 적절한 방정식을 추정하여 신흥시장 국가들의 외환보유 수준에 대한 유용한 측정 방법을 제시하였다. 그러나 아시아 신흥 국가들의 외환보유액 증가는 자본 유출입 감소에 대한 국가보험의 성격을 고려하더라도 과도한 수준이라고 주장하였다.

외환관리체제 개선 방안을 제시하는 등 중국에서도 외환관리와 관련하여 다양한 논의들이 있다(王云霞, 2009; 余永定, 2009B; 国研网宏观经济研究部, 2006). 외환보유액 증가는 중국인민은행의 통화정책 효과에 영향을 미쳤고, 또 금융위기 이후 거액의 외화보유액 손실이 예상되어 중국 외환관리당국이 우려하지 않을 수 없다. 따라서 현재 중국이 시급히 해결해야 할 과제는 현행 외화보유관리체제를 정비하고 외화보유액의 증가분 관리를 강화하는 것일 수 있다.

왕(王) 교수(2009)는 국부펀드 운용과 환율안정기금(Exchange Stabilization Fund)의 설치를 제안하고 있다. 국연망(國硏網) 거시경제연구부(2006)는 장기적으로 외환보유 정책을 최적화하고 외환관리 시스템 개혁을 추진하는 한편, 경제발전 전략을 내수 중심으로 전환하는 것이 근본적인 대책이라고 주장하였다.[14]

(14) 단기적으로 위안화 평가절상이 외환보유액 급증을 일부 완화할 수는 있으나 과도하게 보유한 외환보유 문제를 근본적으로 해결할 수는 없다고 주장함

위용딩(余永定:2009B) 교수는 신규 무역수지 흑자 활용과 관련하여 투자처를 다양화하고, 예를 들어 외환을 국제금융기구 기부금 비율 확대 혹은 해외원조에 사용하는 방안을 검토할 수 있다고 건의하였으며, 미국과의 협상을 통해 물가연동국채 매입과 보상을 요구하는 '그랜드 바게인'(grand bargain)도 고려할 수 있다고 주장하였다.

2) 중국 외환보유액 증가 추이와 배경

중국의 외환보유고는 2006년 10월 1조 달러를 초과한 이후 더욱 빠르게 증가하여 2009년 4월 2조 달러를 넘어 12월말 현재 2조 3,992억 달러에 달하고 있다. 이런 막대한 외환보유액은 중국 GDP의 50%에 해당하는 규모이다.

최근 2007~2009년 중국의 전년 대비 외환보유고 순증가액은 각각 4,619억 달러, 4,178억 달러, 4,531억 달러에 달하고 있다(〈도표 10-7〉 참조).

특히 글로벌 금융위기가 본격화된 2008년 하반기 일시적으로 월별 외환보유액이 전월 대비 감소한 적이 있으나, 2009년 3월 이후 월별 외환보유액 증가폭이 다시 상승하고 있는 것으로 나타났다.

중국의 외환보유고 증가는 경상수지 흑자, 외국인직접투자 유입, 금융시장 개방에 따른 포트폴리오 자금 및 핫머니(hot money)의 유입 등이 주요 배경으로 분석된다. 경상수지 흑자 규모는 2005년부터 빠르게 증가하고 있어 월별 외환보유액 증가분에서 차지하는 비중이 상승하였다. 특히 무역수지 흑자 규모가 상대적으로 크지 않았던 2004년까지는 외국인 직접투자 유입이 중국 외화보유액 증가의 주

<도표 10-7> 중국의 연도별 외환보유고 증가 추이

(단위: 억 달러)

	외환보유액	순 증가액[1]	무역수지 흑자	FDI 투자액	기타 외환유출입액[2]
1997	1,399		406.0	452.6	
1998	1,450	51	434.0	454.6	−838
1999	1,547	97	292.0	403.2	−598
2000	1,656	109	241.0	407.2	−539
2001	2,122	466	226.0	468.8	−229
2002	2,864	742	304.0	527.4	−89
2003	4,033	1,169	256.0	535.1	378
2004	6,099	2,066	319.8	606.3	1140
2005	8,189	2,090	1,018.8	603.3	468
2006	10,663	2,474	1,774.7	630.2	69
2007	15,282	4,619	2,622.0	747.7	1249
2008	19,460	4,178	2,955.0	924.0	299

주: 1)연도별 외환의 순증가액은 전년 대비 증가액
2)기타 외환유출입 규모는 순 증가액에서 무역수지 흑자와 외국인직접투자(FDI) 유치액을 차감해서 산출

출처: 외환관리국 통계 자료를 이용하여 계산

요 배경인 것으로 파악된다.

중국의 외환보유고 증가분 중에서 무역수지 흑자와 FDI 유입액을 제외한 기타 외환유입액은 주로 단기 수익을 목적으로 유입되는 자금인 핫머니인 것으로 알려졌다.(15) 월별 외환보유액 순증가분과 일명 핫머니로 인식되고 있는 기타 외화보유고 유입액의 상관관계가 가장 밀접한 것으로 분석된다(〈도표 10-8〉 참조).

중국으로 유입된 핫머니는 2007년 1,249억 달러에 달하는 한편, 글

(15) '핫머니'에 대해서는 다양한 논의가 있으나, USB, Citi, 중국 상무부 등 주요 투자은행들은 외환보유액 증가분 중에서 무역수지와 FDI를 차감한 금액을 넓은 의미의 핫머니로 정의하고 있음

로벌 금융위기가 본격화되기 이전인 2008년 1~5월에는 1,470억 달러 이상의 핫머니가 유입된 것으로 추정된다. 글로벌 금융위기가 본격화되면서 2008년 6월부터 2009년 2월까지 유출된 핫머니는 2,000억 달러 이상에 달하는 것으로 파악된다.(16) 최근에는 다시 중국 경제가 회복되면서 위안화 절상에 대한 기대심리로 인해 2009년 약 1,670억 달러가 유입되는 등 핫머니가 급증하고 있어 중국 금융 당국이 개인의 국제송금 제재 등의 핫머니 유출입 규제에 나서고 있다.(中國人民銀行(www.pbc.gov.cn), 2009.11.25).

<도표 10-8> 월별 외환보유액 증가분, 무역수지 흑자와 FDI 유입액 비교

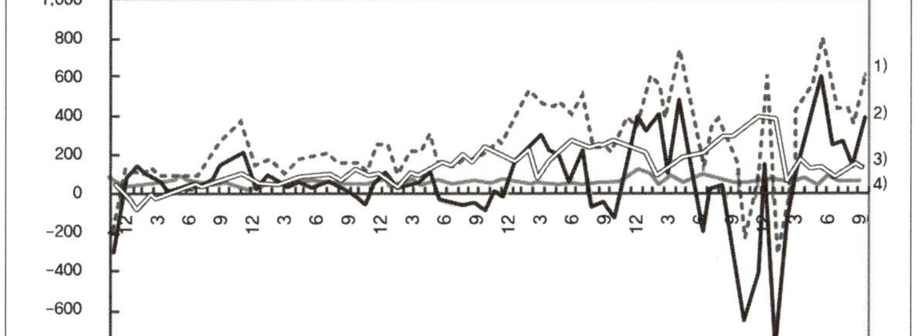

1) 순증가분(전월대비) 3)무역수지
2) 기타 외환보유고 유입액 4) 외국인직접투자

주: 2003년 12월부터 2009년 9월까지 월별 통계 기준
출처: 중국 외환관리국, 중국인민은행 통계를 기초로 작성

(16) 전문가들은 증가한 외환보유액 중에서 얼마나 많은 해외 핫머니가 숨어 있는지 예측하기 어렵다고 주장. 그러나 A증시 진입이 핫머니가 상대적으로 엄격한 중국의 자본 규제를 피해가는 최선의 방법인 건 분명하다고 강조함(國際金融報, 2010.1.20)

3) 적정 외환보유액 추정과 비용-편익 분석

적정 외환보유고에 대한 명확한 기준은 없으나 현재 중국의 2조 달러 이상 외환보유액은 과도한 수준이라는 평가가 지배적이다. 그동안 중국 국내에서도 다수의 전문가들이 적정 외환보유액에 대한 추정 결과를 제시, 시기적으로 차이가 있으나 대체적으로 3,760억 달러(2003년 기준)~8,000억 달러(2006년 기준)를 적정 외환보유액으로 추정하였다(도표 10-9 참조).

<도표 10-9> 중국 국내 전문가들의 적정 환보유액 추정 결과 종합

연구자 및 기관	적정 외환보유액 추정	시기 및 비고
국무원 발전연구센터	7,000억 달러	2006년
사회과학원	5,000억 달러	2006년
중웨이 베이징사범대 교수	8,000억 달러	2006년
夏斌 국무원 발전연구센터 금융연구소장	7,000억 달러	2006년 3월말 기준
張燕燕 공산당 판공실	6,000억 달러	2005년 기준(8,819억 달러)
李素琴 하남대 교수	3,760억 달러	2003년 기준(4,033억 달러)

출처: KIEP(2007), 한국은행(2006)

적정한 외환보유액 규모를 추정하는 방법으로는 대략 3개월분의 수입을 충당할 수 있는 수준, 혹은 외국자본의 갑작스러운 유입 감소 또는 유출에 대비하기 위한 외환보유액의 규모로 1년 이내 만기가 도래하는 단기 부채를 상회하는 수준이 이용되었다.(17)

(17) 이런 적정 외환보유액 추정을 '기도티-그린스펀 규칙'이라고 하는데, 그리스펀(1999)이 세계은행에서 행한 연설에서 외환보유액의 규모가 1년 이내의 만기 도래 단기부채를 상회하는 수준이어야 한다는 당시 아르헨티나 재무차관이던 기도티의 제안에 공감을 표시하면서 국제적으로 통용되기 시작함.

또한 IMF 워킹 페이퍼(working paper)(Wijinholds & Kapteyn Rule, 2001)에 따르면, 적정 외환보유액은 유동 외채(100%)와 자본도피 예상 규모(M2의 5~10%×국가 위험도)를 합한 수준에서 결정된다는 것이며, 국제결제은행(2004)은 수입액(3~6개월), 유동 외채(100%), 외국인 주식투자자금 유출 규모(1/3), 외화예금 인출 규모(100%), 현지 금융(100%)을 합한 규모가 적정 외환보유액 수준이라고 산정 기준을 제시하였다(〈도표 10-10〉 참조).

<도표 10-10> 중국의 적정 외환보유액 추정(2007년 말 기준)

(단위: 억 달러)

실제 외환 보유액		15,282
적정 외환 보유액		9,228.6
적정 외환보유액 기준 (BIS, 2004)	수입액(3~6개월)	5,220.79(2007.7-12)
	단기외채(100%)	2,200.84(2007년 말)
	외국인 주식투자자금 유출 규모 (1/3)	3,299×1/3 = 1,099.6
	외화자금 인출 규모(100%)	207.4
	현지 금융(100%)	4,117×1/10+@ = 500
차감액		6,053.4

주: 1. 중국정부 발표 기준
2. 외국인 주식투자 자금은 최근 5년간 기타 외환 유입액 합계
3. 외화자금 인출 규모는 2007년 말 중국 및 외국 금융기관의 단기외채 규모 기준
4. 현지 금융은 2001년 이후 FDI 합계 중에서 과실송금(10%) + @로 추정

출처: 중국 통계에 대한 언론보도를 이용하여 필자가 계산

중국의 높은 무역의존도를 고려하여 충분한 외환보유액의 보유가 필요할 수 있다. 그러나 2007년 기준 중국의 GDP 대비 외환보유액 비율은 47.3%에 달해 한국(27%), 일본(21.8%), 인도(23.5%), 러시아

(36.9%), 브라질(17.7%) 등의 국가들보다 매우 높은 수준이다(이진수, 2009). 또한 대외채무 대비 외환보유액 수준은 중국이 4.8배에 달해 다른 국가의 1~2배와 비교하여 지나치게 많은 규모라고 할 수 있다.

2009년 12월말 현재 중국은 외환보유액이 2조 4,000억 달러를 초과하고 있는 바, 외환보유에 따른 편익과 비용을 고려하여 적절한 외환보유액 규모를 산정할 필요가 있다. 외환보유액의 적정 규모를 추정하기 위해 순보유비용을 추산하였다. 수익을 초과한 비용만큼은 과다 보유한 것으로 판단하는 근거로 활용될 수 있다.(18)

외환보유액의 순보유비용을 추정하는 방법은 1)국제 금융시장에서 채권 등을 발행하여 조달하는 경우를 가정하여 '조달 비용-운용 수익'을 추정, 2)국내 실물투자시의 수익률, 즉 국내자본의 한계생산성을 외환보유의 기회비용으로 간주하여 '국내자본의 한계생산성-투자수익'으로 추정, 3)외환보유액을 장기로 운용하지 않고 미국 단기국채 등 안전자산에 투자할 경우를 고려하여 기간 프리미엄(term premium)과 위험 프리미엄(default premium)으로 구분하여 추정하는 것 등이 있다.

중국의 외환보유액 순보유비용을 첫 번째 방법으로 시산해 본 결과, 2005년 GDP의 0.17% 수준이었으나 2008년 미국국채금리 인하 등을 반영하여 GDP의 4.5%로 증가하였다.

국내 자본생산성을 10%로 가정한 두 번째 방법으로 시산한 결과에

---

(18) 일부 개발도상국들의 경우, 외환보유액이 약 7개월의 수입 규모와 1년 미만의 단기외채의 약 5배에 해당하는 등 지나치게 과다하다는 지적이 있으며, 중국 역시 외환보유액이 2007년 기준 수입 규모의 약 16개월 정도, 단기외채의 약 7배에 달해 큰 규모라는 지적이 있음(이진수, 2009).

따르면, 외환보유액 순보유비용은 2008년 GDP의 5.3%에 달하고 있다.

세 번째 방법으로 2008년 중국의 외환보유액 순보유비용을 시산해 보면 기간 프리미엄만을 고려한 경우 순보유비용은 GDP의 1.2%이고, 기간 및 위험 프리미엄을 고려하면 순보유비용은 GDP의 2.3%로 추정된다(〈도표 10-11〉 참조).

<도표 10-11> 중국 외환보유액의 순보유비용 추정(%)

		2005	2006	2007	2008
1.순보유비용 (비용/GDP)	조달비용[1]	5.069	5.1342	5.2122	5.3312
	투자수익[2]	4.896	5.5935	3.8975	0.7741
	차이(비용–수익)	0.173	−0.4593	1.3147	4.5571
	순보유비용[3]	0.0634	−0.1865	0.6675	2.6315
2.순보유비용[4]	자본생산성 10%	1.8701	1.7893	3.0983	5.3276
3.순보유비용	기간프리미엄[5]	0.3151	−0.3125	0.7771	2.1247
	위험프리미엄[6]	0.2	0.13	0.29	1.93
	순보유비용a[7]	0.1154	−0.1269	0.3945	1.2269
	순보유비용b	0.1887	−0.0741	0.5418	2.3414

주: 1) 미국 10년 만기 국채금리 + 중국의 가산금리
2) 미국 6개월 만기 국채금리 + 50bp
3) (조달비용 – 투자수익)×외환보유액/GDP
4) (자본생산성 – 투자수익)×외환보유액/GDP, 자본생산성을 10%로 가정
5) 기간프리미엄 = 미국 10년 만기 국채금리 – 미국 3개월 만기 국채금리
6) 위험프리미엄 = 중국 CDS 스프레드(Spread)
7) 순보유비용 = 기간프리미엄×외환보유액/GDP; (기간프리미엄 + 위험 프리미엄)×외환보유액/GDP

출처: 위즌홀즈, 쉰데르가르트(2007), 이진수(2009)를 참고하여 필자 정리

4. 중국의 외환보유액 활용: 미국 국채 매입과 국부펀드

1) 미국 국채 매입과 한계

(1) 국채 매입을 통한 미국 금융시장 투자

그동안 중국은 외환보유고를 주로 미국 국채 매입에 활용함에 따라 수익성과 안정성 모두에서 논란에 직면해 왔다. 각국의 외환보유액 자산 구성 및 운용 내역은 비공개가 원칙이나, 중국 외환보유액은 주로 외국의 신용등급이 높은 정부채권, 국제금융조직채권, 정부기구채권, 그리고 회사채 등에 투자하고 있다. 정식 공포되지는 않지만, 국내외 기관들의 추측에 따르면, 중국의 외환보유액은 달러 표시 자산 비중이 65~70%로 약 1조 3,000억 달러에서 1조 5,000억 달러로 추정되며, 대부분을 미국 국채로 보유하고 있다(廖峥嵘, 2010). 또한 국제결제은행과 로이드 등에 따르면 중국의 달러 표시 자산 비중은 전체 외환보유액의 약 70%, 엔화표시 자산이 10%, 유로 및 파운드화 표시 자산이 20%를 차지하는 것으로 추정되었다.

중국도 다른 국가들과 마찬가지로 자산의 수익률뿐 아니라 유동성과 안정성을 고려하여 달러 표시 자산 및 미국 국채를 매입하여 보유하고 있으며 통화가치의 변동에 따라 일부 통화별 자산 비중을 조정하여 왔던 것이다.

2009년도에 중국이 보유한 미국 국채 규모는 8,948억 달러에 달해 전체 외환보유액의 약 37%를 차지하였으며, 외환보유액 순증가액에서 차지하는 미국 국채 증가량의 비율은 약 37%였다. 2008년의 경

<도표 10-12> 중국의 미국 국채 보유 비율 추이

(단위: 억 달러, %)

	중국이 보유한 미국 국채(A)	중국의 외환보유액(B)	미국국채 보유 증가량(C)	중국 외환보유액 증가분(D)	A/B	C/D
2001	876	2,122	183	466	41	39.2
2002	1,184	2,864	743	742	41	53.6
2003	1,590	4,033	1,166	1,169	39	34.8
2004	2,229	6,099	2,067	2,066	37	30.9
2005	3,109	8,189	2,083	2,090	38	42.1
2006	3,969	10,663	2,475	2,474	37	35.2
2007	4,776	15,282	4,619	4,619	31	17.4
2008	7,274	19,460	4,178	4,178	37	59.8
2009	8,948	23,992	1,674	4,531	37	36.9

주: 당년도 연말 기준

출처: 미국 재무부; 중국 국가외환관리국; SERI China(2009), 新华网(www.xinhuanet.com)

우 이 비율이 60%에 달해 사상 최고치를 기록한 바 있다(〈도표 10-12〉 참조). 2008년의 경우 중국이 보유한 미국 국채 규모는 7,374억 달러로 전체 외환보유액의 약 37%를 차지하였다.

미국 재정부의 최근 수정 발표에 따르면, 2010년 2월 중국이 보유한 미국 국채 규모는 8,948억 달러에 달해 일본을 추월하여 세계 1위에 해당된다. 중국은 2009년 11월과 12월에 각각 93억 달러와 342억 달러 규모의 미국 국채를 매도한 것으로 알려졌다(中新網, 2010年3月15日).

일본은 7,554억 달러의 미국 국채를 보유하고 있어 세계 2위를 차지하였으며, 석유수출국(2,074억 달러), 영국(1,780억 달러), 브라질(1,639억 달러), 홍콩(1,487억 달러) 등이 미국 국채를 많이 보유한 국가들이다. 다수의 전문가들은 실제 중국이 보유한 미국 국채 규모는 1조 달러를 상회할 것으로 예상되며 미국 재무부 통계가 과소평가되었다고 주장하였다. 1조 달러 이상의 국채 보유는 해외에서 보유하고 있는 전체 미국 국채 2조 3,740억 달러의 절반에 약간 못 미치는 수준이다. 특히 중국이 홍콩 등 다른 지역을 통해 매입한 국채 규모는 제대로 파악되지 않고 있다(홍콩 中國評論新聞, 2010年2月).

특히 2008년 글로벌 금융위기 발생 이후 수출 및 무역수지 흑자 규모가 감소하여 외환보유액 증가율이 둔화되었음에도 불구하고 미국 국채 매입량은 더욱 증가하여 2009년 7월 누계 기준으로 약 9,400억 달러 규모에 달하였다. 그러나 이후 중국은 같은 해 12월까지 약 450억 달러의 국채 규모를 축소하였다.

미국 정부가 발행한 국채 총액 중에서 중국이 차지하는 비중은 2000년 1.1%에서 2008년 7.2%까지 상승하였으며, 세계 각국에서 보유하고 있는 미국 국채 총액 중에서 중국이 차지하는 비중은 2000년 5.9%에서 2008년 24.2%로 급격하게 상승하였다(〈도표 10-13〉 참조).

중국의 미국 국채 보유량과 비율은 세계 주요 국가와 비교하여 월

<도표 10-13> 중국 보유 미국 국채 총액과 외국 보유 총액에서 차지하는 비율 추이

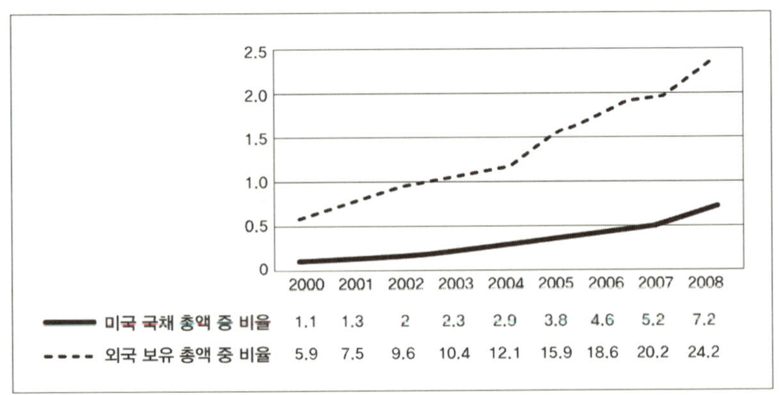

출처: 미국 재무부(www.treas.gov)

등히 높은 수준인데, 2008년의 경우 일본의 미국 국채 보유량은 6,260억 달러, 영국은 2,905억 달러에 불과하였다(〈도표 10-14〉 참조).

<도표 10-14> 중국, 일본, 영국의 미국 국채 보유량 추이

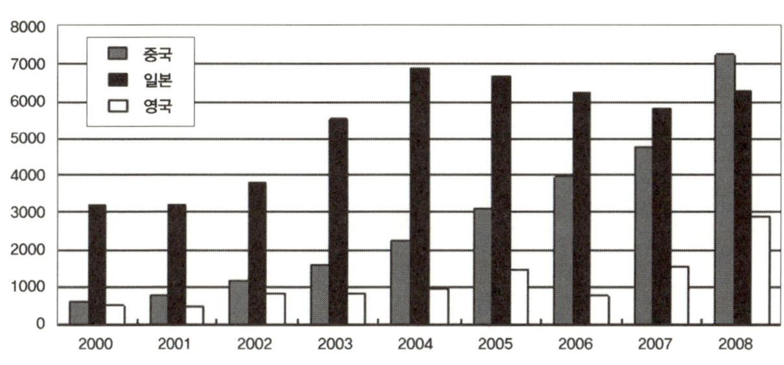

출처: 미국 재무부(www.treas.gov)

(2) 국채 매입의 한계

미국 국채는 안정성, 유동성, 화폐가치 등 외환보유액 운용의 기본 원칙에 부합하기 때문에 중국 정부가 선호하는 투자 상품이다. 또한 현재까지는 미 달러가 무역결제 통화, 대외 지불 통화, 외환보유 통화로서 기능할 수 있는 거의 유일한 기축통화라고 할 수 있다.

미국 재무부 통계에 따르면, 실제로 중국은 2008년 다른 국가들이 미국의 국채 비중을 축소하려는 움직임과는 반대로 약 2,000억 달러 이상의 미국 국채를 추가로 구매한 것으로 알려졌다. 그러나 2009년 9월 이후 중국은 미국 국채의 보유 규모를 축소하고 있다. 12월의 342억 달러는 월간 최대 감소량이다. 이는 미국 국채 수익률 둔화에 따른 고육지책이라는 분석이 제기되는 한편, 단기 국채 만기에 따른 매도라는 주장이 대두되기도 하였다.

미국 국채 보유가 유발하는 수익률, 유동성 및 규모에 대한 논란이 제기되기 시작하였다. 특히 이런 문제 제기는 미국발 금융위기의 여파로 인해 달러화 가치가 하락하면서 더욱 거세진 바 있다. 미국의 단기국채 금리가 당초 약 2%대에서 더욱 하락하고 있는데, 낮은 수익률을 감수하면서 미국 국채 투자를 증가시키는 것은 문제가 있다는 지적이다. 실제로 중국은 수익률을 고려할 경우, 미국 국채의 장단기 포트폴리오 재조정이 시급한 실정이다. 상대적으로 안정적인 장기국채 금리와 비교하여 단기국채 금리는 제로 금리에 근접하고 있다. 미국의 장단기 국채 수익률 하락에 대해서는 〈도표 10-15〉 〈도표 10-16〉 〈도표 10-17〉을 참고할 수 있다.

미국은 금융위기가 본격화된 이후 기발행 채권 상환을 위해 추가적으로 채권을 발행했다. 그 규모가 2009년 1년 동안 약 1조 6,000억

<도표 10-15> 3개월 만기 미국 국채 금리 추이

(2000년 1월 ~ 2009년 11월 27일)

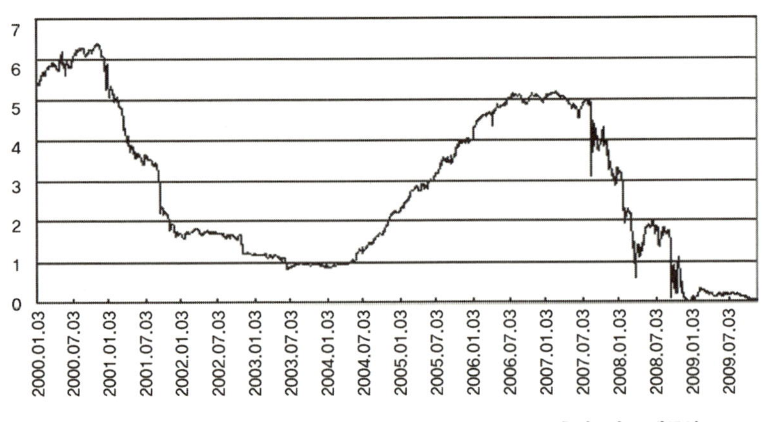

출처: 미국 재무부, KCIF

<도표 10-16> 6개월 만기 미국 국채 금리 추이

(2005년~2007년 11월, 일일자료)

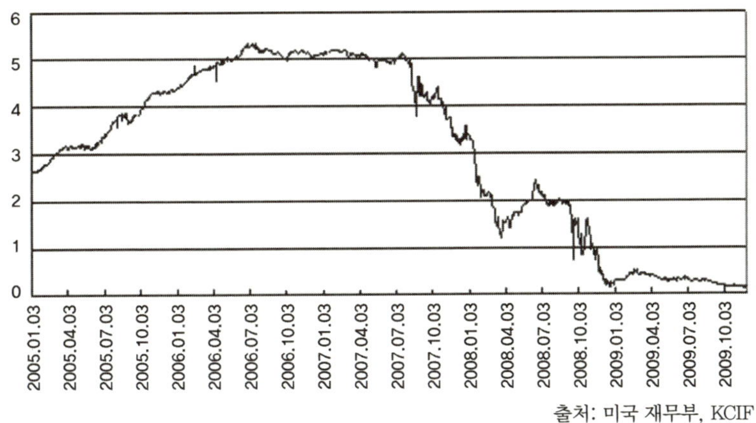

출처: 미국 재무부, KCIF

<도표 10-17> 10년 만기 미국 장기국채 금리 추이

(2000년 1월~2009년 11월, 일일 자료)

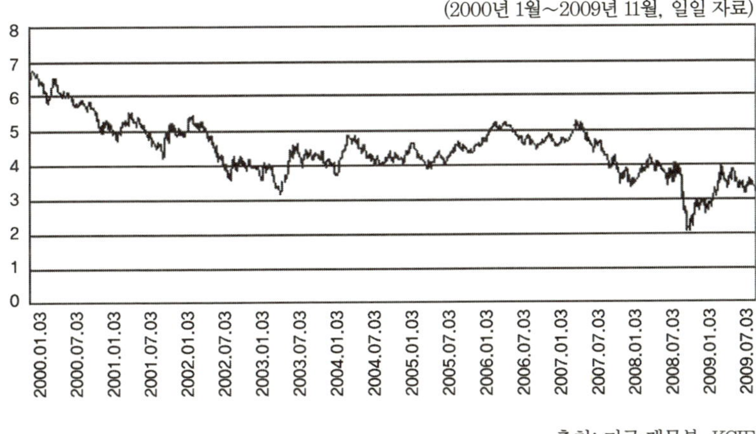

출처: 미국 재무부, KCIF

달러 이상인 바, 미국 국채의 안정성과 유동성에 대한 우려가 증폭되었다.

예를 들어 2008년 3월 1개월 사이 달러 가치가 평균 약 2.6% 하락한 바 있는데, 중국의 외환보유액 중 미국 국채를 포함하여 달러 표시 통화 비중이 최대 90%라고 가정할 경우에는 보유 외환 가치는 약 350억 달러 이상 감소한 것으로 추정된다. 또한 중국사회과학원의 예측에 따르면, 2009년 9월부터 2010년 9월까지 미 달러의 주요 통화에 대한 평가절하가 20%에 달할 것으로 예상되는 바, 중국이 직면할 환차손은 최대 3조 위안으로 전망된다(廖峥嵘, 2010).

한편, 미국의 입장에서는 중국이 국채 매입 비중을 계속 축소할 경우, 국채 물량을 소화하기 위해 수익률을 인상시켜야 하고, 이로 인해 재정적자가 더욱 악화될 가능성을 우려하지 않을 수 없다.(19)

2) 국부펀드 운용의 영향

(1) 중국투자공사의 출범

중국 정부는 급증하는 외환보유액을 활용하고 수익성을 제고하는 한편, 위안화 절상 압력을 완화하기 위해 국부펀드인 중국투자공사(CIC)를 2007년 9월 정식 설립하였다.

중국투자공사는 보유하고 있는 외환을 해외투자에 활용하는 업무 이외에도 국내기업의 해외 진출 지원, 국유기업의 부실채권 정리, 국유 상업은행 투자 등의 업무도 수행한다. 중국투자공사의 운용 외화자산은 중국 정부가 1조 5,500억 위안의 특별 국채를 발행하여 조달

---

(19) 뉴스위크(2009.8.17)는 미국과 중국이 2007년 초까지 '차이메리카'(CHIMERICA)로 불리며 동반 성장을 통해 돈독한 경협관계를 유지했으나 최근 경기침체가 지속되면서 양국 사이의 수출과 수입, 저축과 소비, 대출과 차입 관계에 변화가 나타나고 있다고 분석함. 또한 중국경제가 미국에 의존했던 전략을 탈피하기 위하여 내수를 진작시킬 필요성을 느끼고 있으며 달러화 대신 유로화, 엔화 등의 보유 비중을 확대할 가능성이 있다고 지적함.

한 약 2,000억 달러로 결정되었다.

실제 해외에 투자될 외화자산은 국유 상업은행 개혁을 위한 금융지주회사인 회금공사의 지분 매입과 중국농업은행 구조조정 지원을 위한 자금을 제외한 약 600억 달러로 예정되었으나 중국농업은행에 지원될 자금 규모가 예상보다 축소됨에 따라 900억 달러까지 확대하였다.

중국투자공사는 글로벌 금융위기의 여파로 잠시 주춤하였으나, 최근 국제금융시장의 신용경색 완화와 실물경기 회복 조짐에 따라 다시 해외 주식상품, 선진국 금융자산을 비롯하여 채권, 헤지 및 사모펀드 등에 적극적으로 투자하고 있다. 실제로 중국투자공사는 정식 출범 이전부터 미국의 블랙스톤 그룹(Blackstone Group)의 지분, 모

<도표 10-18> 중국투자공사(CIC)의 해외투자 실적

시기	주요 내용
2007년 6월	미국 블랙스톤 그룹의 지분 9.3%를 30억 달러에 매수
12월	미국 모건 스탠리의 지분 9.9% 전환사채 약 56억 달러 매수
2008년 4월	J.C. 플라워스 40억 달러 규모의 사모투자펀드에 32억 달러 출자
2009년 6월	모건 스탠리에 12억 달러 추가 출자
	호주 최대 부동산투자신탁회사 굿맨 그룹에 1억 5,890만 달러의 융자 제공, 주식전환 옵션 권리 획득
7월	캐나다 테크 리소시즈의 지분 17.2%를 15억 달러에 인수
8월	앨리언스 번스타인 홀딩스, 레그 메이슨, 브랙록 등 9개 재무부 지정 민관합동투자 프로그램(PPIP) 자금운용회사들과 20억 달러 투자 협의를 진행
9월	홍콩 원자재 중개업체 노블 그룹(Noble Group)의 지분 15%를 8억 5,000만 달러에 매입
	인도네시아 최대 석탄 채굴업체 PT 부미 리소시즈(PT Bumi Resources)의 채권에 약 20억 달러 투자 결정

출처: 각종 언론보도 종합

건 스탠리(Morgan Stanley)의 지분 등을 인수하였으며 J. C. 플라워스(J.C. Flowers & Co.)가 운영하는 사모투자펀드에도 투자하였다(〈도표 10-18〉 참조).

중국투자공사는 금융위기의 영향으로 인해 초기 투자가 평가손실로 나타나 국내의 거센 비난에 직면하기도 하였으나, 최근 세계경제와 국제금융시장의 회복 가능성이 높아지면서 호주의 대형 부동산투자신탁회사 굿맨 그룹(Goodman Group)에 투자하고 캐나다 광산업체 테크 리소시즈(Teck Resources)의 지분을 매입하는 등 공격적인 투자에 나서고 있다.

중국투자공사는 수익률 극대화를 위한 공격적인 투자 전략을 채택할 것으로 전망된다. 중국 재정부장은 중국투자공사의 자본금 규모가 외환보유고의 20% 수준이라고 강조하였다. 따라서 현재 2조 4,000억 달러에 달하는 외환보유액을 고려할 경우, 최대 4,000억 달러까지 확대될 가능성이 있다.

중국투자공사의 해외 포트폴리오 투자 규모는 국내의 은행 및 기업의 구조조정 지원 자금을 고려하더라도 현재 900억 달러보다 2배 이상 증가할 것으로 예상된다. MSCI(모건 스탠리 캐피탈 인터내셔널 인덱스)의 국가별 투자 비중을 고려할 경우, 중국투자공사 역시 투자 비율이 대략 미국과 캐나다 40%, 영국과 유럽 32%, 일본과 아시아 23%, 기타 5% 정도가 될 것으로 예측된다. 특히 미국의 금융기관들이 서브프라임 사태로 인한 손실 보전을 위해 막대한 자금수요에 직면할 것으로 예상됨에 따라 향후 지분 참여 가능성은 더욱 높아질 것이다.

중국 정부는 장기적으로 중국투자공사와 국가외환관리국(SAFE)의 해외투자를 경쟁 구도로 운용할 것임을 밝히고 있어 수익률 경쟁에서 우위를 점하기 위한 공격적인 투자 전략이 불가피할 것으로 보인다(South China Morning Post 보도). 중국의 국가외환관리국은 과거 미국 국채 위주의 저위험 투자를 선호하였으나, 2008년부터 달러 가치 하락 등 외환보유고의 수익성 제고를 위한 해외 에너지 기업 및 금융기관 투자도 병행하고 있다. 그러나 중국투자공사는 외화자산의 투자 수익성 등에 대한 국내외의 논란, 투명성 제고 등의 국내외 압력 등에 직면할 가능성이 있다(Truman, 2007).

먼저 중국투자공사의 외화운용 자산은 현재보다 크게 증가할 것으로 예상된다. 그러나 향후 진행될 중국농업은행, 중국개발은행 등의 금융개혁과 국유기업 개혁 과정에서 발생할 자금 수요가 막대해서 외환운용 자산을 정확하게 예측하기 어렵다. 둘째, 블랙스톤에 대한 투자 손실에 대한 국내의 비난 여론에서 알 수 있듯이 국내의 정치적 압력과 비난에서 자유로울 수 없다. 따라서 중국 정부가 적극적인 투자 전략을 실행에 옮기기 어려울 수 있다. 셋째, 중국개발은행이 영국의 바클레이즈(Barclays) 은행 지분을 인수한 이후, 유럽의 일부 국가들과 미국이 중국 자본의 진출을 반대하기 시작하였다. 2005년 중국해양석유공사가 미국 석유기업 유노칼(Unocal) 인수에 실패한 사례와 같이 미국 등 선진국의 견제도 문제가 될 수 있다. 마지막으로, 중동 산유국, 아시아 신흥국 등이 국부펀드를 통해 해외시장을 적극적으로 공략함에 따라 선진국들은 국부펀드 자산 운용의 투명성을 강조하였다. 특히 선진국들이 IMF, 세계은행 등 국제기구의 견제와 역할을 주장할 경우, 중국의 공격적인 투자에는 걸림돌이 될 수도 있다.

<도표 10-19> 세계 국부펀드 현황[1]

(단위: 십억 달러)

	국가	펀드명	자산 규모	
			최소	최대
원자재수출국	UAE	Abu Dhabi Investment Authority	500	875
	Saudi Arabia[2]	No designated name	225	300
	Norway	Government Pension Fund–Global	310	310
	Russia	Oil Stabilization Fund/National Welfare Fund	122	122
	Kuwait	Kuwait Investment Authority	70	250
	USA(Alaska)	Alaska permanent Reserve Fund	39	39
	Brunei	Brunei Investment Authority	30	30
	Qatar	Qatar Investment Authority	30	40
	Malaysia	Khazanah National BHD	19	19
	Canada	Alberta Heritage Savings Trust Fund	17	17
	Kazakhstan	National Fund	8	15
	Iran	Foreign Exchange Savings Trust Fund	8	8
	Chile	Copper Stabilization Fund	3.9	6.0
	Botswana[2]	Pula Fund	4.7	4.7
	Oman	State General Reserve Fund	2.0	2.0
	Azerbaijan	State Oil Fund	1.6	1.6
	Venezuela	FIEM	0.8	0.8
	Trinidad Tobago	Revenue Stabilization Fund	0.5	0.5
	Kiribati	Revenue Equalization Fund	0.4	0.4
	Uganda	Poverty Action Fund	0.4	0.4
	소 계[3]		1,392 (69.8)	2,041 (70.6)
아시아 경상수지흑자국	China[4]	China Investment Corp.	200	200
	Singapore	Government Investment Corp.	100	330
	Singapore	Temasek	80	100
	Hong Kong	Investment Portfolio(HKMA)	100	100
	Korea	Korea Investment Corp.	20	20
	Taiwan	National Stabilisation Fund	15	15
	India	India Infrastructure Finance	5	5
	소 계[3]		520 (26.1)	770 (26.6)
기타	Australia[5]	Australian Future Fund	43	43
	Ireland	National Pension Reserve Fund	28	28
	New Zealand	New Zealand Superannuation Fund	10	10
	소 계[3]		81 (4.1)	81 (2.8)
합 계			1,994	2,893

주 : 1) 외환보유액 제외, 2) 중앙은행 외환보유액중 투자트란셰 포함, 3) ( )내는 합계 대비 비중, %, 4) 9.29일 정식 출범, 5) 설립 예정

출처: Morgan Stanley · PIMCO · news articles · SWF websites, IMF에서 재인용, 한국은행(2007)

(2) 중국 국부펀드의 국제 비교

현재 약 30개 국가들이 국부펀드를 운용하고 있거나 설립 중인 것으로 알려지고 있으며, 규모는 약 3조 달러에 근접한 수준으로 전 세계 외환보유액의 약 60%에 달하는 것으로 추정된다. 국부펀드는 세계 국채 발행 잔액의 12%, 미국 증시 시가 총액의 19%, 파생상품시장의 30%, M&A 거래 규모의 83%에 해당하고 헤지펀드 자산 규모 약 2조 달러를 크게 상회한다. 특히 세계 국부펀드는 경상수지 흑자 규모가 큰 중동 및 아시아 수출국 등 개도국들 비중이 85%이며, 원유 등 원자재 수출국의 상품펀드가 71%, 비상품펀드가 29%를 차지하고 지역별로는 중동이 51%, 아시아가 29%를 차지한다.

중국투자공사의 규모는 당초 계획보다 많은 3,000억 달러를 전액 운용한다면 세계 국부펀드 중에서 상위 3~4위에 해당하는 수준이다. 이미 외환보유액 규모가 큰 상위 10개의 개발도상국가 중에서 절반 이상이 국부펀드를 운용하고 있다. 이제 중동 산유국과 아시아 수출국들뿐 아니라 중남미의 베네수엘라, 볼리비아, 아프리카의 나이지리아 등도 국부펀드 운용에 나설 것으로 예상된다. 심지어 세계 2위의 외환보유액 보유국인 일본도 국부펀드 설립 가능성을 타진하고 있다. 향후 각국의 국부펀드 설립이 증가하면서 전 세계 금융자산에서 차지하는 비중이 2007년 2.5%에서 2022년 9.2%에 달할 것으로 전망되며, 국부펀드 규모가 28조 달러로 증가하여 외환보유액 규모를 2배 이상 상회할 가능성이 있다(Morgan Stanley, 2007).

주요 국부펀드의 투자포트폴리오를 참고할 경우, 중국투자공사는 국채 등 안정자산 중심의 보수적 외환 운용에서 벗어나 주식, 파생상품 등의 금융상품뿐 아니라 선진국 기업 인수합병, 사모펀드 및 헤지

<도표 10-20> 주요 국부펀드의 투자포트폴리오

투자기관	포트폴리오(투자전략)
싱가포르투자청(GIC)	주식 50%, 채권 30%, 부동산 기타자산 20%
싱가포르 Temasek	주식, 채권, 외환 등, 주식 비중(기업매수)이 상대적으로 높음
노르웨이 연금펀드	주식 40%, 채권 60%, 장기적으로 주식 비중 확대
호주 미래펀드	주식, 채권, 부동산, 사모주식, 원자재 등에 투자

출처: 한국은행(2007)

펀드 투자 등 고수익 위험자산에도 관심을 보일 가능성이 크다. 비교적 높은 수익률을 나타내고 있는 싱가포르 투자청과 싱가포르 테마섹은 주로 주식, 채권, 부동산 등에 투자하고 있는데, 특히 테마섹은 설립 이후 최근까지 연평균 수익률이 19%에 달하고 헤지펀드, 사모펀드 등 높은 투자수익률을 기록하고 있다.

(3) 중국 국내 및 국제 금융시장에 미치는 영향

중국투자공사의 출범과 국부펀드의 운용은 유동성 과잉 해소, 위안화 절상 압력 완화 및 보유 외환의 손실 보전, 중국의 금융산업 발전 등에 기여할 것으로 예상된다. 중국투자공사의 운용자산은 재정부가 발행한 특별 국채를 인민은행이 매입하여 마련된 바, 이는 향후 인민은행이 유동성 흡수를 위한 공개시장 조작에 참여할 경우 유용한 수단을 제공하는 효과가 있다. 중국투자공사가 외환보유액을 해외투자에 운용함에 따라 국내의 외화가 해외로 유출될 것이며, 이는 실질적인 외환보유액 축소를 의미하며 선진국들의 위안화 환율 절상 압력을 완화하는 긍정적인 효과로 나타날 것이다.

중국은 보유 외환의 약 70% 이상을 달러 및 미국 국채 등에 운용하고 있는데, 중국투자공사의 수익성 높은 자산 운용이 미국 국채 금리

인하에 따른 외환의 손실을 보전하고 리스크를 완화하게 될 것이다. 중국투자공사는 외화의 해외투자 및 자산운용, 금융전문 인력의 채용 등을 통해 중국의 금융산업 선진화에도 기여할 것으로 예상된다. 실제로 중국투자공사는 미국계 최대 사모펀드 블랙스톤, 투자은행 모건 스탠리, 영국의 바클레이즈 등의 지분을 인수하고 인력을 파견하여 선진 금융기법 도입에 적극적인 것으로 알려졌다.

중국의 국부펀드는 국제 금융시장에서 큰손으로 등장하여 공격적인 투자를 통해 다양한 상품에 투자할 것으로 예상된다. 따라서 국제금융시장의 불확실성이 증대될 우려도 같이 존재한다. 중국 역시 다른 개도국의 국부펀드와 유사하게 자산 운용이 불투명하기 때문에 국제금융시장의 루머나 금융 당국의 사소한 언급에도 민감하게 반응하여 자본시장의 불안정을 초래할 가능성도 있다. 중국투자공사가 홍콩 주식시장 투자를 확대할 가능성이 있다는 분석이 제기되었을 때, 홍콩의 주가가 급등하여 변동성이 커진 사례가 있다.

중국투자공사는 2,000억 달러의 운용 자산 중에서 약 900억 달러를 실제 투자에 활용하고 있는 것으로 추정되는 바, 향후 외화 운용 자산은 외환보유액 증가에 따라 더욱 증가할 것이다. 따라서 국제금융시장에 미치는 중국 국부펀드의 영향력이 증대될 것이다.

문제는 중국 외화 자산 운용의 불투명성과 정보 부족이 우려된다는 점이다(Truman, 2007). 더욱이 국제금융시장의 집단행동에 가세하여 혼란과 불안이 가중될 수도 있다. 그리고 중국이 막대한 외화 자산을 이용하여 자원 확보에 적극적으로 나설 경우, 국제 원자재 가격 상승뿐만 아니라 자원 민족주의와 자원독점 문제가 대두될 수도 있다.

5. 결론 및 시사점

지금까지의 분석을 통해 글로벌 불균형과 중국의 외환보유액 증가가 내포하는 함의를 이해할 수 있었다. 그리고 비교적 간단한 실증분석 결과에 따르면, 중국은 적정 수준 이상의 외환을 보유한 것으로 판단된다.

중국의 외환보유액은 급격한 자본 유출입의 감소에 따른 유동성 위기가 발생하더라도 충분히 지원할 수 있는 수준보다 과도한 것으로 평가된다. 적정 수준 이상으로 보유하고 있는 외환은 2008년 기준 GDP 대비 최소 1.2%에서 최대 5.3%에 달하는 규모로 추정되었다.

중국의 외환보유액이 지속적인 증가세를 이어갈 경우, 중국 정부는 국내의 인플레이션 압력, 자산시장 거품 조성 등을 피하기 위해 불태화정책을 실시하지 않을 수 없고, 이를 통해 조성된 풍부한 외환 유동성은 미국 국채를 매입하는 것 이외에 매력적인 투자처를 찾기 어려울 수 있다. 결국 보유 외환을 투자할 수 있는, 잘 발달된 금융시장을 보유한 국가는 미국이 거의 유일하여 다시 미국 금융시장에 투자되면서 외환보유액 투자의 다원화가 쉽지 않을 것이다.

과도하게 보유한 것으로 추정되는 외환보유액의 일부를 운용하기 위해 설립한 국부펀드인 중국투자공사가 대안이 될 수 있는데, 실제 운용 규모가 약 900억 달러로 추정되며 국내외 금융시장에 적지 않은 영향을 미칠 것으로 예상된다. 다만 전체 외환보유액을 고려할 경우, 중국은 비교적 적은 규모의 국부펀드를 운용하고 있는 것으로 판단된다. 따라서 중국 금융당국은 보유 외환의 추가적인 운용이 가능하도록 조치를 취할 가능성이 높다.

그러나 중국이 국부펀드 운용을 통해 보유 외환의 해외투자를 증가시키더라도 현재의 글로벌 불균형을 해소하기에는 턱없이 부족한 수준이라고 할 수 있다. 중국은 이미 글로벌 불균형을 시정하기 위해 해외투자 확대뿐 아니라 세제 개혁, 국내 소비 확대, 통화가치의 점진적 절상 등 비교적 획기적인 프로그램을 제시하였다.

중국이 보다 균형적이고 지속가능한 성장을 유지하기 위해서는 단기적인 고성장과 장기적인 구조조정의 균형 잡힌 접근이 중요할 것이다. 특히 중국의 '쌍둥이 흑자'(twin surpluses: 경상수지와 자본수지 흑자)는 비교적 오랜 기간 누적된 것으로 하루아침에 해소되기는 어려우나 더 이상 해결을 지연시키는 것도 옳은 일이 아니다(Yu, 2006).

중국이 세계적인 불균형을 해결하기 위해 선택할 수 있는 정책으로는 내수확대 등을 통한 과잉저축 해소, 위안화 평가절상 등이 지적될 수 있다. 그러나 중국의 위안화 환율은 경상수지 불균형 조정에 단기적인 효과만 있으며, 장기적으로는 효과가 제한적인 것으로 나타났다(Ogawa, 2008). 중국의 경상수지 흑자 감소에는 내수확대 등의 저축 축소가 위안화 절상보다 더 효과적인 정책이라는 지적이다.[20]

결국 중국의 경상수지 흑자가 반드시 과잉저축에 기인하지만은 않지만 흑자 규모를 축소하기 위한 방안으로 저축 감소와 소비 확대가 효과적인 대안이 될 수 있다. 그러나 중국의 소비가 부진한데, 그 배

(20) McKinnon과 Schnabl(2009) 역시 무역수지 흑자 축소를 위한 위안화의 평가절상은 적절한 정책이 될 수 없다고 주장함. 중국의 위안화의 평가절상이 무역수지 흑자를 감소시키지 못할 것으로 예측함

경에는 연금, 의료보험 등 사회보장체제가 완비되지 못해 미래에 대한 불안감 때문인 것으로 알려져 있다. 따라서 중국이 소비 중심의 내수가 주도하는 경제성장 방식으로 전환하기까지는 상당한 시간이 필요할 것이다.

결국 마틴 울프(2005)가 지적하는 것처럼 점진적인 조정을 통해 세계 각국이 동시에 정책 기조를 변화시킬 필요가 있을 것이다. 가장 중요한 것은 실질 환율의 조정, 미국의 저축률 제고, 각국의 지출 증대이다. 이런 경우에는 균형 성장이 가능하다. 그러나 세계 각국은 체제에 얽힌 이해관계로 인해 현상 유지를 선택할 가능성이 높고, 이런 경우 조정이 지연되고 고통은 커질 수밖에 없을 것이다.

중국 역시 장기적인 이익에 반하는 글로벌 불균형을 유지할 이유가 없다. 다만 급격한 조정이 가져올 불행을 우려하는 것이다(Yu, 2007). 세계 각국이 선택해야 할 정책 방향은 상호 협력과 점진적인 조정일 것이다. 급격한 조정은 세계경제의 급격한 위축과 경착륙을 초래할 수 있다.

특히 우려되는 것은 '죄수의 딜레마'처럼 아시아 신흥시장 국가들이 외환보유액 중 가치가 하락하는 달러 자산을 경쟁적으로 매각하여 패닉상태에 직면하는 경우이다. 위용딩 교수가 지적하는 것처럼 글로벌 불균형의 안정적인 조정을 위해서는 더욱 다양한 국제적인 논의와 협력이 필요할 것이다.(21)

따라서 외환보유액의 일부를 활용한 국부펀드 설립은 단기적인 실효성이 높지 않더라도 글로벌 불균형 해소를 위한 중국 정부의 신중

(21) 중국이 국제금융 분야에서 추진해야 할 3가지 정책 방향은 국제통화시스템 개혁, 지역내 금융협력 강화, 위안화 국제화 등이며, 이런 목표를 달성하기 위해서는 국제적인 협조가 필요하다고 강조함(余永定, 2009).

한 정책 선택이 시작되었다는 의의가 포함되어 있음을 부인할 수는 없다.[22]

(22) 다수의 학자들이 제시한 것과 같이 중국 정부가 채택할 수 있는 재균형(re-balancing) 정책으로는 위안화 평가절상 이외에도 사회안전망 구축과 의료 서비스 개선을 위한 재정지출 확대, 소득세 인하, 금융시장 개방 및 자유화 조치 등이 지적됨(Tilford, 2009).

제 11장

G20과 경제위기에 따른 노동정책 변화

김종법

(서울대학교)

1. 경제위기와 노동의 상관성

경제위기 상황이 오면 가장 먼저 타격을 받는 이들은 아마도 임금을 받는 노동자들일 것이다. 기업들은 근로자들에게 '위기'라는 단어가 주는 위험성과 기업 활동과 생산성 저하 등의 이미지를 먼저 인지시키고, 심지어는 부도의 위험까지 공공연히 이야기한다. 구조조정이나 기업의 효율성 제고 등을 명분으로 기업에서는 인원을 감축하고 월급을 동결하거나 삭감하는 일이 가장 시급하고 중요한 과제인 양 선전하고 실제로 실행에 옮긴다. 2008년 말부터 시작된 세계 경제위기 상황에서도 예외 없이 기업의 구조조정과 인원 감축 및 임금 삭감은 일반화된 현상이었다.

그럼에도 불구하고 노동문제가 단순히 노동자들의 문제만이 아니라는 점은 이미 여러 차례 증명되었다. 경제위기 상황에서도 고용 안정성 문제가 가장 시급히 대처해야 할 주제이자 영역으로 논의되는 것은 바로 이 때문이다. 세계 경제위기의 극복과 공조를 위한 국제적 협력 시스템이자 국제기구의 성격을 갖는 G20에서 특히 많은 관심을 보인 영역이 노동 부문과 그 연장선상에 있는 고용 안정성이라는 점에서도 노동 부문의 해결이 국가적 우선 과제라는 사실을 잘 알 수 있다. 한국의 노동환경은 복지와 노동 시스템의 결합이 보편화되어 있는 유럽이나, 적어도 고용 부문의 침체나 실업률 문제가 그다지 심각하지 않았던 미국과는 다르다. 당연히 고용 안정성이나 노동문제의 제도적인 면이나 내용적인 측면에서도 한국과 그 나라들 사이에는 차이가 엄연히 존재한다. 여기서 그런 차이를 일일이 다 거론하여 비교할 수는 없지만, 적어도 각국이 현재의 세계 경제위기를 맞아 노동 시스템과 고용 안정성을 위해 힘쓰고 있는 제도적 정비가 갖는 의미를 상호 연관성 있는 구조 속에서 논의해보고자 한다.

대처리즘과 레이거노믹스로 대표되는 신자유주의 세계화 정책 기조가 오랫동안 세계경제를 주도하면서 노동정책의 기본적인 틀 역시 노동시장의 경직성 완화, 노동의 유연성 강화, 계약직이나 파트타임 노동자 등 비정규직의 증가 및 구조조정을 통한 기업 경쟁력과 효율성 확보 등을 추구했다. 그러나 노동시장 유연화와 기업 경쟁력 확보라는 신자유주의의 세계화 목표는 오히려 노동시장의 파편화와 고용시장의 왜곡과 불안정성을 심화시킨 한편 사용자와 금융계 기업들의 이익을 증진시켜주었다. 특히 노동과 복지의 사회안전망이 미진하고 안정적이지 못한 신흥 경제국가의 노동시장은 커다란 혼란과 사회적 양극화를 촉진하는 계기가 되기도 하였다. 결국 이러한 노동시장이 세계 경제위기가 촉발되고 심화될수록 더욱 더 허약한 것으로 드러남에 따라, 경제위기에 처한 국가들이 최우선적으로 해결해야 할 정책 순위에 노동정책을 상정하게 되었다.

이 장에서는 G20이 세계 경제위기로 더욱 심화되고 있는 고용시장의 불안정성을 극복하고 경제위기의 긴 터널에서 빠져나오기 위해 펼치는 노력 중에서, 노동이라는 이슈를 중심으로 G20의 국제 정치경제적 의미를 20개국의 노동정책과 상황을 비교하며 고찰하고자 한다. 2009년 9월에 열렸던 피츠버그 정상회의에서 이제껏 임시적이고 비공식적이던 G20을 G8의 대체 기구로 발전시켜 향후 세계경제정책을 논의하는 주체로 만들기 위해 G20의 위상을 강화하기로 결정했다. 이와 더불어 2010년 11월에 G20 정상회의를 서울에서 개최하기로 최종 확정한 것은 그동안 변방에 머물던 한국의 국제 정치경제적 역할에 주요한 전기를 마련해주는 쾌거였다. 특히 G20의 성격을 국제기구화한다는 것은 G20이 향후 G8이나 IMF 혹은 WTO를 비롯한 세계경제협력기구들보다 실질적 정책 집행력에서 우위에 설 것임을 보여준다. 그런 점에서 G20의 제도에 대해 학술적으로 접근하고 규명하는 작업이 뒤따라야 할 것이다. G20의 국제정치적 성격과 논의의 중심이 다소 재정과 금융 면에 치중되고 있다 할지라도, G20이 향후 다양한 영역에서 세계경제의 방향과 흐름을 가늠할 수 있는 척도를 제공할 수 있다는 점에서 노동 부문에 대한 주요 국가들의 정책과 현황을 살피는 것도 정치경제적으로 충분한 의미를 지닐 것이다.

현재의 세계 경제위기를 초래한 원인과 국제 정치경제 환경에 대한 분석은 다양한 자료를 바탕으로 정치경제적 상관성을 고려하여 서술할 것이며, 20개 국가들의 노동정책과 위기 대응책은 각종 자료에 기초하여 상관성을 비교 설명할 것이다. 또한 이를 종합적인 수준에서 비교 분석하고 한국적 상황에서 필요한 정책 대안과 적용 가능한 제도나 방안들을 모색하고자 한다. 끝으로 G20과 노동정책의 상관성을 통해 한국의 입장에서 채택할 수 있는 정책적 함의를 언급함으로써 결론에 갈음하고자 한다.

2. G20 국가들의 경제위기 상황과 노동환경

2008년 말부터 시작된 세계 경제위기의 진원지가 미국이라는 사실은 이미 잘 알려져 있으며, 미국 역시 이를 인정하고 있다. 1999년 재무장관과 중앙은행총재들의 포럼 형식으로 출발한 G20이 20개국 정상들의 회의로 격상된 상황 역시 경제위기가 어느 한 국가에 국한된 것이 아니라 세계 모든 국가들이 함께 대처해야 하는 상황으로 인식되었기 때문이다. 그럼에도 불구하고 경제위기의 양상과 원인 등은 국가별로 미미하면서도 분명한 차이가 존재한다. 이러한 차이 때문에 G20 안에서도 국가별로 경제위기에 대한 대응책에 편차가 있을 수밖에 없으며, 실제로 국가별로 우선시하는 정책적 대응도 역시 차이를 보인다. 아마 노동 부문의 국가별 정책 차이가 그 어느 부문보다 클 것이다. 이는 노동문제가 고용과 실업이라는 동전의 양면과도 같은 노동정책의 핵심을 이루고 있으며, 노동문제의 해결이야말로 복지를 비롯한 경기회복과 국가 경쟁력의 원천이 될 수 있기 때문이다.

그러나 유감스럽게도 2008년 말의 경제위기는 세계 거의 모든 국가를 휩쓸었으며, 경제의 전 영역과 부문에서 깊은 수렁과 암초를 만들어냈다. 금융위기로 촉발된 것임에도 그 영향이 금융 부문에만 국한되지 않았고, 노동과 복지 그리고 생산성의 위기에 따른 경기 침체가 전반적으로 가속화됨과 동시에 장기화되고 있다. 미국의 경제위기와 유럽의 경제위기가 다르고, 경제위기의 와중에서도 중국이나 한국 등의 신흥 경제국가들은 상대적으로 빠른 회복 속도를 보이고 있지만 미국이나 유럽 또는 다른 국가들은 또 다른 경제위기의 가능성을 예측하게 만들 만큼 위기 극복에 어려움을 겪고 있다. 이렇듯 이번 경제위기의 상황과 내용은 예상과 예측을 뛰어넘는 것이다. 노동 부문이 경제위기에 대처하는 모습도 G20 회원국들 사이에 약간의 차이를 보이고 있다. 따라서 경제위기에 따른 전반적인 노동시장의 변화와 그런 변화를 바탕으로 예측 가능한 노동정책과 내용을 통해 2010년 하반기 G20 정상회의 의장국인 한국의 경제적 대응 방안에도 도움이 되면서, 아울러 현재 위기에 처한 노동 상황을 정리하고 타개할 방안을 마련하는 데도 도움이 될 만한 기준을 예시하는 수준에서 글을 전개할 것이다.

1) 세계 경제위기에 따른 노동시장의 변화

미국에서 시작된 2008년 경제위기의 초점은 재정과 금융 부문이었다. 그러나 이것이 기업의 자본 유동성과 회전 문제와 결부되면서 결국엔 고용 문제로 옮아가게 되었다. 기업의 고용 문제는 국민경제 차원에서 보면 실업과 실직 등의 위기 현상을 초래했고, 결국 정부가 개입해야 하는 단계로 악화되었다. 세계화와 신자유주의적 세계경제의 틀이 그 위기의 시작이었음에도 그 해결 방법 역시 신자유주의적 틀을 벗어나지 못하고 있다. 부도의 위기에서 가까스로 살아난 굴지의 다국적 기업과 대기업들은 구조조정이라는 명목 아래 노동자들의 일자리 감축이나 비정규직으로의 전환이라는 가장 쉬운 방법을 선택하게 되었다.

모든 국가들이 이런 방식으로 문제를 해결한 것은 아니지만 대부분의 국가들은 구조조정을 모든 노동 문제의 최고 해결책으로 인식하고 있다. 결국 세계적으로 2008년 말 기준으로 1,400만 개의 일자리가 사라져버렸고, 2009년 역시 약 3,800만 개의 일자리가 다시 감소하는 양상을 나타내었다(IILS 2009, v–vi). 더군다나 고용시장에서 가장 취약한 계층이라 할 수 있는 여성과 청년들의 고용 문제가 심각한 수준을 보이고 있는 것이 현실이다. 그러나 가장 심각한 문제는 이러한 고용 위기에 따른 실업과 경기 침체가 장기간 지속될 가능성이 매우 높다는 점일 것이다.

더욱이 사회보장시스템과 제도가 취약한 국가일수록 고용위기 문제가 더욱 심각하여 실업률의 저하와 노동의 질 하락이 두드러지게 나타난다. G20 국가들에서 전반적으로 나타나고 있는 노동시장의 '비정형화'(informalization) 문제는 어떻게 보면 경제위기에 따른 해결책이나 대응 방안이 이미 분명한데도 구체적 정책을 마련하는 것이 쉽지 않다는 점을 보여주고 있다. 일반적이고 예상 가능한 해결책의 도출이 어렵다는 뜻이다. 따라서 이번 경제위기에 따른 개별 국가의 특수하고 예외적인 상황과 조건을 바탕으로 실시되고 있는 정책적 특징을 보다 일반화하고 그 대안으로 '사회적 경제'(social economy)의 관점에서 노동과 복지를 적극적으로 결합시키는 '사회적 기업'(social enterprise) 정책과, 조정과 청산의 대상으로서의 노동이 아닌 최소한의 사회적 보장과 삶의 질을 담보할 수 있는 대안으로서의 노동정책을 제시해보고자 한다.

따라서 이 장에서는 G20 국가들의 경제위기 양상과 국가별 노동정책의 기반이 되는 노동환경에 대한 서술이 주를 이룰 것이다. 국가별 노동환경이 다르고 노동정책의 기준 등도 다르기 때문에 노동 부문을 국가별로 비교하다 보면 G20 국가들의 다양한 정책적 의미와 내용을 들여다볼 수 있게 된다. 비교의 적합성과 정확한 기준을 위해 몇 가지 요인들과 항목에 따라 현재 세계 각국의 노동현황을 살펴보도록 하겠다. 주요 항목은 실업률, 생산성 관련 다양한 지수들, 경제성장률, 주요 노동정책과 내용, 기타 다양한 변수들을 사용하여 경제위기에 따른 노동정책의 공통점을 이끌어 냄과 동시에 해결 가능한 정책과 대안의 가능성을 앞에서 말한 사회적 경제의 관점에서 논의해보고자 한다. 이 장에서 주를 이루게 될 각 국가별 서술은 ILO의 주요 보고서(http://www.ilo.org)와 OECD(http://www.oecd.org/) 및 'G20 모니터링 사업단'의 8월 보고서 (http://G-20.kangwon.ac.kr/index1.php)들을 중심으로 기술할 것이다.

2) 경제위기 이후 세계 노동시장의 변화와 특징

(1) 경제위기에 따른 세계경제의 현황과 내용

IMF는 2009년 세계경제가 전반적으로 침체에 빠지면서 제2차 세계대전 이후 최악의 경제성장률을 보일 것이라고 전망했다. 실제로

<도표11-1> 세계경제 지표

	IMF		도이치 뱅크	UN 경제 사회분과
	2008	2009	2009	2009
세계 지표	3.4	−0.6	−1.2	1.0
미국	1.1	−2.6	−3.9	−0.9
유로존	1.0	−3.2	−3.0	−0.7
일본	−0.3	−5.0	−7.6	−0.3
브라질	5.8	1.8	−1.0	2.9
중국	9.0	6.7	7.0	8.4
인도	7.3	5.1	4.6	7.0
러시아	6.2	−0.7	−2.4	4.8
남아프리카공화국				2.5
아프리카	5.2	3.4		4.1
아세안−5	5.4	2.7		
중동부 유럽	3.2	−0.4		
서반구	4.6	1.1		
중동	6.1	3.9		

주: 유엔 경제 사회분과(UNDESA)는 2009년 1월 이후, IMF와 도이치 뱅크는 2009년 3월 이후 예측

출처: IMF, Deutsche Bank, UNDESA

IMF는 −0.6%의 경제성장률을 예상했다(〈도표 11−1〉 참조). 2008년 세계 평균 성장률 3.4%에 비하면 경기침체와 하락이 상당히 심각한 수준임을 알 수 있는데, 더 큰 문제는 이러한 하강 국면이 2010년에도 이어질 것이라는 점과 더블딥의 가능성이 높다는 점이다. 더군다나 생산량의 감소뿐만 아니라 투자액 감소에 따른 장기 경기침체의 우려가 개발도상국과 신흥 경제발전 국가들 사이에 급속히 확산되고 있다는 점이다.

특히 이 같은 우려와 위기가 단지 몇몇 국가들에 한정된 것이 아니라는 점을 보여주는 또 다른 징후는 세계 주요 민간 투자회사들이 밝힌 2009년 투자액 예상 규모에서도 분명히 나타나고 있다. 2009년

민간 부문 투자의 경우 최고를 기록한 2007년의 9조 2,900억 달러보다 82%나 감소한 1조 6,500억 달러에 그칠 것이라고 전망했다(ILO, 5). 생산량 감소와 투자액 축소라는 이중의 어려움은 단기간에 세계 경제가 회복되기 어렵다는 점을 분명히 입증하는 것이다. 재정과 금융 부문의 위기로 촉발된 세계 경제위기가 전반적인 경기침체로 이어지고, 이외에도 교역량의 감소, 보호무역주의의 대두, 사회적 양극화의 심화, 경제위기의 확산과 지속이라는 연쇄적 위기상황을 초래하고 있는 것은 경제위기가 어느 한 국가나 지역에 국한된 것이 아니라는 사실과, 모든 국가들의 공조와 협력이 필요한 시점이라는 사실을 각인시켜 주었다. 따라서 G20의 상설 국제기구화 추진은 국제 정치경제의 전환점으로 상당한 의미를 지닌다. 아울러 G20을 통해 대응책과 위기 타결 방안을 공동으로 논의하는 것도 상당한 의미를 내포하고 있다.

위기에 따른 노동시장의 구조적 변화의 문제가 더욱 심각하게 대두되고 있는 점도 이러한 세계 경제위기 상황의 확산과 밀접한 관계를 갖고 있다. 과거와는 양상이 다른 경제침체와 하락의 분위기와 조건 속에서 노동시장의 효율적인 방향 전환과 고용 창출은 국민 개개인에게 직접적으로 미치는 파급효과가 크다는 점에서, 정책적 접근을 좀 더 세심히 살피고 국가별 특수한 상황과 조건을 고려해야 할 것이다.

(2) 노동시장의 변화와 주요 특징

노동시장과 고용 문제의 변화가 이번 경제위기로 시작되었던 것은 아니다. 이미 오래 전부터 세계화와 신자유주의라는 이름으로 거의

<도표 11-2> 일하는 빈곤층과 취약계층의 증가 전망
(2007년부터 2009년까지, 단위: 백만)

취약계층

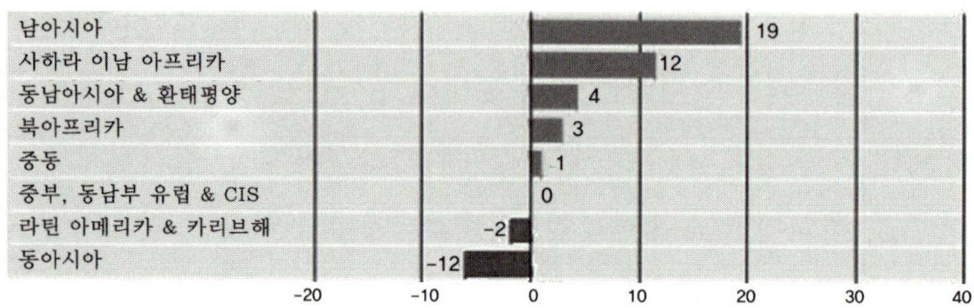

일하는 빈곤층

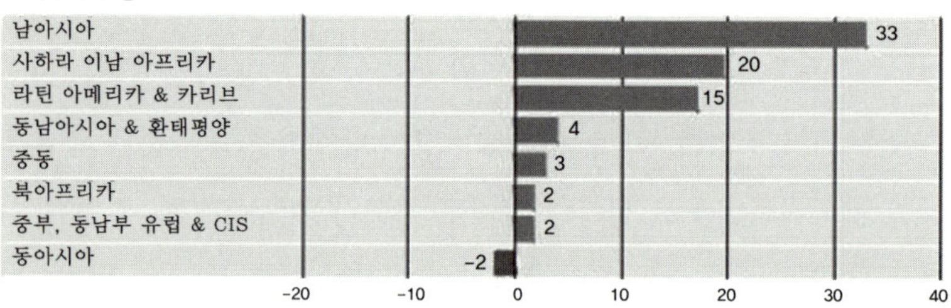

출처: ILO: 세계 고용 현황, 2009

모든 국가에서 진행되어 왔다. 구조조정과 기업합병, 공기업의 민영화와 경영합리화, 복지예산의 삭감을 통한 국가재성 지출의 축소, 기업의 자유로운 경제활동을 보장하기 위한 각종 입법과 정책의 시행, 노동조건의 재조정과 비정규직 일자리의 증가 등이 이러한 과정에서 나타난 공통적인 현상이었다.

경제위기에 따른 영향이 가장 먼저 나타난 영역이 실업 부문이다. 2008년 실업률을 기준으로 보면 세계의 실업률은 6% 이상 증가하여 1,400만 개의 일자리가 사라졌다고 ILO는 보고하고 있다. 중국과 같은 신흥 경제대국 역시 2,000만 개 이상의 일자리가 감소하였고, 여전히 경제성장을 기록하고 있는 인도에서도 3% 이상 실업률이 증가하는 모습을 나타냈다(ILO, 9). 또한 신흥개발국들이나 개발도상국들에서 일자리 수가 감소하면서, 도시 임금 노동자들이 농촌으로 귀향하거나 실질소득이 감소하는 현상이 두드러지게 진행되고 있다. 특히 40~50대 장년층과 여성 일자리 수가 크게 감소하면서 사회적 취약 계층이 고용시장 위기의 일차적인 희생자가 되고 있다.

2008년의 고용위기는 2009년에도 이어졌으며, 2009년 실업률이 세계적으로 평균 7%에 달하고 실업자가 3,800만 명 증가할 것이라는 사실은 현재의 경제위기가 일자리와 실질소득 감소 등을 동반한 전체 고용시장의 위기로 확산되고 있다는 점을 반증하고 있다. 더군다나 하루 2달러 이하의 생활비로 연명하는 사회적 절대 빈곤층의 증가는 일자리 수의 확대나 단순한 실업률의 증가 등으로는 설명하기 힘든 구조적 양극화와 절대 빈곤층의 증가라는 사회적 불안 요인으로 연결되고 있다. 실제로 2009년에 하루 평균 소득 2달러 이하로 생활하는 '일하는 빈곤층'이 7,500만 명 이상을 기록하고 있다.

고용시장의 여건 악화는 경제위기에 따른 생필품과 공산품 가격의 불안정과 에너지 가격의 폭등으로 인한 생활고 등과 겹치면서 빈곤층을 더욱 힘들게 만들고 있다. 그러나 그보다 더 큰 문제는 고용과 생활환경의 악화를 막아줌과 동시에 최저한의 생활 조건을 보장해야 할 사회적 안전망 구축과 국가의 적극적인 역할 강화가 미약하고 국가 간 사회적 비용의 양극화 현상이 더욱 심화되고 있다는 점이다. 선진국들의 경우 사회적 비용이 GDP 대비 평균 14%를 넘고 있지만, 아시아와 중동, 아프리카 지역의 국가들은 2~3% 대를 유지하고 있다는 점은 가난한 노동자들과 국민들이 많은 국가들일수록 사회적 안전망이 허약하다는 사실을 확인시켜주고 있다.

여러 국가들이 세계 노동시장 전반에 걸쳐 악화되고 있는 고용 상황과 조건을 개선하고, 노동자들의 생활과 삶의 질을 보장하고 안정화하기 위해서 그 대응책과 해결책을 구체적으로 만들어 시행하게 된 것은 노동자의 고용 안정성과 일자리 보장이 가장 적극적인 위기 해결책이라는 인식이 팽배하기 때문이다. 일반적인 대응책이나 해결책은 언제나 계획에 의해 실시되지만, 이번 경제위기에 따른 정책 제안은 국가별 노동시장의 조건이나 환경에 따라 차별적으로 나타나고 있다.

실업수당이나 연금 혜택을 연장하거나 증감하는 가장 쉬운 정책에서부터, 새로운 일자리를 창출하기 위한 고용정책에 이르기까지 수많은 정책과 프로그램들이 계획되었거나 실시될 예정이다. 다음 절에서는 고용위기에 따른 국가별 대응정책과 해결책을 국가와 지역별로 나눠 살펴보겠다.

3. 경제위기에 대한 대응책과 해결을 위한 정책들

경제위기에 대한 국가적 차원의 대응책 마련에 가장 먼저 그리고 가장 계획적으로 접근을 시작한 곳 중 하나가 EU이다. 특히 EU는 2008년 유럽이사회에서 결정된 '경제회복 계획'을 통해 일자리 부양, 직접적인 예산 투입을 통한 경기회복 프로그램 실시, 사회안전망의 확충을 통한 노동안정 정책 등을 목적으로 총 2,000억 유로를 투입하기로 결정했다.(1) EU를 하나의 국가로 볼 수 있느냐 하는 문제는 차치하고라도 EU의 결정은 그만큼 유럽연합 회원국들의 경기침체가 몇몇 국가에 국한된 것이 아니라는 점과 특정 국가의 경제회복만으로는 경제위기의 해결이나 회복이 불가능하다는 점을 반증하고 있다.

<도표 11-3> 현 경제위기에 따른 국가별 노동시장 정책의 유형별 추이도

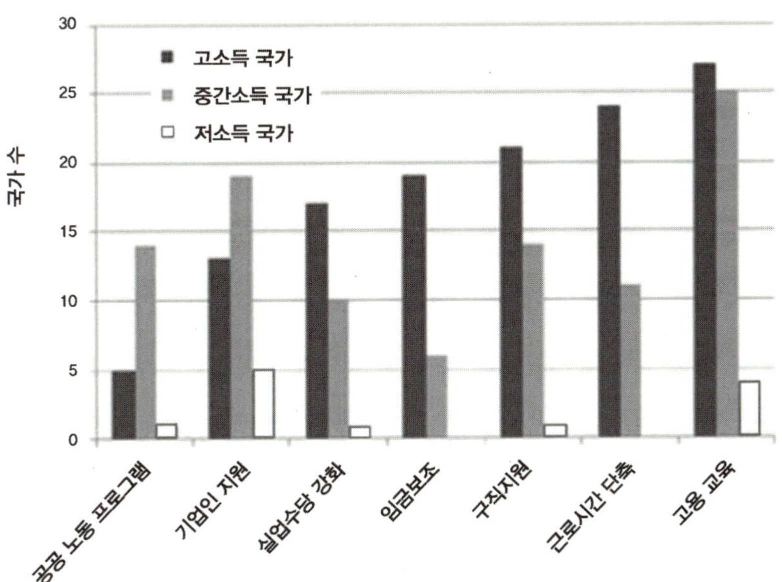

주: 고소득 국가, 중간소득국가, 저소득 국가는 세계은행의 국가 분류에 따름

출처: http://go.worldbank.org/D75N0B8YU0

(1) 2008년 12월 11~12일 유럽이사회는 경제회복계획을 승인했다. 총 2,000억 유로에 달하는 예산을 투입하여 EU 전체의 경기회복을 위한 대응정책을 실시할 것을 결의한 것이다. 이는 EU 전체 예산의 1.5%에 해당하는 규모로 이번 경제위기에 대응하는 EU의 진정성과 심각성을 반증하는 국제적 공조 성격의 대응책이라 볼 수 있다.

EU 이외에도 미국을 비롯한 선진국들과 유럽연합 내의 주요 국가들 역시 EU와는 별도로 국가 차원에서 대응책과 해결책을 마련하느라 고심하고 있으며, 실제로 많은 계획과 지원이 시행되었다. 금융위기에서 촉발된 상황을 반영하듯, 공공 부문에 대한 투자 확대와 은행을 비롯한 금융권의 활성화와 회생, 제조업 부문 주요 기업에 회생자금을 투입하는 처방, 보호무역조치를 제한하는 법안과 제도적 보장, 사회적 양극화를 해결하기 위한 다양한 복지 및 노동정책의 복합적 실시, 국가경제 회복을 위한 장기 프로젝트의 입안과 시행 등은 비교적 쉽게 볼 수 있는 경기회복 정책의 사례이다.

노동시장의 대응책을 보면 주요 국제기구인 국제노동기구(ILO)와 IMF, 세계은행, 그리고 최근 경제위기 회복에서 가장 중추적인 역할을 하고 있는 G20 등과 연계하는, 다각적이면서도 개별 국가의 사정과 조건을 고려한 정책이 입안되어 실시되고 있다. G20의 새로운 역할과 그 중요성에 대해서는 많은 전문가들과 학자들이 강조하고 있다(ILOa 2009; E. Prasad 2009; C. Bradford & J. Page 2009). 실제로 2009년에 노동시장이나 고용 안정성을 위해 투입된 국가의 직접성 예산이나 정책은 상당한 현물과 기금을 중심으로 투자되거나 국민과 노동자 개개인에게 지급되거나 혜택이 돌아가게 하는 정책을 사용하였다. 〈도표 11-4〉에서 보듯이 32개국의 노동시장에 투입된 국가 예산은 국가별 GDP의 평균 1.4%에 해당할 정도로 큰 비중을 차지하고 있으며, 단기적 측면에서는 어느 정도의 효과를 보여주기도 했다.

전 세계적으로 계획되고 시행된 정책은 실업급여나 연금 지급 등 현물 지급을 통한 임시 해결 방안, 임금 관련 정책, 일자리 나누기 등을

<도표 11-4> 2009년 GDP 대비 재정 패키지 실행 비중 (%)

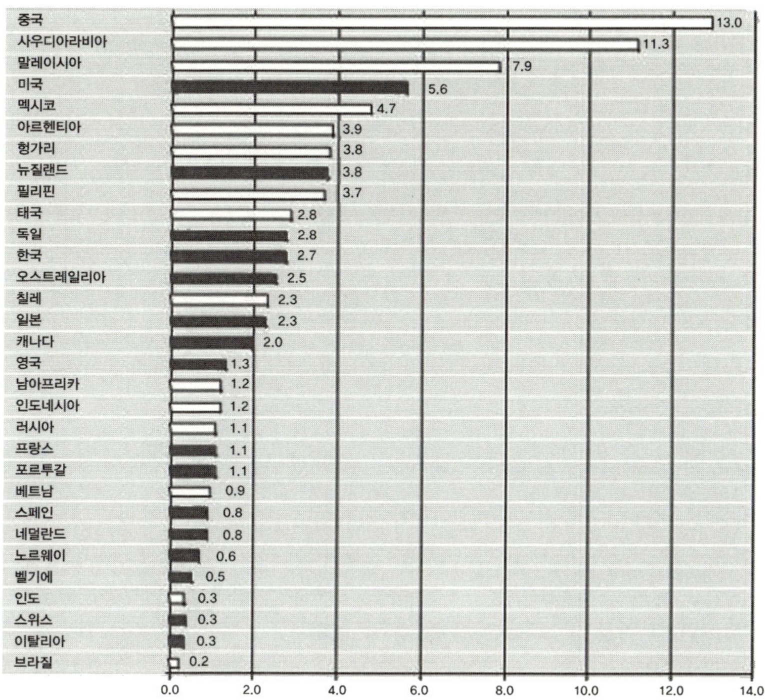

주: 수치는 2009년 GDP를 분모로 하여 분자에 해당하는 총 패키지를 나타냄. 2009년 GDP는 IMF 세계경제 지표에 나타난 각국의 2008년 GDP와 2009년 IMF의 성장 전망(2009년 5월)을 기초로 산정했음. 경제 선진국들의 경우 검정색으로, 개발도상국의 경우 흰색으로 표시됨.

출처: IILS, based on national sources

통한 기업 내의 노력과 지원 방안, 공공 부문 일자리 창출, 채용 보조와 지원 정책, 고용시간 단축과 고용 교육 지원 정책 등이다(ILO 2009c, 10). 그러나 개별 국가들의 정책적 접근이나 실질 해결책들은 국가의 사정과 환경에 따라 그 강조점이 다소 다르게 나타나고 있다. 실업급여 정책의 경우에도 국가에 따라 실업급여나 연금 혜택을 받지 못하는 임금노동자의 비율이 다르게 나타났다. 중국이나 일본 및

<도표 11-5> 실업수당 혜택을 받지 못하는 실업 노동자 비율

(2009)

중국	84%
일본	77%
미국	59%
캐나다	56%
영국	45%
프랑스	20%
독일	6%

0% 20% 40% 60% 80% 100%

주: 수치는 보험과 보장 형태의 수당을 모두 포함하고 있음

출처: IILS

미국의 경우에는 실업급여와 같은 혜택을 받지 못하는 실직자들의 비율은 50%에서 80%나 된다. 이에 반해 프랑스나 독일과 같은 사회적 보장이나 안전망이 비교적 잘 발달되어 있는 국가들의 경우에는 그 비율이 상당히 낮다는 것을 알 수 있다.

실업수당이나 보조금의 지원이 실업정책의 핵심적인 대책이지만, 임금 노동자에게도 그에 못지않은 심각한 위기가 발생했다. 실질 임금의 감소, 노동시간의 축소나 임금 체불 등으로 인한 어려움, 최저임금제도의 약화 등 다양한 문제가 발생했다. 그 중에서도 가장 큰 문제는 실질임금의 감소였다. 2007년 평균 4.4%이던 임금인상률은 2008년에 들어서 1.4%로 둔화되었으며, 선진국을 비롯하여 경제위기의 여파를 직접 받은 주요 국가들 대부분의 경우 실질임금이 감소되었다. 미국 0.0%, 남아프리카공화국 −0.3%, 독일 −0.6%, 일본 0.9%, 한국 −1.5%, 멕시코 −3.5% 등 거의 모든 G20 국가에서 실질소득이 감소하거나 제자리걸음이었다. 1인당 국민소득 증가와 임금인상률의 상관관계를 지수로 전환시켜 보면 이런 현상이 더욱 분명

<도표 11-6> 주요국가들의 실질임금 증가율 (%)

(2009)

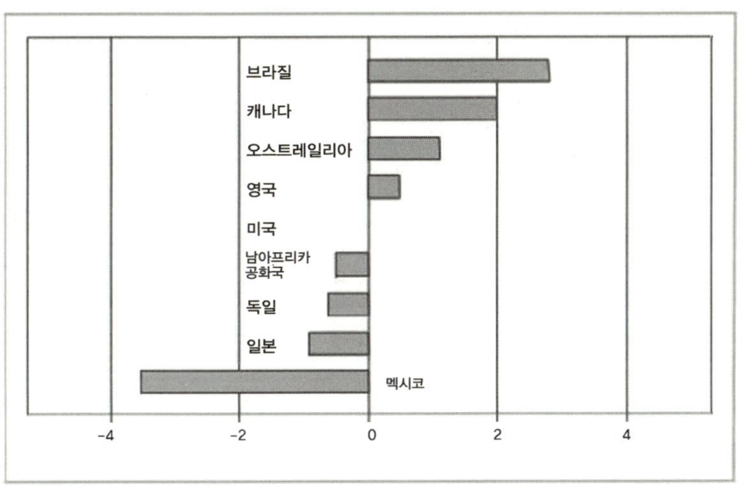

출처: ILO Global Wage Database

해진다. 상관지수가 2005~2007년 동안에 0.91%, 2008~2009년에 0.7%를 기록했는데, 이는 실질소득이 0.2%포인트 감소했음을 보여주는 것이다(ILOc 2009, 5).

실질소득 감소 외에도 노동시간의 축소나 임금 지급 지연이나 체불 현상이 눈에 띄게 증가한 점도 노동자들의 삶의 질을 떨어뜨리는 요인이었다. 특히 이 요인들은 임금 결정에 중대한 영향을 미치게 되는데, 이러한 요인들이 임금에 효과를 미치는 현상을 '구성효과'(composition effect)라고 한다. 특히 노동시간이 임금에 미치는 영향은 큰 편이다. 잔업 시간의 증가는 노동자 소득 증가의 중요한 요소이며, 근로시간을 기준으로 결정하는 경우에는 시간의 효과는 더욱 커진다. 근로시간이 경제위기 이후 감소하고 있다는 사실은 노동자의 실질임금의 하락을 의미하는 것이다. 2008년 경제위기 이후 현재까지 노동시간의 감소는 거의 모든 국가에서 나타나고 있는 특징

<도표 11-7> 2007-2009 1분기 주간 노동시간 추이도

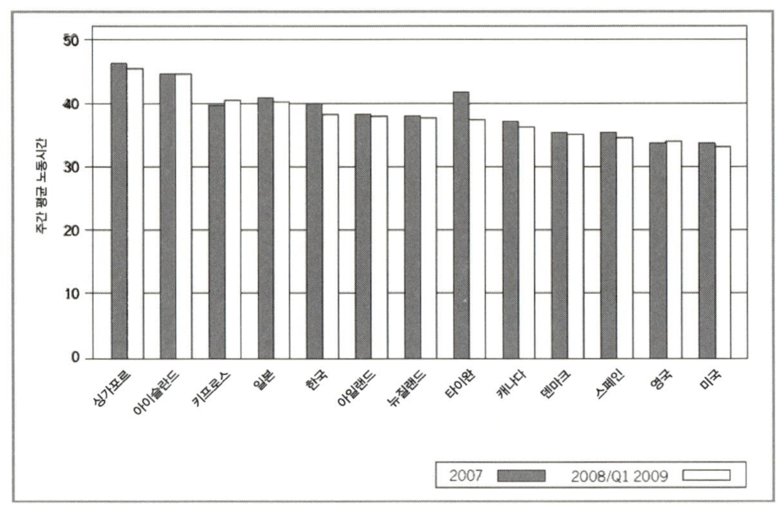

주: 전일제 근로자들을 대상으로 한 수치임
출처: ILO, Global Wage Database.

이다(〈도표 11-7〉 참조). 임금 지불 지체나 미지급 현상도 2009년 들어 두드러지게 증가하고 있다. 2008년 36%였던 임금 지체 및 미지급율은 2009년에 64%에 달할 정도로 악화되고 있는 점도 노동자들의 삶을 힘들게 하고 있다.

국가가 주도하는 정책의 연장선에서 볼 때 노동자의 고용과 직접적인 관련이 있는 정책은 임금이나 일자리를 공유하는 것이다. 그러나 이 정책은 국가의 지원이나 보조만으로는 이루어질 수 없다. 그렇기 때문에 기업과 노동자 간의 타협과 협약 시스템이 잘 정비되어 있는 국가들에서 그 효력이 크게 나타난다. 실제로 이번 경제위기 이후 일자리와 임금을 공유하는 정책을 시행하고 있는 국가들 사이에서도 그 효력이 극명하게 나뉘고 있는 것도 바로 그런 이유 때문이다. 일반적으로 사회보장이 잘 되어 있는 국가들에서는 노동자들의 임금 공유 정책이 고용 증가와 일자리 나누기와 같은 후속 정책을 통해 큰 효과를 볼 수 있는 반면, 신흥 경제국가나 사회적 합의와 협약 시스템이 미약한 국가일수록 후속 효과가 크지 않다는 사실을 각종 통계를 통해 확인할 수 있다. 〈도표 11-8〉은 독일과 한국의 임금 공유정

<도표 11-8> 2009년 1분기의 독일과 한국의 임금공유 정책에 대한 여러 성장 지수도

독일의 성장 지수도

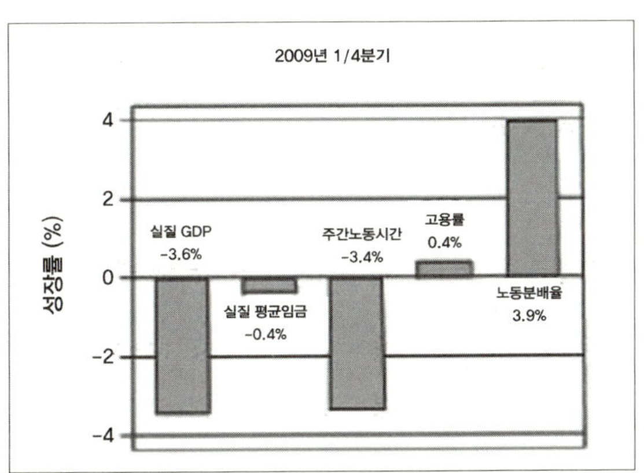

한국의 성장 지수도

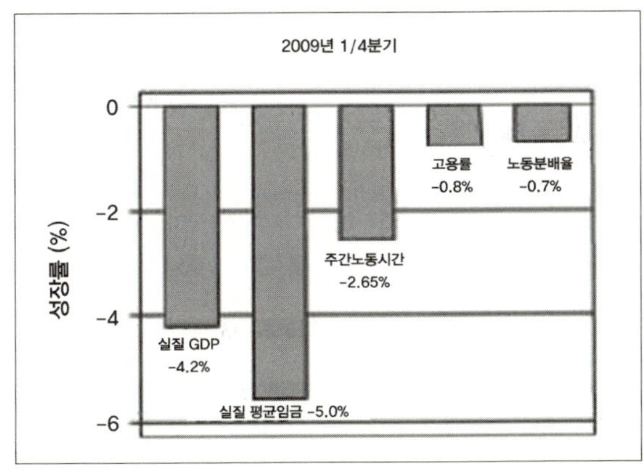

주: 수치는 ILO 국가별 자료를 이용하여 산출한 전년 같은 분기 대비 변화율임

책의 내용과 한계를 비교적 정확하게 나타내고 있다.

노동자의 임금과 고용 조건 및 환경 문제는 여러 가지 심각한 위기들을 불러왔다. 남성에 비해 임금이나 노동 환경 면에서 취약한 계층인 여성과 장년 및 노년층의 고용 조건이 더욱 열악해졌으며, 청년들이 노동시장 진입에 어려움을 더욱 많이 겪게 됨에 따라 자발적 혹은 비자발적 실업이 상당히 증가하고 있다. 여성 근로자들의 경우 동일한 정규직 임금 노동자일지라도 임금 수준이 평균적으로 남성의 80% 정도에 불과한 것으로 알려지고 있다. 또 40대 이상 장년층과 노년층의 경우에는 실직 후 다시 노동시장에 진입하는 것이 무척 어려운 것으로 확인되고 있다.

노동과 고용시장의 침체는 전반적으로 삶의 질을 악화시켰다. 노동시장의 침체는 고용의 불안정성을 고착화시키면서 도미노처럼 연속적으로 여러 상황들을 더욱 악화시켰다. 또한 국가 차원에서 보면 산업생산성 악화와 사회적 양극화의 심화, 사회보장과 사회안전망 구축을 위한 예산 지출 등이 경기침체의 악순환을 불러왔다. 실제로 2009년 실업률은 2008년에 비해 지속적으로 증가하고 있으며, 2010년에는 OECD 국가들의 평균 실업률이 10%대에 이를 것으로 예상된다.(2) 대부분의 선진국들과 개도국의 실업률이 2009년 들어서 2008년보다 높아졌다.

결국 이러한 노동시장 전반의 조건 악화는 경제위기에 대한 해결과 대응이 어느 한 주체에 의해 해결될 수 있는 것이 아니라는 점을 분

---

(2) (원문출처: http://www.oecd.org/document/57/0,3343,en_2649_37457_43136377_1_1_1_1,00.html)

명히 증명하고 있다. 따라서 여러 주체가 서로 협의하며 보다 체계적으로 접근하는, 효율적인 노동정책과 고용정책이 그 어느 때보다 요청되고 있다. ILO 보고서도 그런 필요성에 대해 강조하고 있다. 2010년에 최소한 9,000만 개의 일자리가 필요하다고 주장하는 ILO의 보고서(ILO 2009a: ILO 2009b)는 고용위기 해결의 기본적인 정책 틀이 일자리 창출을 통한 사회적 안정과 구매력 확보를 통한 내수 경기의 진작이라는 점을 분명히 밝히고 있다.

노동시장 정책에 대한 ILO의 요청은 G20 정상회의에서도 분명히 인식되고 수용되었는데, 특히 2009년 4월 런던 G20 정상회의 이후 전반적이고 총체적인 노동시장 정책의 수립과 시행이 세계적으로 동시에 진행되고 있다. 일반적으로 경제위기 시기에 나타나는 주요 정책 방향과 내용은 다음과 같다. 첫째는 노동시장의 요구에 대한 지원이며, 둘째는 실직 노동자의 소득 지원이고, 셋째는 청년과 여성 및 노년층과 같이 사회적으로 가장 취약한 계층에 대한 사회정책의 강화이다(S. Cazez, S. Verick, C. Heuer 2009).

첫 번째 정책 기조인 노동시장의 요구에 대한 지원에는 직장에 근무하고 있는 노동자의 고용 안정성을 보장하는 일과 새로운 일자리를 창출하는 일이 있다. 세계적으로 일자리를 공유하는 정책을 실시하고 있는 국가는 프랑스, 독일, 미국 등을 비롯한 선진국들과 한국과 벨기에, 네덜란드와 같은 국가들이다. 특히 프랑스는 'chộmage partiel'이라는 고용 안정화 정책을, 독일의 경우에는 'Kurzarbeit'라는 일자리 지원 정책을 실시하고 있다. 두 정책의 기본적인 특징은 고용 안정성을 유지하기 위해 정부에서 고용 지원금을 주는 것이다. 이 정책을 통해 지원을 받고 있는 독일 노동자 수는 총 126만 명에 달할 정도로 유럽에서 가장 광범위하게 동원되고 있는 노동자 지원 정책이다. 캐나다와 스웨덴에서 실시하고 있는 노동시간 감축 등을 통한 고용 안정성 정책도 눈여겨볼 만한 정책으로 평가할 수 있다. 일자리 창출 정책으로는 남아프리카공화국과 인도에서 시행되고 있는 정책이 주목할 만하다. 남아프리카공화국의 경우 '공공노동확장프로그램'(Extended Public Works Programme)을 2004년부터 실시하여 100만 명 이상의 노동자들이 혜택을 보았으며, 2009년부터 시행된 제2기 프로그램의 경우에는 200만 명 이상의 노동자들에게 혜택을 안겨줄 것으로 예상된다. 인도도 '농촌고용국가보장'(The National Rural Employment Guarantee) 계획을 시행하여 농촌 지역의 고용 안정화와 새로운 일자리 창출을 위해 국가가 보증하는 제도로 활용하고 있다.

두 번째 정책 기조는 사회적으로 필요한 노동자들의 수요와 공급 원칙에 따라 고용과 실업을 적절하게 활용하는 정책이다. 대부분의 나라에서 일반적으로 운영하고 있는 지원안정센터와 고용보조 및 진흥센터 등을 개설하는 것 역시 이런 정책의 연장선이며, 국가가 리쿠르팅을 위한 지원과 정보를 제공하거나 고용이 필요한 직종의 교육 사업을 지원하는 것도 이 범주의 사업에 속한다. 중국의 경우에도 2008년 11월에 총 5,860억 달러에 달하는, 2년 기한의 교육 지원 프로그램을 추진하여 농촌과 도시 지역 실업자들이 적당한 직업을 찾을 수 있도록 지원하였다.

세 번째 정책 기조는 실질 소득 지원이다. 특히 이번 경제위기 상황에서 많은 국가들은 현물로 실질소득 감소에 따른 손실을 보전하고 있다. 유럽의 많은 국가들만 아니라 미국과 일본, 한국 등의 국가에서 생활보조금을 쿠폰이나 현금으로 지급하는 정책 등을 2008년 말부터 시행하고 있다. 또한 직종을 바꾸거나 새로운 직업을 찾고자 하는 노동자 혹은 실직자들에게 기술 교육을 제공하고, 다양한 유무형의 혜택을 제공하는 것 역시 이러한 정책의 일환으로 볼 수 있다. 아프리카의 일부 국가들과 베트남 등 아시아 국가 및 브라질을 비롯한 남미 국가들이 이런 정책을 시행하고 있다.

이외에도 취약 계층에 대한 지원과 사회안전망의 보장과 강화 등의 정책 역시 고용과 노동시장의 안정성을 제고함으로써 경제위기의 타격을 최소화하려는 노력이다. 국가별로 다양한 정책과 세부적인 내용이 〈도표 11-9〉에 제시되고 있다.

<도표 11-9> 노동시장 정책을 통한 위기 해결책: 지역별 실례

정책 (정책 변화와 새로운 발안)	고소득 국가	중간소득 국가	저소득 국가
노동시간에 대한 지급 및 미지급 보조금 감축	오스트리아, 벨기에, 캐나다, 체코, 키프로스, 덴마크, 핀란드, 프랑스, 독일, 헝가리, 아일랜드, 이탈리아, 일본, 한국, 룩셈부르크, 네덜란드, 포르투갈, 슬로바키아, 슬로베니아, 스페인, 스웨덴, 스위스, 영국, 미국	아르헨티나, 칠레, 코스타리카, 도미니카 공화국, 멕시코, 폴란드, 세르비아, 터키, 우루과이	
일자리/급여 보조금 지급과 노동자 사회적 보장 비용 삭감(신규 채용 및 기존 노동자에 대한 정책)	오스트레일리아, 벨기에, 캐나다, 체코, 핀란드, 프랑스, 독일, 그리스, 헝가리, 이탈리아, 일본, 한국, 뉴질랜드, 포르투갈, 슬로바키아, 스페인, 스웨덴, 영국, 미국	아르헨티나, 칠레, 말레이시아, 멕시코, 폴란드, 터키	

정책 (정책 변화와 새로운 발안)	고소득 국가	중간소득 국가	저소득 국가
고용 보장 계획을 포함한 공공 근로 프로그램	헝가리, 아이슬란드, 아일랜드, 일본, 한국	칠레, 인도, 인도네시아, 말레이시아, 멕시코, 파키스탄, 파라과이, 페루, 필리핀, 세인트루시아, 세르비아, 남아프리카, 터키, 우크라이나	방글라데시
구직 지원과 공공 고용 서비스 활성화	오스트레일리아, 오스트리아, 벨기에, 캐나다, 덴마크, 핀란드, 프랑스, 독일, 그리스, 헝가리, 아일랜드, 이탈리아, 일본, 한국, 네덜란드, 노르웨이, 스페인, 스웨덴, 스위스, 영국, 미국	아르헨티나, 칠레, 중국, 도미니카공화국, 말레이시아, 멕시코, 파키스탄, 필리핀, 페루, 폴란드, 루마니아, 러시아, 세르비아, 우크라이나	캄보디아
직업훈련을 포함한 교육, 직업 경험과 견습 프로그램	오스트레일리아, 오스트리아, 바레인, 벨기에, 캐나다, 덴마크, 에스토니아, 핀란드, 프랑스, 독일, 그리스, 헝가리, 아일랜드, 이탈리아, 일본, 한국, 네덜란드, 뉴질랜드, 노르웨이, 포르투갈, 사우디아라비아, 슬로바키아, 스페인, 스웨덴, 스위스, 영국, 미국	아르헨티나, 칠레, 중국, 콜롬비아, 코스타리카, 도미니카 공화국, 이집트, 인도네시아, 요르단, 라트비아, 말레이시아, 모리셔스, 멕시코, 모로코, 니카라과, 파키스탄, 페루, 필리핀, 폴란드, 루마니아, 러시아, 세르비아, 태국, 터키, 우루과이	방글라데시, 캄보디아, 케냐, 베트남
기업활동 지원	핀란드, 프랑스, 독일, 헝가리, 아일랜드, 이탈리아, 일본, 한국, 포르투갈, 슬로바키아, 스페인, 영국, 미국	아르헨티나, 중국, 칠레, 콜롬비아, 코스타리카, 인도, 인도네시아, 라트비아, 말레이시아, 모리셔스, 멕시코, 모로코, 니카라과, 파키스탄, 페루, 필리핀, 폴란드, 루마니아, 러시아, 세르비아, 태국, 터키, 우루과이	콜롬비아, 케냐, 네팔, 탄자니아, 베트남

정책 (정책 변화와 새로운 발안)	고소득 국가	중간소득 국가	저소득 국가
실업 지원 계획의 변화	오스트레일리아, 벨기에, 캐나다, 체코, 핀란드, 프랑스, 그리스, 아일랜드, 이탈리아, 일본, 한국, 라트비아, 노르웨이, 뉴질랜드, 포르투갈, 스웨덴, 미국	아르헨티나, 중국, 칠레, 콜롬비아, 코스타리카, 인도, 인도네시아, 라트비아, 말레이시아, 모리셔스, 멕시코, 파키스탄, 페루, 필리핀, 폴란드, 루마니아, 세르비아, 터키, 우루과이	베트남

출처:EU의회(2009), ECLAC(2009), ILO(2009a, 2009b), Kannan(2009), Lee(2009), OECD(2009a), Titiheruw et al.(2009)

주: 상기 실례들은 다양한 지역별 연구에서 나온 것으로, 표에 언급되지 않은 일부 국가의 자료는 생략되었음. 국가 분류는 World Bank의 GNI에 따른 것임.

〈도표 11-10〉 역시 주요 국가들의 경제위기 해결책을 범주별로 정리한 것이다. 국가마다 노동시장과 고용시장의 환경과 조건에 따라 서로 다른 수단과 해결책을 보여주고 있다. 이런 정책들과 세부 내용은 현재 고용과 노동시장의 정책 기조와 방향을 제대로 읽어내지 못하고 있는 한국에도 중요한 기준과 사례를 제공할 수 있을 것이다.

<도표 11-10> 국가별 경제 위기에 따른 해결책과 수단들

	개인 예금 지급 보증 증액	은행 대출 및 부채 보증	기업 어음 (CP) 매입 자금	담보부 사채 매입	공매도 금지 및 제한	외자 유입	불확실 자산 매입 선택	합병 및 인수 유도	IMF 구제 금융
오스트레일리아	o	o		o	o		o		
오스트리아	o	o			o	o			
벨기에	10만 유로	o			o	o			
브라질								o	
캐나다		o		o	o		o		
중국						o		o	
덴마크	o	o		o	o				
핀란드	5만 유로	o			o				
프랑스	7만 유로	o			o	o			
독일	o	o			o	o	o		
그리스	10만 유로	o			o	o			
헝가리	5만 유로	o				o			157억 달러
아이슬란드	o					o			21억 달러
인도						o			
인도네시아	20억 루피아								
아일랜드	10만 유로	o				o			
이탈리아	10만 유로				o	o			
일본		o			o				
한국	o	o				o			
멕시코		o							
네덜란드	10만 유로	o			o	o			
뉴질랜드	o	o							
노르웨이	o	o					o		
폴란드	5만 유로								
포르투갈	10만 유로	o				o			
러시아	o	o			o	o			
사우디아라비아	o	o							
스페인	10만 유로	o		o	o		o		
스웨덴	5만 유로	o		o		o			
스위스	o		o			o	o		
터키									o
영국	5만 파운드	o		o	o	o		o	
미국	25만 유로	o	o	o	o	o	o	o	

1. 대부분의 위기 해결책 및 수단은 2008년 10월-12월 시행되었으나 계속되는 금융시장 불안정으로 하나 이상의 수단을 채택했던 상기 국가들은 다른 수단을 채택하거나 기존의 수단을 수정하였음. "o" 표시는 해당 국가에 의해 실행된 수단을 의미함.

2. 공매도의 금지는 스위스와 영국의 자산가들에 의해 실행됨.

출처: IILS based on Bloomberg, Bank for International Settlments and OECD

4. 경제위기 극복을 위한 각국의 노동정책이 한국에 던지는 메시지

2010년 11월 G20 정상회의 개최를 눈앞에 두고 있는 한국의 경우 선진국과 후진국 사이에서 매개자 역할을 해야 하고, 새로운 의제를 설정하고, G20이라는 국제기구의 상설화를 꾀해야 하는 막중한 역할을 안고 있다.

현재의 경제위기 양상을 고려하여 몇 가지 측면에서 개별 국가로서나 G20 의장국으로서 한국이 제안할 수 있는 정책, 또는 한국의 노동 상황과 조건에 맞는 새로운 정책과 제도의 도입에 대해 간단히 거론하고자 한다.

가장 먼저 제안할 수 있는 글로벌 차원의 정책은 '글로벌 고용펀드'(Global Jobs Fund)나 '노동펀드'(Labour Fund)이다. 노동자 개인에게 실업급여 형식으로 돈을 줄 것이 아니라 내수 경제를 활성화시켜 안정적이고 고정적인 일자리를 보장하는 쪽으로 재정을 지원하는 것이 이 펀드의 핵심이다. 이는 기존의 IMF나 세계은행 등에서 실시하거나 시행하려고 하는 패키지 프로그램과는 다른 형식과 내용을 포함하는 것이 바람직할 것이며, 노동자를 청산과 구조조정의 대상이 아닌 지속가능한 경제의 주체로 인정하는 것이 먼저 선행되어야 할 것이다.

두 번째는 사회적 안전망에 대해 국가적 차원에서 새롭게 접근할 필요가 있다는 점이다. 국가 안전망이 갖춰지면 효율적인 국가 운영은 물론이고 사회적 갈등과 혼란을 해소하는 데 들어가는 소모적 비용을 줄일 수 있다는 인식이 선행되어야 할 것이다. 경제위기로 실업자가 양산되면 어쨌든 국가가 그 부담을 떠안아야 한다. 비록 기업에서 위기가 시작되었다 하더라도 최종 책임은 결국 국가로 돌아오게 되어 있다.

고용과 노동시장의 불안정성은 결국 경제위기 해결이나 국가의 지속적 성장과 발전에 걸림돌이 될 것이다. 이런 위기를 사전에 예방하기 위해서는 국가가 조정하고 주도할 수 있는 새로운 사회 협약 시스템과 사회 안정 시스템을 개발할 필요가 있다.

이를 위해 여기서 제안하는 제도는 사회적 기업의 활성화와 사회적 양극화 해소를 위한 한국형 사회협약 시스템의 개발이다. 첫째는 사회적 기업의 활성화이다. 오늘날 유럽의 선진 국가들은 복지와 노동의 새로운 모델로 사회적 기업의 활성화와 투자를 적극적으로 모색하고 있다.

한국도 유럽 주요 국가들의 사회적 기업들을 연구한 결과를 바탕으로 사회투자정책을 향상시키고 '사회안정화기금'(Social Stabilization Fund)의 조성과 활용에 대해 진지하게 고민할 필요가 있다. 유럽 모델 연구를 통해 얻은 결과는 사회적 양극화 현상이 심화되고 있는 한국 사회에 복지와 노동 문제를 해결할 정책 아이디어를 제공할 수도 있을 것이다.

두 번째로 한국 사회가 도입할 수 있는 중요한 정책적 합의는 양극화 해결을 위하여 사회적 협약을 정비하는 것이다. 1997년 IMF 외환위기 이후 한국 사회에는 양극화 현상으로 인한 불평등을 해결하는 문제가 초미의 관심사로 떠오르기 시작했으며, 2008년 시작된 미국발 세계경제 위기가 이를 더욱 부각시키고 있다. 경제위기로 인한 사회양극화 현상은 이제 사회통합 의제의 핵심적 요소가 되었다. 오늘날 양극화의 문제는 비단 한국만의 문제가 아니다. 주요 선진국에서도 중요한 화두가 되고 있다.

양극화(polarization)는 사전적 의미로서 '중간 부분이 해체되면서 양극단으로 모이는 현상'이라고 풀이하고 있다. 최근의 양극화 논의는 주로 중산층 소멸 현상과 빈곤의 증대에 대한 관심에서 출발하고 있다. 그렇다면 양극화는 '중산층의 와해'와 '빈곤층의 증가'로 이해될 수 있다.

이러한 양극화의 심화는 신자유주의의 구조 개혁과 밀접히 관련되어 있다. 신자유주의 정책은 단기적으로는 사회의 경쟁력과 효율성을 높이지만, 중장기적으로는 계급 불평등의 심화와 사회 분열을 초래한다. 신자유주의의 물결 속에서 과거에 볼 수 없었던 금융 부호와 같은 신흥 부르주아가 탄생하게 되었고, 한편으로는 실업자 증가, 비정규직 급증, 신용불량자 양산 등으로 인해 신빈곤층이 등장하게 되었다.

선진국의 경우 그나마 복지국가의 유산이 남아 있기 때문에 신자유주의의 공세 아래서도 상당한 사회적 안전망이 존재하지만 개발도상국의 경우에는 그 사정은 훨씬 더 나쁠 수밖에 없다. 한국의 경우 복지문제는 수출 주도 산업화의 와중에 뒷전으로 밀려나 있었고, 민주화 이후 임금 수준은 크게 개선되었지만 복지프로그램이 확립되기 전에 외환위기를 맞아 IMF의 신자유주의 정책을 추구할 수밖에 없었다.

신자유주의 정책으로 인해 한국 사회는 중산층의 와해와 빈곤층의 증가를 불러 사회 분열과 해체를 낳고 있다. 따라서 이 연구는 신자유주의적 정책이 제도적으로나 실질적으로 결여하고 있는 민주적 제도의 보장과 함께 사회적 양극화를 해소할 수 있는 제도와 정책을 실현하고 보장할 수 있는 사회적 요구와 제도적 장치가 필요하다는 인식에서 출발했다. 강자와 약자, 부자와 빈자의 분열과 대결의 이분법적 구도로 치닫고 있는 현재의 한국 사회에서 중산층의 강화와 노동 및 복지의 기본적 권리를 실현시킬 수 있는 새로운 내용의 제도가 필요한 것이다.

한국 사회가 노동과 고용시장의 문제를 해결함과 동시에 사회적 양극화 문제까지 풀려면 이 같이 구체적이고 실질적인 정책과 제도가 필요하다. '지역협약'과 '사회적 기업'이라는 제도와 정책을 양극화 해소의 대안으로 선택하여, 지역 단위 기업의 공공성을 강화하는 사회적 기업을 결합함으로써 한국의 다양한 지역의 양극화를 지역적 특성에 맞게 현실과 접목시키고자 하는 것이다. 이를 통해 대립과 분열을 촉발시킬 수 있는 사회적 양극화를 해소하고, 노동과 복지의 원론적인 문제까지 해결함으로써 보다 공고한 한국적 민주주의를 구축하고 지방 정치와 지역 중심의 생활정치를 실현시키고자 하는 것이다. 노동자와 기업 그리고 지방정부가 하나가 되어 자급자족이 가능한 지역으로 발전시킬 수 있어야만 노동과 복지의 통합적 해결이 가능한 것이다.

결론적으로 한국 사회의 노동과 고용시장의 조건과 환경이 선진국들이나 강대국의 그것과는 다르지만, 경제위기에 따른 노동정책의 해결은 사회적 안전망을 강화함과 동시에 지속가능한 양질의 일자리와 조건을 제시하는 것이라 할 수 있을 것이다. 노동정책의 성공이 복지의 해결이나 사회적 양극화의 선결 조건이라는 점을 선진국들의 노동정책뿐만 아니라 G20 정상회의의 기본 방향에서도 확인할 수 있기 때문에, 노동정책을 단순히 효율성이나 기업의 입장에서 논의해서는 안 될 것이다.

5부

G20과 한국

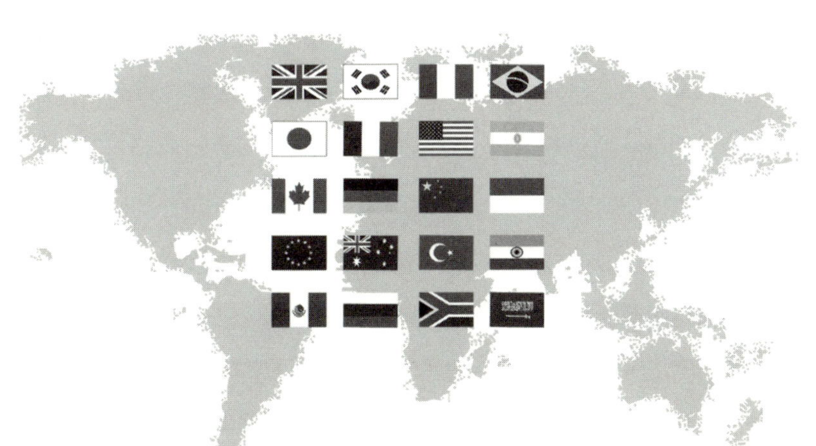

제 12장

G20 정상회의 의제와 한국의 전략

최희남

(G20 정상회의 준비위원회 의제총괄국장)

1. G20 정상회의 의제 논의의 동향

개별 국가의 입장에서 보면 국제 협상이나 협력의 목적은 자국의 이익 증대이다. 다행히 국제 공조가 자국뿐만 아니라 협상 파트너, 또 세계에도 이익이 되기 때문에 다양한 형태의 국제 협력이 이루어지고 있다. 이러한 협력 중 단연 으뜸은 이제 G20이다. 2009년 11월 미국 피츠버그에서 개최된 정상회의에서 G20을 국제 경제 협력을 위한 최상위 포럼으로 지정하였다. 이것은 세계경제의 현실을 볼 때 자연스러운 결론이다. 한국과 BRICs 등 신흥 개도국의 급성장으로 인해 G7은 이제는 선진국 그룹일 뿐, 세계경제 문제를 해결할 수 있는 대표 협력체라고 말하긴 어려운 상황이기 때문이다.

이처럼 격상된 G20 정상회의를 미국이나 유럽이 아닌 신흥국인 한국이 유치하게 된 것은 한국이 의장국으로서 각국의 의견을 한국의 이해득실만을 따지지 않고 세계적 시각으로 조율하며 논의를 이끄는 입장이 되었다는 의미이다. 이는 한국이 국제사회의 논의를 주도할 수 있는 유리한 위치에 선다는 것을 뜻하기도 한다. 의장국이 수행해야 할 의무를 책임감 있게 다하는 것은 물론이지만, G20 회원국의 일원으로서 얻는 이득보다, 의장국으로서 얻는 이득이 당연히 크다고 볼 수 있다. 이러한 측면에서 2010년 논의될 어젠다를 설정하는 것은 어렵고 중요한 일이면서도 한국 입장에서는 유익한 일이라고 평가할 수 있다.

현재까지 G20 정상회의를 통해 논의된 의제는 이번 경제위기의 원인 분석과 이에 대한 대응 방안과 연계되어 있다. 글로벌 금융위기의 근본 원인은 크게 네 가지로 지적되고 있다. 첫째, 각국의 거시경제 정책이 실패했다는 점이다. 전 세계적으로 유동성이 넘쳐나도록 방치한 중앙은행의 통화정책 실패와 이에 대한 국제적인 정책 공조의 실패를 들 수 있다. 중국 등에서 저가의 공산품을 세계 시장에 공급함에 따라, 1990년대 중반 10% 내외이던 세계경제의 인플레이션이 2000년대 들어 5% 이하로 낮게 유지되는 가운데 인플레이션 부담에서 벗어난 각국 중앙은행들이 확장적 통화정책을 쓰면서 실물경제도 높은 성장률을 달성할 수 있었다. 이 과정에 중앙은행은 정책금리를 낮은 수준으로 유지함으로써 투자수익률의 하락을 불렀고, 이는 경제 주체로 하여금 고수익 투자를 추구하게 만들어 회사채 스프레드가 낮게 유지되는 원인으로 작용했다.

둘째, 적절한 금융 규제의 부재이다. 우선 규제의 사각지대가 크게 증가하였다. 금융 혁신으로 인해 새로운 헤지펀드와 장외 신용파생상품 등 새로운 형태의 금융기관, 시장, 상품이 나타났다. 새로운 금융기관 등이 금융산업의 시스템 리스크를 확대시켰으나 금융당국의 규제는 이런 변화에 적절히 대응하지 못했다.

셋째, 국제금융시장의 안정성을 위해 설립한 국제금융기구가 제대로 역할을 하지 못한 점이다. 국제금융기구는 재원 부족과 지배 구조의 문제, 자금 지원 시에 따르는 '낙인효과' 때문에 위기에 효과적으로 대응하지 못했다. 특히 신흥국의 빠른 성장으로 경제규모가 크게 성장했음에도 불구하고 여전히 신흥국들이 국제금융기구의 의사결정 과정에서 배제되어 있었던 점도 국제금융기구의 위기대응에 장애가 되었다.

넷째, 글로벌 불균형의 심화이다. 전 세계적으로 경상수지 적자와 흑자 규모가 빠르게 증가하고 있었다. 이들의 합계치(절대액)의 규모

<도표 12-1> 워싱턴 정상회의 (2008.11.15) : 위기 원인 진단 및 의제 설정

거시경제정책 공조	–거시정책공조 원칙 선언 실물경제 활성화를 위해 경기대응적 재정 · 금융정책 등 적극적 거시경제 정책 공조 추진
금융시장개혁	–금융개혁과제 제시 (예: FSF회원국 확대, 헤지펀드, 신용평가사 규제 등) –금융개혁 원칙: 금융시장 투명성, 책임성 강화, 금융감독 · 규제 개선, 금융시장 신뢰성 제고, 국제협력 강화
IMF 역할 및 기능강화	–IMF의 재원확충, 조기경보 등 위기대응능력 강화 필요성 제시
국제금융기구 지배구조 개선	–신흥 개도국의 경제력 변화를 반영하여 IMF, WB, FSF등 국제금융기구의 지배구조 개선
보호무역주의 경계	–자유시장경제 원칙을 준수 향후 12개월간 새로운 무역장벽 신설 자제

가 전 세계 GDP에서 차지하는 비중이 1995년 2.1%에서 2006~2008년에는 5%대 후반까지 급증하였다. 이러한 불균형의 확대는 대체로 미국의 과잉 소비와 아시아 국가들의 과잉 저축, 그 과잉 저축을 바탕으로 한 대규모 미국채 투자, 관련국들의 정책 등이 복합적으로 작용한 결과이다. 글로벌 불균형을 장기간 방치한 세계경제가 미국 경제를 무분별한 소비로 이끌었고, 결과적으로는 위기를 몰고 온 먼 요인 중의 하나였다.

이러한 위기의 원인 분석을 바탕으로 G20 정상회의의 의제가 결정되고 대응 방안이 제시되었다. 먼저 워싱턴 정상회의에서는 위기원인 진단과 의제 설정에 대한 합의가 이루어졌다. 크게 보면 거시경제정책 공조, 금융시장 개혁, IMF의 역할 및 기능 강화, 국제금융기구의 지배 구조 개선, 보호무역주의 경계 등의 내용이다. 런던정상회의에서는 워싱턴 정상회의에서 합의한 과제들에 대한 구체적인 처방이 제시되었다. 거시정책 공조를 위해 2009년과 2010년에 재정지출을 5조 달러 늘리고 확장적 통화정책을 취하기로 합의하였다. 신흥국 지원을 위해 총 1조 1,000억 달러의 자금을 조달키로 하는 한편 금융 규제와 관련해서는 자본규제 강화, 회계기준 개선, 신용평가사 · 헤지펀드에 대한 규제 강화 등 8개 분야에서 추진할 개혁의 방향과 로드맵을 작성하였다. 국제금융기구 개편과 관련하여 예방적 대출제도인 FCL(Flexible Credit Line:신축적 신용 공여)을 신설하고 조기경보 기능 강화, IMF 쿼터, 세계은행 투표권 조기 개혁(1)에 합의하였다. 마지막으로 보호무역 저지를 위하여 무역규제 조치를 동결한다는 원칙

(1) 당초 IMF는 2013년 1월을 2011년 1월로, 세계은행은 2011년 4월을 2010년 4월로 각각 앞당겼다.

<도표 12-2> 런던 정상회의(2009.4.2) : 워싱턴 회의 과제에 대한 처방 마련

거시경제정책 공조	–2009~2010년 총 5조 달러 규모 재정확대 및 확장적 통화정책 –IMF가 각국이 취한 조치, 향후 필요조치를 정기적으로 평가 –금융시장 안정을 위한 부실자산 처리 공동 원칙 수립
보호주의 저지	–동결 원칙 재확인 –동결 실효성 강화(위반시 원상회복등) –WTO 는 분기별로 모니터링 결과 공표
신흥 개도국 지원 확대	–IMF 등을 통해 신흥 개도국 지원확대 : $11조 –IMF $5천억 / 무역금융 $2천5백억 / SDR $2천5백억 / MDB $1천억
금융규제/ 감독 강화	–8개 분야 개혁과제 추진방향 및 로드맵 마련 FSF를 FSB로 확대개편 · 기능확대 / 자본규제 등 건전성규제 강화 / 규제범위 확대 (헤지펀드 등) / NCJ제재 / 보상체계 개선 / 신용평가사 등록 · 규제감독 강화 / 회계기준 개선 / 국제협력강화(공동감시단 설립 등)
국제금융 기구 개혁	–IMF 예방적 대출제도(FCL) 신설, 조기경보기능 강화 –IMF 쿼터 · WB 투표권 개혁 조기 추진 *IMF : 2013.1 → 2011.1 / WB: 2011.봄 → 2010.봄 –능력 위주로 지도부 선출

을 재확인하였고 이의 실효성을 확보하기 위하여 WTO가 분기별로 각국의 이행 여부를 모니터링하기로 합의하였다.

이어서 2009년 9월 피츠버그 정상회의에서는 경제위기의 해결이라는 현안보다는 중장기적인 경제성장 방안을 집중적으로 논의했다. 특히 피츠버그 정상회의에서 '강력하고, 지속가능한 균형 성장을 위한 협력체제'(Framework for strong, sustainable and balanced growth)에 합의한 것은 이를 위한 시발점인 셈이다. 금융규제 중 현안이 되고 있는 네 가지 사안에 대하여 추가 개혁에 합의하였다. 은행 자본 규제에 대한 합의를 2010년까지 도출하고 그 합의를 2012년에 시행하기로 의견의 일치를 보았다. 금융기관 임직원에 대한 보상체계에 대해서도 상여금 지급 규제를 대폭 강화하였고 장외 파생상품에 대해서는 2012년까지 중앙청산소(CCP)를 통해 청산하도록 하고 대형 다국적 금융기관에 대해서는 2010년까지 정리 체계를 마련하고 감독을 강화하기로 했다. 피츠버그 합의사항의 핵심은 G20을 국제경제 협력에 있어서 최상위 포럼으로 지정하고 2011년부터는 회의를 연례화 함으로써 G20의 제도화에 합의했다. 이로써 G13, G14 논의는 사라지고 G8과 G20간의 업무 분담(2) 논의만 남게 되었다.

그간의 논의를 볼 때 서울 정상회의에서 논의될 의제는 크게 두 가지로 구분할 수 있다. 기존 정상회의에서 제기되었던 의제로 지속 가능한 성장을 위한 체제, 국제금융기구 개혁, 금융규제 개혁, 에너지 보조금, 기후변화 재원 조달, 금융소외계층 포용, 무역 등이 있다. 반면 의장국으로서 서울 정상회의에서 새롭게 성과를 낼 수 있는 의제가 있을 수 있다. 일종의 '코리아 이니셔티브'(Korea Initiative)가 될 수 있는 어젠다이다. 현재 여러 가지 주제를 검토하고 있으나 한국 정부가 적극 추진하고자 하는 것은 위기 극복 과정에서 우리에게 절실했던 외화 유동성을 공급해줄 수 있는 메커니즘을 제도화하는 것이다. 일종의 금융안전망인 셈이다. 또 하나 생각할 수 있는 것은 짧은 기간 내에 최빈국에서 선진 신흥국으로 발전한 우리의 경험이다. 개도국과 선진국 간의 가교 역할을 할 수 있는 위치에서 볼 때 경제개발 관련 이슈는 좋은 주제가 될 수 있다.

(2) 일반적으로 G8은 지정학적 이슈, G20은 국제경제협력으로 구분된다. 그간 G8에서 다루어온 개발 이슈도 G20에서 논의될 전망이다.

2. 지속가능한 성장을 위한 체제

한국에서 정상회의가 개최되는 2010년 11월경에는 세계경제가 위기에서 벗어난 상황이 될 것으로 예상할 수 있다. 만일 세계경제가 다시 침체의 늪에 빠지는 더블딥이 온다면, 추가적인 경기부양책이 요구되고 최악의 경우에는 전 세계적인 거시정책 공조가 다시 한 번 요구될 것이다. 하지만 그럴 가능성이 적기 때문에 위기 이후의 경제관리가 주요 논의 대상이 될 것이다. 따라서 2010년에는 우선 위기 이후 세계경제의 성장 잠재력을 어떻게 끌어올리느냐에 대한 논의가 주를 이룰 것이다. 위기 이후 세계경제가 나아갈 방향은 무엇이고, 어떻게 지속적이고 균형 잡힌 성장을 해 나갈지가 주요 의제가 될 것이다. 이러한 차원에서 단기적으로는 위기 대응으로 취했던 재정, 금융,

<도표 12-3> 피츠버그 정상회의 합의사항 (2009.9.24)

단기정책 공조	–출구전략 3가지 기조하에 대응 준비는 하되 IMF, FSB 지원을 받아 11월 재무장관회의시 논의. 경제회복이 확고해질 경우 시행, 국제공조하에 시행
지속가능 균형성장	–'지속가능 균형성장 협력체계'의 정책목표 합의, 이행계획 마련, 상호평가 결과에 기반하여 후속조치 합의 등
금융규제	–금융규제의 경기순응성 완화 및 과도한 리스크 방지 –건전성 규제, 보수규제 등 주요 개선과제의 향후 일정을 확인
국제금융 기구 개혁	–IMF의 쿼터 이전(5%), WB의 투표권 이전(3%) –IMF 임무에 대한 재검토 및 2008년 쿼터개혁을 완료 –국제금융기구 지배구조 개혁의 중요성 및 시한 확인
에너지 / 기후변화/ G20 제도화	–화석연료 보조금 축소 및 에너지 시장의 투명성 제고 –11월 재무장관회의시 기후변화 재원 규모 논의 –세계경제협력을 위한 최상위 협의체로 지정, 2011년부터 연례화

통화정책에 대한 출구전략이, 중장기적으로는 “지속가능하고 균형 잡힌 성장을 위한 체제”가 논의되어야 한다.

당초 경제위기의 요인으로 지적되어온 글로벌 불균형에 대한 대응은 미흡하였다. 대표적인 경상수지 흑자국과 적자국인 중국과 미국은 불균형의 원인과 해결 방안(3)에 대해 이견을 보여 그 문제를 G20 정상회의에서 논의하기가 어려운 상황이었다. 그러나 작년 하반기 들어 경제가 회복 기미를 보이고, 글로벌 불균형도 소폭 감소(4)하면서 회원국 간에 인식의 차이가 다소 완화되었고, 일방적 정책 권고가 아닌 상호 간의 불균형을 해소하기 위한 국제 공조 체제를 구축하기 위한 논의(5)가 피츠버그 정상회의를 앞두고 시작되었다.

“지속가능하고 균형 잡힌 성장을 위한 체제”는 피츠버그 정상회의에서 합의한 사항으로, 주요 국가들의 정책 방향이 공동의 목표에 합치하는지 여부를 G20 국가들이 서로 평가하여, 지속가능한 국제경제 질서를 구축하려는 노력이라고 할 수 있다. 따라서 2010년에는 이러한 협력체제를 정착시키는 것이 무엇보다 중요하다. 올해 상반기까지는 각국이 제출한 정책 방향에 대해 IMF의 지원을 받아 초기 단계의 상호 평가를 실시하고, G20 차원의 정책 대인을 마련하게 될 것이다. 하반기에는 상반기의 상호 평가 결과를 수정 · 보완하고 11월 정상회의 때까지 정책 권고를 마련하는 등 협력체제의 완전한 출범

---

(3) 미국은 위안화가 중국 경제의 펀더멘탈과 괴리되어 저평가되었다고 지적하고 위안화 절상의 필요성을 주장한 반면 중국은 미국의 과소비가 불균형의 원인이라고 상이한 견해를 피력하였다.

(4)미국 경상수지 적자 규모가 GDP 대비 6.5%(2005년)에서 3%대(2009년)로 축소되었다.

(5) 한국과 호주 양국 정상은 9월 3일자 ‘파이낸셜 타임스’(Financial Times) 기고를 통해 지속가능 균형성장을 위한 메커니즘을 제안하였다.

을 계획하고 있다. 이러한 일정(6)을 구체화함에 있어서 가장 중요한 요소는 G20 회원국들의 실질적인 참여이다. 그 절차를 전문적으로 또 원활하게 진행하기 위해서 우리나라는 워킹그룹(공동 의장국:캐나다 · 인도)을 구성하였다. 워킹그룹을 통한 논의는 재무차관 및 장관들의 상호 평가를 지원할 수 있을 것으로 기대한다.

3. 금융안전망 구축

글로벌 금융위기를 계기로 어느 한 국가의 통화에 기초한 글로벌 금융시스템은 내재적 불안정성과 불공정성을 지니고 있다는 점이 명확해졌다. 기축통화를 가진 국가는 국제통화를 공급함에 따라 '화폐발행효과'(seigniorage effect)를 누릴 수 있으며, 저금리로 해외 차입을 할 수 있고 글로벌 유동성을 조절하는 거시경제정책 수단을 가지는 특권을 누린다. 이러한 특권을 가진 국가는 대외 충격이 발생할 때 쉽게 대응할 수 있지만 경상수지 적자국이나 기축통화를 갖지 못한 국가들은 상대적으로 큰 어려움에 봉착한다. 따라서 위기 발생을 우려하는 신흥국들은 대규모로 외환보유고를 축적함으로써 시장의 위험을 증대시키고 자본자유화로 인한 이점을 상쇄시키게 된다.(7)

(6) 영국 세인트 앤드류스 재무장관회의에서 합의한 협력체계(Framework)의 세부 프로세스는 2010년 1월 말까지 각국이 IMF에 중기 정책 방향, 전망 등에 관한 자료를 제출하고, 2010년 4월 재무장관회의에 각국 정책 방향에 대한 초기 단계 상호 평가를 실시하기로 하였다. 2010년 6월 캐나다 정상회의에서는 정책 대안을 마련하고, 2010년 11월 한국 정상회의에서는 구체적 정책 권고를 내놓기로 하였다.

(7) "The Debate on the International Monetary System", Isabelle Mateos Lago, Rupa Duttagupta, and Rishi Goyal, 2009, IMF

신흥 개도국은 과거 금융위기 때 겪은 경험을 거울 삼아 위기 시 자본의 급격한 유출입에 의한 외부 충격을 막기 위해 경상수지 흑자를 통해 막대한 외환을 보유하고 있다. 일종의 자기보험인 셈이다. 1990년대 외환위기를 겪은 아시아를 비롯해 급격한 자본유출입의 피해를 입은 신흥 개도국으로서는 당연한 자구책이다. 특히 2000년 이후 신흥국들은 외환보유고를 6.4배(8)나 증가시켰음에도 불구하고 글로벌 금융위기로 인한 외화 유동성 부족을 경험하였다.

그러나 외환보유고의 확대는 자원의 비효율적인 배분, 글로벌 불균형의 심화, 이에 따른 보호무역 및 통화가치의 경쟁적 평가절하 등 중상주의 현상을 초래할 우려가 있다. 이처럼 신흥국들이 외환보유고를 확충하려 하는 이유는 대외 충격에 대한 완충 수단으로 외환보유고를 대체할 만한 국제적인 제도와 국제금융 협력체계가 갖춰지지 않았기 때문이다. 그렇기에 금융안전망을 제공하지 않으면서 흑자 규모를 줄이라고 하는 것만으로는 설득력이 약하다. 이런 차원에서 한국은 최근 G20 재무장 · 차관회의를 통해 금융안전망 마련을 논의 주제에 포함시켰고 이를 위한 워킹그룹도 구성했다. 한국은 이 문제를 2010년 주요 의제의 하나로 다룰 계획이다.

사실 이런 충격에 대비하기 위한 수단으로 IMF가 사전 위기 대응 제도로 신설한 FCL과 주요국 중앙은행 간의 통화스와프 협정이 있으나 FCL(9)은 그 역할이 제한적이고 높은 수수료, 충분하지 않은 자

(8) 2000년 7,000억 달러에서 2008년 3조 4,000억 달러로 증가하였다 (IMF COFER database).

(9) 현재까지 멕시코(470억 달러), 폴란드(206억 달러), 콜롬비아(105억 달러)가 승인을 받았다.

금 제공과 아직도 IMF 지원에 대한 낙인효과가 남아 있어 활용이 미흡한 상황이다. 반면 스와프 협정은 대상국 선정, 스와프 조건 등이 자의적이고 제도화되지 못하여서 일회성 지원제도에 불과한 면이 있다. 특히 위기 시에 제공되는 임시적인 성격을 극복하고 신흥 개도국에게 예측 가능하고 안정적인 유동성을 공급할 수 있는 방안을 모색할 필요가 있다. 현재까지 검토 가능한 대안으로는 FCL 제도를 개선하거나, 양자통화스와프 협정을 '치앙마이 이니셔티브'(CMI) [(10)]처럼 '다자간 지역 스와프 라인'으로 확대하거나 '리저브 풀링'(reserve pooling)으로 발전시키는 방안도 검토할 만하다. 또한 IMF와 같은 국제금융기구를 통해서 외화대출을 해주거나 신용보증을 해주는 외화유동성 보험제도(global liquidity insurance arrangements)를 설립하는 방안도 있으나 이를 위해서는 재원 부담, 손실 분담, 보험료 산정, IMF와의 관계, 도덕적 해이 문제 등 여러 가지 면을 추가로 검토해야 할 것이다.

4. 개발 이슈

G20 국가 간 상호 평가 등의 절차를 통한 거시경제 공조, 신흥 개도국을 위한 금융안전망 제공과 더불어 G20이 다루어야 할 중요한 요소 하나는 개도국 지원이다. G20이 세계 경제협력을 위한 진정한 최상위 포럼이 되기 위해서는 G20에 참가하지 못하는 국가에 대한 배려가 반드시 필요하다. G20이 이 나라들의 입장을 고려하지 않는

(10) ASEAN + 3국가들은 기존의 양자간 통화스와프 계약을 기본으로 한 CMI(치앙마이 이니셔티브)를 2010년 3월 다자화하기로 합의하였다.

다면, 현재 G7이 '선진국들만의 클럽'이라고 비난받는 것처럼, G20도 역시 '그들만의 클럽'이라는 비난을 면치 못할 것이다. 비록 그 국가들이 현재 세계경제에서 차지하는 경제적 비중은 작지만, 그들의 필요는 생존과 연계되어 있다는 면에서 가장 긴요하다고 할 수 있다. 또한 개도국의 성장이 세계 경제성장의 새로운 동력이라는 점에서 개도국 지원은 지속가능한 성장을 위해서 G20이 다루어야 할 필수 과제라고 평가할 수 있다. 2010년은 '새천년 개발목표'(Millennium Development Goals) 달성을 위한 중간 점검이 이루어지는 해이다. '새천년 개발목표'는 2015년까지 극단적인 빈곤을 1990년의 절반으로 줄이는 등의 구체적인 목표를 설정한 것으로, 2000년 UN에서 채택된 것이다. 경제위기가 이러한 목표의 달성을 저해하고 있다는 점에서, G20 정상들은 이 목표의 달성을 거듭 강조한 바 있다.

최근 한국이 OECD 내 선진국 모임인 개발원조위원회(DAC)에 가입했다는 점을 고려할 때, 한국의 입장에서 개발 이슈가 가지는 의미는 남다르다고 할 수 있다. 한국은 수원국(受援國)의 경험도 충분히 가지고 있고, 또한 빠른 시간 내에 원조국으로 돌아선 나라라는 점에서 개발 이슈에 상당한 기여를 할 수 있다고 생각한다. 우리는 개발 원조를 받은 경험과 원조를 지원하는 경험을 모두 갖고 있어 국제사회의 원조 진행과 정책 설정 측면에서 선진국과 개도국의 입장을 조율하고 적극적으로 참여할 예정이다.

G20 차원에서 개도국 지원은 단순한 원조가 아닌 개도국의 장기성장을 촉진하는 방향으로 주로 논의되어야 한다. 최근에 미국이 주장하고 있는 '세계농업, 식량안보 프로그램'(Global Agriculture and Food Security Program)도 단순한 식량 원조에서 벗어나 개도국의

농업 생산성을 증대시킬 투자에 중점을 둔다는 점에서 바람직한 방향이라고 생각한다. 또한 최빈국들이 위기에 더욱 취약하다는 점에서 위기 시 활용할 수 있는 대응 수단도 마련해야 할 것이다. 그리고 국제금융기구가 저소득국에 제공하는 '양허성'(concessional) 융자가 차질 없이 지속될 수 있도록 국제금융기구의 재원을 확충하는 노력을 펼 것이다.

개도국 지원의 연장선상에서 개도국이 금융서비스에 대한 접근성을 높일 수 있는 방안에 대해서도 논의되어야 한다. 은행 등 금융기관에 대한 접근성이 떨어지는 금융소외 계층들을 위해 접근이 용이한 휴대폰이나 ATM 등을 활용하여 금융거래를 할 수 있도록 지원하고, 사업성이 있는 중소기업들이 자금조달에 어려움을 겪지 않도록 전문가 그룹을 구성하여 논의를 지속할 예정이다. 한국은 전문가 그룹(FIEG: Financial Inclusion Experts Group)에서 미국, 캐나다와 더불어 정상회의 개최국으로서 공동의장 역할을 수행하고 있다. 특히 한국은 모바일 뱅킹이나 인터넷 뱅킹 등 점포 없는 금융서비스의 제공이나, 서민들을 위한 소액금융 서비스가 발달되어 있다는 점을 십분 활용하여 그 전문가 그룹에 활발하게 참여하고 있으며, 향후에도 우리의 사례를 전파할 수 있도록 준비하고 있다.

5. 금융규제 개혁

이번 경제위기가 금융규제 실패에서 기인하였다는 점에서, 금융규제 개혁은 G20 정상회의 논의의 시작점이자 지속적으로 추진되어야 할 과제라고 할 수 있다. 런던 정상회의와 피츠버그 정상회의에서 금융규제를 개선하기 위한 국제기준이 마련되고 시행 일정에 대부분 합의하였기 때문에 이제는 이행이 중요한 시점이다. 특히 2010년에는 은행 자본을 규제하는 방안과 금융회사에 대한 감독을 강화하는 방안이 마련될 전망이다. G20 회원국들은 이 가이드라인을 바탕으로 2012년까지 각국 현실에 맞게 구체적인 정책을 수립하게 될 것이다. 또한 그간 논의되어왔던 조세정보 교환, 자금세탁 방지 및 테러자금 방지에 비협조적인 지역에 대한 대응 조치를 마련하는 등 합의사항의 이행을 강화하게 될 것이다. 이와 더불어, 향후 위기 재발을 방지하기 위해 금융안정위원회와 국제통화기금의 조기경보 기능을 강화해야 한다. 강화될 금융규제 내용 중 논란이 되고 있는 분야를 살펴보면 다음과 같다.

첫째, 자본의 건전성 강화이다. 이번 위기로 다수의 은행이 부실화되고 공적자금이 투입되면서 자본 규모의 적정성 문제와 유동성 기준을 도입할 필요성[11]이 대두되었다. 은행들은 최저 자본 규제 기준을 준수하기 위해 대출을 급격히 줄이는 등 실물경제의 위축을 가속화한 측면이 있다. 이에 자본 규제를 강화하고 유동성 규제를 도입하기로 합의하였다. 자본이 손실을 흡수하는 능력에 한계가 있었기에 자본의 양과 질[12]을 강화하기로 하였고, 경기순응성(procyclicality)이 심화되어 이를 완화하기 위하여 완충자본(capital buffer)과 레버

(11) 영국 8위 은행이었던 노던 록(Northern Rock)(2007년 6월 기준 자산 230조원)이 유동성 부족으로 '뱅크 런'(Bank run)을 경험하였다.
(12) 보통주 자본(보통주, 잉여금)과 부채성 자본(신종 자본증권, 우선주, 후순위채 등)을 명확히 구분하여 자본 인정 요건을 강화하였다.

리지 비율[13]을 도입하였다. 그간 없었던 유동성 기준을 새로 도입하기로 하였다. 구체적인 내용에 대해서는 2010년까지 합의하기로 되어 있으나 파급효과가 가장 크고 학계 · 업계 · 언론 등에서 큰 관심을 갖고 있는 핵심 과제이나 국가별로 입장이 달라 의견 조율에 더욱 집중할 필요가 있다.

둘째, 대형 금융기관(Systemically Important Financial Institution, SIFI)[14]에 대한 규제 강화이다. 다수 국가에서 실물경제에 미치는 영향을 감안하여 부실화된 대형 금융기관을 정리하지 못하고 공적자금을 투입할 수밖에 없는 경우가 많다. 금융기관을 정리하는 경우에도 다국적 금융기관의 경우 국가 간 이해관계 등으로 어려움이 따른다. 이에 대형 금융기관의 부실을 방지하기 위하여 감독 강화와 정리를 위한 국제 공조체제를 구축하기로 합의하였다. 감독 강화를 위해 공동감시단[15]을 설립하였고, 정리 역량을 강화하기 위해 위기관리그룹을 구성하고, 구체적인 정리절차를 마련하고, 기관별로 위기대응계획을 수립하기로 하였다. 2010년 상반기 중 금융기관별로 위기대응 계획을 논의할 예정이며 이와 함께 금융기관의 국적 국가와 진출국의 정리당국(예: FDIC, 예금보험공사 등)으로 구성된 위기관리그룹

---

(13) 레버리지 비율은 자본 대비 총익스포져(자산)로 계산되며 2010년 말에 구체적인 수치가 결정될 예정이다. 자본은 원칙적으로 보통주 자본 또는 티어(Tier) 1 자본을 기준으로 하며, 총익스포져는 최소 자기자본 산정 시와는 달리 리스크에 따른 위험가중치를 적용하지 않고 대차대조표 상의 금액을 사용할 예정이다.

(14) 금융기관이 금융시스템의 불안정을 초래할 수 있는지 여부를 판단하는 기준은 규모(size), 대체 가능성(substitutability), 상호 연관성(interconnectedness) 등을 바탕으로 하나 상황에 따라 가변적이므로 정책 당국이 수적인 기준이 아닌 정성적(定性的: qualitative) 판단에 기초하여 시스템에 중요한 기관을 결정할 예정이다.

(15) 2009년 9월까지 43개 대형 금융기관에 대한 공동 감시단(감독당국자간 모임,supervisory college)이 설립되었다.

도 구성할 예정이다. FSB는 금년 10월까지 SIFI에 대한 감독을 강화하는 방안을 마련할 예정이다. 시스템적으로 중요한 기관에 대한 이슈는 아직 논의의 초기 단계여서 큰 쟁점이 없으나, 추가 자본규제 등을 이유로 각국이 SIFI 관련 판정에 소극적으로 대응할 것으로 예상되는 등 구체적인 이행을 놓고 국가 간 이견과 대립이 예상된다.

셋째, 금융기관의 보상체계에 대한 규제이다. 그간 단기적 성과 위주로 되어 있는 비대칭적인 보상체계(16)가 과도한 위험감수를 불렀고, 이로 인해 금융시스템의 안정성이 저해된 문제점이 있었다. 이에 2009년 4월 런던 정상회의에서는 FSB의 보상원칙을 채택하고 2009년 임금협상 때까지 각국은 중요한 진전을 이루기로 합의하였다. 그러나 국가 간 이행 수준에 차이가 발생함에 따라 프랑스 · 영국 · 독일 등은 보다 강하고 구체적인 집행 기준(17)을 마련할 것을 주장하였다.

2009년 9월 피츠버그 정상회의에서는 FSB의 보상원칙 집행 기준을 채택하였고 FSB는 2010년 3월 말까지 각국의 이행 상황을 점검한 후 필요시 추가 조치를 제안할 예정이다. 보상체계의 국가 간 차이는 우수한 금융 인력의 확보와 직접 관련되어 있다. 그러기에 공정한 경쟁을 위해서는 각국에 동일한 규제를 적용해야 한다는 주장이 우세하다.

넷째, 장외 파생상품시장(OTC derivative market)에 대한 규제 강화

---

(16) 성과급의 경우 성공할 경우에는 이익을 배분하고 손실이 발생할 때는 손실을 분담하지 않는 비대칭성이 있다.

(17) 보너스의 일시 지급제한, 손실 발생시 상여금 환수(clawback), 보장된 상여금 지급 제한, 총보상액을 순수익의 일정 비율로 제한, 미이행시 제재하는 내용이다.

<도표 12-4> FSB의 보상 원칙 및 집행 기준

FSB의 보상원칙(2009.4월)	FSB의 보상원칙 집행기준(2009.9월)
· **지배 구조** – 이사회가 보상체계 실질적 감독 – 리스크 관리 조직은 감독대상 사업 분야와 독립된 별도의 보상체계 구축	· **지배 구조** – 이사회 내 독립적인 보상위원회 설립 – 리스크 담당 직원의 보상은 다른 사업 분야와 독립적으로 결정
· **보상 구조** – 보상 수준은 리스크에 상응 – 지급 기간은 리스크 보유 기간 고려 – 지급 방법은 현금, 주식 등 다양한 형태 조합	· **보상 구조(임원 및 리스크에 영향 있는 직원)** – 보상의 상당 부분이 변동 보상 – 변동 보상의 상당 부분(40–60%)이 지급 연기(3년 이상, 비례 기준보다 조기 지급 금지) – 변동 보상의 상당 부분(예:50%)은 주식 또는 주식 연계 상품으로 지급(적정 기간 보유) – 보장된 상여금 지급 금지 – 부정적 영향 발생시 총변동보상 축소(환수 등)
· **공시 및 감독 강화** – 주주 참여 위해 시의적절한 정보 공표 – 감독 당국 리스크 평가체계에 보상업무 포함	· **공시 및 감독 강화** – 회계연도 중 보상액, 변동 보상 금액 및 형태, 지급 연기된 보상액, 퇴직보상금액(1인 기준 최고 금액) 등을 공시 –동 기준 미이행 금융기관에 대해 교정 조치 실시, 필요시 바젤(Basel) Ⅱ에 따른 시정 조치
	· **보상 및 자본** – 변동 보상이 건전 자본 수준 유지에 부합하지 않는 경우 감독 당국은 변동 보상을 총순수익의 일정 비율로 제한 필요

이다. CDS 등 장외 파생상품시장에 대한 규제 및 감독이 미흡했던 것을 이번 금융위기의 한 원인이라고 인식하고 이에 대한 규제 강화가 논의되고 있다. 규제 감독의 미흡으로 시장의 불투명성이 커졌고, 거래 상대방의 리스크에 체계적으로 대응하지 못해 이번 금융위기가 증폭되었다. 이에 장외 파생상품시장의 투명성을 제고하고 거래 상

대방의 리스크를 축소하는 방안을 마련하기로 합의하였다. 투명성 제고를 위해 모든 거래는 '중앙거래소'(trade depository)에 보고하도록 하였고, 거래 상대방의 리스크를 축소하기 위하여 표준화된 장외 파생상품은 2012년까지 중앙청산소(CCP)를 통해 청산토록 했다. CCP를 통하지 않은 장외 파생상품 거래에 대해서는 높은 수준의 자본 축적 의무를 부과함으로써 리스크에 상응하는 규제를 적용토록 했다. 이에 미국과 유럽에서는 다수의 CCP가 운영을 시작[18]하였고 바젤은행감독위원회(BCBS)는 2010년 말 장외파생상품의 위험을 반영하여 수정된 자본규제 방안을 발표할 예정이다.

마지막으로 금융권의 분담 방안이다. 이번 위기를 극복하는 과정에서 각국은 자본 확충을 위해 금융권에 막대한 공적자금을 투입하였으며, 이는 심각한 재정 부담으로 작용하였다. 이에 공적자금에 대한 금융권의 분담과 향후 위기재발 시 금융권 스스로 비용을 부담할 수 있는 방안을 마련할 필요성이 제기되었다. 이에 2010년 재무장관회의 때까지 IMF에 금융권 분담 방안을 마련해 줄 것을 요청하였다. 금융권 분담을 적극 주장한 영국은 분담 방안으로 국제금융거래세[19]와 과도한 상여금에 대한 일시적 과세, 보험료, 정리기금(rcsolution funds)[20] 도입 등을 제시하였다. 이중 국제금융거래세에 대해서는

(18) 장외 파생상품시장이 발달하지 않은 지역에 CCP가 의무 적용되고 높은 자본부과 방안이 실시될 경우 관련시장이 고사할 우려가 있다.
(19) 국제금융거래에 대해 0.005%의 세금을 부과하여 개발지원자금, 기후변화대응 재원을 마련하자고 제안하였다. 2007년의 경우 1일 국제금융거래 규모가 2조 2,000억 유로이며, 0.005% 세금부과 시 연간 200~300억 유로가 걷힐 것으로 전망된다.
(20) 금융기관 정리에 소요되는 자금을 마련하기 위해 금융기관의 리스크에 상응한 수수료를 미리 징수하여 적립하는 방안이다.

국가 간 이견이 노출되고 있으며 학계 등에서도 찬반양론[21]이 팽팽하게 대립하고 있다.

6. 국제금융기구 개혁

G20에서 논의되는 큰 주제 중 하나는 이번 경제위기를 극복한 이후 지속가능한 국제협력 체제를 구축하는 방안이다. 피츠버그 정상회의에서는 G20이 최상위 포럼이 되고, 국제통화기금과 세계은행, 금융안정위원회(FSB)가 지원하는 형태의 새로운 국제협력체계를 형성하였다. 따라서 글로벌 이슈를 논의하는 대표기구로서 국제금융기구들의 정당성을 높일 필요가 있다. 금융위기 이후, 국제금융기구가 위기를 예측하고 예방하는 기능이 미흡하였고, 위기에 적절하게 대응하지 못하는 등 그 역할 수행에 있어 역량이 부족하다는 반성에서 새로운 국제기구의 창설 필요성에 대한 논의가 이뤄지기도 했다. 그러나 G20은 새로운 국제기구의 창설보다는 IMF와 세계은행을 개혁하여 국제금융체제의 핵심 기구로 활용하는 방향을 선택하였다. 이에 따라 G20 정상들은 이 기구들의 역량을 강화하기 위해 재원을 확충하는 한편, 기구들의 정당성과 효과성, 신뢰성을 높일 수 있도록 지배구조 개혁도 동시에 이루어져야 한다는 데 합의했다.

현재의 국제금융기구의 지배 구조는 선진국 위주라는 비판을 받아왔다. 한국과 BRICs 등 신흥 경제국이 급격한 성장으로 세계경제에

(21) 영국, 프랑스, 독일은 찬성이고 미국, 캐나다, 러시아 등은 반대 입장이다.

<도표12-5> 2008년 4월 IMF 쿼터 증액 규모

(단위 : 백만 SDR)

		총 쿼터납입액	한국 쿼터납입액	실제쿼터(%)	투표권(%)
	06년 9월 이전	213,719.0	1,633.6	0.764	0.76
	현행	217,527.9	2,927.3	1.346	1.34
	08.4월 개혁 내용	238,296.7	3,366.4	1.413	1.365
규모변동	06.9월 이전 대비	24,577.7	1,732.8	0.6	0.6
	현행 대비	20,768.8	439.1	0.1	0.0
비중변동	06.9월 이전 대비	11.5%	106.1%	84.9%	79.6%
	현행 대비	9.5%	15.0%	5.0%	1.9%

서 차지하는 비중이 높아졌음에도 이 국가들의 지위가 시의적절하게 반영되지 않았기 때문이다. 따라서 이처럼 변화된 세계 경제환경과 금번 위기대응 과정에서의 교훈을 바탕으로 IMF 등 국제금융기구의 임무를 조정할 필요가 있는지를 면밀히 검토하는 것이 2010년의 주요 의제가 될 것이다. IMF의 지배 구조를 개혁하는 것이 IMF의 신뢰성과 정당성, 효율성을 개선하기 위한 노력의 핵심 요소이다. 쿼터 배분 외에도 증액 규모, 이사회의 규모와 구성, 이사회의 효율성 제고 방안, 거버너(회원국이 임명한 위원)의 참여 확대 방안, IMF 직원의 다양성 제고도 지배구조 개혁의 중요한 이슈이다.

또한 런던 정상회의 이후 2008년에 이미 합의한 IMF와 세계은행의 지배구조 개혁의 이행을 G20 차원에서 지속적으로 촉구하고 있는데, 이를 위해서는 IMF와 세계은행의 회원국들이 비준 등 국내 절차를 거쳐야 한다. 비록 소폭이긴 하지만 이미 합의된 개혁안만 이행되더라도 신흥 개도국의 지분이 증가하게 된다. 따라서 이미 합의한 개혁안이 완전히 이행되지 않는다면, 더욱 광범위한 차기 개혁안이 1~2년 안에 합의에 이른다 해도 실행까지는 오랜 시간이 걸릴 수 있다는 이야기가 된다. 따라서 기존 합의사항을 신속히 이행하는 것이 G20 정상회의의 신뢰성 확보에 중요한 과제 중 하나라고 할 수 있다.

차기 개혁 이슈와 관련하여, IMF는 쿼터를 중심으로 이루어진 기관이라는 점에서 2011년까지 쿼터 개혁이 차질 없이 마무리되어야 한다. 현재 쿼터를 과대 대표하고 있는 국가에서 과소 대표되고 있는 신흥 개도국으로 5% 이전하기로 피츠버그에서 합의하였으나, 아직 어느 나라에서 어느 나라로 쿼터를 이전할 것인지, 이를 위해 얼마만큼의 쿼터를 증액할 것인지에 대해 추가로 논의가 필요한 상황이다. 세계은행은 IMF와 달리(IMF는 쿼터를 배분하는 IMF 쿼터공식[22]이 있음) 지분을 나누는 공식을 두고 있지 않다. 그래서 피츠버그 정상회의에서는 세계은행이 바뀐 경제력을 반영할 수 있도록 '동태적 지분공식'[23]을 마련하고 대표성을 제대로 인정받고 있지 못하고 있는 신흥 개도국의 투표권 비중을 최소 3% 이상 늘리기로 합의하였다. 한국의 경우 IMF 쿼터 및 세계은행 투표권이 증가될 것으로 기대되는 만큼, 논의의 진전을 위해 2010년에도 지속적으로 노력할 예정이다.

---

(22) IMF 쿼터공식

쿼터=(0.5 GDP* + 0.3 개방도* + 0.15 변동성* + 0.05보유고)$^{0.95}$

* GDP : 최근 연도 시장환율 기준 GDP와 구매력 평가 기준 GDP를 6:4로 가중평균

*개방도 : 최근 5년간 경상지급 및 경상수입 합계의 연간 평균치

*변동성 : 경상수취 및 순자본 유입의 변동성

*보유고 : 최근 연도의 월 평균치

(23) 세계은행은 IMF와 같은 지분 공식이 없기 때문에 피츠버그 정상회의 합의에 따라 각국의 경제력과 세계은행에 대한 기여도를 반영하는 지분 공식을 마련할 예정이다. Share = β (Economic Weight) + (1−β)(Contribution)

<도표 12-6> G20 서울 정상회의에서 논의될 이슈

주요 논의 이슈
1) 장기 : 강력하고, 지속가능하고 균형 잡힌 성장을 위한 지원 체계 (Framework for Strong, Sustainable and Balanced Growth) 단기 : 출구전략
2) 신흥 개도국의 외환보유고 축적 요인을 줄이기 위한 금융안전망 마련
3) 개도국 지원 이슈 – 금융소외 계층에 대한 금융서비스 접근성을 높이기 위한 전문가 그룹 논의
4) 금융규제 개혁
5) IMF, 세계은행 등 국제금융기구 개혁
6) 기후변화 재원, 에너지 보조금 축소, 식량 안보 등 기타 이슈

이번 경제위기를 통해 IMF의 위기 예방 도구의 하나인 감시기능이 제대로 이뤄지지 못했음이 밝혀졌으며, 향후 IMF가 위기 대응 역할을 잘 수행하기 위해서는 감시기능을 강화할 필요가 있다. 금번 글로벌 위기가 선진국에서 개도국으로, 금융 분야에서 실물 부분으로 전이되면서 증폭되었다는 점을 고려한다면, 향후 IMF는 감시기능의 범위를 금융 분야까지 확대할 필요가 있다. 그 방안으로 국경 간 전이효과를 고려하여 IMF의 다자 감시 기능에 초점을 맞추어야 하며, 전통적으로 수행하고 있는 연례협의(Article Ⅵ)와 다자 감시를 연계시키는 것이 바람직하다. 또한 FSB와 더 유기적으로 협조하여 조기경보활동(EWE: Early Warning Exercise)의 효과를 더욱 제고할 필요가 있다.

피츠버그 정상회의에서 확인한 바와 같이 다자간 개발은행(MDB)의 가장 중요한 임무는 빈곤 퇴치와 개발이다. 그러나 위기 이후 점차 중요하게 부각되고 있는 새로운 과제들에서도 MDB의 역할을 강조할 필요가 있다. 장기적으로 풀어나가야 할 과제도 여럿이다. 첫째, 글로벌 공공재(global public goods:기후변화, 보건, 무역 등)의 공급 및 지구적 도전(식량, 에너지 안보, 물, 이민 등) 등 장기적 과제에 대한 대응이 점차 강조되고 있다. 둘째 과제는 개발 관련 지식의 공유이다. MDB들은 그간 다양한 분야에서 개발 관련 지식을 축적해왔다. MDB들은 이러한 개발 관련 지식을 공유 · 전파하는 노력을 통해서 개도국이 위기 이후 자국의 취약점을 진단하고, 적합한 정책을 개발하는데 도움을 줄 수 있을 것이다. MDB들은 수집된 개발 지식을 바탕으로 개도국의 개발 단계별, 국가별 상황에 맞는 경험 및 사례를 제시하는 개발 지식의 토대(platform) 역할을 할 필요가 있다. 마지막으로는 민간 지원에 대한 강화이다. 지속가능하고 균형 잡힌 성장이 가능하기 위해서는 개도국이 민간 부문의 자생력을 강화하는 것이 전제되어야 한다. 민간 부문 활성화를 통해서 기업을 육성하고, 일자리를 창출함으로써 민간 소비 및 투자를 확대하는 선순환 구조가 정착되어야 한다. 이를 위해 MDB들은 저소득 국가의 민간 부문이 활성화될 수 있도록 각종 무역 및 사회적 인프라를 지원하고 금융 접근성을 확대하는 등의 노력을 펴야 한다.

7. 기타 이슈

마지막으로 피츠버그 정상회의에서 제대로 합의를 이루지 못한 기후변화 대책은 G20 한국 정상회의에서 큰 숙제가 될 것으로 보인다.

당초 피츠버그 정상회의에서 기후변화 문제의 해결을 위해 재원을 조성하는 문제를 놓고 실질적인 논의가 이루어질 것으로 기대되었다. 그러나 중국 등 일부 국가들은 그런 논의는 G20 회의가 아니라 UN 차원에서 이루어져야 한다고 반발하면서 격론이 일었고, 결국 합의에 실패했다. 이어 2009년 12월 덴마크 코펜하겐에서 열린 기후변화 회의에서도 이런 실패가 반복되었다. 다만 28개 국가가 합의한 합의문에서 선진국은 2010년부터 2012년까지 매년 300억 달러를, 2013년에서 2020년까지 매년 1,000억 달러를 조성하기로 하였다. 그러나 구체적인 내용과 이행 방안에 대한 합의는 없는 상황이다. 따라서 2010년에도 재원을 조성하고 제도적 장치를 마련하기 위한 모색이 지속적으로 이뤄져야 할 것이다. 올해는 멕시코를 의장국으로 한 '유엔기후변화협약'(UNFCCC)의 협의체에서 기후변화 관련 논의가 이루어질 예정이다. 그러나 중국과 사우디아라비아를 비롯한 개도국들이 G20에서 기후변화 재원을 논의하는 것에 소극적인 입장을 보이고 있어 논의가 어떤 식으로 발전할지는 좀 더 지켜보아야 할 것이다.

또한 피츠버그에서 합의한 대로, 에너지의 낭비적 소비를 유발하는 비효율적인 화석 연료 보조금을 합리적으로 정리하고 단계적으로 축소하기 위한 노력도 해야 할 것이다. 다만 사회안전망 차원의 저소득층에 대한 보조금은 논의 대상에서 제외되었다. 이를 위한 전략 및 이행 일정을 6월 토론토 정상회의 때 보고하도록 되어 있다. 우선 4월 재무장관회의까지 각국이 이행 전략과 일정을 수립하고, IEA(세계에너지기구), OECD, OPEC(석유수출국기구), 세계은행 등 4개 국제기구는 공동 보고서를 제출토록 되어 있다. 그러나 보조금의 정의 및 측정 방식을 각국에 위임함에 따라 국가 간 비교가 불가능하고 일관성이 부족하여 논의의 의미가 줄어들 것이다. 또한 각국의 이행계획 수립을 점검할 주체에 대한 논의가 추가로 필요한 상황이다.

8. G20 서울 정상회의 준비

한국이 이처럼 복잡하고 다양한 이슈-어떤 이슈는 한국의 전문성이 부족하기도 함-를 의장국으로서 잘 다루고, 이해관계가 다른 나라들 간에 합의를 이끌어내기 위해서는 어떤 대응전략을 세워야 할 것인가?

의장국이 해야 하는 역할 중 가장 기본적인 것은 성공적인 회의 개최를 위한 준비를 철저히 하는 것이다. 20개국 정상들과 주요 국제기구의 수장 등 최고 지도자들이 모이는 만큼 보안 문제부터 의전까지 준비해야 할 것이 많다. 회의의 내용적 측면에서는 의제 설정, 참가국 선정 및 합의 조정 등을 주도하는 역할을 맡게 된다. 한국이 의장국으로 선정된 배경에는 경제 · 무역 규모 등에 비추어볼 때 한국이 지닌 균형 잡힌 대표성과 세계 경제 권력이 아시아로 이동하는 추세, 과거 최빈국에서 단기간에 OECD 회원국으로 성장한 개발 경험, 90년대 말 외환위기 극복 경험을 바탕으로 선진국과 개도국 간 가교 역할을 훌륭히 소화해낼 수 있을 것이라는 기대감이 깔려 있다. 이러한 기대에 부응하기 위해서 선진국이나 개도국 어느 한편에 치우치지 않는 접근이 필요하다. 따라서 각국이 주장하는 내용의 논리와 배경 등에 대한 충분한 지식과 이해가 필요하다. 또한 그들의 입장을 충분히 이해하고 공감할 필요도 있다. 회의장에서 뿐 아니라 회의장 밖에서도 네트워크 형성을 위해 끊임없이 노력해야 하며, G20 국가 뿐 아니라 G20에 포함되지 못한 국가와의 네트워크 형성에도 힘을 써야 한다.

<도표 12-7> G20 서울 정상회의 준비위원회 기구표

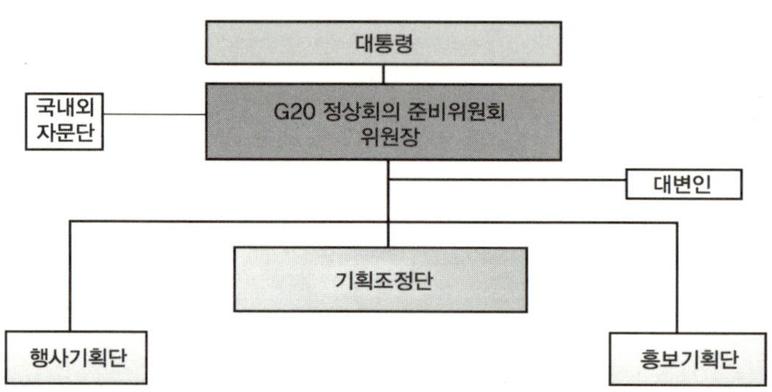

또한 의제 설정 및 논의 과정에서 적극적인 대안을 제시하는 것도 필요하다. 선진국과 신흥국 간, 또는 개별 국가의 상황에 따라 서로 쉽게 합의가 이뤄질 사항보다는 의견이 일치하지 않는 이슈가 훨씬 더 많다. 어떻게 보면 합의가 쉽지 않기 때문에 G20에서 논의하는 것이다. 따라서 전문성을 갖춘 리더십이 성공의 중요한 요건이다.

주어진 역할을 잘 소화해내기 위해 조직 면에서는 대통령 직속 G20 정상회의 준비위원회를 2009년 11월 발족하였다. 기획재정부와 외교통상부의 G20 관련 조직이 그대로 옮겨온 것이다. 지금까지 정상들이 합의한 내용들은 재무차관회의, 재무장관회의, 각종 워크숍 등을 거치며 심도 있게 논의된 결과를 바탕으로 이루어졌다. 이러한 과정이 원활하게 이루어질 수 있도록 정상들을 보좌하는 '셰르파'가 있는데, 그간 셰르파는 외교부에서 담당해왔다. 따라서 조직의 통합은 이러한 일련의 과정을 통합적 · 효율적으로 수행할 수 있게 해준다는 장점이 있다. G20 회의는 작은 이슈에서부터 큰 이슈까지 의사결정의 연속이라고 할 수 있는데, 관계 부처 간 통합 및 보고 체계의 통일을 통해 보다 신속한 의사결정이 이루어질 수 있을 것이다.

또한 의제를 개발하고 또 의견이 갈리는 이슈에 대안을 제시하기 위해 국책연구소나 정부 출연 연구소의 인재들을 최대한 활용할 계획이다. 2009년까지 영국이 재무장관회의 의장국을 수행하고, 한국이 브라질과 더불어 트로이카 공동 의장국으로서 역할을 수행하는 과정에 G20 재무장 · 차관회의와 정상회의의 흐름을 잘 이해하게 된 공무원들의 노하우에 더하여, 특히 전문성을 확보하겠다는 차원이다. 이외에도 외국 정부와의 의견 조율과 해외 싱크탱크와의 협조를 통해 전문성과 리더십을 높이려고 노력하고 있다.

G20 정상회의 개최국이 된다는 것은 국제적 논의에서 주변부를 벗어나 경제협력과 관련한 논의의 주도권을 확보한다는 의미를 지닌다. 이는 대외 신인도 및 국가 브랜드 제고를 통해 '코리아 디스카운트'를 '코리아 프리미엄'으로 역전시킬 절호의 기회이다. 또한 경제 · 정치 · 사회 · 문화 등 전 분야에서 국격을 향상시키는 계기가 될 것이다.

이처럼 우리에게 부여된 막중한 임무를 수행하기 위해서는 정부 혼자만의 힘으로는 부족하다. 각계각층이 역량을 결집하여야 하며, 선진화된 의식과 제도가 뒷받침되어야 한다. 올해 11월에는 전 세계의 이목이 서울에 집중될 것이며, 한국을 처음 방문하는 사람들도 상당히 많을 것으로 생각된다. 수천 명의 각국 취재진이 한국을 담을 것이다. 또한 G20 정상회의 방문객들이 전 세계 오피니언 리더라는 점에서 이들이 한국에서 받는 좋은 인상은 돈으로 환산할 수 없는 가치를 지닌다. 우리나라가 국격 상승, 국가 이미지 제고 등을 위해 수십년간 펼친 노력의 성과가 올해 정상회의의 성공적 개최에 달렸다고 해도 과언이 아니다.

G20 서울 정상회의 D-7개월

김경수(외교통상부 국제경제국장)

2010년 11월 11일과 12일 양일 간 서울에서 열리는 G20 정상회의 준비가 빠르게 진행되고 있다. 대통령 직속으로 조직된 G20 정상회의 준비위원회와 외교통상부 등 관련 기관들은 의미 있는 회의 의제를 발굴하고 참가국 범위를 합리적으로 설정하기 위해 많은 논의를 계속하고 있을 뿐 아니라 세계 최고 국가들의 정상들을 손님으로 맞아 안전하고 효과적으로 회의를 진행하기 위해 행사장 준비, 안전문제, 의전 문제 등 산적한 업무 때문에 매우 바쁜 날들을 보내고 있다.

이번 서울 정상회의는 G20이라는 이름으로 열리는 다섯 번째 회의가 되지만 사실 G20 시대의 개막을 국제무대에 공식적으로 선포하는 의미가 크다. 제1차 회의는 2008년 11월 워싱턴, 제2차 회의는

2009년 4월 영국 런던, 제3차 회의는 2009년 9월 다시 미국 피츠버그에서 개최되었고, 6월이면 캐나다 토론토에서 제4차 회의가 열리게 된다. 모두 다 기존 G7 국가가 주최국이다. 제3차 피츠버그 정상회의에서 비로소 정례적으로 개최하기로 합의되면서 최상위 포럼으로 불리게 되었지만, 제4차 토론토 정상회의는 G8 정상회의가 먼저 열린 다음에 개최되는 것으로 예정되어 있다. 서울 정상회의는 G8 회원국이 아닌 신흥 경제국에서 개최되는 첫 G20 정상회의이며 아시아 최초의 회의라는 의미를 갖는 등 상당한 국제 정치경제적, 역사적 의의를 가지는 회의이다.

지금은 실현되어 새삼스레 전율을 느끼지 못하지만 제3차 피츠버그 정상회의에서 서울을 정상회의 개최지로 결정한 것은 사실 외교가에서는 센세이셔널한 사건으로 받아들여졌다. 앵글로색슨 국가에서 3차례나 회의를 열었으므로 다음에는 아시아 대륙에서 개최하자는 우리의 제의에 원칙적으로 큰 저항은 없었지만 아시아에는 중국과 일본이라는 금융 대국들이 존재하는데다 인도네시아 역시 만만치 않은 규모를 가진 국가이다. 워싱턴 정상회의 이후 아소 타로(麻生太郎) 일본 총리는 G20 정상회의 일본 개최에 적극적인 입장이었고 특히 제3차 회의를 유치하기 위해 외교적 노력을 적극적으로 기울이고 있었으며 우리는 그러한 일본의 제안에 대해 지지 표명까지 한 바 있었다. 그러나 중의원 선거를 앞둔 국내 정치일정 때문에 3차 회의의 개최를 포기하고 미국에 넘겨줄 수밖에 없었던 일본은 한국이 아시아 국가로서는 처음으로 G20 정상회의를 개최하겠다는 의견을 표명하였을 때 속으로 아쉬움을 달래며 우리를 지지해 줄 수밖에 없었다.

사실 외교적 관점에서 정상회의 유치 못지않게 의미 있는 사건은 리면 브러더스 사태 이후 워싱턴에서 글로벌 수준의 정상회의를 개최하는데 거기에 한국이 포함된 것이라고 할 수 있다. 이미 한국이 회원국으로 가입되어 있던 G20 재무장관회의를 격상시킨다는 포맷을 채택한 것이라서 자연스럽게 포함된 것으로 인식하는 경우가 적지 않지만 사실 정상회의 수준에까지 한국을 참가시키기로 합의를 도출하기까지는 여러 국가들 사이에 다양한 이해관계와 전략을 동원한 치밀한 외교 교섭이 이루어졌고, 여러 차례의 긴박한 상황이 연출되었으며 최종적으로는 이명박 대통령까지 적극 나서서 전방위적인 외교적 노력을 기울임으로써 얻어낸 성과였다. 한때 조지 W.부시(George W. Bush) 전 미국 대통령과의 친밀한 관계를 포함해 '이보다 더 좋을 수는 없다'는 식으로까지 표현되었던 긴밀한 한미관계를 구축한 이명박 대통령의 노력이 미국을 움직일 수 있는 원동력이 되었고, 그 결과 한국이 세계 최정상 레벨의 소수 국가들이 모여 비공식적이지만 글로벌 경제 거버넌스를 논의하는 모임에 정규 멤버로 참여하게 되는데 중요한 요소로 작용하였던 것이다.

새삼스레 묵은 얘기를 되풀이하는 것은 요즘 들어 G20 정상회의의 정식 회원국이자 개최국이 되었다는 사실의 외교적 효과를 피부로 절실히 느끼기 때문이다. G20에 회원국으로 참가하지 못한 스페인, 네덜란드, 싱가포르, 이집트 같은 그야말로 쟁쟁한 나라들이 요즘 서울 정상회의 참가를 위해 우리에게 외교적 부담이 될 만큼 로비를 적극적이고 집요하게 해오고 있다. 게다가 여러 국제회의에 참가한 외교통상부를 비롯한 한국의 관료들에게 과거에는 별로 접촉이 없던 국가의 대표들이 줄줄이 면담을 신청하고 논의 주제들에 대한 한국의 입장을 확인하고자 노력하는 모습 등은 그 효과를 피부로 느끼게

해 주는 대표적인 예라고 할 수 있다. 한마디로 과거와 비교해서 한국의 전반적인 외교적 위상이 눈에 띄게 높아졌음을 외교 일선에 있는 사람들은 피부로 느끼고 있다. 만약 우리가 G20에 참여하지 못했으면 우리가 지금의 그들과 같은 입장에 놓일 수밖에 없었을 것이다.

사실 G20 정상회의의 회원국 분포를 보면 지역적으로 영국, 프랑스, 독일, 이탈리아의 4개국에 EU까지 회원국 지위를 확보한 유럽이 과대 대표된 반면에 아프리카와 중동은 남아프리카공화국과 사우디아라비아 각각 1개국뿐으로 지역 내의 국가 수나 인구에 비해 턱없이 과소 대표되고 있는 것이 엄연한 현실이다. 그에 비해 동북아시아의 한국 · 중국 · 일본은 모두 다 포함되었다. 일본은 원래 G7이고 중국은 소위 G2 국가라는 점을 감안할 때 이들이 포함된 것은 당연한 결과라고 할 수 있지만 그렇다고 한국이 자동적으로 가입될 수 있었던 상황은 아니었다. 특히 동아시아로 범위를 넓히면 인도네시아와 호주까지 포함되어 있어 사실 여타 지역 국가들의 입장에서 보면 아시아 역시 보기에 따라서 과대 대표되었다고 주장할 수도 있는 상황이었다. 그런 어려움을 뚫고 회원국의 지위를 확보하였기 때문에 이를 국운 상승의 상징이라고 표현하는 것도 지나친 말은 아니라고 할 수 있다.

물론 G20 정상회의 참여에 이은 서울 정상회의 유치가 그저 우리에게 과분하게 베풀어진 혜택만은 아니다. 사실 외교는 그렇게 낭만적이지 않다고 생각한다. 거기에는 한국의 실질적 기여에 대한 다른 나라들의 객관적 평가가 있었다. 예컨대 한국의 커다란 기여로 간주되는, 보호무역주의를 배격하기 위한 보호무역 동결 원칙이 한국에 의해 제안되고 1차 워싱턴 회의에서 합의되기까지 저항도 만만치 않았다. '바이 아메리칸' '바이 차이니즈' 움직임에 이어 점차 가열되고 있는 자국 산업 보호를 둘러싼 최근의 미 · 중 대립 분위기를 보면 금융위기가 발생하자마자 보호무역 동결조치 원칙에 모든 G20 회원국들이 합의하도록 유도한 것이 얼마나 어려우면서도 의미 있는 성과였던가를 짐작할 수 있다. 사공일 G20 정상회의 준비위원회 위원장과 당시 셰르파였던 외교통상부 안호영 통상교섭조정관이 보호무역 동결조치 원칙에 대한 합의를 도출해 내기 위해 기울인 적극적인 외교적 노력과 기여는 한국 이외의 G20 회원국들이 깊이 공감하고 높이 평가하고 있다. 그리고 그러한 공감과 평가가 한국이 정상회의를 성공적으로 개최할 수 있는 리더십을 가지고 있다는 확신을 심어주는 데 크게 공헌하였고, 그 결과 많은 나라들이 한국에서의 정상회의 개최에 동의할 수 있는 원동력이 된 것이다.

G20 정상회의는 말잔치로 끝나는 회의가 아니라 세계금융 및 경제에 관한 룰을 만드는 장이고 그 영향은 글로벌 차원에서는 물론 실질적으로 개별 국가에까지 직접적으로 미치게 된다. 1985년 G8 정상회의를 통해서 이룩한 '플라자 합의'(Plaza Accord: 환율에 관한 합의)를 전후로 일본 엔화는 1달러당 240엔에서 130엔으로, 그리고 정확히 10년 뒤인 1995년 역사상 가장 높은 79.75엔을 기록한 바 있다. 우리 원화로 치면 달러당 1,200원에서 650원 그리고 400원으로 가치가 급상승한 것이다. 최근에는 일본 경제를 잃어버린 10년이 아니라 잃어버린 20년이라고 자조적으로 평가하고 있는데, 그렇게 일본 경제가 어려움을 겪게 된 여러 원인들 가운데 플라자 합의가 가장 중요한 요인 중의 하나로 간주된다. 이는 G7의 국제금융 및 실물경제에 대한 영향력을 단적으로 보여주는 역사적 사례이며 앞으로 실질적으로

G8을 대체할 G20이 갖게 될 세계경제 내에서의 위상을 보여준다.

이제 한국은 G8이 수행하던 역할을 떠맡게 될 새로운 G20 시대를 여는 데 그 구성원의 하나로서 당당하게 공헌하게 되었을 뿐 아니라 서울 정상회의를 계기로 사실상 그 선두에 나서는 형상이 되었다. 서울 정상회의의 성과가 어떠한 것이 될 것인지의 상당 부분은 개최국인 한국의 몫이다. 사실 손에 잡히는 결과를 도출한다는 측면에서 보면 어느 이슈 하나도 만만치 않다. 무엇보다 피츠버그에서 제시된 '균형성장을 위한 협력 틀'을 실질적으로 도출해 내기 위해서 우리 스스로 '균형'을 유지하는 것이 상당히 어려운 문제로 다가온다. 최근 매스컴에 부각되는 것과 같이 균형성장을 위한 협력 틀 논의가 위안화의 평가절상에만 초점이 맞춰진다면 G20 정상회의가 "2000년대 초의 실패를 반복하는데 그칠 것"이라는 어느 유럽 정부 대표의 지적이 상당한 무게로 다가온다.

리먼 브러더스 사태가 터지고 G20 워싱턴 정상회의에서 제일 먼저 착수한 것이 금융규제를 위한 47개 행동계획을 만드는 것이었다. 파생금융상품으로 대표되는 금융 부문의 과도한 행동에 대한 규제가 G20 정상회의의 가장 우선적인 임무임을 생각할 때, 대형은행 규제 제안에 대한 버락 오바마 미국 대통령의 거센 반발을 G20을 통해 해결할 수 있는가 하는 것이, 국제금융경제 질서를 새롭게 세워 나가기 위해 제도화를 서두르고 있는 G20이 직면하고 있는 가장 중요한 과제 중 하나이다.

우리는 주최국으로서 금융안전망, 개발과 같은 이슈의 중요성을 강조하고 있다. 그러나 다른 모든 국가들이 일치된 목소리로 우리의 생각을 지지하고 있는 것은 아니다. 게다가 WTO나 기후변화 같은 보다 폭넓은 이슈로 논의 영역을 확장할 경우, 이제까지의 논의 진전 상황을 볼 때 의미 있는 결과를 만들어 낼 수 있을지에 대해 우려하는 목소리가 크다.

우리는 'G20 Seoul Summit 2010'에서 과도한 욕심을 버리고 성취해 낼 수 있는 성과의 범위를 합리적 수준으로 한정해야 한다. 제1차 워싱턴 정상회의에서는 47개 행동계획을 만들었고, 제2차 런던 정상회의에서는 1조 1,000억 달러에 달하는 재원 조성에 합의하였으며 제3차 피츠버그 정상회의에서는 '균형성장을 위한 협력 틀'의 구축이라는 결과를 도출해냈다. 물론 제4차 토론토 정상회의에서도 그런 기존의 성과들을 이어나가기 위한 회원국들의 노력은 계속될 것이다. 이러한 사실들을 염두에 두면서 모든 G20 국가들 그리고 170여 비(非)G20 국가들의 역량을 결집시켜 서울 정상회의의 성공 신화를 만드는 것이 우리 모두의 임무라고 생각된다.

❖ 1장

*김기석. 2009. 『G20 모니터링 보고서』 제 1-6 집 http://g20.kang-won.ac.kr/index1.php

*김치욱. 2009. "미국의 Gs 창출과 패권의 네트워크화 전략," 『세종정책연구』 제 5권 2호.

*김치욱. 2009. "G20의 부상과 중견국가 한국의 금융외교," 『국가전략』 제 15권 4호

*오용협. 2009. "G20 체제의 주요과제와 대응방향," KIEP 오늘의 세계경제

*윤덕룡, 오승환. 2009 "제 3차 G20 정상회의 결과와 시사점," KIEP 오늘의 세계경제

*Armijo, Leslie E. ed. 2002. Debating the Global Financial Architecture (N.Y.: SUNY Press)

*Agarwal, Manmohan. 2008. "The BRICSAM Countries and Changing World Econmoic Power: Scenarios to 2050," CIGI Working Paper no. 29 (October)

*Beeson, Mark, and Stephen Bell. 2009. "The G20 and International Economic Governance: Hegemony, Collectivism, or Both?," Global Governance vol. 15.

*Bergsten, Fred. 2004. "The G20 and the World Economy," World

Economics vol.5 no.3 (July-September)

*Bradford, Colin I. Jr. and Joannes F. Linn. eds. 2007. Global Governance Reform: Breaking the Stalemate (Washington D.C.: Brookings Institution Press)

*Bradford, Colin Jr. and Joannes F. Linn. 2007. "Reform of Global Governance: Priorities for Action," Brookings Policy Brief no. 163.

*Bradford, Colin J., Joannes F. Linn, and Martin. 2008. "Global Governance Breakthrough: The G20 Summit and the Future Agenda," Brooking Policy Brief #168

*Carin, Barry, and Gordon Smith. 2004. "Making Change Happen at the Global Level,"

*Clark, Ian. 2009. "Bringing Hegemony Back In: The United States and International Order," International Affairs vol 85, no. 1.

*Cline, William R. 2009. "Trade, Finance, and the Global Recession," Typescript.

*Cooper, Andrew F., and Kelly Jackson. 2007. "Regaining Legitimacy: The G8 and the 'Heiligendamm Process," International Insights vol. 4 no. 10.

*Culpeper, Roy. 2000. "Systemic Reform at a Standstill: A Flock of "Gs" in Search of Global Financial Stability," Paper Prepared for the Commonwealth Secretariat/World Bank Conference on Developing Countries and Global Financial Architecture, London.

*Dunaway, Steven. 2009. 'Global Imbalances and the Financial Crisis," Council on Foreign Relations.

*Funabashi, Yoichi. 2009. "Forget Bretton Woods II: the Role for U.S.-China-Japan Trilateralism," The Washington Quarterly vol. 32 no. 2. (April)

*Germain, Randall D. 2001. "Global Financial Governance and the Problem of Inclusion," Global Governance 7.

*Gilpin, Robert. 2001. Global Political Economy: Understanding the International Economic Order (Princeton: Princeton University Press)

G20. 2008. "Group of Twenty: A History," Typescript.

*Heap, Peter C. 2008. Globalization and Summit Reform: An Experiment in International Governance (Ottawa: Springer)

*Helleiner, Gerry. 2001. "Developing Countries, Global Financial Governance and the Group of Twenty: A Note," Typescript.

*Hurrell, Andrew. 2006. "Hegemony, Liberalism, and Global Order: What Space for Would-be Great Powers?" International Affairs vol. 82, no. 1.

*International Monetary Fund. 2009 "IMF Quatas" http://www.imf.org/external/np/exr/facts/quotas.htm

*Jones, Kent. 2010. The Doha Blues: Institutional Crisis and Reform in the WTO (Oxford and N.Y.: Oxford University Press)

*Kahler, Miles. 2000. "The New International Financial Architecture and Its Limits," Gregory W. Noble and John Ravenhill, eds., The Asian Financial Crisis and the Architecture of Global Finance (Cambridge: Cambridge University Press)

*Kirkup, James. 2008. "Gordon Brown Wants to Rewrite the Rules

of Capitalism,"

*KIrton, John. 2004. "Toward Multilateral Reform: The G20' s Contribution," Typescript.

*Kirton, John. 2005. "From G7 to G20: Capacity, Leadership and Normative Diffusion in Global Financial Governance," International Studies Association Meeting. Hawaii (March 1–5)

*Lesage, Dries. 2007. "Globalization, Multipolarity and the L20 As an Alternative to the G8," Global Society vol. 21, no. 3 (July).

*Martin, Paul. 2007. "Breaking Deadlocks in Global Governance: The L20 Proposal," Global Governance 13.

*Pettis, Michael. 2009. "The G20 Meetings: No Common Framework, No Consensus," Policy Brief 79. (May) Carnegie Endowed for International Peace

*Porter, Tony. 2000. "The G7, the Financial Stability Forum, the G20, and the Politics of International Financial Regulation," Paper for the International Studies Association Annual Meeting, Los Angeles. (http://www.g8.utoronto.ca/g20/biblio/porter-isa-2000.pdf)

*Porter, Tony, and Duncan Wood. 2002. "Reform Without Representation? The International and Transnational Dialogue on the Global Financial Architecture," in Lesllie E. Armijo, ed., Debating the Global Financial Architecture (N.Y.: SUNY Press)

*Rosenau, James N. 1995. "Governance in the Twenty-First Century," Global Governance 1.

*Subacchi, Paola, and Eric Helleiner. 2009. "From London to

L' Aquila: Building a Bridge Between the G20 and G8," Briefing Paper (June) Chadam House and CIGI.

*Tanaka, Hitoshi. 2008. "The Crisis of Global Governance and the Rise of East Asia," East Asia Insights vol. 3 no. 4 (September)

*Tietmeyer, Hans. 1999. "International Cooperation and Coordination in the Area of Financial Market Supervision and Surveillance," Bundesbank.

*Thirlwell, Mark, and Malcolm Cook. 2006. "Geeing Up the G20," Policy Brief (Lowy Institute for International Policy, April)

*Yu, Yong. 2005. "G20 and China: A Chinese Perspective," China & World Economy vol. 13 no. 1.

*Zakaria, Fareed. 저, 윤종석 외 옮김. 2008. 『흔들리는 세계의 축: 포스트 아메리칸 월드』 (베가북스)

❖ 2장

*삼성경제연구소. 2008. 미국 가계의 부채구조 변화와 시사점. 9월 9일. Issue Paper. http://www.seri.org

*주미영. 2009. 미국. 7월, 8월, 9월, 10월, 11월. G20 모니터링 보고서 강원대학교 G20모니터링사업단. http://g20.kangwon.ac.kr

*Agarwal, Sumit, and Calvin T. Ho. 2007. "Comparing the Prime and Subprime Mortgage Markets." Chicago Fed Letter. The Federal Reserve Bank of Chicago. August.

*Baily, Martin Neil, and Douglas J. Elliott. 2009. The US Financial and Economic Crisis: Where Does It Stand and Where Do We Go From Here? June 15. Brookings.http://www.brookings.edu/~/media /Files/rc/papers/2009/0615_economic_crisis_baily_elliott/0615_economic_crisis_baily_elliott.pdf

*Cordesman, Anthony H. 2009. The Obama Administration And U. S. Strategy: The First 100 Days. April 12. Center for Strategic & International Studies. http://csis.org/files/media/csis/pubs/090414 _obama100.pdf

*De Michelis. 2009. Andrea Overcoming The Financial Crisis In The United States. ECO/ Working Paper 10. February 20. http://www. olis.oecd.org/olis/2009doc.nsf/linkto/eco-wkp(2009)10

*Doms, Mark, Fred Furlong, and John Krainer. 2007. Subprime Mortgage Delinquency Rates. Federal Reserve Bank of San Francisco Working Paper Series 2007-33(November). http://www.frbsf.org/ publications/economics/papers/2007/wp07-33bk.pdf

*Gramlich, Edward M. 2004. Subprime Mortgage Lending: Benefits, Costs, and Challenges. Remarks At the Financial Services Roundtable Annual Housing Policy Meeting, May 21. Chicago, Illinois. http://www.federalreserve.gov/boarddocs/speeches/2004/20040521/ default.htm

*The London Summit. 2009. London Summit Outcomes. http://www.londonsummit.gov.uk/en/summit-aims/communique-explanatio

*Markheim, Daniella. 2009. "Buy American Hurts America." Web

Memo. No. 2256, January 30. The Heritage Foundation. http://www.heritage.org/Research/tradeandeconomicfreedom/wm2256.cfm

*Moseley, Fred. 2009. The U. S. Economic Crisis: Causes and Solutions. ISR Issue 64, March-April 2009. http://www.isreview.org/issues/64/feat-moseley.shtml

*Mothorpe, Christopher A. 2008. The Impact Of The Subprime Mortgage Crisis On Community Health. A thesis for the Degree Master's of Science in the School of Economics, Georgia Institute of Technology. May.

*New York Times. 2009. "Doubts About Obama's Economic Recovery Plan Rise Along With Unemployment." July 9. A19. http://www.nytimes.com/2009/07/09/us/politics/09stimulus.html?_r=1&scp=5&sq=stimulus%20unemployment%20obama&st=cse

*The Pew Research Center. 2009. 25-Nation Pew Global Attitudes Survey. June 23. http://pewglobal.org/reports/pdf/264pdf

*Rector, Robert, and Rea S. Hederman, Jr. 2004. "Two Americas: One Rich, One Poor? Understanding Income Inequality in the United States". Backgrounder. Executive Summary No.1791, August 24. The Heritage Foundation. http://www.heritage.org/Research/Taxes/bg1791.cfm

*Simpson, Glenn R. 2007. "Lender Lobbying Blitz Abetted Mortgage Mess Ameriquest Pressed For Changes in Laws; A Battle in New Jersey". The Wall Street Journal, December 31. http://online.wsj.com/article/SB119906606162358773.html?mod=rss_whats_news_us

*Stewart, Terence P., and Elizabeth A. Drake. 2009. Buy America: Key to America's Economic Recovery. February. Alliance For American Manufacturing. http://www.americanmanufacturing.org/wordpress/wp-content/uploads/2009/02/buyamericalawsreportr.pdf

*Wolf, Martin. 2009. "Seeds of its own destruction." Financial Times, March 8. http://www.ft.com/cms/s/0/c6c5bd36-0c0c-11de-b87d-0000779fd2ac.html?nclick_check=1

*Board of Governors of the Federal Reserved Service.http://www.federalreserve.gov

*Dow & Jones Company, Inc. http://www.dowjones.com/

*Federal Deposit Insurance Corporation. http://www.fdic.gov

*Standard & Poor's. www.standardandpoors.com

*U. S. Bureau of Economic Analysis. http://www.bea.gov

*U. S. Bureau of Labor Statistics. http://www.bls.gov

*U. S. Department of Treasury. http://www.ustreas.gov

❖ 3장

*조충제. 2008, "고유가에 흔들리는 인도경제" 『친디아저널』 24호, 포스코경영연구소

*조충제. 2009, "인도경제, 글로벌 경기위축에 휘청" 『친디아저널』 30호, 포스코경영연구소

*조충제. 2009, "인도, 출구전략 시동" 『친디아저널』 39호, 포스코경영연구소

*Kumar, R. and Vashisht, P. 2009, The Global Economic Crisis:Impact on India and Policy Responses, ADBI Working Paper Series, No. 164, ADB

*Loser, C.M. 2009, Global Financial Turmoil and Emerging Market Economies: Major Contagion and a Shocking Loss of Wealth? Discussion Paper, ADB

*ADB, IMF, OECD, EIU, Global Insight 등 보고서 및 발표자료

❖ 4장

*EIU(Economist Intelligence Unit). 2009. Country Report: Russia. 2009 December.

*IMF. 2009. World Economic Outlook. "Sustaining the Recovery". 2009 October.

*OECD. 2009. OECD Economic Outlook. Preliminary Edition. No. 86, 2009 November.

*World Bank. 2009. Russian Economic Report. No.20. 2009 November.

*Ведомости, 26 ноября 2008 г.

*Министерство экономического развития. 2009a. О Текущей Ситуации в Экономике Российской Федерации в январе-апреле 2009 года, Май, 2009. Москва.

*Министерство экономического развития. 2009b. О Текущей Ситуации в Экономике Российской Федерации в

январе-октябре 2009 года,Ноябрь, 2009г. Москва.

*Министерство экономического развития. 2009c. Про-гноз Социально-экономического развития Российской Федерации на 2010 год и на плановый период 2011 и 2012 годов,Сентябрь, Москва.

*Министерство экономического развития. 2009d. Программа Антикризисных мер правительства Российской Федерации на 2009 год.

*Центральный Банк Российской Федерации. 2009. Основные направления единой государственной денежно-кредитной политики на 2010 год и период 2011 и 2012 годов. проект. сентябрь. Москва.

*Юрий Воронин, 2009. "Россия и мировые экономические кризисы," Свободная мысль, No.11,

*http://www.economy.gov.ru

*http://www.cbr.ru

*http://www.rts.ru

*http://www.irn.ru

❖ 5장

*공수민. 2009 "IMF, 아프리카 경제 내년 4% 성장" 아시아경제 (10월 6일) http://www.asiae.co.kr/news/view.htm?idxno=2009100618545781335(검색일: 2009.11.22)

*남아공정부, 2009, http://www.info.gov.za/speeches/2009/090806 09151001.htm(검색일: 2009. 11. 17). (2/4 Bar).

*대외경제정책 연구원. 2009. "남아공의 주마 대통령 당선과 경제 정책" 『KIEP 지역경제 포커스』 http://blog.daum.net/_blog/BlogView.do?blogid=0GoqK&articleno=8006871&admin=#ajax_history_home (검색일: 2009. 12. 06)

*박영호 외. 2006. "아프리카 거점국가로서의 남아공 경제의 위상 "http://www.kiep.go.kr/koipe/dis_pub_view.asp?num=169686 (검색일: 2009. 11. 22.)

*양재필. 2009. "남아공 4년간 830억 불 채권 발행" 『아시아경제』 (10월 28일) http://www.asiae.co.kr/news/view.htm?idxno=2009102816030548980 (검색일: 2009.11.22.)

*조귀동. 2009. "남아공 경제정책 실용주의 노선 걷나" 『한국경제』 (05월 11일) http://www.hankyung.com/news/app/newsview.php?aid=2009051116541&sid=&nid=910&type=0 (검색일: 2009.12.06)

*African Economic Outlook. http://www.africaneconomicoutlook.org/en/countries/southern-africa/south-africa/Altman, Miriam . 2005. "A Review of Labour Markets in South Africa: Research Gaps – Labour Market Function and Policy in South Africa." www.hsrc.ac.za(검색일: 2009. 7. 17)

*Aryeetey, Ernest, Mwangi S. Kimenyu and John Page. 2009. "To the G-20: Don't Overlook Africa During the Recovery." www.brookings.edu(검색일: 2009. 09. 17)

*Business Report. 2009. "SA Must Continue Stimulus Package." http://www.busrep.co.za (검색일: 2009. 09. 15) Draper, Peter and

Cezanne Samuel. 2009. "South Africa and The Pittsburgh G20 Leaders Summit." www.voxeu.org(검색일: 2009. 08. 16)

*Carson, J. 2009. "Current Status of U.S.-South African relations." http://www.state.gov/p/af/rls/rm/2009/125095.htm(검색일: 2009. 11.03).

*Cooper, Andrew F. and Daniel Schwanel. 2009. "CIGI Special G20 Report: Flashpoints for the Pittsburgh Summit." Gregory T. Chin(2009) 53-57. www.cigionline.org(검색일: 2009. 9. 13)

*Debby Bonnin. 2007. "Economic Policy, Labour Markets and Job Creation." http://iols.ukzn.ac.za/EconomicPolicyLabourMarketsand-JobCreation8026.aspx(검색일: 2009. 8. 11)

*Department of International Relations and Cooperation South African Permanent Mission. 2009. "President Zuma is in Pittsburgh for the G20 Summit." www.saembassy.ogt11.com(검색일: 2009. 08. 13)

*Draper, P. 2008. "Towards a new 'Washingon conssen년'?: South Africa, the G20 leaders' summit, and the financial crisis." http://www.saiia.org.za/policy-briefings/saiia-policy-briefing-no.2-november-2008.html(검색일: 2009.07.24).

*Draper, P. 2009. "National perspectives on global leadership: South Africa." http://www.cigionline.org/publications/2009/4/national-perspectives-global-leadership-south-africa; http://www.saiia.org.za/development-through-trade-projects/national-perspectives-on-global-leadership-south-africa.html(검 색 일 : 2009.07.11)

*Draper, Peter and Cezanne Samuel. 2009. "South Africa and The Pittsburgh G20 Leaders Summit." www.voxeu.org(검색일: 2009. 08. 16)

*Draper, Peter and Cezanne Samuel. 2009. "The Pittsburgh G20 Leaders Summit" http://www.saiia.org.za/development-through-trade-opinion/the-pittsburgh-g20-leaders-summit.html (검색일 2009. 12.. 06)

*EIU(Economist Intelligence Unit). 2009. "Country Report South Africa June 2009." http://www.eiu.com/(검색일: 2009. 07. 20).

*EngineeringNews. 2009. "Unemployment rate increases to 23.5%." http:www.engineeringnews.co.za/article/unemployment-rate-increases-to-235-2009-05-05(검색일: 2009. 8. 12)

*Gable, Jaff, Monale Ratsoma and Ian Marsberg. 2009. "SARB Quarterly Bullentin." http://www.absa.co.za/absacoza/generated/files/d216d891ca0aa110VgnVCM1000003511060aRCRD/SARBQuarterlyBulletin19Jun08.pdf?F_C_ID=3328ac45985bc010Vgn-VCM1000003511060aRCRD(검색일: 2009.12.05)

*JOFFE, Hilary. 2009. "Hard Slog Ahead for Economy, Warns Gordhan." http://allafrica.com/stories/200909070007.html (검색일: 2009. 12. 05)

*National Treasury Republic of South Africa. 2009. "G20 Finance Minister' and Central Bank Governors' Meeting Held In London on 4-5 September 2009." www.treasury.gov.za(검색일: 2009. 9. 8.)

*National Treasury Republic of South Africa. 2009. "South Africa Releases the 2009 International Monetary Fund Article IV Staff Report." www.treasury.gov.za(검색일: 2009. 9. 8)

*Razeen, Sally. 2009. "The New Liberalism and Emerging Protectionism.–South African Institute of International Affairs." www.saiia.org.za(검색일: 2009. 09. 15)

*Reuters. 2009. "Strikes loom across country as wage demands not met." http://www.busrep.co.za/index.php?fArticleId=5082774&fSectionId=561&fSetId=662(검색일: 2009. 8. 10)

*South Africa.info. 2003. "UIF for domestic workers." http://www.southafrica.info(검색일: 2009. 8. 10)

*SouthAfrica.info. 2007. "2010 boost for SA economy." http://www.southafrica.info/2010/2010gdp–150507.htm(검색일: 2009.11.03)

*South Africa.info repoter. 2008. "2010: 'R55bn boost for SA economy." http://www.southafrica.info/2010/economic–impact.htm(검색일: 2009. 07.15)

*South Africa the Presidency. 2009. "President Zuma concludes a visit to US." www.thepresidency.gov.za(검색일: 2009. 08. 16)

*Statistics South Africa. 2009. "Gross Domestic Product First quarter: 2009." http://www.statssa.gov.za/(검색일: 2009.07.19)

*Statistics South Africa. 2009. "Quarterly Labour Force Survey: Quarter 2, April to June 2009." http://www.statssa.gov.za/news_archive/press_statements/QLFS–Q2–2009%20Press%20Release.pdf(검색일: 2009. 8. 28)

*Temkin, Sanchia. 2009. "SARS battling to meet revenue targets, analysts claim."http://www.businessday.co.za/articles/Content.aspx

?id=77206(검색일: 2009. 8 .12)

*The New York Times. 2009. "South Africa: Thousands Strike for Wages, Crippling Services." http://www.nytimes.com/2009/07/28/world/africa/28briefs-Safrica.html(검색일: 2009. 8. 12)

*The South African Star. 2009. "Manuel reaffirms need to deal with unemployment." http://www.thestar.co.za/index.php?fArticleId=5082730(검색일: 2009. 8. 11)

*The UK Chair of the G20. 2009. "Progress Report on the Actions of the London and Washington G20 Summits 5 September 2009." www.g20.org(검색일: 2009. 09. 13)

*Trade & Industrial Policy strategies(TIPS). 2009. "Inequality, Unemployment, and Poverty in South Africa." http://www.tips.org.za/files/presentations/Inequality_Unemployment_and_Poverty.pdf (검색일: 2009. 8. 12)

*Wheeler, Tom. 2009. "The Africa South America Summit, 27-28 September 2009." www.saiia.org.za(검색일: 2009. 9. 30)

*Williams, Denise. 2009. "Zuma reveals R2.4bn fund for recession hit workers." http://www.capetimes.co.za/general/print_article.php?fArticleId=5113857(검색일: 2009. 8. 10)

*Williams, Denise. 2009. "Framework for South Africa's Response to the International Economic Crisis" http://www.info.gov.za/view/DownloadFileAction?id=96381 (검색일: 2009. 12. 06) Razeen, Sally. 2009. "The New Liberalism and Emerging Protectionism.-South African Institute of International Affairs." www.saiia.org.za(검색일: 2009. 09. 15)

❖ 6장

*강원대학교 G20 모니터링단 월례 보고서

*장경룡, 국제평화와 캐나다 외교정책, 한국 동북아논총 제26집.

*CBC.com 2009.07.07 "Viewpoint; Jeremy Kinsman"

*The Star.com 2009.04.03, Richard Gwyn,

*헤럴드 경제 신문 2009.12.31

*The Washington Post 2008.10.16

❖ 7장

*김성훈. 2009. '세계 경제위기와 호주 노동당 정부의 개혁정책: 캥거루는 뒤로 뛰지 않는다' 한국노동연구원의 『국제노동브리프』, 2009년 1월호(36-45페이지)의 참조.

*문경희, 2009. G20 정상회담 관련 월별 보고서 7월호-12월호. http://g20.kangwon.ac.kr/

*외교통상부 주호주대사관. 2009. '호주개황'

*호주동아닷컴. 2009/3/20. "외국인 나가!"...일자리 보호주의 강풍 http://www.hojudonga.com/?mid=Nation&page=21&document_srl=6758

*호주일보. 2009/7/21. '호주와 중국 간의 불편한 관계가 이어지고 있다.' http://www.hojuilbo.com/846 (검색일: 2009. 12. 10)

*ABC. 2009.12.16. 'Bring on election, Abbott tells Rudd'

http://www.abc.net.au/news/stories/2009/12/16/2773430.htm?site=news (검색일: 2009.12.20)

*Australian Bureau of Statistics, 'Australian National Accounts', www.abs.gov.au (검색일: 2009.12.13)

*Australian Government, Department of Climate Change and Water, 'Living with climate change: adapting to the climate change we cannot avoid ' http://www.climatechange.gov.au/~/media/publications/adaptation/dl-living-with-cc-adaption-brochure-series.ashx (검색일: 2009.12.17).

*Australian Government, 'Australia at Copenhagen: Australia's Positions', http://www.climatechange.gov.au/copenhagen/australias-position.aspx (검색일: 2009.12.22)

*Australian Government, Penny Wong의 연설문. 2009.05.04. 'Carbon Pollution Reduction Scheme: support in managing the impact of theglobal recession' http://www.climatechange.gov.au/minister/wong/2009/media-releases/May/mr20090504a.aspx (검 색 일 : 2009.12/22)

*Australian Prudential Regulation Authority. 2009.9.29. 'Beyond the Global Financial Crisis: A Prudential Perspective' (검색일: 2009.10.15) Center for International Economics(Canberra&Sydney). 2009. 'Benefits of Trade Liberalisation', http://www.TheCIE.com.au (검색일: 2009.10.15)

*Elly Robinson. 2008. 'Families, social welfare services and the global financial crisis'Access Economics, 〈Impact of the Global Financial Crisis on Social Services in Australia〉 보고서 일부.

*Financial Times. 2009.9.2. 'The G20 can lead the way to balanced growth' http://www.ft.com/cms/s/0/55fd681a-97f3-11de-8d3d-00144feabdc0.html?catid=9&SID=google (검색일: 2009.9.19)

*International Movetary Fund. 2009. Economic Outlook.

*Lowy Institute for International Policy(December 2008), 'Ambition: The Emerging Foreign Policy of the Rudd Government', www.lowyinstitue.org (검색일: 2009. 12. 2)

*Kevin Rudd. 2009/2. 'The Global Financial Crisis', 『The Monthly』 2월. No. 42. http://www.themonthly.com.au (검색일: 2009. 7. 16)

*Kevin Rudd. 2009/6/25, 'Adress to the Council of Local Government Conference', Parliament House, Canberra

*Kevin Rudd. 2008/9/25. 'Speech by Prime Minister Kevin Rudd to the. United Nations General Assembly', (검색일: 2009. 9. 7) http://www.un.org/ga/63/generaldebate/pdf/australia_en.pdf

*National Australia Bank, 'NAB's Monthly Business Survey & Economic Outlook – August 2009', 2009.09.8.

*Reserve Bank of Australia, 'Financial Stability Review', 2009/09/23.
Sean Innis, International Social Security Association(ISSA) 주최 'Seminar on Social Security in Times of Crisis: Impact, Challenges and Responses' (2009. 4. 24-25, 제네바)에서 (호주 가족, 주택, 공동체 서비스, 원주민 업무 부처 소속)가 발표한 발표문.

*Sydney Morning Herald. 2009.9.23. 'Big four have too much power, Keating says' http://www.smh.com.au/business/big-four-have-too-much-power-keating-says-20090922-g0le.html (검색일: 2009.9.24)

*Sydney Morning Herald. 2009.9.22. Australia well placed to defy weak global outlook, http://www.smh.com.au/business/australia-well-placed-to-defy-weak-global-outlook-20090922-g02s.html (검색일: 2009.9.24)

*Sydney Morning Herald. 2009.12.20. 'Rudd shines as other leaders fail: Flannery', http://www.smh.com.au/ (검색일: 2009.12.24)

*The Age. 2009.11.13. 'Seoul Mates in the great recovery', http://www.theage.com.au (검색일: 2009.11.23)

*Sydney Morning Herald. 2009.7.17. 'PM caught in China Syndrome', http://theage,com.au

*The Australian. 2009.11.19. 'PM's bold grab for friends and influence' http://www.theaustralian.com.au/news/opinion/pms-bold-grab/story-e6frg74x-1111118073998 (검색일: 2009.11.23)

*Sydney Morning Herald. 2008.9.28. 'G20 adopts our pay guidelines on bonuses', http://www.theaustralian.com.au/business/markets/g20-adopts-our-pay-guidelines-on-bonuses/story-e6frg926-1225780226580(검색일: 2009.10.15)

*The Minister of Foreign Affairs. 2009. 'Australia records the second highest trade surplus on record', 2009년 4월 2일자 언론보도. http://www.trademinister.gov.au/releases/2009/sc_026.html)

*The Sunday Telegraph. 2009.9.26. 'Kevin Rudd's victory on G20 change', http://www.dailytelegraph.com.au/news/sunday-telegraph/kevin-rudds-victory-on-g20-change/story-e6frewt0-1225779970158(검색일: 2009.10.1)

*Tim Harcourt. 2009.11.13. 'Seoul mates in the great recovery', the

age

*Trading Economics: Global Economics Research 'Australia Balance of Trade' www.tradingeconomics.com (검색일: 2009.9.20)

❖ 8장

*곽수종. 2008. 『제3차 G20 정상회의의 주요 의제와 시사점』. (서울:삼성경제연구소).

*김진영. 2002. "국제금융체제의 비판과 개혁의 모색: 대안추구의 관점에서," 『국제정치논총』, 42집 1호, 51-72.

*김치욱. 2009a. "G20의 부상과 중견국가 한국의 금융외교," 『국가전략』, 15권 4호, 81-116.

*김치욱. 2009b. "국제금융제도 개혁과 중견국가," 『한국정치학회보』, 43집 3호, 271-308.

*김치욱. 2009c. "미국의 Gs 창출과 패권의 네트워크화 전략," 『세종정책연구』, 5권 2호, 179-216.

*장준호, 2009. "G20 모니터링 보고서, 독일," (2009.7월 보고서) http://g20.kangwon.ac.kr/ (2009년 12월11일 검색).

*정무섭 외. 2009. 『2차 G20 정상회의의 타결내용과 시사점』. SERI Issue Paper.

*최영종. 2006. "국제금융의 제도화: 힘과 제도화의 상관관계를 중심으로," 『국제정치논총』 46권 4호. 113-136.

*최영종. 2009. "국제금융의 정치경제: 글로벌 위기와 그 대응을 중심으

로," 『국제정치논총』 49권 2호. 165-175.

*한인택. 2006. "IMF 내 권력관계의 분석: 2006년 지분특별증액국들을 중심으로,." 『국제정치논총』, 46집 4호, 137-154.

*Ahearne, A. and Eichengreen, B. 2007. "External monetary and financial policy: a review and a proposal," in Andre Sapir (ed.), Fragmented Power: Europe and the Global Economy (Brussels: Bruegel).

*Armijio, Leslie E. 2001. "The Political Geography of World Financial Reform: Who Wants What and Why?," Global Governance 7, no. 4(Oct-Dec), 233-240.

*Aryeetey, E. et al(eds.), G-20 Summit: Recovering from the Crisis (Washington D.C.: Brookings Institution) 2009.9.17.

*Bulmer, S. and Wessels, W. 1987. The European Council: Decision-making in European Politics (London: Palgrave).

*Culpeper, R., 2000. "Systemic Reform At A Standstill: A Flock Of "Gs" In Search Of Global Financial Stability, " (https://tspace.library.utoronto.ca/bitstream/1807/524/2/index.html 2009년 11월 29일 검색).

*Dingwerth, Klaus and Pattberg, Philipp. 2006. "Global Governance as a Perspective on World Politics," Global Governance 12, no. 3(fall), 185-203.

*European Commission. 2001. European Governance: A White Paper (Brussels).

*Evenett, S. (ed.), Broken Promises: a G-20 Summit Report by

Global Trade Alert (London: Center for Economic Policy Research, 2009).

*Garavini, G. 2006. "The Battle for the Participation of the European Community," Journal of European Integration History 12, no. 1 (March), 141–158.

*Hajnal, P. 2007. Summitry from G5 to L20: A Review of Reform Initiatives. The Centre for International Governance Innovation Working Paper No. 20.

*Lee Myung-bak, 2009. "Pittsburgh: Bridging the Washington-London G20 Summits and Beyond," 토론토대학교 G20 연구그룹 사이트에 기고한 글. (http://www.g8.utoronto.ca/newsdesk/pittsburgh/lee.html) (2009.9.22 검색).

*Pettis, M. "The G20 Meetings: No Common Framework, No Consensus," (Washington D.C.: Carnegie Endowment for International Peace), Policy Brief 79, May 2009.

*Rosenau, James N., 1995. "Governance in the Twenty-first Century," Global Governance 1, no. 1(Jan-March), 13–20.

*Smaghi, Lorenzo B. 2004. "A Single EU Seat in the IMF?," Journal of Common Market Studies 42, no. 2(April), 229–248.

*Thakur, Ramesh and Langenhove, Luk Van. 2006. "Enhancing Global Governance Through Regional Integration," Global Governance 12, no. 3(July-Sept), 233–240.

*Financial Times, "Tensions over IMF threaten to mar G20," 2009.9.25.

*Financial Times"Brown says G20 will focus on new framework," 2009.9.25.

*Financial Times "New body takes on economic leadership," 2009.9.26.

*Reuters, "S. Korea: G20 won't replace G8, should collaborate," 2009.6.26.

*Financial Times "Upbeat G20 takes new lead role on global economy," 2009.9.26.

*Wall Street Journal, "Move to Bigger Group Risks Weaker Pacts," 2009.9.26.

*White House, "President Obama Hails Unprecedented G-20 Action to Address Global Economic Downturn,"(http://www.whitehouse.gov/the_press_office/Weekly-Address-President-Obama-Hails-Unprecedented-G-20-Action-to-Address-Global-Economic-Downturn/) (2009.9.26 검색).

*White House"Fact Sheet: Creating a 21st Century International EconomicArchitecture," 2009.9.24.http://www.whitehouse.gov/the-press_office/Fact-Sheet-Creating-a-21st-Century-International-Economic-Architecture/(2009.27 검색).

❖ 9장

* 양오석. 2009. "유럽은행의 부실 현황과 전망." (Issue Paper). 삼성경제연구소.

* 이상규, 김정인. 2000. “규제 완화가 우리 나라 은행산업의 비용효율성과 비용생산성에 미친 효과.” 『금융학회지』 제5권 제1호, 67-110.

* 전선애. 2009. “금융위기 하에서의 은행 자기자본규제의 한계와 정책적 시사점.” 『여성경제연구』 제6집 제1호, 89-114.

* 정운찬. 2002. 『화폐와 금융시장』. 서울: 율곡출판사.

* BCBS. 2009.12. "International framework for liquidity risk measurement, standards and monitoring". (Consultatie Document) BCBS.

* BCBS. 2009.12. "Strengthening the resilience of the banking sector." (Consultative Document) BCBS

* Goodhart, Charles, Ohilipp Hartmann, avid Llewellyn, Liliana Rojas-Su rez, Steven Weisbrod. 1998. Financial Regulation: Why, how and where now? London: Routledge.

* Kashyap, A. K., R. G. Rajan, and J. C. Stein. 2008. "Rethinking Capital Regulation." in Federal Reserve Bank of Kansas City Symposium on "Maintaining Stability in a Changing Financial System".

* Lightner, J. E. and C. A. K. Lovell. 1998. "The Impact of Financial Liberalization on the Performance of Thai Banks." Journal of Economics and Business 50, 115-132.

* Llewellyn, D. T. 1995. "Regulation of Retail Investment Services." Economic Affairs, Spring, 1-6.

* Morris, Stephen, and Hyun Song Shin. 2008. "Financial Regulation in a System Context." prepared for the Brookings Panel meeting.

* Myers, Stewart C., and Nicholas S. Majluf. 1984. "Corporate Financing and Investment Decisions When Firms Have Information

that Investors Do Not Have." Journal of Financial Economics 13, 187-221.

* Schoenmaker, D. 1996. "Contagion Risk in Banking." LSE Financial Markets Group Discussion Paper, no. 239. London: London School of Economics.

* Spick, M. 2009.6.11. "European Banks Strategy: Stress tests and normalised earnings." Deutsche Bank.

* Wheelock, D. C. and P. W. Wilson. 1999.5. "Technical Progress, Inefficiency, and Productivity Change in U. S. Banking, 1984-1993." Journal of Money, Credit, and Banking 31(2), 212-234.

* 블룸버그 통신

* 연합뉴스

* 한국일보 등 각종 일간지

* Financial Times

* IMF 홈페이지 자료

* Thomson one Banker

* Thomson Reuters, Datastream

* Wall Street Journal

❖ 10장

* 김봉한, 남수중, 허찬국(2008), 『중국 위안화 절상 전망과 파급효과 및 대응 방안』, 한국경제연구원.

* 유재원(2009), “What is Driving Global Imbalances? The Global Savings Glut Hypothesis Reexamined”, 『대외경제연구』 제13권 제2호.

* 이진수(2009), 「적정 외환보유액 수준에 대한 연구」, 『조사연구 Review』 26호, 금융감독원.

* 한국은행(2007), 「세계 국부펀드의 확대 배경과 향후 전망」, 『해외경제정보』 제2007-70호.

* Aizenman, Joshua and Jaewoo Lee(2007), "International Reserves: Precautionary Versus Mercantilist Views, Theory and Evidence", Open Economic Review, 19: 191-214.

* Barcays Capital(2010), "Global Rebalacing Is For Real", Economics Research 12 April.

* Becker, T., O. Jeanne, P. Mauro, J. Ostry and R. Ranciere(2007), "Country Insurance: The Role of Domestic Policy", IMF Occasional Paper 254.

* Bergsten, Fred(2009), "The Dollar and the Deficits: How Washington Can Prevent the Next Crisis", Foreign Affairs, Vol.88, No.66.

* Bernanke, Ben S.(2005), “"Remarks by Governor Ben S. Bernanke: The Global Saving Glut and the U.S. Current Account Deficit.”" The Sandridge Lecture, Virginia Association of Economists, Richmond, VA (March 10).

URL:http://www.federalreserve.gov/boarddocs/speeches/2005/20050414/default.htm

* Bernanke, Ben S.(2009), “"Financial Reform to Address Systemic Risk.”" Speech at the Council on Foreign Relations, Washington, D.C.

(March 10). URL:

http://www.federalreserve.gov/newsevents/speech/bernanke20090310a.htm

* Blanchard, Olivier and Gian Maria Milesi-Ferretti(2009), "Global Imbalances: In Midstream?", Staff Position Note/09/29, IMF.

* Blacke, Thierry, Matthieu Bussiere, Michael Fidora and Roland Straub(2008), "A Framework for Assessing Global Imbalances", Occasional Paper Series No.78, January.

* Caballero, Ricardo J. and Arvind Krishnamurthy(2008), "Global Imbalances and Financial Fragility", written for AEA meeting in San Francisco 2009.

* Edwin M. Truman(2007), "The Management of china International Reserves: China and a SWF Scoreboard", Peterson Institute for International Economics.

* Eichengreen, Barry(2004), "Global Imbalances and The Lesson of Bretton Wood", Working Paper 10497, NBER.

* Eichengreen, Barry(2006), "Global Imbalances: the New Economy, the Dark Matter, the Savvy Investor and the Standard Analysis", The Journal of Policy Modeling Vol.28, Issue 6, Sep.

* Eichengreen, Barry(2007), Global Imbalances and the Lessons of Bretton Woods, MIT Press. 박복영, 2008, 『글로벌 불균형: 세계 경제 위기와 브레튼우즈의 교훈』, 미지북스.

* Jeanne, Olivier(2007), "International Reserves in Emerging Market Countries: Too Much of a Good Thing?", Brookings Papers on Economic Activity, 1.

* Jeanne, O and Ranciere(2009), "The Optimal Level of International Reserves For Emerging Market Countries: a New Formula and Some Applications", CEPR, Feb.

* Krugman, P.(2009), "Revenge of the Glut", New York Times(3.1)

* Mckinnon, Ronald and Gunther Schnabl(2009), "China's Financial Conundrum and Global Imbalances", BIS Working Papers No.277, BIS.

* Mendoza, Enrique G., Vincenzo Quadrini and Jose-Victor Rios-Rull(2008), "Financial Integration, Financial Development and Global Imbalances", NBER.

* Morgan Stanley(2007), "G10:Why Japan should have its own sov-ereign wealth fund"

* Obstfeld, M., Jay C. Shambaug, and Alan M. Taylor(2008), "Fi-nancial Stability, The Trilemma, and International Reserves", NBER Working Paper 14217.

* Obsfeld, Maurice and Kenneth Rogoff(2009), "Global Imbalances and the Financial Crisis: Products of Common Causes", prepared for the Federal Reserve Bank of San Francisco Asia Economic Policy Conference, Santa Barbara, CA, October 18-20

* Ogawa, Eiji and Kentaro Iwatsubo(2008), "External Adjustments and Coordinated Exchange Rate Policy in Asia", revised version of the paper prepared for ACAES-RCEA Conference in Rimini, Italy on August 29-31.

* Oliver, Blanchard and Gian Maria Milesi-Ferretti(2009), "Global Imbalances: In Midstream?", Staff Position Note/09/29, IMF.

* Tilford, Simon(2009), "Rebalancing the Chinese Economy", Policy Brief, Centre for European Reform.

* Truman, Edwin M.(2007), "The Management of China's International Reserves: China and a SWF Scoreboard", Prepared for Conference on China's Exchange Rate Policy Peterson Institute for International Economics.

* Wijnholds, J. Onno de Beaufort and Lars Sondergaard(2007), "Reserve Accumulation: Objective or By-Product", European Central Bank, Occasional Paper Series No. 73

* Wolf, Martin(2005), Do not put off imbalances correction, Financial Times(Sep. 20)

* Wolf, Martin(2008), Fixing Global Finance. Yale University Press. 김태훈 역, 2009, 『금융공황의 시대 - 금융세계화와 그 불안한 미래』, 바다출판사.

* Xafa, Miranda(2007), "Global Imbalances: Do They Matter?", Cato Journal Vol.27, No.1(Winter).

* Yu, Yongding(2006), "Global Imbalances: China's Perspective", Paper prepared for international confernce on European and Asian Perspectives on Global Imbalances, Beijing, 12-14 July.

* Yu, Yongding(2007), "Global Imbalances and China", The Australian Economic Review Vol.40, No.1.

* 贺俊翔(2007), 《中美贸易不平衡争议的文献总述》, 《人大经济论坛》 http://www.pinggu.org/bbs/viewthread.php?tid=189476&page=1

* 廖峥嵘(2010), 《專家: 中國需努力化解外汇儲備風險》, 《中國新聞

網》
http://www.chinanews.com.cn/cj/cj-plgd/news/2010/03-15/2170258.shtml

* 施建淮(2006), 《全求经济失衡的调整及其对中国经济的影响》, 《国际经济评论》第2期°

* 王云霞(2009), 《完善我国外汇储备管理体制的构想》, 《宏观经济研究》, 《中国经济信息网》(4月28日)°

* 余永定(2007)A, 《全球国际收支不平衡与中国的对策》, 《国际金融研究》第1期°

* 余永定(2007)B, 《全球不平衡条件下中国经济增长摸式的调整》, 《国际经济评论》第3期°

* 余永定(2009)A, 《避免美元陷穽》, 《财经》(4月13日)°

* 余永定(2009)B, 《中國需要關注外汇儲備安全》, 《财经》(9月12日)°

* 张明(2007), 《全球国际收支失衡的调整及其对中国经济的影响》, 《世界经济与政治》第7期, 中国社会科学院世界经济与政治研究所°

* 周小川(2009), 《關於改革國際貨幣體系的思考》(3月23日), 中國人民銀行(http://www.pbc.gov.cn/)

* 第一財經日報

* 國際金融報

* 国研网(www.drcnet.com.cn) 宏观经济研究部, 《宏观经济》2006年8月16日°

* 新華網(www.xinhuanet.com)

* 中國人民銀行(www.pbc.gov.cn)

* 中新網(www.chinanews.com.cn)

* 日本経済新聞「経済教室」(2009년 2월 17일)

* 홍콩 中國評論新聞

* Asia Times

* South China Morning Post

❖ 11장

*Aaronson, D.; Brave, S.; Schechter, S. 2009. "How does labor adjustment in this recession compare with the past?" Chicago Fed Letter, June 2009, No. 263.

*Aeppel, T.; Lahart, J. 2009. "Lean factories find it hard to cut jobs even in a slump", Wall Street Journal, March 9, 2009, p. A1.

*Auer, P.; Efendioglu, U.; Leschke, J. 2008. Active Labour Market Policies Around the World: Coping with the Consequences of Globalization. ILO, Geneva.

*Bell, D.N.F; Blanchflower, D.G. 2009. "What should be done about rising unemployment in the UK?" IZA Discussion Paper, No. 4040.

*Boeri, T.; Helppie, B.; Macis, M. 2008. "Labour regulations in developing countries: a review of the evidence and directions for future research", World Bank Social Protection Discussion Paper, No.0833.
Bureau of Labour Statistics (BLS). 2009. "The Employment Situation:

August 2009". Available at http://www.bls.gov/news.release/emp-sit.nr0.htm.

*Card, D.; Kluve, J.; Weber, A. 2009. "Active labour market policy evaluations: a meta-analysis", IZA Discussion Paper, No. 4002.

*Council of the European Union (CEU). 2009. "Addendum 2 to the note: Employment Committee's Contribution to the informal Employment Summit-Analysis Carried out by the EMCO on short-time working arrangements", 10015/1/09, REV 1, ADD 2.

*International Labour Organization (ILO). 2009a. Protecting People, Promoting Jobs: a Survey of Country Employment and Social Protection Policy Responses to the Global Economic Crisis, An ILO report to the G-20 Leaders' Summit, Pittsburgh, 24-25 September 2009. ILO, Geneva.

*ILO, 2009b. The fallout in Asia: Assessing labour market impacts and national policy responses to the global financial crisis, Background document prepared for meeting on "Responding to the Economic Crisis - Coherent Policies for Growth, Employment and Decent Work in Asia and Pacific", Manila, Philippines, 18-20 February 2009.

*Kannan, K.P. 2009. National Policy Responses to the Financial and Economic Crisis: The Case of India. ILO Regional Office for Asia and the Pacific, Bangkok.

*Lee, C.H. 2009. National Policy Responses to the Financial and Economic Crisis: The Case of China. ILO Regional Office for Asia and the Pacific, Bangkok.

*Lovén, K. 2009. "Agreement on temporary layoffs reached in manufacturing", Eiroline, available at http://www.eurofound.europa.eu/eiro/2009/03/articles/se0903019i.htm.

*Messenger, J. 2009. "Work sharing: a strategy to preserve jobs during the global jobs crisis", ILO TRAVAIL Policy Brief, No.1, June 2009.

*Organization for Economic Co-operation and Development (OECD). 2009a. OECD Employment Outlook 2009. OECD, Paris.
*OECD, 2009b. International Migration Outlook 2009: SOPEMI 2009. Special Issue: Managing Labour Migration beyond the Crisis. OECD, Paris.

*Pham, N. Q. 2009. Impact of the Global Financial and Economic Crisis on Viet Nam: a Rapid Assessment. ILO Regional Office for Asia and Pacific, Bangkok, and Policy Integration and Statistics Department, Geneva.

*Rychly, L. 2009. "Social dialogue in times of crisis: finding better solutions", ILO Industrial and Employment Relations Department, No. 1.

*Titiheruw, I.S.; Soesastro, H.; Atje, R. 2009. ODI Global Financial Crisis Discussion Series Paper 6: Indonesia. ODI, London.

*장원봉. 2006. 『사회적 경제의 이론과 실제』. 나눔의 집.